西北师范大学简牍研究院
中国历史研究院田澍工作室
甘肃简牍博物馆
西北师范大学历史文化学院
联合资助出版

西北师范大学

简牍学与丝路文明研究丛书

# 简牍文书与汉代西北边政

李迎春◎主编

中国社会科学出版社

**图书在版编目(CIP)数据**

简牍文书与汉代西北边政 / 李迎春主编. —北京: 中国社会科学出版社, 2023.5

(西北师范大学简牍学与丝路文明研究丛书)

ISBN 978-7-5227-1792-0

Ⅰ.①简… Ⅱ.①李… Ⅲ.①简(考古)—中国—汉代—文集②边疆地区—政治制度—西北地区—汉代—文集 Ⅳ.①K877.54-53②D691.2-53

中国国家版本馆 CIP 数据核字(2023)第 069002 号

---

出 版 人 赵剑英
责任编辑 宋燕鹏
责任校对 李 硕
责任印制 李寡寡

---

出　　版 中国社会科学出版社
社　　址 北京鼓楼西大街甲 158 号
邮　　编 100720
网　　址 http://www.csspw.cn
发 行 部 010-84083685
门 市 部 010-84029450
经　　销 新华书店及其他书店

---

印　　刷 北京明恒达印务有限公司
装　　订 廊坊市广阳区广增装订厂
版　　次 2023 年 5 月第 1 版
印　　次 2023 年 5 月第 1 次印刷

---

开　　本 710×1000 1/16
印　　张 25.75
插　　页 2
字　　数 385 千字
定　　价 139.00 元

---

# 目　　录

## 文书研究



## 简册研究

## 汉代边疆社会研究



## 汉代河西屯戍研究

# 文书研究

# 汉简臆谈（一）

金少英

## 一　文武

居延汉简中有这样的简文：

> 肩水候官执胡隧长公大夫累路人中劳三岁一月能书会计治官民颇知律令文年卅七岁长七尺五寸氐池宜药里家去官六百五十里
>
> （简号一七九·四，图号一〇一四）[①]

就劳榦《居延汉简考释》所载，与此简格式相同而首尾完整的尚有五简（第一三·七简——《甲编》图号一一四，第五六二·二简——《甲编》图号二三五九，第三七·五七简，第五七·六简，第八九·四二简），不完整的有四简（第一三六·二简，第二一二·二简，第四九·九简，第一八五·一〇简）。有人遂据以断定“各简‘能书会计’‘治官民’‘颇知律令文’三语，皆同样公式，这是沿用秦代以吏为师的功令”[②]，“成为汉代公牍上固定术语”，同萧何“传所称之文毋害，正相符合”，“文指律令文而言，谓精通律令文而不深刻害人也”[③]。

其实大谬不然。在这里，“颇知律令”为一句；“文”为一句，不属

① 简号、图号据《居延汉简甲编》（以下简称《甲编》），释文据劳榦《居延汉简考释·释文之部》（下简称《劳释》）。

② 陈直：《两汉经济史料论丛》，陕西人民出版社1958年版，第18页。

③ 陈直：《汉书新证》，天津人民出版社1959年版，第139—140页。

上读。这从下列两简可以知之：

> 肩水候官并山隧长公乘司马成中劳二岁八月十四日能书会计治官民颇知律令武年卅二岁长七尺五寸觻得成汉里（《劳释》误作“岂”）家去官六百里（简号一三·七，《甲编》图号一一四）
>
> □和候长公乘蓬士长富中劳三岁六月五日能书会计治官民颇知律令武年卅七□（案：当为“岁”字。《甲编》未释，《劳释》误夺）长七尺六寸（简号五六二·二，《甲编》图号二三五九）

在《甲编》影印图片中，“司马成”一简“武”字非常清晰，“蓬士长富”一简虽然仅存左半，但“律令”下一字可决为“武”字（陈《史料论丛》页18亦曾引此二简，却易“武”为“文”，若非误抄，则颇有“定兰台漆书以合私文”之嫌）。如果与“律令”连读，则“颇知律令武”一句又如何解释？可见或“文”或“武”均自为一句，与上下文不相连属。

仕宦之途有文有武，“文”“武”指其人职务经历而言。《汉书·丙吉传》：“召东曹：案边长吏，琐科条其人。”注：“张晏曰：琐，录也。科条其人老少及所经历，知其本以文武进也。”《汉书·何并传》：“并求勇猛晓文法吏且十人，使文吏治三人（指钟威、赵季、李款）狱，武吏往捕之，各有所部。”《后汉书·安帝纪》：元初四年诏“其武吏以威暴下，文吏妄行苛刻。……”同书《左雄传》：“文吏课笺奏。”即居延简中亦有一简云：“□月，文吏万岁候长□□”（简号一七三·六）：皆可证。

大抵此类简牍记录官吏考绩，属于人事档案。首句“肩水候官执胡隧长”指所在单位和所任职务，“公大夫”为其人爵位，“累路人”为姓名，“中劳三岁一月”是说合于当时法令规定，有三年一个月的劳绩，“能书会计，治官民、颇知律令”是对其人工作能力的鉴定，“文”“武”指文吏或武吏。其下是记年龄、身材、籍贯以及住址同任所的距离。丙吉令东曹吏琐科条的正是这类资料。

“文”字既然不与“律令”连读，当然同“文毋害”毫不相干。

即就“文毋害”三字论，“文”亦不“指律令文而言”。所谓“文”是指主办人员所作官文书的文辞。主办人员当然需要精通律令条文，但精通与否是业务素养的问题，而毋害之“文”则指草拟的稿件。精通律令是平日的功夫，文书毋害是事后的评价，两者迥然不同。

“文毋害”三字，前人原有种种说法，大致不外两类：一类从作风来解释，如：

服虔曰：“为人解通，无嫉害也。”（《汉书·萧何传》注）

应劭曰：“虽为文吏而不刻害也。”（《汉书·萧何传》注）

刘奉世曰：“持法者或以己意私怨陷人谓之害，故贵于文毋害。毋害者，取其为人毋害于行，则可以为吏矣。文毋害者，盖其时择吏之二事也。”（三刘《刊误》）

韦昭曰：“有文理，不伤害。”（《史记·萧相国世家》索隐）

刘昭曰：“律有无害都吏，犹今言公平吏。”（《续汉·百官志》注）

如淳曰：“闲惠晓事即为文无害都吏。”（《汉书·文纪》注）

《汉书音义》曰：“文无害，有文无所枉害也。律有无害都吏，如今言公平吏”。（《史记集解》引）

一类从能力来说明，如：

苏林曰：“毋害若今言无比也。一曰：害，胜也，无能胜害之也。”（《汉书·萧何传》注）

晋灼曰：“《酷吏传》：‘赵禹为丞相亚夫吏，府中皆称其廉，然亚夫不任，曰：极知禹无害，然文深，不可以居大府。’苏说是也。”（《汉书·萧何传》注）

颜师古曰：“害，伤也，无人能伤害之者。苏晋两说皆得其意，服应非也。”（《汉书·萧何传》注）

又曰：“无害言其最胜也。”（《汉书·张汤传》注）

《汉书音义》曰：“无害者如言无比，陈留间语也。”（《史记·萧相国世家》集解引）

王先谦曰：“文毋害，犹言文吏之最能者耳。蜀中舟子长年三老号曰最能，唐杜甫有最能行，最能之称犹无害也。”（《汉书补注》）

这两类说法大多着眼于人，或者将人与文对立来看。但“文毋害”三字既然连属成文，“无害”应是状“文”之词，而非用以况人，更不应撇开“文”字不谈。杨树达以为“文毋害是一事，盖言能为文书无疵病。缘官书贵于周密，稍有罅隙，即可偾事。或单称无害，则谓其人无疵病耳”，可称确诂。此“犹今人言笔下不错”（黄侃说），措词恰当，无可指摘而已，非“谓精通律令文而不深刻害人也”。

## 二　解何

（1）校甲渠候移正月尽三月四时吏名籍，第十二隧长张宜（案：当为宣字），史案府籍宣不使，不相应。解何？（简号 190·30，129·22，《居延汉简甲编》图 716）①

（2）告肩水候官：官所移卒责不与（《居延汉简甲编》释为“畏”字，恐非是）都吏移乡，所举籍不相应。解何？记到，遣吏检按。及时（《居延汉简甲编》“时”字释为“将军”二字，是）未知，不得白之。（简号 183·15，《居延汉简甲编》图 1049A）

（3）自（案：疑误释）少五十五石廿五斤，解何？（简号 55·18，《居延汉简甲编》图 390）

（4）杙（疑为“按”字。《居延汉简甲编》作“杙”，恐皆误）候正（《甲编》作“三”，是）月尽六月折伤兵簿：出六石弩弓廿四付库，库受啬夫久廿三石（案：疑为“弓”字误书），空出一弓。

① 释文据劳榦《居延汉简考释·释文之部》，下同。劳榦尚有《考证之部》，原书未见。

解何？（简号 179·6,《居延汉简甲编》图 1015）

（5）□□通府去除虏隧百率九里，留行一时六分，定行五时，留进（案：“进”疑为“迟”字误释）三时日分。解何？（简号 181·6）

（6）临木卒我（《甲编》释为“戎”字，是）付诚务北隧卒则，界中八十里，书定行九时，留迟一时。解何？（简号 133·23,《居延汉简甲编》图 767）

（7）界中八十里，出（案：疑为“书”字误释）定行十时，留进（疑为“迟”字误释）二时。解何？（简号 231·2）

（8）河平五年正月，已酉朔，丙寅（案：河平无五年，即阳朔元年，丙寅为正月十八日），甲渠鄣候谊敢言之：府移举书曰：第十三隧长解官病背一伤，右舡□□。爰书言：已乘持亭。解何？合移举各如牒。书到，碟别言。谨案第十三隧长解官隧长解官（案：隧长解官四字误重）上置□□伤，右舡作治。（简号 35·22 面）令史博、尉史昌V严（同简背）

（9）今未系。解何？（简号 20·5,《甲编》图 173）

（10）□百还诣骍北骑士为□□，何故不言？解何？吴等（简号 136·42）

（11）虚积八日。解何？甚无状！檄到（简号 166·35）

（12）☐及死为解，解何？具对。（简号 123·57）

（13）□□月癸卯，官告第四候长：记到，驰诣官会☐，毋以它为解。……（简号 113·12,《居延汉简甲编》图 642A）

（14）见（案：当为“它”字之误）为解，如律令。/令☐（简号 3·22）

（15）癸丑旦，毋以他为解。（简号 18·3,《居延汉简甲编》图 133）

以上第一至第十二各简大多为上级官署令下查复之文。第一第二两简为名籍不符，第三第四两简为器物数额短少，第五第六第七三简为公文送达逾规定时限，第八简为伤员重又服役，第九简为罪犯不收监，第十简为责问不上报，第十一简当为浮报数额，第十二简事由不明。各简中均有“解何”字面。第十三至第十五各简则限令期会，不得托故不到，文中皆有“解”字。

“解”与“解何”字面均见于《汉书》。

> 《淮南王安传》：“内史以出为解”。
> 《袁盎传》：“不以亲为解”。
> 《灌夫传》：“夫安敢以服为解”。
> 《闽粤传》：“以海风波为解”。

颜师古《淮南王安传·注》：“解者，解说也，若今言分疏矣”（余传注略同）。

> 《匡衡传》：“案故图，乐安乡南以平陵佰为界；不足故而以闽佰为界，解何?”

颜师古注：“解何者，以分解此时意，犹今言分疏也”。王先谦读“何”一字为句，举《汉书·周亚夫传》“君候欲反何”、《汉书·伍被传》“公独以为无福何“、《汉书·汲黯传》“不早言之何”各句为例，谓此乃“诘问郡不依故图而以此为解，是何意也?”（见《汉书补注》）杨树达从颜以“解何”二字连读，但又以颜注为非，释“解”为“今言理由，解何谓理由如何也”。（分见《古书句读释例》和《汉书窥管》）

案《史记·吕后纪》：“君知其解乎？”《正义》：“谓解说也。”《广雅·释诂》：“解，说也。”则“以出为解”，谓“以出为说”（为言，为词），“解何”谓“其说云何”（有何话讲，是何缘故）。盖发文机关所查询的是事件造成的原因，复文机关所申述的是事件所根据的理由，而说明过程亦就是“分疏”。泛言之，释“解”为“分疏”，亦未尝不可，析言之，释“解”为理由，亦不能谓为确诂。

# 三　两

（一）㒳，《说文》："再也"，段注："凡物有二，其字作㒳不作两，今字两行而㒳废矣"。两，《说文》："二十四株为一两"，《说文通训定声》："假借为㒳；《广雅·释诂四》：两，二也"。緉，《说文通训定声》："绞也。假借为㒳，《说文》：緉，履两枚也"。段玉裁《说文注》："《齐风》：葛履五两，履必㒳而后成用也，是之谓緉。各本㒳作两，篆作緉，非，当正。"裲，《字汇》："同緉"；《正字通》："亦作两"。《匡谬正俗》："今人呼履舄屐屧之属一具为一量，字当作两。屧之属二乃成具，故谓之两，两音转变，故为量耳。古者谓车一乘亦曰一两，今俗音讹，往往呼为车若干量。"《字汇补》：量"与緉同，双履也"：则㒳、两、緉、裲、量五字通用。

古代用两作为物品计算单位的，除权衡外，如车、履、币、绔、练皆以两计。

《说苑·辨物》："二十四铢为一两。"

《诗·鹊巢》："百两御之"，《传》："百两，百乘也"。《书·牧誓·序》："戎车三百两"，《传》："车称两"，《疏》："《风俗通》说：车有两轮，故称为两。"《艺文类聚》卷七十一引《风俗通》："车一乘谓两，两相与为体也。原其所以言两者，箱辕及轮两两而耦，故称两耳。"（《御览》卷七七三、卷七七六、《通鉴·汉纪卅三》注引并同）《文心雕龙·指瑕》："原夫古之正名，车两而马匹，匹两称目，以并耦为用。盖车贰佐乘，马俪骖服，服乘不只，故名号必双。"《后汉书·吴佑传》注："车有两轮，故称两也。"《汉书·货殖传》颜注："车一乘曰一两。谓之两者，言其辕轮两两而偶。"

《诗·南山》："葛履五两"，《疏》："履必两只相配，故以一两为一物"。《书·牧誓》疏引《风俗通》"犹履有两只，亦称为两"。后汉《秦嘉与妇徐淑书》："龙虎组履一緉"（《北堂书钞》卷一三六，严可均辑《全后汉文》并同。《太平御览》卷六九七引作"虎龙组緹履一緉"）。三国《高柔妇与文惠书》："今聊奉组生履一緉（《御览》卷六九七引）。"曹植《贺冬表》："献白文履七乡緉，韈百副"（据《御览》卷六九七引。孔本《北堂书钞》案语云：严辑曹植《冬至献履袜颂表》据《书钞》引"冬至献文履七緉，袜百副"）。晋张敞《东宫旧事》："太子妃有绛地绞履一緉"（据《御览》卷六九七引。孔本《书钞》"绞"作"文"，陈、俞本《书钞》作"纹"；《说郛》本"緉"作"量"）。《世说新语》："阮孚曰：未知能著几量屐?"《搜神记》"可为妾买两緉丝履"（《御览》卷六九七引）。《元史·舆服志》："皂紵丝鞋三十有六輛"，"大红罗鞋七輛"。

《左传·闵二年》"重锦三十两"注："以二丈两行，故曰两。三十两，三十匹也"，《疏》："《杂记》曰：纳币一束，束五两，两五寻。八尺曰寻，则五寻四丈。谓之两者，分为两段故也；谓之匹者，两两合卷，若匹偶然也。"《左传·昭二十六年》"以币锦二两"注："二丈为一端，二端为一两，所谓匹也。二两，二匹。"《周礼·媒氏》"无过五两"注："五两，十端也。必言两者，欲得其配合之名"，《疏》："五两十端者，古者两端相向卷之，共为一两，五两，故十端也。"《小尔雅》："倍端谓之两。"王国维《释币》："币之称两，亦以其自两端卷合，视一如两。"

绔，《说文》："胫衣也"。《说文通训定声》："字亦作袴，今苏俗谓之套裤。一作胯。"《释名》："跨也，两股各跨别也。"《魏旧事》："杨平善裁袴，以官绢百匹作小袴百枚"（《御览》卷六九五引）。

韈，《说文》："足衣也，从韦，蔑声"；徐铉曰："今俗作韤，非是"；《释名》："末也，在脚末也"；《一切经音义》引作"袜"。袜，《玉篇》："脚衣"；《类篇》："同襪"。韤，《广韵》："韈或作韤、襪"；《集韵》："或作𧜵、韎、靺、絉、袜、帓"。絉，《集韵》："袜，或从丝作絉"，《类篇》："足衣也"；《续汉·礼仪志》："绛绔絉"。则韈、韤、𧜵、襪、韎、靺、絉、袜、帓皆通用。后汉《秦嘉妇与嘉书》："今奉细布韤二量"（严辑《后汉文》作一量，此据《御览》卷六九七引）。《皇甫规与马融书》："谨上韤一量，以通微薄"（据《御览》卷六九七引。孔本《北堂书钞》卷一三六引作"谨奉书上絮被一双，韤一緉，以通微

意”）。三国《高柔妇与柔书》：“今奉织成韈一量”（据《御览》卷六九七引。孔本《书钞》卷一三六引“量”作“緉”）。曹植《贺冬表》：“献韈七量”（据《御览》卷六九七引。孔本《书钞》卷一三六引《曹植集》云：“冬至日献韈七緉”）。《晋惠帝起居注》：“愍怀太子赐典兵中郎□倚复紵韈一緉”（据孔本《北堂书钞》卷一三六引）。《元史·舆服志》：“绯罗锦襪一两”“白绢夹韈四十有三緉”。

两字作为计算单位，其用法与具、枚、对、副等字相同。“车一具”（第518·3简）；《班固与窦固牋》：“瑇瑁韈三具”（《书钞》卷一三六引）；《魏旧事》：“小裤百枚”（《御览》卷六九五引）；曹植《贺冬表》：“韈百副”（《御览》卷六九七引）；《元史·舆服志》：“赤革履五对，白绫韈五对”，“赤革履二百对，白绩韈二百对”：皆其例也。

（二）居延汉简中以两字作计算单位的，如：

权衡：

“系絮三斤十二两”。（第505·33简）

“大婢刘顷二匹十丈三斤十二两”。（第306·16简）

车辆：

“牛车二两，直四千”。（第37·35简）

“牛车一两”。（第24·5简）

“平车十两”。（第334·42简）

“传车二两”。（第31·15简）

履屐：

“县官枲履二两，县官革履二两，不阁”。（第509·26简）

“皂屐一两”。（第103·4简）

“枲菲一两，常庸二两”。（第179·2简）

绔絑：

“绔一两”。（第 509 · 22 简）
“皂复绔一两，白布单绔一两”。（第 206 · 23 简）
“县官絑二两”。（第 509 · 26 简）

皆是。至于布帛黄金，则居延简中尚未发现有用两名称的。《汉书·食货志》：“布帛长四丈为匹”“黄金一斤”，文称匹、称斤，不称两，亦可证。

（三）《史记·平准书》：“及至秦，……黄金以镒名，为上币”，“汉兴，……一黄金一斤”；《索隐》引臣瓒说：“秦以一镒为一金，汉以一斤为一金”。盖汉代钱金并用，均为通货，交易大多用钱，赏赐往往用金。金以斤为计算单位，犹之现在人民币以圆为计算单位，英币以镑为计算单位，圆镑以下的角、分、先令、辨士等名都不是各该本位货币的计算单位，仅仅指单位以下的小数，汉代斤下的两，亦是如此。这同隋代金以两计的不同。

侯景围城，羊侃率兵御之，诏送金五千两、银一万两赐战士，则金银以两计起于梁时。周法尚破李光仕，（隋）文帝赐黄金百五十两，银百五十斤，则金以两计，银犹以斤计。金银之以两计，起于梁陈隋之世也。《通考》谓萧梁间交广以金银交易，既是民间交易，则零星多寡不齐，自必细及铢两。又《宋书·徐豁传》：中宿县俚民课银，一子输半两，则国制收银课亦以两计，因而上下通行，俱论两不论斤。且古时金银价甚贱，故以斤计；后世金银日贵，故不得不以两计也。（《陔余丛考》）

（四）汉代黄金以斤计，居延汉简中“两”字并非指黄金，已如上述。然而年来竟有人谓：汉代边郡用黄金，黄金以两计，每两合钱一千

三百四十七，每斤合钱二万一千五百五十二，其价值较内郡高一倍余云。为说明方便起见，钞录原文于下：

> 边郡钱币，运输困难，有时用黄金代替货币。
>
> 《居延汉简释文》卷二、三十八页，有简文云："凡五十八两，用钱七万九千七百一十四，钱不适就□，出钱四千七百一十四，赋就人表是万岁（案：岁下夺里字）吴成三两半"。此简当为黄金兑换钱币的价值，每黄金一两，直一千三百四十七有奇。又卷二、四十页简文云："出钱千三百卌七，赋就人令（案：令为会字之讹）水宜禄里兰（案：'兰'字疑为"蔺"字）子房（案：《居延汉简甲编》——下简称《甲编》——第 2015 号简'房'释为'所'）一两"。案：此简正合黄金一两的折合价。
>
> 又卷二、四十页简文云："右八两，用钱万七百七十六"。案：每两的价值，为一千三百四十七。
>
> 以上各简，皆是记载边郡用黄金折合钱币的价值，第二简明言是一两出钱一千三百卌七，第三简总数八两，分数每一两也是值钱一千三百卌七，都很明显。
>
> 各简所记的一两，皆系指黄金而言，每两一千三百四十七，每斤则为二十一千五百五十二。比内郡黄金每斤十千的价值，则高一倍有零。赋就人似偿还高利货的借款。若谓"两"指车辆而言，则不能有三两半的纪数。①

这段就文字本身论，其谬误有四：

（1）货币观念模糊。西汉货币有金银铜皮四种，而金铜两种货币在西汉一代始终通用，此在《史》《汉》均有记载。原文说"用黄金代替货币"，是认铜钱为货币而黄金非货币；若黄金本是货币，何用"代替"？可见作者对货币观念模糊。起初我还疑"货币"或为"铜币"二

---

① 陈直：《两汉经济史料论丛》，陕西人民出版社 1958 年版，第 30—31 页。

字误植，但下文明言“此为边郡流通黄金代替货币的明证”，则非“手民之误”可知。

（2）任意离合简文。原文所举第一简其实是两简而非一简。“凡五十八两……钱不适就□”为一简（原简第505·20号，《甲编》第1964号），“出钱……三两半”又为一简（原简第505·15号，《甲编》第1961号），此是不应合而合。“出钱……三两半”下，原简尚有“已入八十五石，少二石八斗三升”十三字，而作者将此十三字删去，此是不应离而离。简文既非本来面目，则据此所作解释自难准确无误。

（3）计算错误。五十八两，用钱七万九千七百一十四，则每两为一千三百七十四强；三两半，出钱四千七百一十四，则每两为一千三百四十七弱；八两，用钱万七百七十六，则每两为一千三百四十七正。作者谓每两“直一千三百四十七有奇”，无一相符。

（4）不明词义。“五十八两用钱七万九千七百一十四”，“八两用钱万七百七十六”，两“用”字明是以钱酬值（工资或货物），若记钱金比价，汉人不如此写法。《汉书·食货志》：“黄金重一斤，直钱万”，《汉书·王莽传》：“故事，聘皇后黄金二万斤，为钱二万万”，此处“直”字、“为”字方是记黄金折合钱数。

（五）此外，这段文字还涉及三个问题：（1）钱金的比价；（2）原简“两”字所指事物；（3）“就人”二字的意义。

（1）先谈钱金比价问题

汉代钱金比价，上引《汉书·食货志》和《王莽传》已明言为一斤万钱。《汉书·惠纪》颜师古注：“诸赐言黄金者，皆与之金；不言黄者，一金与万钱也。”《史记·平准书》：“凡直三十余万金”，《索隐》：“大颜云：一金万钱也”。《公羊·隐五年传》“百金之鱼”注：“百金犹百万也。古者以金重一斤，若今万钱矣。”而《王莽传》言“故事”，则非始于莽朝可知；然则一金万钱，盖为汉代通例。

不仅如此。《十驾斋养新录》曰：“《野客丛书》云：《缃素杂记》引一金万钱以证晋王导所市练布之价，则是一金万钱不但秦汉为然，自三代至晋莫不皆然”。三代魏晋此可不论，若两汉金价，可以证之上文，

迄今尚无相反说法。盖汉代一般物价固有涨落，钱金比价则比较稳定，黄金以斤计算，每斤合钱一万，殆成定论。作者谓边郡黄金斤值二万余，不但于史无征，而原简“两”字本不指黄金（说见下），前提既误，结论自然不会准确。

（2）第二个问题

居延汉简中凡有“两”字的，除写明车别或他器物名称数量的各简外，如果只写一两、二两字样，大多记有“斗石”数或“折耗”数或有“就人”字样。例如作者所引第505·20号（《甲编》第1964号）“凡五十八两”一简、第506·27号（《甲编》第2015号）“出钱千三百卌七”一简均有“就人”字样，第505·15号（《甲编》第1961号）“出钱四千七百一十四”一简且记有“斗石”数。作者在另一处引第505·36号（《甲编》第1981号）“右凡十二两，输城官，凡失折耗五十九石三（劳榦《释文》及《甲编》“三”均作“五”此处当是误植）斗”一简，[①]则记有折耗数。

此外如：

入粟大石二十五石，车一两，输甲渠候官，始建国五年六月，令史受訾家当遂里王护”。（第16·2简）

入粟大石百石，车四两，尉史李宗将弘（第122·6简）

入粟大石廿五石，车一两，正月乙未□（第156·22简，《甲编》第899号）

出谷二百八十七，车二两，建平五□（第30·16简，《甲编》第223号。案：“五”下当是“年”字。汉哀帝建平无五年，此当是元寿元年改元诏书到达前所记。）

入粟大石廿五石，车二（两）。（第59·2简）

▨一两三两。已入卅二石，□八斗三升。牛□（阙文《甲编》释为甲，是）戌。（第495·27简，《甲编》第1877号）

---

① 陈直：《两汉经济史料论丛》，陕西人民出版社1958年版，第30—31页。

各简均记有斗石数，此类简中“两”字均指车辆，而车辆又多用以运输粮食。至下列二简：

> 一两，其一输载出空循画，一输一札折。一两完，第廿车。一两，贝丘第五车，一□。一两，贝丘第九车，三□。一两，贝丘第十一车，□□。（第 24 · 6 简）
>
> ▨下为车五百十五两。（第 262 · 8 简）

“两”字之指车辆更是明白。

居延汉简中尚有一简：

> 告尉：谓第廿三候长建国，受辅谷，到▨，言车两石斗数。（第 145 · 2 简，《甲编》第 809 号）

亦可证明上说。

大抵居延汉简记载车两，牛车称两（例如第 250 · 19 简“牛车一两”），传车称两（例如第 31 · 15 简“传车二两”）或称乘（例如第 212 · 69 简“传车二乘”），轺车、方相车、马车均称乘（例如第 51 · 6 简“轺车一乘”，第 53 · 15 简“方相车一乘”，第 340 · 27 简“马车一乘”）。各简所记“车一两”或“一两”大多指牛车。《汉书 · 货殖传》：“轺车百乘，牛车千两”，亦可证。

至于“三两半”之“半”，是说车辆未曾满载，当然不是指车数。现在口语还是如此用法（譬如人问：米装了几车？答：装了三车半）。

从第 16 · 2 简、第 122 · 6 简、第 156 · 22 简等简观之，大约一车载粮廿五石左右。

（3）关于“就人”问题，须先从“赀家”说起。居延汉简中记有“赀（或訾）家”“就人”字样的，除作者所引二简（第 505 · 15 简、第 506 · 27 简）外，下列各简中亦有此类字面。

贳家安国里王（似为“平”字）严（似为“巖”字或“藏”字，非“严”字）车一两，九月戊辰载，就人同里时褒，已到未言乡（似为“卩”字，非“乡”字）。（第267·16简，《甲编》第1494号）

使（劳书作“史”，非）贳家（劳书作“卒”，非）延寿里上官霸，就人安故里谭昌。（第214·125简，劳书作第214·121简，《甲编》第1192号）

方子真一两，就人周谭、侯君宾（疑为“实”字）为取。（第502·11简，《甲编》第1915号）

入粟大石廿五石，车一两，输甲渠候官，始建国五年六月，令史受訾家当遂里王护。（第16·2简）

元延四年八月以来将转守尉黄良所赋就人钱名。（第506·26简，《甲编》第2013号）。

“贳家”即《汉书·食货志》所谓“豪富人”。“就”即“僦”；《康熙字典》：“古用就，转僦音后，又加人。今僦、就音训别。”敦煌简：“出糜二斛，元和四年八月五日，僦人张季元，付平望西部候长宪”（沙畹号第390、《流沙坠简》廪给（戍役）第十六），简中“僦人”即居延简之“就人”。僦，《说文》：“赁也”；《汉书·食货志》“或偿其僦费”注：“言所输赋物不足偿其顾庸之费也”；《汉书·酷吏传·田延年传》“取民牛车三万两为僦”注：“谓赁之与顾直也”；《汉书·郑当时传》“任人宾客僦”注：“谓受雇赁而载运也”；《一切经音义》十五引《通俗文》：“雇车载日僦”。据上各解，僦是雇之运载的意思，僦人便是所雇之人，即旧社会所谓“赶大车的”。

边郡官署原设有运输车队，居延汉简中所记“第几车父”“第几车”皆是当地官车。有时运输事繁，官车不敷应用，势必雇用民车；而力能置办车辆的必是有钱之人，简中贳（或訾）家即有钱人家，实际即指车主，上述各简中之“王严（平巖）”“上官霸”“方子真”“王护”皆是。

僦人则受雇赶车，各简中之“时褒”“谭昌”“周谭”“侯君宾”“吴成”“兰（蔺）子房”皆是。

雇民车运载，当然须付运费。《汉书·田延年传》：“大司农取民牛车三万两为僦，载沙便桥下送致方上，车直千钱。延年上簿，诈增僦直车二千，凡六千万，盗取其半。”“千钱”便是此次每车的运费，延年浮报运费为每车二千，多报的三千万尽数吞没。上述各简中的“用钱若干”“出钱若干”，即《延年传》中所谓“车直”，《汉书·食货志》中所谓“僦费”，亦即运费（俗称水脚），并非什么“黄金兑换钱币的价值”。“赋就人”不过是说付给运费而已，亦同“高利贷”毫不相干。居延简“☐□月积一月廿七日运茭僦直”（第350·112简），“就钱三百”（第254·5简，劳书第292页）便是明证。

运费既由官出，自必登帐记明时日、受款人姓名、钱数，按时上报，以便稽考。“元延四年八月”一简（第506·26号）便是要求将是月以后的运费帐目转报守尉。

（六）归结上面所述各点，可以知道：古代车、履、币、绔、絑皆用两作计算单位。居延汉简中“两”字亦指权衡、车辆、履屐、绔絑，不指黄金。汉代黄金以斤计，黄金每斤直钱一万。陈书所引各简“两”字指牛车（其中吴成之车显然用以运粮）；“出钱若干”是运费，不是钱金比价；“就人”是受雇赶车的人，同“高利贷”无关。

一九六三年八月卅一日廿二时

# 汉简臆谈（二）

金少英

## 西域都护

《后汉书·西域传》：“武帝时，西域内属，有三十六国，汉为置使者校尉领护之。宣帝改曰都护。”注：“宣帝时，郑吉以侍郎田渠犁，发兵攻车师；迁卫司马，使护鄯善以西南道。其后匈奴日逐王降吉，汉以吉前破车师，后降日逐，遂并令护车师以西北道，号曰都护。都护之置，始自于吉也。”

西域都护始自郑吉，此史籍所同；惟设置之年颇有异说。其说有三：

一、设于宣帝地节二年（前68）

《汉书·百官表》：“西域都护，加官，宣帝地节二年初置，以骑都尉、谏大夫使护西域三十六国。有副校尉，秩比二千石，丞一人，司马、候、千人各二人。”《汉书·郑吉传·赞》：“至于地节，郑吉建都护之号。”

二、设于宣帝神爵二年（前60）

《汉书·宣帝纪》：“神爵二年秋，匈奴日逐王先贤掸将人众万余来降，使都护西域骑都尉郑吉迎日逐，破车师，皆封列侯。”

《通鉴目录》：“神爵二年，初以郑吉为西域都护。”

《通鉴考异》：“神爵二年置都护，自郑吉始。”

三、设于宣帝神爵三年（前59）

《汉书·西域传》：“日逐王畔单于，将众来降，护鄯善以西使者郑吉迎之。既至，汉封日逐王为归德侯，吉为安远侯，是岁神爵三年也。乃因使吉并护北道，故号曰都护。都护之起自吉置矣。”

三说之中，最早为地节二年，最迟为神爵三年，首尾凡十年。究以何者为是？还有，西域都护和都护是一是二？西域都护秩禄几何？亦是问题。

下面依次论述。

**第一个问题：西域都护设于何年？**

（一）西域都护并护北道，那么神爵二年以前汉廷有无遣官并护北道的必要？在此以前，郑吉已否都护西域？

《汉书·西域传》云：“自贰师将军伐大宛之后，西域震惧，多遣使来贡献，汉使西域者益得职。于是自敦煌西至盐泽往往起亭，而轮台、渠犁皆有田卒数百人，置使者校尉领护以给使外国者。至宣帝时，遣卫司马使护鄯善以西数国。及破姑师，未尽殄，分以为车师前后王及山北六国。时汉独护南道，未能尽并北道也。”

又云：“地节二年，汉遣侍郎郑吉、校尉司马熹将免刑罪人田渠犁，积谷，欲以攻车师。至秋收谷，吉、熹发城郭兵万余人，自与所将田士千五百人共击车师，攻交河城破之。王尚在其北石城中未得。会军食尽，吉等且罢兵，归渠犁。田收秋毕，复发兵攻车师王于石城。王……与贵人苏犹议，……苏犹教王击匈奴边国……以降吉。……吉、熹即留一候与卒二十人留守王，吉等引兵归渠犁。车师王恐匈奴兵复至而见杀也，乃轻骑奔乌孙。……于是吉始使吏卒三百人别田车师。……（匈奴）遣骑来击田者，吉乃与校尉尽将渠犁田士千五百人往田。匈奴复益遣骑来，汉田卒少，不能当，保车师城中。……围城数日乃解。后常数千骑往来守车师。……诏遣长罗侯将张掖、酒泉骑出车师北千余里，扬威武车师

旁，胡骑引去，吉乃得出归渠犁。凡三校尉屯田车师。……汉召故车师太子军宿在焉耆者，立以为王，尽徙车师国民令居渠犁，遂以车师故地与匈奴。”

《汉书·匈奴传》：“壶衍鞮单于立十七年死，弟左贤王立为虚闾权渠单于，是岁地节二年也。……是时匈奴不能为边寇，于是汉罢外城以休百姓。单于闻之喜，……欲与汉和亲。……是岁也，匈奴饥，人民畜产死十六七，又发两屯各万骑以备汉。……其明年，西域城郭共击匈奴，取车师国，得其王及人众而去。单于复以车师王昆弟兜莫为车师王，收其余民东徙，不敢居故地；而汉益遣屯士分田车师地以实之。”

上述史料颇多抵牾，既说屯田车师，又说以其地与匈奴；既说车师余民东徙，又说尽迁渠犁。但是有一点可以清楚看到的，即汉在北道仅有车师一个据点，而这一据点又不十分稳固。“车师地肥美，近匈奴”，匈奴要争；“去渠犁千余里间以河山”，有急，“汉兵在渠犁者势不能相救”，汉廷公卿且“以为道远烦费，可且罢车师田者”（引文均见《西域传》），在这种情况下，自无设置西域都护的必要。

即就郑吉仕历来看，亦是如此。

《汉书·郑吉传》：“宣帝时（《西域传》系地节二年），吉以侍郎田渠犁，积谷，因发诸国兵攻破车师，迁卫司马，使护鄯善以西南道。”《通鉴目录》：“地节三年，郑吉击车师，车师王奔乌孙，吉遣吏卒田车师。”《通鉴考异》：“地节三年，郑吉与司马熹击车师。”居延汉简：“元康四年（前62）二月己未朔乙亥，使护鄯善以西校尉吉……”（原简第118·17号，《居延汉简甲编》第678号）则吉在地节二年为侍郎，田渠犁，三年始以击车师功迁卫司马、使护鄯善以西南道，直至元康四年为校尉，仍护南道如故。可见地节二年并未设西域都护。《百官表》及《郑吉传·赞》皆误。

（二）西域都护之设同日逐王降汉至有关系。由于日逐降汉，车师又先已破灭，汉在北方势力扩大，才有并护北道的必要。那么，日逐降汉在哪一年呢？

《汉书·宣帝纪》：“神爵二年秋，匈奴日逐王先贤掸将人众来降。”

同书《匈奴传》："会（虚闾权渠）单于死，是岁神爵二年也。虚闾权渠单于立九年死（案：本《传》上文言：虚闾权渠单于立于地节二年，则立九年为神爵二年），……握衍朐鞮单于立。……单于初立凶恶，……日逐王素与握衍朐鞮单于有隙，即率其众数万骑归汉。"同书《郑吉传》："神爵中，匈奴乖乱，日逐王先贤掸欲降汉，使人与吉相闻。吉发渠犁、龟兹诸国五万人，迎日逐王口万二千人，小王将十二人，随吉至河曲。"同书《西域传》："其后日逐王畔单于，将众来降，护鄯善以西使者郑吉迎之。"《通鉴目录》："神爵二年，匈奴虚闾单于死，颛渠阏氏废其子稽侯狦，而立其疏族握衍单于。握衍单于残忍好杀，国人离叛，日逐王率众来降。"《通鉴》："神爵二年，日逐王素与握衍朐鞮单于有隙，即率其众欲降汉，使人至渠犁，与骑都尉郑吉相闻。吉发渠犁、龟兹诸国五万人，迎日逐王口万二千人，小王将十二人，……遂将诣京师。"

案：虚闾单于死于神爵二年，同年，握衍单于即继位。握衍单于以国人离叛，"恚自杀，……是岁神爵四年也"（《汉书·匈奴传》）。则日逐降汉当在神爵二年至四年间，即握衍在位期间。惟"日逐王素与握衍单于有隙"，则嫌隙之始当在握衍继位之前；而握衍立后，日逐必怀疑惧，加以握衍残忍好杀，更不容其久恋故土。《匈奴传》称日逐王"即率其众归汉"，用一"即"字，可见距握衍继位之日甚近。《汉书纪传》及《通鉴》均系神爵二年，应属可信。

（三）日逐王既归汉，汉封之为归德侯，郑吉亦以迎日逐功封安远侯。郑吉之封因于日逐，都护西域之设亦因于日逐，所以，从郑吉封侯时日，亦可大略推知设官年月。

郑吉何时封侯呢？

《汉书·景武昭宣元成功臣表》："归德靖侯先贤掸以匈奴单于从兄日逐王率众降，侯，神爵三年四月戊戌封。""安远缪侯郑吉以校尉、光禄大夫将兵迎日逐王降，又破车师，侯，神爵三年四月壬戌封。"（案：是年四月无壬戌，吉封当与归德同时，壬戌应为戊戌之误。）同书《西域传》："汉封日逐王为归德侯，吉为安远侯，是岁神爵三年也。"

据《汉书·宣纪》，日逐王以神爵二年秋来降，与郑吉皆封列侯，

《表》《传》以两人同于翌年封，似《表》《传》所记或误，但以万余人口，长途跋涉，时日稽延。理有可能。盖《纪》所载为日逐启行之日，《表》《传》所记则计功封赏之期。（常惠封侯，《宣纪》系本始三年，《表》系四年。《纪》重叙事，奖惩特连类及之，《表》记封赏，时日必须明确）应从《表》。《通鉴》以封侯与设西域都护并系二年，恐非是。

（四）郑吉于神爵三年封侯。都护西域与封侯哪件事在前呢？

《汉书·宣纪》和《郑吉传》及《通鉴》均以设官在前，《汉书·西域传》则以封侯先于设官。案《吉传》载有封侯诏书，曰："都护西域骑都尉郑吉，拊循外蛮，宣明威信，迎匈奴单于从兄日逐王众，击破车师兜訾城，功效茂著。其封吉为安远侯，食邑千户。"诏书为一代法令，明言吉以都护西域封侯，则设官在前，应无疑义。且当时吉本官为骑都尉，与《宣纪》《百官表》皆合（《通鉴》从之，亦称骑都尉。《汉书·功臣表》称校尉，《西域传》称护鄯善以西使者，皆误以前官为称）。其设西域都护时日，则在神爵二年秋当日逐与吉相闻之后，故吉迎日逐时已有"都护"之号。

（五）根据上面各节所述，以郑吉仕历为纲，可以归结为下表：

地节二年（前68）　　郑吉以侍郎田渠犁。

地节三年（前67）　　吉与司马熹击车师，因遣吏卒田车师。吉迁卫司马使护鄯善以西南道。

元康四年（前62）　　吉为校尉，仍护鄯善以西南道如故。

神爵二年（前60）　　匈奴虚闾权渠单于死，握衍朐鞮单于立。

秋，匈奴日逐王欲归汉，使人与吉相闻。汉以吉为骑都尉，使都护西域，迎日逐王。

神爵三年（前59）　　春或夏初，日逐王诣京师。四月戊戌，汉封日逐王为归德侯，吉为安远侯。

神爵四年（前58）　　握衍单于死。

**第二个问题：都护与西域都护是一是二？**

《汉书·郑吉传》："吉遂并护车师以西北道，故号都护"，《西域传》亦称"都护"，《宣纪》及《郑吉传》所载诏书则称"都护西域"，《百官表》则称“西域都护”，《通鉴》从《吉传》称“都护”（《考异》同），其《目录》又称“西域都护”。案“都护西域”自即“西域都护”，言其任使则为“都护西域”，称其官守则为“西域都护”，故诏书称“都护西域”，《百官表》称“西域都护”（往年北洋军阀时期有“督办黄河水灾事宜”一职，相呼每称“督办”，亦犹此意）。

但“都护”之称并不始于神爵间，单称“都护”实与“西域都护”不同。

居延汉简：“元康四年二月、已未朔、乙亥，使护（劳榦：《居延汉简考释·释文之部》夺“护”字）鄯善以西校尉吉、副卫司马富昌、丞庆、都尉冥（案：疑为“宣”字）重（案：疑为“达”字）郎☐通（案：疑为“桓”字或“超”字，绝非“通”字），元康二年五月癸未，以使都护檄书，遣尉丞赦将施（施即“弛”字，劳榦误释为“拕”字）刑士五千（劳榦释为“十”字）人，送致将军（劳榦误释为“车”字）☐发”（原简第118·17号，《居延汉简甲编》第678号）。

案：元康四年，握衍单于尚未即位，日逐亦未降汉，自无“西域都护”一官，简文明言吉官为“使护鄯善以西校尉”；而在两年以前已以“使都护”名义备文送弛刑士，可见“都护”之称不限于都护西域。盖元康间之“都护”为“使都护鄯善以西”的南道，神爵间之“都护”为“使都护西域”，并包南北二道而言，两者职权范围大小不同。至神爵以后，“都护”一名始成为“西域都护”之简称。

**第三个问题：西域都护秩禄几何？**

西域都护秩禄，《汉书·百官表》并无明文记载；照表文来看，有时秩禄反低于其副校尉，而南道“都护”表中且一字不提。

要解决上述问题，我们不妨先将郑吉历任各官和西域都护本官禄秩考究一番。

侍郎　《百官表》：秩比四百石。

卫司马　《百官表》记各官所属司马，皆列丞下，则司马官卑于丞。诸屯卫候司马属卫尉，卫尉丞秩千石，则卫司马秩当低于千石。郑吉由侍郎迁卫司马，则卫司马秩当高于侍郎。元康四年，吉以校尉护鄯善以西，其副为卫司马富昌。《汉书·赵充国传》有长水校尉富昌，考其时盖在神爵初，殆同为一人。则富昌亦以卫司马升校尉与郑吉同，则卫司马秩低于校尉。《周礼疏》“司马殿门者，汉宫殿门，每门皆使司马一人守门，比千石”，与上所述皆合。《续汉·百官志》：“军司马一人，比千石；其不置校尉部，但军司马一人”，亦可佐证。（《后汉书·郑众传》注引应劭《汉官仪》：“越骑司马一人，秩千石。”案：卫尉秩中二千石，其丞秩千石，越骑校尉秩二千石，其司马秩不应为千石，前殆误记，否则，或东京之制如是也）

校尉　据《百官表》，自司隶至虎贲凡十校尉，秩皆二千石，西域副校尉秩比二千石，戊已校尉未载秩禄。吉官但称校尉，应与汉廷冠字十校尉不同。应劭《汉官仪》谓武帝置护乌桓校尉、护羌校尉，秩皆比二千石（分见《御览·职官部》《后汉·光武纪》注引）；《续汉·百官志》谓大将军营五部，部校尉一人，比二千石：吉官相类，秩当为比二千石。

骑都尉　据《百官表》，骑都尉秩比二千石；但骑都尉往往同时官光禄大夫，（如王莽以侍中、骑都尉、光禄大夫拜大司马），则骑都尉秩恐为二千石。

谏大夫　《百官表》：谏大夫秩比八百石，卫宏《汉旧仪》且以为秩六百石。惟《贡禹传》载禹上书，自言“拜为谏大夫，秩八百石，奉钱月九千二百”。禹书未言增秩，则谏大夫秩原为八百石可知。

光禄大夫　《百官表》：“光禄大夫秩比二千石”，《御览·职官部》引《汉旧仪》同。惟贡禹上书称：“拜为光禄大夫，秩二千石，奉钱月万二千”（见本《传》）。“成帝以（王）延世为光禄大夫，秩二千石”（《北堂书钞·政术部》引应劭《汉官仪》）。则光禄大夫秩为二千石，其增秩者为中二千石（如张放）。

现在可以研究一下西域都护的秩禄。

西域都护为加官，其秩禄应视本官而定。但副校尉秩比二千石，则西域都护秩不应低于比二千石。郑吉任西域都护日，其本官为骑都尉，照《百官表》说，秩比二千石；而《功臣表》以吉官为光禄大夫，则秩为二千石。且吉于元康年间已以校尉护南道，秩比二千石，则都护西域以后，亦应迁秩，高于其副，故吉秩当为二千石。《御览·职官部》引《汉官仪》亦谓西域都护秩二千石。徐天麟《会要》列西域都护秩于比二千石，非是。

据《百官表》，西域都护亦可以谏大夫为之。谏大夫秩八百石，较副校尉为低，则是上下倒置，恐无是理。西域都护自郑吉至王莽世凡十八人，《汉书》所载有郑吉、甘延寿、段会宗、韩立、廉褒、郭舜、孙建、但钦等。廉褒以下诸人，其任西域都护以前仕历不详；若郑、甘、段、韩则都护西域时皆为骑都尉，郑、段且为光禄大夫，未有以谏大夫都护西域者。《甘延寿传》称“许嘉荐延寿为郎中、谏大夫，使西域都护、骑都尉”，盖谓进身由嘉，仕历如是，非谓以谏大夫使都护西域也。表文“谏大夫”，恐为光禄大夫之误。

西域都护为加官，南道“都护”当亦为加官。郑吉初以卫司马护鄯善以西，则秩比千石。其后迁校尉，仍护南道如故，则秩比二千石。西汉遣使西域，大抵官卑者为郎，（如遂成、傅介子、乐奉、殷广德、郑吉、甘延寿、陈汤），尊则卫司马（如安乐、魏和意、郑吉、富昌、谷吉、《段会宗传》中迎康居太子者），再尊则校尉（如赖丹、常惠、郑吉、富昌、陈汤），至中郎将、骑都尉、光禄大夫而极（如郑吉、甘延寿、段会宗、韩立皆为骑都尉，忠、常惠、郑吉、段会宗皆为光禄大夫）。初护南道，则以校尉官最尊，郑吉而后并护北道，乃以骑都尉、光禄大夫为之。

一九六三年十一月十五日草于兰医一院，十二月十五日修订

# 汉简臆谈（三）

金少英

## 算

### 一　算字的意义

算和祘、筭、筭三字通用，若严格地说，亦有区别。

筭是计数之具，即筭筹，亦称筭子。竹制，长尺四寸，或尺二寸，或六寸。近代用竹筹计数，以及金融界所习称的“筹马”，恐怕还是由此脱胎而来。

《一切经音义》：“筭，古文祘。”

《说文通训定声》：“筭，此字实即祘之小篆；祘象形，筭会意也。与从竹从具之算别。字亦作笇。”

《仪礼·乡射礼》：“箭筹八十，长尺有握，握素。”《注》：“箭，筿也。筹，筭也。握，本所持处也。素，谓刊之也。”《疏》：“谓以箭为筹。云长尺，复云有握，则握在一尺之外，则此筹尺四寸矣。”

《礼记·投壶》：“筭长尺二寸。”《注》：“或曰：筭长尺有握；握，素也。”

《论语集解》：“多筭饮少筭。”《疏》：“筭，筹也。《乡射记》曰：箭筹八十，长尺有握，握素是也。”

《说文》：“筭长六寸，计历数者，从竹从弄，言常弄乃不误也。”

《说文段注》:“《汉志》云:其筭,法用竹径一分,长六寸,二百七十一枚而成六觚为一握,此谓筭筹;与算数字各用,计之所谓算也。古书多不别。”

《说文义证》:“《急就篇》:笔研筹筭膏火烛;颜注:筭,所以计度。《御览》引《吴志》:顾谭毋省簿书,未尝下筭,徒屈指心计,尽发疑谬。《白帖》三十三:五代王章不喜文士,曰:此辈与一把筭子,未知颠倒。《论衡·感虚篇》:夫以筯撞钟,以筭击鼓、不能鸣者,所用撞击者小也。”

算指数目:

《说文》:“算,数也。从竹从具,读若筭。”

《说文段注》:“筭为算之器,算为筭之用,二字音同而义别。从竹者,谓必用筭以计也;从具者,具数也。”

《说文释例·算下》云:“读若筭,此区别之词也。二字经典通用。许意:其器名筭,乃《射礼》释筭之谓;算计曰算,乃无算爵无算乐之谓。二字以形别,不以音别。”

《说文句读》:“《燕礼》:无算爵,《士丧礼》:明衣不在算,《檀弓》:有算为之节文也;郑注皆云:算数也。案此数乃数目,非料数。”

亦指计算,或假为选、撰:

《文选·运命论》注引《苍颉》:“算,计也。”

《说文通训定声》:“《苍颉篇》:算,计也。《尔雅·释诂》‘舍人’注释数之曰算。”

《尚书·盘庚》伪《孔传》:“选数也。”《正义》:“《释诂》云:算数也。舍人曰:释数之曰算。选即算也,故训为数。”

《说文段注》:“古假选为算,如《邶风》:不可选也,《车攻·

序》：因田猎而选车徒：选皆训数是也。又假撰为算，如《大司马》：群吏撰车徒，郑曰撰读曰算，谓数择之也。”

《说文句读》：“《邶风》：不可选也，《朱穆绝交论》引作‘不可算也’。《论语》：何足算也，《汉书·车丞相·赞》引作‘何足选也’：与许说相当。”

《说文通正》：“《周礼》：撰车徒，撰读若曰算，谓数择之也。《诗》：威仪棣棣，不可选也，《传》训选为数，《汉书》引作‘不可算’。”

《说文义证》：“本书：数，计也。《汉书·律历志》：数者，一十百千万也，所以算数事物。《定十年传》：子止而与之数；杜云：数甲以相付。《周礼·廪人》：以岁之上下数邦用；注云：数犹计也。”

但“筭”“算”二字在儒家“经”籍中久已混作“算”，所以后来“算”字实含三义：计算，计算的工具和数目。工具是用以计算，数目是由计算而得，三者互有关联，而计算之义（算数也，算计也，数计也），尤为主要。

由计算之义引伸，对需要计算之事往往亦称作算，汉时“算民”便是其例。

《后汉书·皇后纪》：“汉法：常因八月算民。”

“算民”即调查户口，后汉时称“案比”，在每年八月举行。“案”谓案验户口；“比”则《周礼·大胥》注：“比犹校也”，《鄼长》注：“校犹数也”，《廪人》注：“数犹计也”。《周礼》所云校比，均是计算之义。大抵汉代每年八月大调查一次，三月可能还调查一次。

《后汉书·安帝纪》：元初四年诏：“方今案比之时”。《注》：“《东观记》曰：方今八月案比之时；谓案验户口次比之也。”

《续汉·礼仪志》："仲秋之月，县道皆案户比民。"

《周礼·小司徒》："乃颁比法于六乡之大夫，使各登其乡之众寡，及三年则大比，则受邦国之比要。"《注》："众寡，民之多少，大比，谓使天下更简阅民数及其财物也。郑司农云：今时八月案比是也。要，谓其簿。"贾《疏》："汉时八月案比而造籍书。"

《周礼·党正》："以岁时莅校比"；《注》："郑司农云：如今小案比。"孙诒让《正义》："吕飞鹏云：'《淮南子·时则训》：三月官乡，注云：三月料民户口，故官乡也。据此，则汉之案比也亦或以三月。'诒让案：高氏所云，或即小案比也；然汉大案比亦每年一行。"

《吕氏春秋·八月纪》高诱注："今年八月比户赐高年鸠杖粉粢是也。"

调查户口的目的，一方面固然是政府需要知道全国人口数目；另一方面主要是统治阶级用此作为剥削人民的数据。所以汉代"算民"实际是征收人口税，而成年人人口税亦即称为算赋，简称为算或赋。

《后汉书·皇后纪》注："《汉仪注》：八月初为算赋，故曰算民。"

《汉书·贾捐之传》：文帝时"民赋四十。"

《周礼·太宰》郑注："赋，口率出钱也。今之算泉民或谓之赋。此其旧名与？"

《汉书·武帝纪》"建元元年"注："张晏曰：二算，复二口之算也。""元封元年"："无出今年算。"

《汉书·宣帝纪》："流民还归者且勿算事"；颜注："不出算赋及给徭役。"

人口税需要计算，其他税收亦需要计算，所以汉代征课往往有称作"算"的，如征收轺车税称为"算轺车"，征收缗钱税称为"算缗钱"，

征收赀产税称为“訾算”皆是。征课称算，于是税额单位汉代亦就以算为名，如“船五丈以上一算”，[①]“民年八十复二算”，[②]“女子年十五以上至三十不嫁，五算”，[③]此“一算”“二算”“五算”之“算”都是指税额单位。

“算”是税额单位，但“一算”多少钱，却因税收的性质、税率的大小、起征点的高低而不同。如成人人口税一般是人出一算，一算百二十钱；[④]赀产税一算为一百二十七钱。[⑤]税率近1.3%。即同一种税，亦每因时期不同而单位钱数随之变更，人口税最是显例。

税额用“算”作单位计数，其他不属税收而需要计算的，为方便计，汉代亦往往称之为“算”。大抵汉代之“一算”“二算”，犹之现代口语之称“一分”“二分”“一个单位”“二个单位”，其所指基数并不一律，甚至亦不完全固定。往年银行牌告之“工资分”月有变动，亦是如此。目前个别地区购物用工业券，食堂就餐有食券，多有称其基数为“单位”的，而各“单位”的性质亦不尽同。所以汉代“一算”之钱数，因事不同，因时不同，应出之算又因人而不同。而不指钱数之“算”，其标准与方法，与计钱者亦异。

## 二　算赋与口钱

汉代人口税分为成人与儿童两种。算赋即成人人口税。

汉代征收算赋，起于高祖时。“汉律：人出一算，算百二十钱”，[⑥]从十五岁起至五六十岁，不论男女，每人每年都得出这笔钱。但这只是就一般而论。西汉王朝为了缓和阶级矛盾，有时亦减免算赋以示惠，所

---

① （汉）班固：《汉书》卷24下《食货志下》，中华书局1962年版，第1167页。

② （汉）班固：《汉书》卷6《武帝纪》，中华书局1962年版，第156页。

③ （汉）班固：《汉书》卷2《惠帝纪》，中华书局1962年版，第90页。

④ 《汉书》卷1上《高帝纪上》颜师古注引如淳曰：“《汉仪注》民年十五以上至五十六出赋钱，人百二十为一算，为治库兵车马。”中华书局1962年版，第46页。

⑤ 《汉书》卷5《景帝纪》颜师古注引服虔曰：“訾万钱，算百二十七也。”中华书局1962年版，第152页。

⑥ （汉）班固：《汉书》卷2《惠帝纪》，中华书局1962年版，第91页。

以一算为钱若干，颇有出入，并非一律为百二十钱。

《汉书·高帝纪》："汉四年八月，初为算赋。"如淳注："《汉仪注》：民年十五以上至五十六，出赋钱人百二十，为一算，为治库兵车马。"

《汉旧仪》："又令民男女年十五以上至五十六，出赋钱人百二十，为一算，以给车马。"（即《汉仪注》。此据孙星衍校本，文字稍有出入。）

《汉书·贾捐之传》："孝文皇帝民赋四十。"注："如淳曰：常赋岁百二十，时天下民多，故出赋四十。"

《汉书·西域传》：武帝"征和中下诏曰：前有司奏：欲益民赋三十助边用。当今务在禁苛暴，止擅赋。"颜注："三十者，每口转增三十钱也。"《汉书补注》引徐松说"今口增三十，是百五十为一算。其时有司有此奏而未行，故《萧望之传》：张敞曰：先帝征行三十余年，百姓犹不加赋。"

《汉书·宣帝纪》：甘露二年正月诏"减民算三十。"颜注："一算减钱三十也。"

《汉书·成帝纪》：建始二年正月诏"减天下赋钱，算四十。"注："孟康曰：本算百二十，今减四十为八十。"

人出一算亦但指通例，实际上奴婢、贾人和一定年龄的未婚女子，其应出税钱都高于一般人。

《汉书·惠帝纪》：六年"女子年十五以上至三十不嫁，五算。"注："应劭曰：汉律人出一算，算百二十钱；唯贾人与奴婢倍算。"刘攽曰："自十五至三十为五等，每等加一算。"

征税范围，卫宏谓从十五至五十六，则首尾共四十二年。但《周礼·太宰》贾疏谓"郑君引汉法：民年二十五已上至六十，出口赋钱人百二十以为算"，则首尾共三十六年。两说不同，各书多据卫说。贾疏所云，或

者东都中叶以后其制如是，亦未可定。

口钱亦称口赋。即儿童人口税。汉代一般税率，人出二十三钱，但亦因时不同。

《汉旧仪》："算，民年七岁以至十四岁，出口钱人二十三；二十钱以食天子，其三钱者，武帝加口钱以补车骑马。"

《后汉书·光武帝纪》注："《汉仪注》曰：七岁至十四岁，出口钱人二十，以供天子。至武帝时又口加三钱以补车骑马。"（即卫宏《汉旧仪》，但文少异。）

《汉书·昭帝纪》：元平元年二月诏"减口赋钱；有司奏请减什三，上许之。"

《汉书·宣帝纪》：五凤三年诏"减天下口钱。"

征税年龄，武帝时以三岁为起点，至元帝时，乃改为七岁起征。

《汉书·贡禹传》："古民无赋算口钱，起武帝征伐四夷，重赋于民。民产子三岁则出口钱。宜令儿七岁去齿乃出口钱，年二十乃算。天子下其议，令民产子七岁乃出口钱自此始。"

口钱似亦起于汉初。《汉旧仪》谓"武帝加口钱"，明武帝以前已有口钱，武帝不过口加三钱，其起征点为三岁而已，并非前此全无口钱。

算赋征课对象为丁壮，口钱则向未成年人征收；两者对象虽异，而计口出钱则同，又同以赋名。但各书所记名称并不十分严格（算赋或称赋，或称算，或称赋钱，或称算钱。口钱或称口赋），甚至两种不同之赋混称为口赋钱，混称为算。

《汉书·昭帝纪》"元凤四年"注："如淳曰：《汉仪注》：民年七岁至十四，出口赋钱人二十三。"

《周礼》贾疏："郑君引汉法：民年二十五以上至六十，出口赋钱人百二十。”

《汉书·宣帝纪》：“且勿算事。”颜注：“不出算赋。”

《后汉书·左雄传》注：“算，口钱也。”

名同实异，不可不察。

## 三　赋字意义

汉代算赋、口赋都称赋；但以赋为名的不仅人口税而已，如更赋、军赋亦是。

《汉书·食货志》：“汉民常有更赋。”

《汉书·惠帝纪》：“家唯给军赋，他无有所与。”

若从广义言之，政府向老百姓剥削财物其实都可以说是赋。（汉代赋税二字已不很严格区别。本文中所用“税收”字面，只照通常用法，不再区别。）

《急就篇》注：“敛财曰赋。”

《汉书·地理志》注：“赋者，发敛土地所生之物以供天子也。”

成人人口税可以简称为“赋钱”，但“赋钱”二字，就居延汉简所记来推敲，似所指范围较广。

第五三·一九号简：“▨元始五年九月吏奉赋（《劳书》夺‘赋’字）钱不到，讫二年▨，未得五年十一月廿六日以来奉。已出▨。”（劳榦《居延汉简考释·释文之部》页二五二。《居延汉简甲编》第三七八号。）①

① 简号、图版据《居延汉简甲编》（以下简称《甲编》），释文据劳榦《居延汉简考释·释文之部》（以下简称《劳书》）。

第一九三·八号简："吏奉赋籍利视"（《劳书》页六七。《甲编》第一一一〇号。）

第二三六·一号简："建昭二年吏奉赋名籍"。（《劳书》页五〇一。《甲编》第一二六四号AB。）

第一三九·二八号简："金曹调库赋钱万四千三。"（《劳书》页二八九。）第六七·六号简："偿及当还赋簿九石，道赋廿三万三千□百卌。"（《劳书》页二八七。）

第二五七·二五号简："□士吏猛取赋九月吏奉。"（《劳书》页二九六。《甲编》第一三四二号。）

第四〇七·一二号简："□□未□三年四▨。已得赋钱千二百。"（《劳书》页二四四。《甲编》第一八〇六号。）

第五七·八号简："居延甲渠次吞隧长徐当时，神爵二年正月庚午除，未得十（案：应为'七'字，《劳书》及《甲编》均误）月尽九月积三月奉（《劳书》'奉'字误释为'半'字）用钱千八百。已得赋钱千八百。"（《劳书》页二七五。《甲编》第三九九号。）

第四八四·四六号简："已得赋钱千。凡未得积二月。凡已得赋钱千。"（《劳书》页三〇二。）

第四三三·三三号和第四三三·四八号两简合："出赋钱六百以给广谷燧长客地元康三年三月奉，元▨"（《劳书》页二四六，简号为第四三三·三三号和第四三三·三号。《甲编》第一八三六号。）

第四三三·一九号简："出赋钱六百以给万世燧长孙奴三月奉。"（《劳书》页二四六。）

第一六一·五号简："出赋钱八万一百，给佐史八十九人十月奉。"（《劳书》页三〇五。《甲编》第九五七号。）

第一〇四·三五号和第三二六·一二号两简合："出赋钱二千七百，给令史三人十（案：应为'七'字，《劳书》及《甲编》均误）月积三月奉。"《劳书》（页三一一。《甲编》第六一一号。）

第二一二·三九号简："出赋钱千八百。"（《劳书》页三五二。）

第二六一·四号简："出赋钱□二十。"（《劳书》页三五四。）

第四九八·八号简："广谷（《劳书》误作'各'）燧长韩昌，元凤元年六月辛丑除，未得本始三年正月尽三月积三月奉用钱千八百。已得河内赋钱千八百。"（《劳书》页二六六。《甲编》第一八九四号。）

第一二六·四二号简："元康三年十月尽四年九月吏已得奉一岁集赋"。（《劳书》页四八七，第一二六·二四号简，为本简简面文；此为简背文，《劳书》缺。《甲编》第七〇五号B。）

所称"吏奉赋钱""库赋钱""当还赋""取贼""得赋钱""出赋钱""集赋"，按其词意，盖别于调钱[①]而言，殆泛指地方政府官钱，恐未必限于算赋一项。

赋亦不限于敛钱，西汉尝征收实物，《汉书·食货志》言"僦费"，言"其物"，便是明证。

《汉书·食货志》："而天下赋输或不偿其僦费。"注："言所输赋物不足偿其顾庸之费也。"

又："令远方各以其物如异时商贾所转贩者为赋。"

赋原是取之于民。

《汉书·食货志》："量吏禄、度官用、以赋于民。"

相反，赋字亦有给与之义，此在《汉书》和居延汉简中其例甚多。

《汉书·昭帝纪》：元凤三年"罢中牟苑赋贫民。"

《汉书·元帝纪》：初元元年"赋贷种食。"颜注："赋，给与

① 《续汉书·百官志》："大司农，边郡诸官请调度者皆为报给。"居延汉简中亦有"调钱"字样。

之也。”

《汉书·哀帝纪》：建平元年诏“皆以赋贫民。”颜注：“赋，给与也。”

《汉书·平帝纪》：元始二年“以口赋贫民。”颜注：“计口而给其田宅。”

居延汉简第五〇五·一五号简：“出钱四千七百一十四，赋就人表是万岁里吴成……”（《劳书》页二六四。《甲编》第一九六一号。）

第五〇六·二七号简：“出钱千三百卌七，赋就人会水宜禄里兰（蔺）子房一两。”（《劳书》页二六七。《甲编》第二〇一五号。）

第一七三·一五号简：“……出八百，赋士吏金□。出钱百廿一，赋尉史辅。出千以赋卒。……”（《劳书》页三〇〇。《甲编》第九八〇号B。）

第一九六·八号简：“出钱六百，赋乐哉燧长夏安四月奉，五月丁酉▨。”（《劳书》页二七三。）

第五〇七·四号简：“居延甲渠候史王武，未得正月尽三月积三月奉用钱千八百。已赋毕。”（《劳书》页二七二。《甲编》第二〇一八号。）

第二六·一九号和第二六·三〇号两简合：“▨□□第二燧长任尊，得十月尽十二月积三月奉用钱千八百（《甲编》‘八百’两字误释为‘前’字），已赋毕。”（《劳书》页二七六，缺第二六·三〇号。《甲编》第一九八号。）

第三五·五号简：“居延甲渠候长张忠，未得正月尽三月积三月奉用钱三（劳书‘三’误为‘二’）千六百。已赋毕。”（《劳书》页三三八。《甲编》第二四六号。）

第四·二〇号简：“未得四月尽六月积三月奉用钱二千七百。已赋毕。”（《劳书》页三一八B。《甲编》第二六号。）

第一九三·二二号和第二一四·一一七号两简合：“中赋八月奉钱，以九月中赋九二▨”（《劳书》页三〇六，简号为第二一四·一一七和第一五三号。《甲编》第一一一三号。)

盖居延汉简中赋字用法不一，有时是名词，有时是动词，须看上下文义方能决定。如果一见赋字便认定是算赋，恐将铸成大错。

**四 “余赋钱”问题**

“赋钱”有“出”有“入”，收支相抵，或有余款。汉简中“余赋钱”若干，都是指收支相抵后的结存数。以“余赋钱”数额来推算成人人口，不但毫无意义，且亦无法推算。

> 居延汉简第二一九·二〇号简：“二年十二月余赋钱八千三百七十八。”(《劳书》页二五〇。甲编第一二二四号。)

有人推断“以七十个人，每人算赋一百二十计算，则当为八千四百，此为积余数，或有口赋夹杂在内，故总数不合每人一百二十的规律。”①

> 第二六一·一三号和第二六一·二七号两简：“凡七万五千四百廿九，其六万四千七百六十君赋，尉史所赋万六百六十九，凡少四千五百卅一。取。”(《劳书》页三一二。)

有人推断“六万四千七百六十五，(案：《劳书》原文‘五’作‘君’。就数目推算，可决其非‘五’字)则为五百三十九人的算赋，多余八十五钱，尉史赋钱万六百六十九，则为八十九人的算赋，多余九钱，奇零之数，皆有口赋钱夹杂在内。”②

如上所述，居延汉简中“赋”字很难断定都是算赋，而算赋因时不同，因人不同，亦不能概以人出一算、一算百二十钱计算。“余赋钱”

① 陈直：《两汉经济史料论丛》，陕西人民出版社 1958 年版，第 23 页。
② 陈直：《两汉经济史料论丛》，陕西人民出版社 1958 年版，第 23 页。

若干为结存数，随收支双方数额而变更，收数固可按额征收，付方则必随事而异，则以一般算赋钱数（120）除结存数，其所得不能代表成人人口，事理至显。何况收方中还包括旧管、新收两项，算赋口钱又钱数互异！倘“余赋钱”数额为2760（算赋120×口钱23=2760）或其倍数，试问这是算赋，还是口钱?

第二六一·一三和第二六一·二七号两简之“赋”字，义殆给付，“君”盖人名（或职名），其经手付出之数“六万四千七百六十”，加“尉史所赋”，合共“七万五千四百廿九”，计算相合。至“四千五百卌一”为应付未付之数，“取”谓应付数已领发。如此解释，理属可通。（以“尉史所赋”数折合“八十九人的算数，多余九钱”，计算亦误）。

## 五　訾算

汉代所谓“訾算”，原意为征收财产税，而财产税亦就称谓“訾算”。

> 《汉书·司马相如传》颜注：“訾读与赀同。赀，财也。”

其税率为1.3%。

> 《汉书·景帝纪》“后二年”注：“服虔曰：訾万钱，算百二十七也。”

起征点为钱一万，有时提高为两三万；盖因时因地而异。在遭受自然灾害地区，即家财不满十万的亦得免税。

> 《汉书·成帝纪》：鸿嘉四年诏“被灾害什四以上、民訾不满三万，勿出租赋。”
>
> 《汉书·哀帝纪》：帝即位（即成帝绥和二年），“令水所伤县邑及他郡国灾害什四以上、民訾不满十万，皆无出今年租赋。”

《汉书·平帝纪》：元始二年“天下民訾不满二万，及被灾之郡不满十万，勿租税。”

大抵西汉社会经济情况，以家有十金或钱十万为中等人家。

《汉书·文帝纪》：“百金，中人十家之产也。”

所以哀平之时，一遇自然灾害，“民赀不满十万”得免租税；任用官吏的经济条件，亦以十万以上为限。

《汉书·景帝纪》：后二年诏“今訾算十以上乃得官”；① 注：“应劭曰：古者限訾十算乃得为吏。十算，十万也。”

《汉书·张释之传》：“以訾为骑郎。”注：“如淳曰：《汉仪（通行本夺‘仪’字，据〈史记集解〉补）注》：赀五百万得为常侍郎。”

《汉书·司马相如传》：“以訾为郎，”颜注：“以家财多得拜为郎也。”

其家财只有三万两万的，已经算不得中等人家，景帝放宽任官条件，而财产标准亦仍以四万为起点。

《汉书·景帝纪》：“廉士算不必众。有市籍不得官，无訾又不得官，朕甚愍之。訾算四得官，亡令廉士久失职，贪夫长利。”

至家财仅有数千的，当然是被剥削的贫民，统治阶级有时为了缓和阶级矛盾，还加以救济。

---

① （汉）班固：《汉书》卷5《景帝纪》，中华书局1962年版，第152页。编者按：“官”，标点本和中华书局影印《汉书补注》本皆作“宦”。

《汉旧仪》："武帝时，使上林苑中官奴婢及天下贫民訾不满五千，徙置苑中养鹿，因收抚鹿矢，人日五钱。"

《汉书·元帝纪》：初元元年，"訾不满千钱者，赋贷种食。"

富人财产，从移民标准来看，大概有钱百万，便算是"高訾富人"。

《汉书·地理志》："后世世徙吏二千石、高訾富人及豪杰并兼之家于诸陵。"颜注："高訾言多财也。"

《汉书·主父偃传》："天下豪杰兼并之家乱众民，皆可徙茂陵。上从之。"

《汉书·宣帝纪》：本始元年，"募郡国吏民訾百万以上徙平陵。""元康元年，徙丞相将军列侯吏二千石訾百万者杜陵。"

武帝时高訾标准提高为三百万。

《汉书·武帝纪》：元朔二年，"徙郡国豪杰及訾三百万以上于茂陵。"《史记·游侠列传》："及徙豪富茂陵也，解家贫不中訾"。《索隐》："案訾不满三百万已上为不中。"

汉简中所称"訾家"，就是家财多的人，即上述《汉书·地理志》的"高訾富人"，《货殖传》的"天下高訾"①，《食货志》的"豪富人"②、"富人"③、"豪富吏民"④，犹之现代称地主、资本家，并非什么"家财可以出缗算之人称为赀家"⑤。缗钱或"二千而算一"，或"四千算

① （汉）班固：《汉书》卷91《货殖传·序》，中华书局1962年版，第3694页。颜注："高訾谓多资财。"

② （汉）班固：《汉书》卷24下《食货志下》，中华书局1962年版，第1162页。

③ （汉）班固：《汉书》卷24上《食货志上》，中华书局1962年版，第1133页。

④ （汉）班固：《汉书》卷24上《食货志上》，中华书局1962年版，第1142页。

⑤ 陈直：《论居延汉简八事》，《北京大学学报（人文科学版）》1963年第4期，第66页。

一”。[①] 武帝时“赀不满五千”[②] 的还是“贫民”，仅有二千、四千家资的人如何能说是“赀家”？何况訾算自訾算，缗钱自缗钱，两者本不相蒙。（说详下）

## 六 汉简中所记訾算

财产税的多少随财产估价而异，而财产估价又因时涨落；政府征税只能以调查时的当地物价为标准。一般地说，内地物资价高，边郡较低。奴婢在当时剥削阶级看来只是货品之一，可以买卖，亦有价格。

《汉书·东方朔传》：“酆镐之间号为土膏，其价亩一金。”

《汉书·李广传》：“李蔡以丞相坐诏赐冢地阳陵当得二十亩，蔡盗取三顷，颇卖得四十余万。”

居延汉简第二四·一号简（背）：“田五十亩，值五千。”（《劳书》页四六三）

居延汉简第三七·三五号简：“田五顷，五万。”（《劳书》页四五五）

《史记·货殖传》：“牛千足，羊彘千双，僮手指千，此亦比千乘之家。”

同篇：“蜀卓氏富至僮千人。”

《汉书·食货志》：“乃募民能入奴婢，得以终身复，为郎增秩，及入羊为郎始于此。”

《史记·仓公列传》：“才人女子竖，市之民所四百七十万。”

王褒《僮约》：“神爵三年正月十五日，资中男子王子渊，从成都安志里女子杨惠，买夫时户下髯奴便了，决价万五千。”

居延汉简第三七·三五号简：“小奴二人，直三万；大婢一人，二万。”（《劳书》页四五五）

---

① （汉）班固：《汉书》卷24下《食货志下》，中华书局1962年版，第1166页。

② 见上引《汉旧仪》。

居延汉简中有两简，具体记录财产的项目和价格，便是当时据以征收财产税的调查底本。

> 居延汉简第三七·三五号简：“候长觻得广昌里公乘礼忠，年卅；小奴二人，直三万；大婢一人，二万；轺车一乘，直万；用马五匹，直二万；牛车二两，直四千；服牛二，六千；宅一区，万；田五顷，五万；凡赀直十五万。”（《劳书》页四五五）
>
> 第二四·一号简：“二（劳书未释）堠燧长居延西道里公乘徐宗，年五十。”（简面。见《劳书》页四六三。《甲编》第一八一号A）
>
> “三（《劳书》作‘二’）堠（《甲编》作坞，非是）燧长居延西道里公乘徐宗，年五十，徐宗年五十（原简误重，《劳书》无此五字）妻妻，子男一人，男同产二人，女同产二人（案‘妻妻’以下十六字原简误重）。宅一区，直三千；田五十亩，直五千；用牛二，直五千。妻，男子一人（此五字原简误重，《劳书》无）。妻一人，子男二人，子女二人，男同产二人，女同产二人。”（简背。《劳书》页同上。《甲编》第一八一号B）

“礼忠”一简，明明说其家訾产总值十五万。“徐宗”一简兼记人口，这是案比之时人口财产一并调查，所以连类相及。上文（见第一节）所引《周礼·小司徒》注“郑司农说”可证。有人以为两简所记均是缗算，① 不知简文已明言“赀直”，且如所列财物，同户主当时的社会地位亦相称。徐宗十口之家，有田五十亩，有宅一区，有牛二头，其为自用尤其明白。纵令“徐宗出租房屋，兼放高利贷”② 属实（徐为债权人，此无问题，但有无取息，是否高利贷均无从悬揣），而商行为是一事，税资产又是一事，两者不能混为一谈。

---

① 陈直：《论居延汉简八事》，《北京大学学报（人文科学版）》1963年第4期，第66页。

② 陈直：《论居延汉简八事》，《北京大学学报（人文科学版）》1963年第4期，第66页。陈直文：“释文五一八页有简文云：‘▨长徐宗，自言责故三泉亭长石延寿茭钱，少二百八十数责不可得。’据此徐宗出租房屋，兼放高利贷，全部家赀，决不止一万三千。”

## 七　市籍租

算缗与訾算不同。欲明两者的区别，必先懂得什么是缗钱，欲明缗钱的性质，必先懂得什么是市籍租。

市籍就是商人名册。凡正式经营商业的，必须向政府注册，注册商人必须交纳一定的金钱，这钱便是市籍租。

汉代对于商人一般采取抑制政策，不但商贾本人在政治方面、经济方面、生活方面均须受法律限制，即其家属亦复如此。应课租税赋役亦较常人为多为重。

《汉书·食货志》："孝惠高后时复弛商贾之律，然市井子孙亦不得为官吏。"

《汉书·贡禹传》："孝文皇帝时，贾人禁锢不得为吏。"

《汉书·景帝纪》：后二年诏"有市籍不得官"。

《汉书·哀帝纪》："贾人皆不得名田为吏。"

《汉书·食货志》：武帝时"贾人有市籍及家属皆无得名田，以便农；敢犯令，没入田货。"

《汉书·高帝纪》：八年令"贾人毋得衣锦绣绮縠絺纻罽，操兵、乘骑马。"颜注："贾人坐贩卖者也。绮，文缯也，即今之细绫也。絺，细葛也。纻，织纻为布及疏也。罽，织毛。操，持也；兵，凡兵器也。乘，驾车也。骑，单骑也。"

《汉书·食货志》："高祖乃令贾人不得衣丝乘车，重税租以困辱之。"

《续汉·舆服志》："贾人不得乘马车。"

《汉书·惠帝纪》"六年"注："应劭曰："汉律：人出一算，算百二十；唯贾人与奴婢倍算。"

《史记·平准书》："商贾人轺车二算。"《集解》："如淳曰：商贾有轺车使出二算，重其赋也。"

《汉书·食货志》：王莽时令"商贩贾人坐肆列里区谒舍，皆各自

占所为于其在所之县官，除其本，计其利十一分之，而以其一为贡。”

《汉书·武帝纪》：天汉四年“发天下七科谪。”注：“张晏曰：贾人四，故有市籍五，父母有市籍六，大父母有市籍七。”

市籍租的征收，亦是打击商人的方式之一。至于实际经营商业而不向政府注册或注册而不交纳税款的，往往会受到严厉的处分。

《汉书·尹赏传》：“杂举长安中轻薄少年、恶子、无市籍商贩作务，……悉籍记之，分行守捕。”

《汉书·何武传》：“武弟显家有市籍租，常不入，县数负其课。市啬夫求商捕辱显家。”

## 八　算缗钱

缗字意义，与经济有关的解说约有四种：

一指钱贯：

《史记·平准书·集解》引李斐说：“缗，丝也，以贯钱也。”（《汉书·武帝纪》注引同）

同篇《索隐》：“缗者丝绳，以贯钱者。”

《史记·张汤传·正义》：“缗，钱贯也。”

《汉书·食货志》颜注：“缗谓钱贯也。”

《汉书·武帝纪》颜注：“谓有储积钱者，计其缗贯而税之。”

《后汉书·鲜卑传》注：“缗，丝也，用以贯钱，故曰缗钱。”

二指商品（农民自给者除外）：

《史记·平准书·集解》：“臣瓒曰：商贾居积及伎巧之家、非桑农所生出，谓之缗，茂陵中书有缗田奴婢是也。

三指商品成本：

《史记会注考证》引姚鼐说："缗者，犹今商贾言货本，以钱准之耳。"

《汉书补注》引苏舆说："《说文》'鍣'下云：业也，贾人占缗即此鍣字义。《广雅·释诂》：购，本也；鍣，算也。《玉篇》：购本作鍣。案：训业、训本，若今商贾成本之谓。算缗者，占度货物成本直钱若干，簿纳官税，有不实，则绳以法。"

四指税收：

《玉篇》："鍣，业也；算税也。购本作鍣，算也，税也。"

《广雅·释言》："鍣，算也。"《释诂》："鍣，税也。"

四说皆各有所偏。

算缗是一种税收，其课税对象为工商业者。《茂陵书》只提到商业而不及手工业，可能臣瓒未曾全引，或者瓒时原书部分已佚，亦未可知。

《汉书·食货志》："异时算轺车、贾人之（《史记》无'之'字）缗钱皆有差下（《史记》无'下'字），请算如故。诸贾人末作：贳贷、卖（《史记》无'卖'字）买居邑、贮积（《史记》'贮积'二字作'稽'）诸物、及商以取利者，虽无市籍，各以其物自占，率缗钱二千而算一（《史记》作'一算'），诸作有租及铸，率缗钱四千算一（《史记》作'一算'）。"

同书《武帝纪》注臣瓒说："《茂陵书》：诸贾人末作、贳贷、置居邑、储积诸物、及商以取利者，虽无市籍，各以其物自占，率缗钱二千而一算。"

《汉志》明言往年算缗对象是商人，现在照旧要向商人算缗，不过扩大范围兼及手工业而已。下文“贾人末作”“商以取利”及杨可告缗，“商贾中家以上大抵破”，亦处处点明是商贾。

《汉志》又将商贾分析言之，所谓“贾人”就是坐贾，即其营业处所固定于某一地点（开设于某地某街的商号）的。“商以取利”就是行商，即流动经营并无固定营业场所的。“末作”犹云商行为，包括下面所述种种。“贳贷”就是放债取息，《史记·货殖传》记长安有子钱家，即贳贷者。如果范围放宽一点，凡借物与人、收取租金的都是。“卖买居邑”就是贸易。“贮积诸物”就是囤户（市场缺货时，乘机抬高价格，获取暴利），《汉书·田延年传》有茂陵富人焦氏、贾氏皆是。在此可以注意的，即注册的正式商人当然要交纳缗钱税，其不曾注册、没有取得正式商人资格的，只要有商行为，亦一样要纳税。“诸作有租及铸”，如淳释为“以手力所作而卖之者”，即手工业者。

由此可见：算缗不限于“储积钱者”，对经营其他商业的亦算，已注册的商人固要算，即未注册的非正式商人亦要算，商人固要算，手工业者亦要算。总之：凡是经营的商品都要课税。所以算缗不是商税，更不是财产税，而是工商税或营业税。

缗钱计算方法对工与商不同。大概商人营运的商品按其成本课税，对手工业品按其售价课税。

> 姚鼐说：“是时商贾以币之变，多积货逐利，所藏者非钱币，乃货也。故令以其物自占。且占者，有物若干，值钱若干，自言于官也。直二千则一算。然则缗者犹今商贾言货本，以钱准之耳。而手力所作者无本钱，则以其所作直四千乃一算。”

但毋论成本、售价都以钱为准，而钱是用缗贯串，所以称为缗钱。

缗钱税率最是问题，各家所记颇多出入。

（一）就起征点（多少钱才算）说，有的谓从二千、四千起算：

> 上引《史》《汉》文字及《茂陵书》。

《后汉书·鲜卑传》注："率缗钱二千而算一。"

有的谓从一千起算：

《史记·平准书·集解》："李斐曰：一贯千钱出二十算也。"

同篇《索隐》："千钱出二十算也。"

同书《张汤传·正义》："武帝伐四夷，国用不足，故税民田宅船乘、畜产奴婢等，皆平作钱数，每千钱一算。"

（二）就单位的钱数（一算多少钱）说，有的谓一算是二十钱：

上引李斐说。

《史记会注考证》："中井积德曰：一算盖钱二十也。"

有的谓一算是一百二十钱：

《史记·张汤传·正义》："一算百二十文也。"

《后汉书·鲜卑传》注："一算百二十也。"

《汉书补注》："王先谦曰：算百二十钱，解见《高纪》。"

（三）就应出的单位数（每人出几算）说，有的工商对言，有的盖以手工业为主，遂谓商人倍出。

《周礼·太宰》注："关市山泽谓占会百物，币余谓占卖国中之斥币，皆末作当增赋者，若今贾人倍算矣。"

《史记·张汤传·正义》："每千钱一算，出一等，贾人倍之。"

这问题应该怎样解决呢？

我以为史料的可靠性，闻不如见，传闻不如亲闻，一般说，时代接

近的比之远的为可靠。《史》《汉》和《茂陵书》的作者都是汉人，史迁还与武帝同时，茂陵是武帝之陵，《汉书》为东汉初期所修，算缗又关系国家典制，岂能毫无根据？而三书所记缗钱起征点都说商人缗钱二千而一算，手工业者四千而一算，应较后人为可信。

一算百二十钱是人口税的单位钱数，《高纪》注解正指算赋。《正义》恐亦据《高纪》云然。

至于“贾人倍算”，只是提法不同。分言之，则工商应出之算不同；合言之，则商人所出为手工业者之倍。

归结上述各点，可知缗钱起征点商为二千，手工业者为四千。一算二十钱。即商业税率为1%，手工业税率为0.5%，均按货品计算。

算缗这一制度，《汉书·武帝纪》谓始于元狩四年，[①] 但《食货志》称“异时算贾人之缗钱皆有差下，请算如故”。“异时”者，“言往时也”，[②] 可见在元狩四年以前早经施行，中间一度停止，至此重又恢复。《食货志》上文又说：“高祖初平天下，令贾人不得衣丝乘车，重税租以困辱之”，则算缗可能汉初已有。

缗钱征税，法令规定由营业者自报营业额，“匿不自占，占不悉，戍边一岁，没入缗钱”。[③] 放债取息的，政府还规定利率，依法报税。

> 《汉书·王子侯表》：“旁光侯殷，元鼎元年坐贷子钱不占租、取息过律，会赦免。”颜注：“以子钱出贷人，律合收租；匿不占，取息利又多也。”
>
> 同篇：“陵乡侯䜣，建始二年坐使人伤家丞、又贷穀息过律免。”

大抵一般利率为月息2%左右。

---

① 《汉书·武帝纪》：元狩四年“初算缗钱”，见（汉）班固《汉书》卷6《武帝纪》，中华书局1962年版，第156页。

② 《汉书》卷24下《食货志下》颜注，中华书局1962年版，第1166页。

③ （汉）班固：《汉书》卷24下《食货志下》，中华书局1962年版，第1167页。

《史记·货殖列传》："庶民农工商贾，率亦岁万息二千"，"他杂业不中什二，则非吾财也。"

《汉书·货殖传》："贪贾三之，廉贾五之"。刘奉世曰："此谓子贷取息也。贪贾取利多，故三分取息一分；廉贾则五分取一耳，所谓岁万息二千也。"

至于乘人之急，重利盘剥，如常有之。

《史记·货殖传》："无盐氏出捐千金贷，其息什之。"《索隐》："谓出一得十倍。"

无盐氏以高利贷致富，汉廷未尝加以处分，则景帝时法令犹宽，不如武帝之严峻可知。

自元狩间恢复算缗以后，"豪富皆争匿财"，"百姓终莫分财佐县官"，① 武帝乃于元鼎三年"令民告缗者，以其半与之"。②"杨可告缗徧天下"，"中家以上大抵皆遇告。得民财物以亿计，奴婢以千万数，田大县数百顷，小县百余顷，宅亦如之。于是商贾中家以上大抵破"。③

在此容易产生这样疑问：算缗对象固然是工商业者，由于犯法而遭破产的亦大多是中家以上的商人。但违法处分，除戍边外，只是没入缗钱，即仅仅没收工商业者所经营的商品，不应并其田宅奴婢亦加没收，可见算缗与訾算不分。其实这问题并不难解决。《志》文所称"财物"，当然指贳贷、买卖、屯积之物。奴婢田宅当时亦可买卖，如果不转移所有权或使用权，只是其家部分财产，自然毋须算缗；倘若买卖假贷，便属缗钱范围，不能以没入之物有田宅奴婢，遂谓两者无别。

---

① （汉）班固：《汉书》卷24下《食货志下》，中华书局1962年版，第1169页。
② （汉）班固：《汉书》卷6《武帝纪》，中华书局1962年版，第183页。
③ （汉）班固：《汉书》卷24下《食货志下》，中华书局1962年版，第1170页。

## 九　訾算与算缗的区别

訾算与算缗的性质已如上述。两者并非一事，其区别为：

（一）税的性质不同。訾算是财产税，算缗是工商业税或营业税。

（二）征税的对象不同。訾算以财产为标准，凡财产达到起征点的，概须征税，不问其人身份如何。算缗对象为工商业者，只问其营业额，不问其家财多少。所以应出财产税的未必算缗（不经营工商业的，其财产虽多，不算缗）；应算缗的未必出财产税（不达财产税起征点的即万钱以下的，不出财产税）。如果既经营工商业而家财又已到达起征点的，自可分别课税。

（三）对象范围不同。财产税以一家为单位，工商业税以营业者为单位。

（四）税率不同。财产税万钱出算百二十七，税率为1.3%。缗钱税率商为1%，手工业者为0.5%。

（五）税率适用范围不同。财产税税率只有一种，应课税的一律适用。工商业税税率工与商不同。

（六）每算钱数不同。财产税每算钱百二十七。工商业税每算钱二十。

（七）起征点不同。财产税起征点为一万。缗钱起征点商为二千，手工业为四千。

（八）税额数据的稳定性不同。财产税大概以案比之时查明的数额为依据，所以比较稳定。工商业税以营业额为依据，变动性较大。

## 十　算舟车

算缗钱是对付商人，算轺车亦是如此。

轺车是一种立乘的小车，前有屏。

> 《释名》："轺车：轺，遥也；遥，远也；四向远望之车也。
>
> 《释名疏证补》："苏舆曰：《说文》：'轺，小车也。'《汉书·

平帝纪》元始三年：‘立轺并马’；颜注引服虔云：‘轺音遥，立乘小车也。’《御览·车部四》引谢承《后汉书》：‘许庆家贫，为督邮，乘牛车，乡里号曰轺车督邮。’又引《傅子》：‘汉世乘轺则贵人也。’李尤《轺车铭》曰：‘轮以代步，屏以蔽容；并此矣。’”（案苏引《傅子》与玄本意违忤，盖误读《御览》文也。）

《汉书·货殖传》颜注：“轺车，轻小之车也。”

用马驾驶，由一马以至三马不等。

《汉书·平帝纪》：“立轺并马”，注：“服虔曰：并马，骊驾也。”

《史记货殖传集解》：“徐广曰：轺车，马车也。”

《史记·季布传》：“乃乘轺车之洛阳。”《集解》：“徐广曰：马车也。”《索隐》：“案：谓轻车，一马车也。”

居延汉简第五〇五·九号简：“□□长□里张信，轺车一乘，用马一匹十二月辛卯北出。”（《劳书》页四二二。《甲编》第一九五七号。）

第五〇五·一三号简：“居延（《劳书》‘居延’两字误释为‘登’）计掾卫丰子男居延平里卫良，年十三，轺车一乘，马一匹，十二月戊子北出。”（《劳书》页四二一。《甲编》第一九五九号。）

第二五·二号简：“徐党，年卅七，轺车一乘，用马一匹，八月庚子上（案：当为‘出’字），九月甲戌入。”（《劳书》页四二四）

第五〇六·三号简：“轺车一乘，马一匹，騂牧，长九（案：原简‘九’下夺‘尺’字），高六尺，□□□餔入。”（《劳书》页四二二。《甲编》第一九九七号。）

第三六·六号简：“弩一矢廿□☑（《劳书》不记），轺车一乘，马二匹”（《劳书》页四二〇。《甲编》第二六六号。）

第四四·一五号简：“南马二匹，轺车（案：当为‘车’字）一乘，□□”（《劳书》页四二四）

第五〇五·一二号简：“敦煌放（案：应为‘效’字，《汉书》

敦煌郡有效谷县。《劳书》与《甲编》均误）谷宜王里琼阳，年廿八，轺车一乘，马三匹（《劳书》夺'匹'字），闰月丙午南入。"（《劳书》页四二一。《甲编》第一九五八号。）

《通考》：汉"武帝推恩之末，诸侯有寡弱者，皆乘牛车，其后牛车稍通贵者之所乘。"

汉代贱轺车，民亦可乘，但平帝时"定婚礼：四辅、公卿、大夫、博士、郎、吏家属皆以礼娶，亲迎立轺并马"，① 则已逐渐重视。到了魏晋，惟显贵才能乘轺。

《史记·平准书·索隐》："《傅子》言汉代贱乘轺，今则贵之矣。"（《意林》引《傅子》作"汉世贱轺车，而今贵之。"《御览》卷七七五引《傅子》作"汉世贱人乘轺，则贵人"，文疑有夺误。）

《宋书·礼志》："汉代贱轺车而贵輜軿。"

《通考》："汉贵輜軿而贱轺车，魏晋贵轺车而贱輜軿。三品将军以上、尚书令轺车，黑耳有后户，仆射但有后户耳，并皁轮也。"

算轺车始于武帝元光六年，

《汉书·武帝纪》：元光六年"初算商车。"注："李奇曰：始税商贾车船令出算。"

同书《食货志》："于是公卿言：异时算轺车有差下，请算如故。"《汉书补注》："沈钦韩曰：异时者，谓元光六年初算商车也。"

或者更早一点亦难说。

在此有两点可以注意：

即（一）元光六年"算商车"，则非商贾之车尚可不算；而公卿提

---

① （汉）班固：《汉书》卷12《平帝纪》，中华书局1962年版，第355页。

议照旧征税之时（《志》文算轺车与算缗并言，以此推之，复算商车，当亦在元狩四年），不仅商人轺车要算，连“非吏比者、三老、北边骑士”① 的轺车亦要算，课税对象较前扩大，所以不说“算商车”而说“算轺车”。

（二）元光六年算的是“商车”，则商人所用一切车辆应均包括在内。元狩四年只提“轺车”，轺车轻小，宜于载人而未必适用于运货，政府欲抑制商人，应着眼于货运，何以反侧重客运？是否商人运货之车可以不算？其实《纪》称“商车”，《志》称“轺车”，同指一事。无论“异时”指元光六年或其以前，既然元狩四年“算如故”，则一切“商车”应算自无问题。所以《志》文“轺车”二字必须活看，不能单纯看作只算轺车一种，商人运货之车即毋须课税。汉人语言阔略，不如后代之精密，往往举偏以概全，此亦一例。

自元光六年算商车后，汉廷已经一度停征，何以到元狩四年重又开征？此中盖有特殊原因。

商人唯利是图，舟车载货，无远勿届，财或累万金，而不佐国家之急。

《史记·货殖传》：“舡长千丈，轺车百乘，牛车千两，亦比千乘之家。”

《史记·平准书》：“而富商大贾，或蹛财役贫，转毂百数，财或累万金，而不佐国家之急”；《集解》：“李奇曰：转毂，车也”。

《汉书·货殖传》：“周人既孅，而师史尤甚，转毂百数，贾郡国无所不至。”颜注：“转毂谓以车载物而逐利者。”

到元狩年间，政府乃实行币制改革以打击商人。

《史记·平准书》：“商贾以币之变，多积货逐利。于是公卿言：

① （汉）班固：《汉书》卷24下《食货志下》，中华书局1962年版，第1166页。

郡国颇被灾害，贫民无产业者募徙广饶之地；陛下损膳省用，出禁钱以振元元，宽贷赋，而民不齐出于南亩。商贾滋众；贫者畜积无有，皆仰县官。”

商人采取消极抵抗手段，积货逐利，对地方自然灾害，袖手旁观，不肯帮忙。政府财政既极度困难，若不在商人身上打主意，亦不易解决；且律禁商人乘骑马：①

《宋书·礼志》：“汉制：唯贾人不得乘马车，其后皆乘之矣。”

征税可说寓禁于征，政府亦有词可籍。于是在征收营业税的同时，又对运输工具加重课税，进一步打击商人。两个剥削阶级斗争的结果，商人失败了。

《汉书·食货志》：“船有算，商者少。”

舟车征税办法，一般人轺车一两出一算，商人加倍征收。船以五丈为起征点。

《汉书·食货志》：“非吏比者、三老、北边骑士轺车一算。商贾人轺车二算；船五丈以上一算。”

但“非吏比者、三老、北边骑士”，注家解释不同：

《史记集解》：“如淳曰：非吏而得与吏比者官谓三老、北边骑士也。楼船令：边郡选富者为车骑士。”

《汉书·食货志》颜注：“比，例也。身非为吏之例，非为三

① 见第七节引《汉书·高帝纪》《汉书·食货志》《续汉书·舆服志》。

> 老，非为北边骑士，而有轺车，皆令出一算。”
>
> 李慈铭曰：“《史记集解》引如淳注曰：非吏而得与吏比者，三老、北边骑士也。”

照如淳说，“非吏比者”即指“三老”与“北边骑士”两类，其轺车皆须出一算。颜说则以吏为一，三老为一，北边骑士为一，非此三类人轺车须算，则此三类人轺车可不算矣。案“吏比者”、“三老”、“北边骑士”为三，“非”字总冒此三类人。“吏比者”，身本非吏，但得比照吏待遇之人。然则吏车不必算。吏比者、三老、北边骑士，其车亦不算。此三类以外之人，虽非如商贾之求利，但亦非执行公务，故其车须算。

至于一算为钱若干，《史》《汉》无明文，以缗钱之倒推之，或者亦为二十钱。

### 十一　算舟车与訾算

舟车税其初只税商人之车，后来虽扩大范围，而重点仍在于商。若家无舟车或有舟车而在免税之列的（如吏以及上文所述三类人），当然毋须纳舟车税。至于财产税，但计货财，不问身分，虽“廉士算不必众”，[①] 而到达起征点的亦须出算。两者性质不同，对象不同，税率亦不同。所以“元光六年冬初算商车”，并非“訾算范围之扩大”。[②] 若谓元狩四年以后舟车税扩大及于商贾以外，则亦仍是舟车税而非财产税。

然则居延汉简中候长礼忠有“轺车一乘”，[③] 訾算轺车纠缠一起，此又何说？

礼忠身为候长，其车又非用以营运，自不必出舟车税。而轺车为其财产，从而征收财产税，此为另一事，不能以其轺车纳税遂谓舟车税包于訾算之中。应如同一物品可按不同性质课税（自一种以至数种不等），而苛捐杂税名目愈多，则纳税次数愈多。解放以前，同一工业品，出厂

---

① （汉）班固：《汉书》卷5《景帝纪》，中华书局1962年版，第152页。

② 陈直：《论居延汉简八事》，《北京大学学报（人文科学版）》1963年第4期，第65页。

③ 见第六节引居延汉简第37·35号。

有税，转口有税，出国有税，即其例证。推之汉世，理亦如是。

## 十二　六畜租

六畜租即牲口税，起于武帝时。

《汉书·西域传·赞》："武帝之世，用度不足，算至车船，租及六畜。"

《后汉书·西域传》："孝武府库单竭，算至舟车，訾及六畜。"

《史记·张汤传·正义》："武帝税民田宅、船乘、畜产、奴牌。"

昭帝时曾一度免收马口钱。

《汉书·昭帝纪》：元凤二年六月诏："其令郡国毋敛今年马口钱。"注："文颖曰：往时有马口出敛钱，今省。如淳曰：所谓租及六畜也。"（案聚珍板《汉旧仪》有案语云："盖自元狩四年以来，县官钱少，买马难得，于是有马者籍之，且于口赋之外增三钱以补车骑马之用，所谓马口钱者此也"。说与注异）。

但所免仅限于当年马口，不及其他。成帝时以丞相翟方进请，算马牛羊。

《汉书·翟方进传》载方进免相策文曰："惟君登位，于今十年。用度不足，奏请一切增赋税城郭堧及园田、过更，算马牛羊，增益盐铁"。

方进于永始二年为相，绥和二年免，则元凤至永始间似曾一度停征牲口税。

牲口税税六畜，但史所称"租及六畜"，未必遍征。翟方进当国，只算马牛羊。《汉书·货殖传》所举"六畜"可以致富的，马牛羊并彘为四，亦无鸡犬。

《汉书·货殖传》："陆地牧马二百蹄，牛千蹄角，千足羊，泽中千足彘：此其人皆与千户侯等。屠牛羊彘千皮，马啼噭千，牛千足，羊彘千双，羔羊裘千石：亦比千乘之家。

照此看来，恐怕只税大牲口而不及禽犬；称"六畜"，只是泛言而已。

牲口税对象盖为畜牧业。西北宜畜牧，自秦至汉以此致富的，代有其人。

《史记·货殖列传》："乌氏倮畜牧，及众斥卖，畜至用谷量牛马。秦始皇帝令倮比封君，以时与列臣朝请。"

《汉书·叙传》："始皇之末，班壹避地于楼烦，致马牛羊数千群。值汉初定，与民无禁，当孝惠高后时，以财雄边，出入弋猎，旌旗鼓吹。年百余岁，以寿终。故北方多以壹为字者。"

《汉书·货殖传》："塞之斥也，唯桥桃以致马千匹，牛倍之，羊万。"颜注："言国家斥开边塞，更令宽广，故桥桃得恣其畜牧也。"

课税殆为此辈，其税率为2%。

《汉书·翟方进传》注："张晏曰：马牛羊头数出税，算千输二十也。"

从张晏说来看恐怕只按头数出税而不论大小肥瘠，只论整体而不可分割，或者还只征实物而不收折色。若所推不误，则起征点为五十头。至于一般人家服牛乘马，不过数头，既未到达起征点。且原备自用，非以为业，自然列入财产范围，折价征税。礼忠、徐宗两家牛马，但算訾财而不课牲口税者，以此。

## 十三　马政

牲口税税六畜，马自然包括在内。但马与军事关系至切，所以民马不但要课税，有时甚至还征充军用。

西汉初叶，匈奴为汉最大边患，对匈奴作战须用骑兵，所以汉廷对马政非常重视。

汉初，承秦末战乱之后，马很缺乏。

> 《汉书·食货志》："汉兴，自天子不能具醇驷，而将相或乘牛车"。"马至匹百金。"

文帝时规定：家有车骑马一匹的，可以免三人兵役。

> 《汉书·食货志》："今令民有车骑马一匹者，复卒三人。车骑者，天下武备也，故为复卒。"

景帝时增设牧马苑以养马。

> 《汉书·景帝纪》注："如淳曰：《汉仪注》：太仆牧师诸苑三十六所，分布北边西边。以郎为苑监，官奴婢三万人，养马三十万匹。"

到武帝初年，马已繁殖很多，其后连年对匈奴作战，军马死亡多至十余万匹，情况极为严重，已到无法与匈奴再战的地步。

> 《汉书·食货志》："武帝之初，众庶街巷有马，仟伯之间成群。"其后"卫青比岁击胡，汉军士马死者十余万"。"天子为伐胡故，盛养马，马之往来食长安者数万匹。"元狩四年，"大将军骠骑大出击胡，军马死者十余万匹。"

《汉书·霍去病传》："两军之出塞，塞阅官及私马凡十四万匹，而后入塞者不满三万匹"。"自（卫）青围单于后十四岁，以汉马少，故久不伐胡。"

《汉书·武帝纪》："元狩五年，天下马少，平壮马匹二十万。"

《史记·汲黯传》："匈奴浑邪王率众来降，汉发车三万乘，县官无钱从民贳马，民或匿马，马不具。"

于是武帝想了许多办法来增加军马，甚至征收民马以充军用。

《汉书·食货志》："兵革数动，民多买复。于是除千夫、五大夫为吏，不欲者出马。"元鼎四年，"令民得畜边县，官假马母，三岁而归及息什一。"五年，车骑马乏，县官钱少，买马难得，乃著令：令封君以下至三百石以上，差出牡马天下亭。亭有畜字马，岁课息。"

《汉书·昭帝纪》注："应劭曰：武帝数伐匈奴，再击大宛，马死略尽。乃令天下诸亭养马，欲令其繁孳。"

《汉书·文帝功臣表》："黎顷侯延元封六年坐不出持马，要斩。"颜注："时发马给军，匿而不出也。"

《汉书·武帝纪》："太初二年，籍吏民马补车骑马。"（此处用一'籍'字。又元鼎五年县官钱少、买马难得，则此次盖为征用而非价购。）

《汉书·西域传》：征和间，令"郡国二千石各上进畜马方略补边状，与计对。"

昭帝时，对养马、供马的办法虽诏停施行，而且还一度免征马口钱；但这只是为了"比岁不登，民匮于食"，"百姓未赡"，[①] 以此示惠。

《汉书·昭帝纪》：始元四年诏"往时令民供出马，其止勿出"。

---

① （汉）班固：《汉书》卷7《昭帝纪》，中华书局1962年版，第228页。

“五年，罢天下亭母马。”元凤二年诏“前年颇省乘舆马及苑马以补边郡三辅传马。其令郡国无敛今年马口钱。”

并非其时马匹已多。元凤二年诏书明言“补边郡三辅传马”，而翌年还在河西走廊买马，皆可证也。

## 十四 有关马政的汉简

元凤三年买马的事，见于居延汉简。

汉简第三〇三·一二号：“元凤三年十月、戊子朔、戊子，酒泉库令安国以近次兼行太守事，丞步迁，谓过所县河津：请（疑为‘关’字）遣□官持□□□钱去□□、取丞从事金城、张掖、酒泉、敦煌郡案家所占畜马二匹，当张舍从者，如律令。/掾胜胡，卒史广。”（简面。《劳书》页二。《甲编》第一五八四号A。）

“十月壬辰、□（案：当为‘卒’字）史解，子曰（此二字疑误释）、酒泉库令印。”（同上简背。《劳书》缺。《甲编》第一五八四号B。）

又有一简，不知年月，以上简体例书法衡之，殆亦为买马之事，时间或且相去不远。

汉简第一九·四四号：”☐张掖、酒泉、敦煌郡，乘（应为‘案’字。《劳书》与《甲编》皆误释）家所占畜请（为‘马’字误释）☐”（《劳书》页二。甲编第一六八号。）

直至成帝元延二年，还在三郡买马。

汉简第一七〇·三号：“元延二年十月乙酉，居延令尚，丞忠，移过所县道河津关：遣亭长王丰，以诏书买骑马酒泉、敦煌、张掖郡中，当舍传舍从者，如律令。守令史诩，佐褒。十月丁亥出。”（简面）“居延令印。十月丁亥出。”（同上简背。《劳书》页一六八至一六九。）

可见武帝以后已不复有那种“众庶街巷有马，仟伯之间成群”[①] 的盛况了。

武帝尝“籍吏民马补车骑马”，[②] 昭帝时虽诏停施行，而从“元凤”三年简文“案家所占畜马二匹”来看，实际并未完全停止。不过武帝时盖为征用，而此时价购，且限家二匹，并非悉数收买，这是两者不同处。

## 十五 “案家所占畜马”问题

“元凤三年”一简义本明白。“案家所占畜马二匹”一句，盖谓依据各家所报养马匹数，官就其中取二匹。上文有“持钱”字样，可知其为价购。第一九·四四号一简，文虽残缺，意实相同；“元延二年”一简亦可参证。

居延汉简中“案”字写法与“乘”字不同，试以有“乘”字、“安”字、“案”字各简细心比较：

《居延汉简甲编》第1669号、第1708号、第1747号、第1802号、第1957号、第1958号、第1959号、第1997号、第2016号、第2359号、第2412号各简有“乘”字。

同书第1717号、第1729号、第2046号、第2064号、第2191号、第2252号、第2268号、第2315号、第2337号、第2340号、第2341号各简有“安”字。

同书第168号、第1584A号两简有“案”字。

---

① （汉）班固：《汉书》卷24上《食货志上》，中华书局1962年版，第1135页。

② （汉）班固：《汉书》卷6《武帝纪》，中华书局1962年版，第201页。

便可分辨。有人将第三〇三・一二号简“案”字改为“乘”字，并据“乘家所占畜马二匹”八字以证元凤三年又征收马口钱，且谓“乘家所占马亦见居延简三九页”，甚至说“用马或指耕作之马，占马或专指骑乘之马。”①

案（一）“元凤三年”一简，《劳书》与《甲编》只有“案”字，并无“乘”字。（二）此简是酒泉郡太守府为派员去四郡买马事给沿途机关的公文，由去员随身携带。这类公文一般要求“毋苛留”“舍传舍”。“持钱”为买马，所买数额依各家所报养马匹数，家取二匹。如果“乘”马二匹，是谁乘？上文“取”字又作何解？（三）退一步说，即使确是“乘家所占畜马”亦难据此以证明征收马口钱。（《本纪》但免元凤二年马口钱，则三年不免原可推知，但不能以“乘家所占畜马”为理由耳。）（四）《劳书》第三九页一简原文如下：

> □□充光谨案曰：籍在官者、弟年五十九，毋官狱征事，愿以令取传乘所占用马。八月癸亥，居延丞幸光移过所津关，毋苛留止，如律令。/掾丞☑”（简号：第二六〇・六号）

其中并无“家”字。（五）“元凤”一简，以“取丞从事金城、张掖、酒泉、敦煌郡案家所占畜马二匹”为句；“充光”一简，以“愿以令取传乘所占用马”为句，“传乘”联用，并非动词。如以“乘家所占马”为句，则是以“乘”为动词，与原简用法大有径庭。（六）“元凤”简为“畜马”，充光简为“用马”，如果一定要为马分类，亦但能分“畜马”“用马”。忽然来一个“占马”，指“元凤”简乎？指“充光”简乎？其实“畜马”不过谓畜养的马，“用马”不过谓使用的马，并无其它奥义。

### 十六 汉简中的“负算”“得算”

前面已经说过：汉代往往用“算”字计数，犹之现代口语称“单

① 陈直：《论居延汉简八事》，《北京大学学报（人文科学版）》1963年第4期，第66页。

位”、称“分”。一算之数，因事不同，因时不同，而不指钱数之“算”，其标准亦同计钱者异。

居延汉简记有“负算”“得算”字样的：

第六·一二号简：“负二千二百卅五算。□所负卅六算，寄十三算。”（《劳书》页一九七）

第八二·一五号、第五二·一七号简：“甲渠候鄣：大黄力十石弩一，右洓强一分，负一算。八石具弩一，右须（《甲编》作‘弭’，是。有人引此作‘弦’）失（疑为‘去’字），负一算。六石具弩一，空上蜚，负一算。六石具弩一，衣不上，负一算。一（《甲编》无‘一’字，是）坞上望火（有人引此作‘丈’）头三，不见所望，负三（有人引此作‘二’）算。坞上望火（有人引此作‘丈’）头三，不见所望，负二算。□扣弦（疑为‘钩’字）一脱，负二算。凡负十一算。”（《劳书》页一九六。《甲编》第三六二号。）

第二〇六·四号简：“万岁候长充，受官钱它课四千，负四等（疑为‘算’字）。毋自言望埕者第一，得七算。相除（《甲编》‘除’字下尚有一字空阙，疑为‘已’字），得三算，第一。”（《劳书》页四八五。《甲编》第一一三三号。）

第二二六·二三号简：“第四、抶、抶、第四、抶、不、不、相除相（第二‘相’字《甲编》作‘以’，是），负百廿四算。”（《劳书》页五〇五。《甲编》第一二四六号。）

第二六五·一号简：“弦加巨，负三算。☐辟一箭道不端、敝，负五算。”（《劳书》页三八一。《甲编》第一三八七号。）

第四〇七·一一号简：“方相除（有人引此作‘涂’）色，负卅五，其☐”（《劳书》页四二一）

其“算”字犹今称“分”，盖计考绩而不计钱数。“负”字意谓“失”。

胡广《汉官解诂》：丞尉以下岁诣郡，课校其功。功多尤为最者，于廷尉劳勉之，以劝其后。负多尤为殿者，于后曹别责，以纠怠慢也。”（《续汉·百官志》补注引）

《宋书·礼志》：“晋文王时为大将军，大推史官不验之负。史官答曰：故甲寅诏有备蚀之制，无考负之法。”

《后汉书·光武纪》：建武十六年“牧守令长以畏愞捐城委守者，皆不以为负；但取获贼多少为殿最。《通鉴》胡三省注：“贤曰：委守谓弃其所守也。负，罪负也。”

《后汉书·冯衍传》注：“负犹失也。”

“负算”犹失算，与“得算”相对。“得算”若干，犹之清代官吏考绩的“记录若干次”，现在球赛的“得分”若干；“负算”犹“记过”、罚球。居延汉简记吏卒劳绩如“日迹”“秋射”等，均详其制度，而对军事设备与其它工作，在目前已发现的各简中虽无具体说明，但亦一定有其标准。

就现存各简加以钩稽，大抵记守御器械的：

居延汉简第一〇·三七号简：“第廿五车父平陵里平益川：官见（《甲编》作‘具’，是）弩十（《甲编》作‘廿’），承弩二，有方三，稾矢三百五十，稾寅矢五十，绀胡一，中发一，靳干十，靳幡十，弩幡九，兰十，兰皮十，服一（《甲编》作‘十’），承弦十四，私剑八。”（《劳书》页三七〇。《甲编》第九四号。）

第一二六·一一号简：“肩水候官元康四年一（《甲编》作‘十’，是）月守御器簿。”（《劳书》页四八七。《甲编》第七一二号。）

第五〇六·一号简：“守御器簿：具弩四皆破（此五字《甲编》作‘长斧四皆破却’），长椎四，长棓四，长杆二，木置□（《甲编》作‘衣’）三，弩长臂二（《甲编》作‘三’），芀马矢稾各一（《甲编》‘一’下有‘毋’字，是），始十斤，出火遂二具，皮置臬草各一毋阁，案（《甲编》作‘夆’）垒二（《甲编》作‘三’，是），破蓬（《甲编》作‘釜’）一，芮薪木薪各二石，瓦萁柳各二斗少一，沙马矢各二石，羊头石五百，枪四十，小苣三百，柱苣（此二字《甲编》作‘□苣’）九，传廿，泲目四，布蓬三（《甲编》下有‘一不具’三字，案：当为‘一白不具’），布表一，鼓一，狗斤（《甲编》作‘庞’）二（《甲编》无‘二’字），狗二一（《甲编》二字下无‘一’字），户关（《甲编》下有‘二’字），楼楪四，木椎二，门（《甲编》作‘石’，案：当为‘户’字）戊二，篇二（《甲编》作‘一’），橐户墼三百，户上下合各一，储水罂二，没荫（《甲编》作‘汲□’）二，大积薪三，药盛橐四。”（《劳书》页三七二至三七三。《甲编》第一九九一号。）

第一二七·二二号简：“□下燧长魏利中：夆一不任事，□索折，毋脂，大积薪廿七，小积薪十二，□□皆破，□阳□□随，狗笼皆破。”（《劳书》页三七八至三七九）

第二七〇·二六号简：“隧长王倚：弩帞三，折伤毋里；兰冠三，其二绒皆毋裹；靳幨三，币。”（《劳书》页三九六）

第二一七·二三号简：“☐五石具弩一伤右张，橐（《甲编》作‘稾’，是）矢廿庠，卩”（《劳书》页四〇三。《甲编》第一二〇三号。）

第三三六·七号简（劳简号为三三六·二）：“☐□绳不事用，已毋弩弦衣”（《劳书》页三六六。甲编第一七四〇号。）

有的是设置当时的登记数（例如第一简），有的是清查后的记录，其后上级派员复查。

第三〇三·二七号简：“其卌六所（案：当为‘折’字）伤不事用，□□七百三完。府。”（《劳书》页四〇七）

第五八·三号简：“□千二泪币补不事用，已作治成。寅矢十，羽币补不事用，已使治成，去。”（《劳书》页三八六）

根据情况，酌加奖惩。凡已整修换新的，自然不会受罚；其迁延不治、遗失军器的，将会得到处分。简文中有“毋得”“不过”字样的，即指奖惩而言。

> 第三·二六号简：“第（《甲编》下有‘十’字，是）五燧长李严：铁鞮瞀二，中毋絮，今已装；铁铠二，中毋絮，今已装；六石弩一组缓，今已更组；五石弩一，太弦三分，今已亭；槀矢十二，干柝呼未能会；寅矢三十干柝呼未能会。”（《劳书》页四〇九。《甲编》第一二号。）
>
> 第一一二·二三号简：“第二（《甲编》作‘五’，是）燧长赵延年：有方（比二字《甲编》作‘斧五’，非）二破，斧（《甲编》下有‘头’字）一破，皆已易；蘘索一币，已易；积薪四小□”（《劳书》页三八六。《甲编》第六三六号。）
>
> 第一四三·一八号简：“积薪八，毋得，不过……”（《劳书》页四〇四）
>
> 第五二二·一三号简：”□三百楯，一亡，已劾。”（《劳书》页三九九）

“毋得”谓无“得算”，“不过”谓无“负算”。

> 《经传释词》：“无与毋通，不亦毋也。”“《周礼·大司马》‘若师不功’，言师无功也。”“《大雅·板》曰：‘无敢戏豫，无敢驰驱’，昭三十二年《左传》引作‘不敢戏豫，不敢驰驱’。”
>
> 《论语》：“人之过也”；皇疏：“过犹失也”；《后汉书·冯衍传》注：“负犹失也”，则过犹负也。

“劾”谓弹劾，“已劾”谓已指名揭发其罪状。汉简中又有功劳簿、告劾籍，便是记录奖惩的档案。

第二五五·二一号简："元康元年尽二年"（简面）"告劾副名籍"（简背）（《劳书》页四八八。《甲编》第一三三五号AB。）

第二四·四号简："□□劳□籍"（《劳书》页四九四）

第一五七·九号简："居延甲渠候官第廿七燧长士伍李宫建昭四年功劳案"。（《劳书》页四九八。《甲编》第九○八号。）

第一一七·二六号简："元康四年功劳"（《劳书》页四八九。《甲编》第六五二号。）

至于记有"负算""得算"字面的各简，自然是上级复查的结果。

## 十七　关于"得算""负算"诸简的探讨

有人以为"戍所官吏的考绩，皆以缗钱的算赋方式来计算，属于奖励的曰得几算，以算作为奖金，属于惩罚的曰负几算，以算作为罚金"，[①]"最多的负至二千二百三十五算。若以一百二十为一算，折合到二十六万八千二百钱，罚数相当庞大"。[②]

其实各简（即上节所引①—⑥简）所说"得算""负算"同算缗风马牛不相及，既非"官吏的罚金"，亦无法"用缗钱来计算"。[③]且缗钱自缗钱，算赋自算赋，"以缗钱的算赋方式来计算"，不但混淆了两者的区别，且亦不词。总之："得算""负算"不指钱，钱亦非百二十为算。

对于各简解释，有的说法亦问题很多：

"负二千二百卅五算"（见上节第六·一二号简）当是一个大单位的总计之数，决非指一人一燧。

"右弦□负一算"（见上节第八二·一五号、第五二·一七号简），

---

① 陈直：《汉书新证》，天津人民出版社1958年版，第15—16页。陈直：《两汉经济史料论丛》，陕西人民出版社1958年版，第26页。

② 陈直：《论居延汉简八事》，《北京大学学报（人文科学版）》1963年第4期，第67页。

③ 陈直：《汉书新证》，天津人民出版社1958年版，第15—16页。陈直：《两汉经济史料论丛》，陕西人民出版社1958年版，第26页。

既与所引原书“右须失”违忤，且亦不合情理。弓只一弦，何来左右？《居延汉简甲编》作“右弭失”，纠正《劳释》甚是。“弭”字解释虽颇不同：

《尔雅·释器》：“弓有缘者谓之弓，无缘者谓之弭，以金者谓之铣，以蜃者谓之珧，以玉者谓之珪。”郭注：“缘者缴缠之，弭者今之角弓也。用金蚌玉饰弓两头，因取其类以为名。”《疏》：“李巡曰：骨饰两头曰弓，不以骨饰两头曰弭。孙炎曰：缘谓缴束而漆之，弭谓不以缴束骨饰两头者也。”

《释名》：“弓末又谓之弭，以骨为之，滑弭弭也。”《疏证》：“毕沅曰：《毛诗·采薇》：象弭鱼服；《传》：象弭，弓反末也；《笺》云：弭，弓反末彆者，以象骨为之。”

《毛诗正义》：“弭者，弓弰之名，以象骨为之。”

而汉人多解为弓末。“右弭失”，谓弓上右端之弭已去。

“坞上望丈头二，不见所望（见上节第八二·一五号、第五二·一七号简），谓在坞上看不见一丈二尺之绳”。[①]“丈”字，《劳书》与《甲编》均作“火”，就图片来看亦非“丈”字。且“丈头二”何从知为“一丈二尺之绳”？绳虽粗，远望不易见，此事理之常，何缘以此得过？

“□辟箭道不端，敝”（见上节第二六五·一号简），解释为“箭放出来不端直且敝坏了”。[②]从此简上文“弦加巨”来看，这次是检查设备，并非阅操，箭原不曾放，何从知其“放出来不端直”？“辟”即“壁”，古籍中二字通用：

《左传·昭十三年》注：“欲筑壁垒以示后人”；《释文》：“壁本亦作辟”。

① 陈直：《两汉经济史料论丛》，陕西人民出版社 1958 年版，第 26 页。
② 陈直：《两汉经济史料论丛》，陕西人民出版社 1958 年版，第 26 页。

《尔雅·释天》："营室，东辟也。"《释文》："辟本作壁。"

居延汉简中亦是如此。

第四〇一·七号简："徐子禹自言家居延西第五辟，用田作为事。"（《劳书》页五〇五）

第二七一·一号简："濮阳槐里景黮：贯宝剑一，直七百，得孙循成▨，客居第五辟。"（《劳书》页五〇九）

箭道，试箭之处，旧督抚署旁有箭道，现在旧址旁街巷尚有以箭道命名的。

汉代舆服有制，车两颜色至有关系，不是"并非重要之事"。①

《汉书·景帝纪》："中六年令长吏二千石车朱两轓，千石至六百石朱左轓。"

《汉官仪》："孝景帝六年令二千石朱两，千石、六百石朱轓。"

《汉旧仪》："丞相车黑两轓。"

《续汉·舆服志》："皇太子、皇子皆安车朱班轮、青盖"，"中二千石、二千石皆皂盖、朱两轓，其千石、六百石朱左轓。"

《通考》："汉皇太子皆安车朱斑轮，飞軨、青盖，皇孙绿车"，"诸侯车皆朱斑轮"，"后汉制：公卿乘安车朱斑轮、皂缯盖、黑轓，中二千石皆皂盖、朱两轓，千石、六百石左轓"。又引《古今注》："武帝天汉四年令诸侯大国朱轮"。

无论"方相涂色"（《劳书》原作"除色"）或"除色"，如果逾制，便是犯法，所以重处。（见上节第四〇七·一号简）

① 陈直：《论居延汉简八事》，《北京大学学报（人文科学版）》1963 年第 4 期，第 67 页。

## 十八 结论

归结上面所述：

（一）汉代征税往往称算，税额单位因亦以算为名。每算多少钱，因税的性质、税率的大小、起征点的高低而不同。即同一税种，亦随时变化。其不属税收性质而需要计算的，亦往往称为算，这同现代称“分”称“单位”相似。把一算一律看作百二十钱，不但与各种税收情况不符，即算赋亦不完全如此。

（二）算赋可以简称为“赋”，而“赋”不尽为算赋。赋原是取之于民，但亦有给与之义。汉简中赋字，有时为名词，有时为动词，须看上下文而定；不能把赋字一律看作是征税。

（三）訾算为财产税，算缗为营业税或工商税。两者性质不同，对象不同，税率不同，每算钱数不同，起征点不同。

（四）舟车税之性质、对象、税率与訾算不同，并不属于訾算范围，其征税目的主要为对付商人。《志》称“算轺车”，其实商人运货之车亦要算。

（五）牲口税对象为畜牧业，案头数出税，大概从五十头起征。至一般家庭使用三数头牛马，但列入财产范围，不课牲口税。

（六）马与军事有关，武帝想了种种办法增加军马。昭帝、成帝时代都曾向边郡买过民马。

（七）汉简中的“得算”“负算”字面，但记考绩，并不指钱。

一九六四年五月廿五日，廿四时。

**附记：**

金少英（1898—1979），男，汉族，字公亮，浙江绍兴人。1926 年毕业于北京大学哲学系。1949 年前曾任教于四川大学、重庆大学、南京临时大学等高校，1949 年后任西北师范大学（曾名西北师范学院、甘肃师范大学）历史系教授、系主任。金少英先生一生从事古文献整理和历史学尤其是秦汉史的研究，有《汉简臆谈》《汉书食货志集释》《大金吊伐录校补》《秦官考》等论著。

《汉简臆谈》作于1963—1964年，共分（一）（二）（三）三部分，其中（一）曾以“《汉简臆谈》”之名发表于《甘肃师大学报》1963年第3期（后又为《简牍学研究》第四辑所转载）。其后，金少英先生将解放后在甘肃师范大学（今西北师范大学）任教时所撰史学论文12篇（包括《汉简臆谈（一）（二）（三）》）汇为一编，因“文以论辨为主，内容汉事居多，《汉简臆谈》可为代表，用名吾书，足概其余”，故名《汉简臆谈及其它》。然限于当时条件，该著未正式出版，仅内部发行，故学界不易窥探先生1960年代简牍学研究之全貌，甚为可惜。今转载于本论文集，供学界同人学习、体会。惟1960年代之学术规范如标点使用格式、简文征引格式、史料使用版本，与今已有较大差别。这次整理，大体遵循著作原貌，仅据通行版本对史料予以重新核对（如前四史使用了中华书局标点本），必要处补充了注释信息，修改了部分标点，改正了个别明显错讹，以期大体符合今天之学术规范、格式。编者水平有限，修订有不当处，皆由编者负责。

# 谈居延汉简中“＝”的用法

曹怀玉

居延汉简简文中常见“＝”代号，考其用法，一般有两种情况：

一是表示重复字、词的。如：

（1）《甲编》[①] 1427：“府檄＝到惊备如律令”。即……府檄，檄到惊备如律令的意思。

（2）《甲编》1587：“出麦七石八斗　以食吏＝私从者二人六月尽八月”。即出麦七石八斗以食吏、吏私从者二人六月至八月。

（3）《甲编》1599：“田卒淮阳郡长平＝里公士李行年廿九……”

（4）《甲编》1600：“田卒淮阳郡长平容里公士稷绾年卅……”

按：例（3）（4）两简对照着看很清楚，同为田卒身份，同是淮阳郡长平人，只所在里名不同，稷绾居容里，李行居“＝”里，这“＝”号，显然是上字“平”的重复代号，应名“平里”。

（5）《甲编》132：“勿留叩＝头＝”。即勿留叩头叩头之意，不宜读为叩叩头头。

（6）《甲编》1575B：“……伏地再＝拜＝”。即……伏地再拜再拜之意，不宜读为再再拜拜。

（7）《甲编》802A：“通移居＝延＝移延水丞书曰”。即通移居延，居延移延水书曰的意思。若读为通移居居，延延移延水丞书曰，就不可解。

一是表示以每日每人为计数单位的。这种用法乍看起来比较难解，

① 系1959年中国科学院考古研究所编辑出版之《居延汉简甲编》的简称。

但经换算即可明白。如：

（8）《甲编》1480："出穈大石三石六斗　始元二年六月庚午朔以食蜀校士二人尽己亥卅日积六十人＝六升"。

按：每日每人六升，60人正好三石六斗。它的算法是庚午至己亥共30天，二人合计60天，也就等于60人，所以简文说"积六十人"，那么"＝"这个代号也就是每日每人的意思了。

（9）《甲编》1482："出穈大石三石四斗八升　始元二年九月己亥以食蜀校士二人尽丁卯廿九日积五十八人＝六升"。

按：每日每人六升，58人正好三石四斗八升。它的算法同例（8）。

（10）《甲编》2549AB："入穈大石八石七斗为小石十四石五斗　二年八月辛亥朔辛亥第二亭长舒受第六长延寿以食吏卒五人＝六斗（升）辛亥尽己卯廿九日积百卅五人"。

按：每日每人六升（《甲编》误释'升'为'斗'，应纠正），145人正好八石七斗。算法同例（8），唯此简记的较详细，起自辛亥，止至己卯共廿九日都很具体，吏卒五人廿九日积百四十五人，也很准确。可见此处的"＝"号是每日每人的代号无疑。

我们明白了"＝"号的这两种用法，既能通读简文，又能理解计量换算过程，这对研究居延汉简具有一定的意义。

**附记：**

曹怀玉（1925—2008），男，汉族，宁夏青铜峡人。西北师范大学历史系教授。1950年西北师范学院中文系毕业留校，任教于历史系。主要从事先秦历史、文献方面的教学与研究工作，侧重于西北史研究，合作完成有《甘肃古代史》等著作。曾主持编纂六编（23册）《简牍研究资料》。

本文原刊《甘肃师大学报(社会科学版)》1978年第1期

# “大石”“小石”考辨
## ——兼论“大”“少”二字之含义

曹怀玉

居延汉简中有关食粮计量的“大石”“小石”问题，解说纷纭。有人以为“计算米的单位为大石，计算粟的单位为小石，大石小石并非在量上有所不同”。[①] 陈直先生指出：“居延吏卒发廪给以粟为原则，用大小石不同的升斗来计算。发二石者为大石，发三石三斗三升少者，则为小石……‘少’即小字”。[②]

我们认为陈直先生“用大小石不同的升斗来计算”的说法是正确的。今就《居延汉简甲编》（以下简称《甲编》）所见者录例于下：

（1）《甲编》525：出麦小石五石四斗　始元二年十月戊辰朔以

（2）《甲编》530：·出谷大石九石　其一石五斗麦七石五斗穈今六月簿毋余

（3）《甲编》845：出穈小石十二石　十月丁酉☐

（4）《甲编》848：出穈大石五石四斗　以食卒☐

（5）《甲编》849：入穈小石十二石为大石七石二斗

（6）《甲编》851：出穈大石六石九斗六升以食昌☐

（7）《甲编》855：出麦小石五十石　征和四年五月☐

① 陈公柔、徐苹芳：《关于居延汉简的发现和研究》，《考古》1960 年第 1 期，第 50 页。

② 陈直：《〈关于居延汉简的发现和研究〉一文的商榷》，《考古》1960 年第 8 期，第 38 页。

(8)《甲编》858：凡出谷小石十五石为大石九石”

(9)《甲编》864：出縻大石七石二斗　河平三年四月”

(10)《甲编》872：出縻大石一石七斗四升　以食吏一人闰月甲戌尽壬寅廿九日积廿九人人六升

(11)《甲编》878：入縻小石十四石五斗　始元三年正月丁酉朔第二亭长舒受代田仓验之

(12)《甲编》1443：入縻小石十二石为大石七石二斗征和五年正月庚申朔庚通泽第二亭长舒受部农第四长朱

(13)《甲编》1452：入縻小石十一石六斗

(14)《甲编》1458：府仓以八月出谷到征和四年二月十五日度尽余有小斗二斗

(15)《甲编》1462：出粟小石三石为大石一石八斗以食卒三人十二月辛卯尽庚子十日积卅人□□☐

(16)《甲编》1467：入縻小石十四石五斗始元二年十一月戊戌朔戊戌第二亭长舒受代田仓验见都丞延寿临

(17)《甲编》1485：入縻小石十二石　始元五年二月甲申朔丙戌第二亭长舒受代田仓验隻

(18)《甲编》1495：入縻小石十四石五斗为大石八石七斗三年正月己卯朔辛巳第二亭长舒受第六长延寿

(19)《甲编》1609：入谷六十三石三斗三升少　其卅三石三斗三升徬徨卅石粟

(20)《甲编》1650：斗五斗二升为大斗

(21)《甲编》1651：出縻小石十一石六斗……

(22)《甲编》1831：入縻小石十一石六斗　始元五年十月□☐

(23)《甲编》1883：出麦大石三石四斗八升……

(24)《甲编》1925：出麦大石十石八斗

(25)《甲编》2051：五月丁巳粟小石百卌石

(26)《甲编》2353：□縻小石三石九斗☐

(27)《甲编》2360：出縻大石三石四斗六升

（28）《甲编》2386：入糜小石十一石六斗　始元四年二月辛酉

（29）《甲编》2549：入糜大石八石七斗为小石十四石五斗　二年八月辛亥朔辛亥第二亭长舒受第六长延寿以食吏卒五人：六斗辛亥尽己卯廿九日积百卌五人。

（30）《甲编》1011：米一石九斗三升少　廪当谷隧卒秦治方六月食。

由以上资料，可以得出这样两点结论：

一、“大石”“小石”并非粮食品种不同的计量分野，同样是糜，有以“大石”计量的，也有以“小石”计量的，谷亦如此。若例（2）《甲编》530简及例（19）《甲编》1609简之“谷”则又系泛称。例（2）之“谷”其中既包括麦，又包括糜，用大石计量；例（19）之“谷”，其中既包括徨彷（《集韵》“彷徨，穄也”。穄，《说文》“糜也”，《玉篇》“关西糜似黍不黏”。《穆天子传》“穄麦百载”注“穄似麦而不黏”。也有人马皆可食彷徨之简文，如《甲编》600及922号便是证明。凡此酌之，彷徨大抵若今青稞、大麦之类的粮食），又包括粟（粟，《说文》“嘉谷实也”。《汉书·食货志》师古注“粱肉”曰：“粱，好粟也，即今之粱米。”）用小石计量。又《甲编》1134彷徨用大石，600及922用小石，亦不统一。例（30）《甲编》1011之“米”，则用小石计量。麦，有用小石计量的，如例（1）（7）；也有用大石斗计量的，如例（23）（24），这又怎样解释呢？所以，我们认为“大石”“小石”的问题，乃是当时就流行着两种计量制度，并非米、粟粮食品种不同的区别，即当时无论“大石”，还是“小石”，皆为容量单位，不是重量单位，与粮食品种无关。

二、据例（5）（8）（12）（15）（18）（29），大石一石折合小石一石六斗六升六……，这个尾数“六”是无限循环数。小石一石折合大石0.6石，即六大斗。大小石之比为5∶8。

特别是例（29）的《甲编》2549简，每日每人（“=”为重文代号）六升（《甲编》释文误为“斗”，应更正），一百四十五人，正好大石八石七斗。所以，这个换算数字是准确的。

正因为大石折合小石的量数有循环，也因为简文记帐未见升以下的合、龠单位名称，所以经折合后，一般在升下坠一“少”字或“大”字。“少”字表示由大石折合小石后，记帐时将不足半升的尾数去掉后于升下坠“少”字加以声明；“大”字表示由大石折合小石后，记帐时将超过半升的尾数去掉后于升下坠“大”字加以声明。即“少”字表示升下尾数不足半升；“大”字表示升下尾数超过半升。

前者如“三石三斗三升少”（简文屡见），原是二大石折合成的小石数，这个数字的本身应是 1.666 ×2 =3.332（“·”代表石，下同），记帐时写作“三石三斗三升少”，显然是将尾数 2 去掉后加坠“少”字的。为何加坠“少”字？看来不但是为了表明比实折数少，而且是由于升下尾数少于半升的缘故。

后者如“二石一斗六升大”（《甲编》203 等简），原是由大石一石三斗折合的小石数，这个数字的本身应是 1.666 ×1.3 =2.1658，记帐时写作“二石一斗六升大”，显然是将尾数.0058 去掉后加坠“大”字的。这个尾数去掉后比实折数少，为何坠“大”字？看来是由于升下尾数 58 超过了半升的缘故。

总之，实际情况是，大石折小石后，记帐数都比实折少了尾数，此尾数不足半升者升下坠“少”字，超过半升者升下坠“大”字。凡几项小石石斗升数的相加和数为或石、或斗、或升的整数者，其数下则不坠“少”“大”字样，若《甲编》203 简之总计六石便是如此。凡几项小石石斗升数的相加和数有尾数者，视其尾数是否足半升分别于升下坠“少”“大”字样，若《甲编》202 简之总计为“四石三斗三升少”，395 简之总计为“三石三斗三升少”，便是如此。二者皆可从相加之单项尾数观察有无循环（如 3、6、9 数）即知其和为大石或小石，单项原始尾数有循环者，必为小石，单项原始尾数无循环者几乎没有。单项食粮的整数，有数前没写大石、数后量名下没坠“大”“少”字样的，此必大石无疑，如“出麦二石以食当井隧卒☐”（《甲编》1722），这显然是一名戍卒月食的大石数。这就是说，只有大石折合小石后才出现循环尾数及“少”“大”字样。

因此，陈直先生的升下坠“‘少’即小字”指小石的说法不完备。我认为：如“三石三斗三升少”的“三石三斗三升”确乎是二大石折成的小石数，但升下坠的“少”字并不指明是小石的意思，而是表示由二大石折合小石后去掉了3.332之2的尾数，此升下尾数2，又不足半升，故于升下坠“少”字以表明，此“少”字就起了如此的标记作用。

又《云梦睡虎地秦简·仓律》每言“x石x斗大半斗”，或“少半斗”或“少半升”。居延汉简之“大”“少”当是“大半升”、或“少半升”之省写，是约定俗成的习惯记帐法，实用上也方便。

《汉书·楚元王传》“功费大万百余”。陈直先生谓：“汉五铢钱范底题字，有‘富人大万’四字，又有‘乐当大万’瓦文，‘大万’盖为西汉人之习俗语。”[①] 可见居延汉简计量斗升后之“大”“少”二字，仍为习俗语，即过半升者升下坠“大”字，不足半升者升下坠“少”字，再无其他意义。

弄清楚这个问题，对汉代经济制度及经济生活的研究很有意义，也为我国数学史的研究增添了新内容新资料。

［附］本文是在樊修睦、张渊二同志的大力帮助下完成的，特此表示衷心感谢。

本文原刊《宁夏大学学报(社会科学版)》1981年第1期

① 陈直：《汉书新证》，天津人民出版社1958年版，第225页。

# 悬泉汉简中的“传信简”考述

张德芳

传信，是朝廷公务人员在出使、巡行及办理有关公务时要求所到各地给以通行、过关、乘车、食宿等各种方便和特权的公文凭信。秦汉时，与此相关的概念和事物有传车、传马、传舍、传食等。与此类似的凭信还有符、节、棨、信、繻、过所等等，传信只是其中的一种，有时可单称之为“传”。

《汉书·平帝纪》“在所为驾一封轺传”注引如淳曰：“律，诸当乘传及发驾置传者，皆持尺五寸木传信，封以御史大夫印章。其乘传参封之。参，三也。有期会累封两端。端各两封，凡四封也。乘置驰传五封之，两端各二，中央一也。轺传两马再封之，一马一封也。”① 这段材料告诉我们：一、传信的质地为“木”；二、长短尺寸为“尺五寸”，合今34.5—35厘米左右；三、其用途是为了乘传及发驾置传，即为持传人提供传置车辆；四、要有御史大夫的印章，即发出单位必须是御史大夫府；五、传信要加封，以加封的多少决定乘车的档次。一封者即所谓“一封轺传”，即驾一匹马的轺车；二封者即为“二封轺车”，即驾两马的轺车；三封、四封、五封者分别为驾四匹马的乘传、驰传、置传。《汉书·高帝纪》下：“（田）横惧，乘传诣洛阳。”注引如淳曰：“律，四马高足为置传，四马中足为驰传，四马下足为乘传，一马二马为轺传。急者乘一乘传。”② 这段材料把置传、驰传、乘传、轺传和乘马区别了开来。要

① （汉）班固：《汉书》卷12《平帝纪》，中华书局1962年版，第359页。

② （汉）班固：《汉书》卷1《高帝纪》，中华书局1962年版，第57页。

乘用这五种交通工具，必须用不同的传信，即上面所说的不同的加封数量。《史记·孝文本纪》还有一条可以相互印证的材料：“太仆见马遗财足，余皆以给置传。”《索隐》云：“故乐彦亦云传置一也。言乘传者以传次受名，乘置者以马取匹。如淳曰：‘律，四马高足为传置，四马中足为驰置，下足为乘置。一马二马为轺置，急乘一马曰乘也。’”①《史记》与《汉书》所引略有不同，分别为传置、驰置、乘置、轺置和乘，说明在“乘车”这一意义上，“传”和“置”可以互用，正可帮我们加深理解。至于置传、驰传、乘传所驾四马得以有所区别的高足、中足、下足，当为驾车马匹的上、中、下三个等次，以供不同级别或不同使命的使臣乘用。

除了乘车外，传信还是住宿的凭据。《文选·范彦龙赠张徐州稷》注：“诸侯及使者有传信，乃得舍于传耳。今刺史行部车号传车，从事督邮。”② 悬泉汉简中所见传信内容，除了要写明该乘什么车，沿途必须依次提供外，还要注明“当舍传舍”，解决住宿问题。如：

简一：初元五年十一月，左将军光禄大夫臣嘉、右将军典属国臣奉世，承制诏侍御史曰：都护西域校尉军司马令史窦延年、武党、充国、良诣部，为驾一封。

御史大夫万年下……☑当舍传舍，如律令。③

（V92DXT1512③：11）

简二：☑□臣商承……

① （汉）司马迁：《史记》卷10《孝文本纪》，中华书局1959年版，第423页。

② （梁）萧统：《文选》卷26《范彦龙赠张徐州稷一首》，中华书局，1977年影印清胡克家刻本，第372页。

③ 初元五年为前44年；左将军光禄大夫臣嘉为许嘉，右将军典属国臣奉世为冯奉世。《汉书·百官公卿表》：初元三年（前46），“执金吾冯奉世为右将军，三年为诸吏典属国，二年为光禄勋。侍中卫许嘉为右将军，五年迁”。御史大夫万年为陈万年。甘露三年（前51）“五月甲午，太仆陈万年为御史大夫，七年卒”。根据《汉书·百官公卿表》：初年五年“六月辛酉，长信少府贡禹为御史大夫，十二月丁未卒。丁巳，长信少府薛广德为御史大夫，一年以病赐安车驷马免”。同简文记载不符。

御史大夫衡下右扶风廏，承书以次为驾，当舍传舍，如律令。ㄗ①

（V90DXT1510②: 161）

悬泉汉简中，此类简文甚多，恕不一一枚举。凭传信由传舍提供住宿外，自然要提供膳食，这是题中应有之意，所以《秦律十八种》和张家山汉简《二年律令》有“传食律”。

传信的另一用途就是过关。《周礼·司关》：“凡所达货贿者，则以节传出之。”郑注云：“如今移过所文书。”② 汉文帝十二年（前168）三月“除关无用传”，张晏曰：“传，信也，若今过所也。”如淳曰：“两行书缯帛，分持其一，出入关，合之乃得过，谓之传也。”李奇曰：“传，棨也。”师古曰：“张说是也。古者或用棨，或用缯帛。棨者，刻木为合符也。③ 景帝四年（前153）春，“复置诸关用传出入”。宣帝本始四年（前70）春正月，诏曰“民以车船载谷入关者，得毋用传。”师古曰“传，传符也。欲谷之多，故不问其出入也。”④ 武帝时，酷吏宁成有“诈刻传出关归家”的例子。⑤ 王莽时，“大司空士夜过奉常亭，亭长苛之，告以官名，亭长醉曰：‘宁有符传邪?’士以马箠击亭长，亭长斩士，亡，郡县逐之。”⑥ 这些都是用传过关的例证。

传信还有第四种用途，是出入宫门。《后汉书·窦武传》注引《汉官仪》；“凡居宫中，皆施籍于掖门，案姓名当入者，本官为封棨传，审印信，然后受之。”⑦ 孙星衍辑《汉官解诂》亦有类似内容，“凡居宫中

① 木牍，长11.7、宽2.6厘米，松木。上部残，仅存四字，下半段完整，为御史大夫落款和对沿途要求的套语。商或可为王商，《汉书·百官公卿表》：永光三年（前41）“侍中中郎将王商为右将军，十一年迁”。建始三年（前30）“右将军王商为左将军，一年迁”。次年“三月甲申，右将军王商为丞相”。御史大夫衡为匡衡。《汉书·百官公卿表》：建昭二年（前37），“八月癸亥，诸吏散骑光禄勋匡衡为御史大夫，一年迁”。据此可知此简为建昭二、三年间物。

② 《十三经注疏》，中华书局，阮刻影印本，1980年，第739页。

③ （汉）班固：《汉书》卷4《文帝纪》，中华书局1962年版，第123页。

④ （汉）班固：《汉书》卷8《宣帝纪》，中华书局1962年版，第245页。

⑤ （汉）班固：《汉书》卷90《宁成传》，中华书局1962年版，第3650页。

⑥ （汉）班固：《汉书》卷99中《王莽传中》，中华书局1962年版，第4135页。

⑦ （南朝宋）范晔：《后汉书》卷69《窦何列传》，中华书局1965年版，第2244页。

者，皆施籍于门，案其姓名。若有医巫僦人当入者，本官长史为封棨传，审其印信，然后内之。”[①] 不过这里棨传连用，二者有无区别，尚需进一步辨别。王莽时，“在中府外第，虎贲为门卫，当出入者传籍。自四辅、三公有事府第，皆用传”。[②] 这则是用传出入府门的例子。

本文主要考察悬泉汉简所见作为乘车凭据的传信。

## 一　传信的格式和内容

传信的具体内容和格式，我们可通过对有关简文的考察加以概括。悬泉汉简中的传信简，不是“传信”原件，但它是对传信件的抄录，基本内容是完整的。持传人路过悬泉置不可能将原件留下来，这是随身携带的证件，还要在下一站用到。但悬泉置要对过往人员进行详细登记，要对持传人所持传信进行抄录。我们所看到的传信简就是对“原件”的移录。通过这些简文可以看到传信的基本内容和格式。如：

> 简三：甘露四年六月辛丑，郎中马仓使护敦煌郡塞外漕作仓穿渠，为驾一乘传，载从者一人，有请诏。外卅一。
>
> 御史大夫万年下谓，以次为驾，当舍传舍，从者如律令。七月癸亥食时西。（Ⅱ90DXT0115④：34）

这是一枚长23、宽1.9、厚0.2厘米的完整木牍，胡杨木。内容分三部分：第一栏三行为第一部分，从“甘露四年”至“外卅一”，四十字；第二栏两行为第二、第三部分：从“御史大夫”至“从者如律令”为第二部分，二十一字；第三部分为“七月癸亥食时西”七字，全文六十八字。甘露四年为前50年，六月丁丑朔，辛丑为六月二十五日。简文中正式的行文格式应该是：“御史大夫万年下渭城”，由于抄写潦草而丢

① （清）孙星衍等：《汉官六种》，中华书局1990年版，第14页。

② （汉）班固：《汉书》卷99上《王莽传上》，中华书局1962年版，第4075页。

了“城”字，并将“渭”误为“谓”。《汉书·百官公卿表》：甘露三年（前51）“五月甲午，太仆陈万年为御史大夫，七年卒”。该简与其他传信抄件不同者，是最后记载了持传人路过的日期。“七月癸亥食时西”是年七月丙午朔，癸亥为七月十八日。六月二十五日持传上路，七月十八日路过悬泉置，仅用了二十三天时间。各地为他驾的是乘传，即四马下足的车，速度比一马、二马的轺车快。

简四：黄龙元年四月壬申，给事廷吏刑寿为诏狱有逻捕弘农、河东、上党、云中、北地、安定、金城、张掖、酒泉、敦煌郡，为驾一封轺传。外二百卌七。

御史大夫万年谓胃成（渭城），以次为驾，当舍传舍，如律令。①

（Ⅱ90DXT0114③：447）

牍长23、宽1.7、厚0.2厘米，红柳。字迹清晰，书体为隶草，略向右下倾斜。正面七十二字，分两栏书写。第一栏三行，从“黄龙元年”至“外二百卌七”，五十二字；第二栏两行，从“御史大夫”至“如律令”，二十字。黄龙元年为前49年，四月壬申朔，初一日。同上简一样是陈万年在御史大夫任上时发出的传信。

简五：……陇西、天水、金城、武威、张掖、酒泉、敦煌、□□□□□□东来（莱）、勃海、济南、涿、常山、辽西、上谷郡，为驾一封轺传，有请诏。外百卌五。

御史大夫望之□渭成（城），以次为驾，当舍传舍，如律令。②

（Ⅰ91DXT0309③：135）

牍长23.2、宽1.3、厚0.2厘米，松木。左边残，少一行字。字体

---

① 该简简背有字两行，二十三字：“护郡使者从事史治承合檄诣使者治所。张掖觻得吏马行。”当与正面内容无关。悬泉简中多是抄录登记简，有些简的正面与背面，内容多不相关。

② 背面有字一行，能释读者：“厨传舍席器完”六字，记别类内容。

向右下倾斜，正面有字六十七，能释读者六十。格式同前两简，分两栏书写。此牍左边缺签发时间，但通过萧望之的任职可大致推断其相对时间。《汉书·百官公卿表》：神爵三年（前59）二月甲子，大鸿胪萧望之为御史大夫，三年（即五凤元年，前57）贬为太子太傅。此封传信的时间当在神爵三年至五凤元年（前59—前57）间。左边第一行应为签发传信的时间，已残缺，但其他内容均完整。

简六：五凤四年二月癸亥☑

大司农延□始行趣☑

为驾二封轺传　　外十一　　（Ⅱ90DXT0215S：399）

此简依形制看，为一木牍，长6、宽1.6、厚0.35厘米。红柳。下部残断。上部三行字亦不完整。但作为传信的格式则很清楚。五凤四年二月癸亥：前54年，二月壬寅朔，癸亥为二十二日，公历4月1日。据《汉书·百官公卿表》，大司农延年自五凤元年至黄龙元年（前57—前49），在任九年。而五凤三年至甘露元年（前55—前53）的御史大夫则为杜延年。亦即此封传信是在杜延年任上发出的。

简七：☑□轺传　　外二百□☑　　（Ⅱ90DXT0114⑥：32）

残简一枚，松木，但从内容和行文格式看，是一封残缺的传信抄件。

简三至简七，有完整有残断，但可以看出传信的内容大致包括以下几个方面：一、时间；二、持传人身份、姓名；三、事由；四、所到之地或所经之地；五、沿途提供传车的规格，即轺传抑或乘传之类；六、传信编号；七、御史大夫某人；八、注明所到第一站及其以下各站必须“以次为驾”；九、要注明“当舍传舍”，以解决食宿问题；十、随从人员如何安置并享受何种待遇，一般要注明“从者如律令”。可见，一封完整的传信必须具备这十项内容。当然，按照规定，要有御史大夫的印章，还要加封，并以加封数量决定乘车档次。但悬泉汉简中的传信乃抄录件，这些内容从简牍本身已无法看到。相反，有时在传信抄录件上还要加上悬泉置的注记，如简三，就有持传人路过悬泉置的时间，这却不是传信本身的内容。

## 二　为驾一封轺传的传信

根据传信内容和加封数量，传置机构要提供不同规格和档次的车。四马高足的置传为最上等的车，何种地方，何种机构才可置备这种车？何种情况下，何种身份，何种使命才可乘用这种车？我们尚未见到详细记载。四马中足的驰传，也是比较高档的车，有专门的规定。《续汉书·舆服志》下注引《汉旧仪》曰："奉玺书使者乘驰传。"[①] 悬泉汉简的传信简中未见提供置传、驰传的记载。而为驾轺传（即一马、二马的轺车）和乘传（即四马下足的车）的材料则比较多。

简八：元始二年二月癸未，西域都护守史猥、司马令史赵严，罢诣北军，为驾一封轺传，有请诏。御……律……

（Ⅰ90DXT0112①：58）

木牍，长13、宽1.5厘米，松木。下部残断。字迹略潦草。第一栏三行三十四字，前半段内容完整，后半段内容缺失，左边残留一"御"字，右边残留一"律"字，其余断去。元始二年为公元2年，二月癸未朔，初一日为公历3月3日。此简为西域都护吏士戍守期满后回返北军时一路乘车食宿的传信录副。按《汉书·百官公卿表》，其时御史大夫当为甄丰。

简九：为驾一封轺传二☑　　（Ⅰ90DXT0116S：1）

① （晋）司马彪：《续汉书·舆服志下》，载（南朝宋）范晔《后汉书》，中华书局1965年版，第3673页。

简长4.4、宽0.9、厚0.2厘米。松木。残甚，仅存七字。字迹潦草却很清晰。当为传信简残片。背面有“史超”二字。

> 简十：元始二年二月己亥，少傅左将军臣丰、右将军臣建，承制诏御史曰：侯旦□送乌孙归义侯侍子。为驾一乘、轺传，得别驾，载从者二人。御七十六。大……如…… （Ⅰ90DXT0116S：14）

木牍，长11.4、宽1.6、厚0.2厘米。松木，下部残。上栏三行内容完整，从“元始二年”至“御七十六”五十五字。下半段两行，右边残留一“大”字，左边残留一“如”字。元始二年为公元2年，二月癸未朔，己亥为十七日，公历3月19日。少传左将军臣丰为甄丰，右将军臣建为孙建。“为驾一乘、轺传”，即一乘传、一轺传，乘传为四马所驾，由归义侯侍子所乘；轺传为从者二人所乘。“御七十六”为编号，不同的是用“御”代替了“外”，不知何意。王莽改御史大夫为大司空，后一“大”字当为大司空甄丰下某地等内容。而“如”字则为“如律令”的残留。此牍乃元始二年送乌孙归义侯侍子的传信内容。

> 简十一：神爵四年十一月癸未，丞相史李尊，送获（护）神爵六年戍卒河东、南阳、颍川、上党、东郡、济阴、魏郡、淮阳国，诣敦煌郡、酒泉郡。因迎罢卒送致河东、南阳、颍川、东郡、魏郡、淮阳国，并督死卒传叶（楷）。为驾一封轺传。
>
> 御史大夫望之谓高陵，以次为驾，当舍传舍如律令。
>
> （Ⅰ91DXT0309③：237）

木牍，长23.7、宽1.6、厚0.25厘米。柽木。基本完整，虽下部右侧略有残缺，但不影响释读。上栏四行，七十七字；下栏两行，二十字。此牍无论从字数还是内容而言，都保留了比较完整的传信内容。神爵四年十一月辛酉朔，癸未为二十三日，公历前57年1月7日。其他索解见

《敦煌悬泉汉简释粹》（以下简称《释粹》）页45。①

简十二：制诏侍御史曰：都护□□骑都尉书佐薪温邮田□□□赏库车□□□□□□□□□□□□□□为驾一封轺传，驾八乘。

御史大夫定国下扶风厩，承书以次为驾，当舍传舍，如律令。

（Ⅱ90DXT0214③：70）

木牍长23.5、宽1.7、厚0.25厘米。松木，完整。但字迹浅淡，有些已不可得释。上、下两栏书写，传信的格式是清楚的。都护□□骑都尉，当为“都护西域骑都尉”。“为驾一封轺传，驾八乘”，可有两解释；一种是驾一马的轺车八辆；一种是轺车一辆、驾四马的乘传八辆。御史大夫定国指于定国。于定国任御史大夫只一年。《汉书·百官公卿表》：甘露二年（前52）“五月己丑，廷尉于定国为御史大夫，二年迁”。次年，“五月甲午，太仆陈万年为御史大夫，七年卒”。据此可知，此牍当为甘露二年五月以后至甘露三年（前52—前51）五月以前之传信简。其时，朝廷与西域来往频繁，此简内容当与西域有关。

简十三：☑永光元年二月庚子，右将军☑

☑侍御史曰：将田车师司马令☑

☑驾一封轺传、驾六乘传☑　　（Ⅱ90DXT0216②：805）

木牍，长5.3、宽1.6、厚0.2厘米。松木，上、下均残。字迹模糊。但为传信内容无疑。永光元年，前43年。二月戊戌朔，庚子为初三日，公历3月11日。右将军当为冯奉世。此传信内容亦与西域有关。传信要求除驾一封轺传外，还要驾六乘传，行动的规模比较大。

简十四：为驾一封轺传，有请诏。　　（Ⅱ90DXT0113②：49）

① 胡平生、张德芳：《敦煌悬泉汉简释粹》，上海古籍出版社2001年版，第45页。

木牍长 6.1、宽 2、厚 0.2 厘米。松木，右下残，仅存左上角。留九字。但作为传信的残文是清楚的。

简十五：为驾一封轺传二乘，二人共载☑

（Ⅱ90DXT0113④：108）

木牍，长 13.8、宽 0.85、厚 0.25 厘米。松木，右下残。存十二字。传信残文。

简十六：车师己校候令史敞、相、宗、禹福置诣田所。

为驾一封轺传，驾六乘·传百八十八。

（Ⅱ90DXT0215③：11）

木牍，长 18.5、宽 1.8、厚 0.2 厘米。胡杨木。上部完整，下部被削去。根据内容看，右侧残缺。字迹清晰，上栏两行，三十字。此牍右侧缺了时间，下半段缺了御史大夫的落款，另外“传百八十八”，同前述编号前“外”“御”不同，也许另有含意。但简文内容与车师己校屯田有关，是己校候令史前往驻屯地区时所持传信。相同的内容还见下简。

简十七：☑□己校候令史敞√相√宗√禹福置诣田所。

为驾，当舍传舍，从者如律令。

（Ⅰ90DXT0116②：125）

残牍，长 18.5、宽 1.15、厚 0.2 厘米。松木，上残右缺。上栏留十四字；下栏留十一字。内容与前一简相同。但两简字迹书体不同，发掘时不在同一位置。

简十八：车师己校尉书佐袁☑

为驾一封轺传驾□□☑　　　　（Ⅰ90DXT0216②: 405）

木牍，右下残。长5.8、宽1.7、厚0.2厘米。字迹清晰，仅存上半栏。有字十七，已释读者十五字。为己校尉书佐前赴任所时所持传信残文，涉及车师屯田和西域关系。简背存一“大”字。

## 三　为驾二封轺传的传信

传信中要求驾二封轺传，即由两匹马拉的轺车，说明使臣的身份和使命要重要一些。悬泉汉简中这类资料较多。如：

简十九：五凤四年六月丙寅，使主客散骑光禄大夫□扶韦制诏御史曰：使云中大守安国、故□未央苍龙□卫司马苏于武彊使送车师王、乌孙诸国客。与军候周充国载先俱，为驾二封轺传，二人共载。

御史大夫延年下扶风廄，承书以次为驾，当舍傳舍，如律令。

（Ⅱ90DXT0113④: 122）

木牍，长23、宽1.9、厚0.4厘米。两栏书写，上栏四行，七十五字；下栏两行，二十三字。全文九十八字。五凤四年为前54年，六月庚子朔，丙寅为二十七日，公历8月2日。《汉书·百官公卿表》：五凤三年“六月辛酉，西河太守杜延年为御史大夫，三年以病赐安车驷马免”。其时，杜延年正在御史大夫任上。是简除个别字不能确认外，格式内容都比较完整，是研究汉王朝与西域关系的重要资料。简背有一组内容，为“钱出入簿”，与正面内容无关。

简二十：永始四年九月甲子，医能治病。守部候李音以诏书诣太医，为驾二封轺传。载从者……　　　　（Ⅱ90DXT0111①: 51）

木牍，下部残断，长 11.4、宽 1.9、厚 0.2 厘米。柽木。字迹潦草，却很清晰。存三十二字。简背有“令史”二字。永始四年为前 13 年，九月辛丑朔，甲子为二十四日，公历 10 月 23 日。

简二十一：元康三年四月戊寅前将军臣增后将……
臣舜长罗侯臣惠承
制诏侍御史曰军司马憙与校尉马哀……
为驾二封轺传载从者一人　　（II90DXT0213③: 5）

木牍，下部残，长 6.5、宽 1.8、厚 0.25 厘米。上栏四行，存字四十九，字迹尚清晰，但文义亦断残。简背有“二石六斗，二石二斗，廿五石八斗”等字，记载其他事情。元康三年为前 63 年。四月癸亥朔，戊寅为十六日，公历 6 月 2 日。前将军臣增当指韩增。《汉书·百官公卿表》：元平元年（前 74）“水衡都尉光禄大夫韩增为前将军，十三年迁”。神爵元年（前 61）“前将军韩增为大司马车骑将军”。五凤二年（前 56）“四月己丑，大司马增薨”。“后将……”当为后将军赵充国。元平元年，即韩增为前将军的同一年，赵充国亦为后将军，至甘露二年（前 52）薨，在后将军任上二十三年。臣舜当为长乐卫尉许舜，元康三年三月，因旧恩被封为博望顷侯；长罗候臣惠指常惠。《汉书·百官公卿表》：“长罗壮侯常惠，以校尉光禄大夫持节将乌孙兵击匈奴，获名王，首虏三万九千级，侯，二千八百五十户。本始四年（前 70）四月癸巳封，二十四年薨。”简文虽残缺，但其基本格式可以看得出来，尤其是涉及如此众多的文武重臣，传信的内容可能十分重要。

简二十二：甘露二年十一月丙戌，富平侯臣延寿、光禄勋臣显，承制诏侍御史曰：穿治渠军□候丞□、万年、□光、王充诣校尉作所，为驾二封轺传，载从者各一人，轺传二乘。传八百卌四。

御史大夫定国下扶风厩，承书以次为驾，当舍传舍，如律令。

（II90DXT0214③: 73）

木牍，长23.7、宽1.9、厚0.25厘米。松木。简文完整，上、下两栏书写。上栏三行，六十七字，为传信基本内容；下栏两行，二十三字。全九十字。甘露二年为前52年，十一月丙戌朔，初一日，公历12月9日。富平侯臣延寿指张延寿。《汉书·外戚恩泽侯表》："富平敬侯张安世，以右将军光禄勋辅政勤劳候，以车骑将军与大将军光定策，益封，凡万三千六百四十户。（元凤六年，前75年）十一月乙丑封，十三年薨。元康四年（前62），爱侯延寿嗣，十一年薨。"光禄勋臣显，《汉书·百官公卿表》阙名。神爵元年（前61）至五凤二年（前56），杨恽为光禄勋。黄龙元年（前49），萧望之为前将军光禄勋。其间，甘露年间（前53—前50），光禄勋一职缺载。"传八百卌四"为传信编号。

简背有字一行，为过往文书记录。

简二十三：甘露三年四月己未，富平侯臣延寿、光禄勋臣显承制诏侍御史曰：营军司马王章诣□，为驾二封轺传，载从者一人。御史大夫定国下扶风廄，承书以次为驾，当舍传舍，如律令。五月丙午过东。 （V92DXT1312③：2）

木牍，长23.2、宽1.7厘米。红柳。字迹清晰，内容完整。内容分三部分：上栏三行，四十五字，为传信基本内容。下栏两行，为御史大夫落款及相关套语，二十三字。另外注记了路过日期。甘露三年为前51年，四月甲寅朔，己未为初六日，公历5月11日。五月癸未朔，丙午为二十四日，公历6月7日。

简二十四：甘露二年三月丙午，使主客郎中臣超承制诏侍御史曰：顷都内令霸、副侯忠，使送大月氏诸国客，与庠侯张寿、侯尊俱。为驾二封轺传，二人共载。

御属臣弘行御史大夫事，下扶风廄，承书以次为驾，当舍传舍，

如律令。（V92DXT1411②：35）

木牍，长23.5、厚1.5厘米。松木。隶草书，笔画向右下倾斜。上栏三行，五十七字。下栏两行，二十七字。共八十四字。内容完整。甘露二年为前52年，三月庚寅朔，丙午为十七日，公历5月3日。御属即御史大夫属的简写，《续汉书·百官志》司空条：“掾属二十九人，令史及御属四十二人。”此牍为朝廷使臣送大月氏及西域诸国客时所持传信。

简二十五：甘露三年十月辛亥，丞相属王彭护乌孙公主及将军、贵人、从者道上。传车马为驾二封轺传，有请诏。

御史大夫万年下谓（渭）成以次为驾，当舍传舍，如律令。

（V92DXTl412③：100）

木牍，长23、宽1.4厘米。柽木。上栏三行，三十九字。下栏两行，二十字。甘露三年为前51年，十月辛亥朔，初一日，公历10月30日。是年，御史大夫为陈万年。《汉书·百官公卿表》：甘露三年（前51）“五月甲午，太仆陈万年为御史大夫，七年卒”。此简涉及乌孙关系，是研究西域史的重要资料。乌孙公主，即嫁乌孙之汉公主。《汉书·西域传》载：“元贵靡、鸱靡皆病死，公主上书言年老土思，愿得归骸骨，葬汉地。天子闵而迎之，公主与乌孙男女三人俱来至京师。是岁，甘露三年也。时年且七十，赐以公主田宅奴婢，奉养甚厚，朝见仪比公主。”此牍所记，正是公主回返汉朝时，朝廷派人前往迎接护送的材料。

简二十六：……

制诏侍御史曰将田车师☑

□□二封轺传一乘（Ⅱ90DXT0215②：198）

木牍，左上角和右下部均残。松木。上栏三行，第一行所记年月日仅留半行，无法释读。第二行存十字，第三行开头缺二字，存字六。简文当为车师戊、己校及其属下赴任时所持传信，涉及西域关系。

简二十七：以令为驾二封轺传☐　　　　（Ⅱ90DXT0215②: 372）

残简一枚，长8、宽0.8、厚0.2厘米。红柳。传信残文。

## 四　为驾乘传的传信

乘传是四马下足所驾的车，在敦煌悬泉这样的边陲地区，这是最高档的车。西域各国纳贡，重要官员上任、出使，所持传信都要求为驾乘传，有时甚至要好几辆。显然，能乘乘传者是一种更高的礼遇。如：

简二十八：建平四年五月壬子，御史中丞臣宪承制诏侍御史曰：敦煌玉门都尉忠之官，为驾一乘传，载从者。

御史大夫延下长安，承书以次为驾。当舍传舍，如律令。六月丙戌西。　　　　（Ⅰ90DXT0112②: 18）

木牍，长23.4、宽1.8、厚0.2厘米。松木。文字两栏，上、下均两行。上栏三十八字，下栏二十八字。为敦煌玉门都尉由京师长安去敦煌赴任时所持传信内容。建平四年为前3年，五月乙巳朔，壬子为初八日，公历6月21日。都尉是比二千石官员，还有随从人员，所以各地为驾一乘四马下足车，比乘轺车的级别高。

简二十九：永始四年五月壬子，符节令臣放行御史☐
制诏侍御史曰：敦煌中部都尉晏之官☐
为驾一乘传，载从者一人。☐　　（Ⅰ90DXT0114②: 1）

木牍，下部残，内容只存上半段。长19.8、宽2.7、厚0.3厘米。存字三行，四十一字，字迹清晰，规整的汉隶书写。同上简内容性质一

样，乃敦煌中部都尉晏前往任所时御史大夫府为之开具的传信内容。永始四年，前13年，五月癸卯朔，壬子为初十日，公历6月13日。

> 简三十：元平元年十一月己酉，□司□使户籍民迎天马敦煌郡，为驾一乘传，载奴一人。御史夫大夫广明，下右扶风，以次为驾，当舍传舍，如律令。（Ⅱ90DXT0115④:37）

木简，长23、宽1.3、厚0.3厘米。柽木。此简两行书写，共五十二字，抄录比较随意，书写不分栏，书写格式不同于其他传信简。元平元年，前74年。十一月甲午朔，己酉为十六日，公历12月28日。西汉名天马者有三：一是元鼎六年（前111）“六月，得宝鼎后土祠旁。秋，马生渥洼水中。作《宝鼎》、《天马之歌》”;[①] 二是“得乌孙马好，名曰‘天马’”；三是“及得宛汗血马，益壮，更名乌孙马曰‘西极马’，宛马曰‘天马’云”。[②] 然渥洼水中所得天马作为一种祥瑞，当时由屯田于敦煌的南阳新野暴利长献上朝廷，仅一匹而已，未见有继续繁殖的记载。从元鼎六年到元平元年，时历三十多年，此马已不复存在；至于乌孙马之到汉朝，亦为偶一得之，不是定制，再说后来又改称“西极马”。因此简中所为“天马”只可能指大宛汗血马。太初四年（前101），李广利伐大宛获胜，“既斩宛王，更立贵人素遇汉善者名昧蔡为宛王。后岁余，宛贵人以为昧蔡谄，使我国遇屠，相与共杀昧蔡，立毋寡弟蝉封为王。遣子入侍，质于汉，汉因使使赂赐镇抚之。又发使十余辈，抵宛西诸国求奇物，因风谕以伐宛之威。宛王蝉封与汉约，岁献天马二匹”。[③] 又，《汉书·百官公卿表》：元平元年（前74）“九月戊戌，左冯翊田广明为御史大夫，三年为祁连将军”。简中御史大夫广明即指田广明。此简说明，李广利伐大宛后，大宛“遣子入侍，质于汉，汉因使使赂赐镇抚之”。直到元平年间（前71），这种贡马关系还在继续。

---

① （汉）班固：《汉书》卷6《武帝纪》，中华书局1962年版，第184页。

② （汉）班固：《汉书》卷61《张骞传》，中华书局1962年版，第2694页。

③ （汉）班固：《汉书》卷96上《西域传上》，中华书局1962年版，第3895页。

简三十一：使大宛车骑将军长史尊使庌侯☐
　　　　　行在所以令为驾一乘传☒　　（Ⅱ90DXT0314②：121）

残简一枚，就内容看，当为抄录传信的木牍。长 9.8、宽 1.8、厚 0.25 厘米。柽木。左、右和下部均残，只有上栏中间两行字。可释读者仅二十三字。但亦可说明汉朝与大宛的通好往来。

简三十二：尉头蒲离匿皆奉献诣
　　　　　行在所以令为驾四乘传　　（V92DXT1311③：146）

残牍，长 7.5、宽 0.9、厚 0.25 厘米。红柳。仅留上栏两行字，有字十九。左、右、下部均残缺。但内容涉及西域尉头、蒲犁诸国。简中蒲离当为蒲犁。离与犁古音同属来母，离在歌部，犁在脂部，歌、脂可旁转。此简为西域尉头等国使者前来纳贡时所持传信，是中原与西域关系的见证。

简三十三：☐☐月壬午凉州刺史☐
　　　　　侍御史曰赏使行部奏事　　（削衣）
　　　　　驾一乘传载从者☐得　　（V92DXT1309③：29）

削衣一片，存字三行，能释者二十五字。《汉书·武帝纪》：元封五年（前 106），"初置刺史部十三州"。师古曰："《汉旧仪》云初分十三州，假刺史印绶，有常治所。以秋分行郡，御史为驾四封乘传。到所部，郡国各遣一吏迎之界上，所察六条。"①

此外，还有一些残简，虽无法归类应属于乘轺传者抑或乘乘传者，但就内容而言，亦属传信材料，有重要的研究价值。如：

① （汉）班固：《汉书》卷 6《武帝纪》，中华书局 1962 年版，第 197 页。

简三十四：☐□□□□奉世承……

御史大夫玄成下扶风廄，承书以次……

（Ⅱ90DXT0115③: 211）

残牍，长14、宽0.8、厚0.2厘米。红柳。左、右和上部均残，只留中间一行字。上栏有字七个，可释读者三字。下栏有字十四个。此简有重要的时间信息。韦玄成任御史大夫只一年，时在永光元年（前43）。《汉书·百官公卿表》：“七月辛亥，太子太傅韦玄成为御史大夫，一年迁。”

简三十五：☐军卫尉臣嘉、右将军典属国臣奉世承……

御史大夫玄成，下右扶风廄，承书以次为驾，当舍传舍。

（Ⅱ90DXT0115②: 48）

残木牍，长17.7、宽1.2、厚0.2厘米。松木。左右和上部均残，上栏中间一行存字十五，下栏一行存字二十一，共三十六字。和上简类似，此简署御史大夫玄成，当为永光元年（前43）之物。“……军卫尉臣嘉”，当为左将军卫尉许嘉；奉世即冯奉世。《汉书·百官公卿表》：初元三年（前46），“执金吾冯奉世为右将军，三年为诸吏典属国，二年为光禄勋。待中卫尉许嘉为右将军，五年迁”。此处“许嘉为右将军”当为“许嘉为左将军”之误。王先谦《汉书补注》：“先谦曰：奉世未迁，不得复有一右将军。《奉世传》作‘左将军许嘉’。”

简三十六：……御史大夫衡，下右扶风廄，承书以次为驾。

（V92DXT1712②: 55）

残牍一枚，长12.5、宽1厘米。松木。上部和左右均残，只留“御史大夫”以下一段残文，说明此系传信内容。御史大夫衡指匡衡。《汉书·百官公卿表》：建昭二年（前37）“八月癸亥，诸吏散骑光禄勋匡衡为御史大夫，一年迁”。次年“七月戊辰，卫尉李延寿为御史大夫”。匡衡为御史大夫只此一年，可知此简当为建昭二、三年之物。

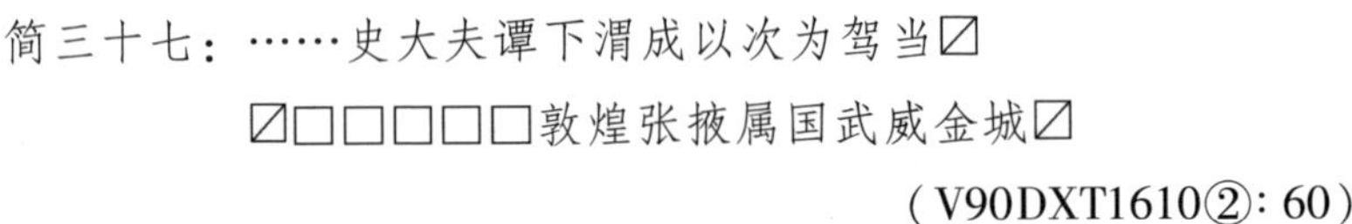
简三十七：……史大夫谭下渭成以次为驾当☑

☑□□□□□□敦煌张掖属国武威金城☑

（V90DXT1610②：60）

木牍，长10、宽2厘米。柽木。上、下残，留字两行。右行有字十二，左行可释读者十字。简文中“史大夫谭”当为御史大夫张谭。《汉书·百官公卿表》：竟宁元年（前33）“三月丙寅，太子少傅张谭为御史大夫，三年坐选举不实免”。

## 五　对失亡传信的追究

传信不同于过所的一个重要区别就是过所按不同的事由和需要可由各地郡县发出，而传信则由御史大夫发出。虽系同样性质，但由中央发出者其权威性和适用性要高得多。因此，传信一旦发出，持传者就应精心保管。万一丢失或被盗，就是惊动全国的大事，要在全国范围内追查。如：

简三十八至简四十二：

永光五年五月庚申，守御史李忠监尝麦祠孝文庙，守御史任昌年为驾一封轺传。外百卌二。御史大夫弘谓长安，以次为驾，当舍传舍如律令。(866)

永光五年六月癸酉朔乙亥，御史大夫弘移丞相、车骑将军、将军、中二千石、二千石、郡大守、诸侯相：五月庚申，丞相少史李忠守御史，假一封传信，监尝麦祠（867）孝文庙事。己巳，以传信予御史属泽钦，钦受忠传信，置车笭中，道随亡。今写所亡传信

副，移如牒。书到，二千石各明白布告属官县吏民，有得亡传信者，予购如律。诸乘传、驿驾、廄令、长丞，亟案□传有与所亡传同封弟者，辄捕（868）击，上传信御史府。如律令。

七月庚申，敦煌大守弘、长史章、守部候修仁行丞事，敢告部都尉卒人，谓县官，官写移书到，如律令。掾登、属建、佐政、光。（869）

七月辛酉，效谷守长合宗、守丞敦煌左尉忠，告尉谓乡置，写移书到，如律令。掾禹、佐尊。（870）

（Ⅱ90DXT0216②: 866—870）

以上五简为一个完整的册子。《释粹》发表了上引四简，并名之为《失亡传信册》。现在发现，此册同另外一册共十一简编联在一起，就其内容而言应该是两封册书。而前一封册书即上引《失亡传信册》，共五简；后一册书共六简为敦煌各县（无龙勒）长、丞官吏名籍。① 两封册子编在一起，大概是为了存档的方便。《释粹》只发表了四简而遗漏一简，这是应该纠正的。另外，简文中两处“监尝麦祠”，在《释粹》中分别作“随当祀祠”和“监当祀祠”。2002 年底，我们请谢桂华、胡平生、李均明诸先生来兰州重新校释悬泉简，谢桂华先生释此为“监尝麦祠”，可谓精当。

该册五支简尺寸相等，均长 23.2、宽 1.4 厘米。柽木。全册内容可分为四部分：第一部分，即第一简，866 号，为一封传信的录副。上有传信的基本内容。永光五年为前 39 年，五月甲辰朔，庚申为五月十七

---

① 敦煌守长圣、守丞福。（Ⅱ90DXT0216②: 871）
渊泉守长长、丞驯。（Ⅱ90DXT0216②: 872）
效谷守长合宗、丞□。（Ⅱ90DXT0216②: 873）
广至守长光、遂事、守丞赏。（Ⅱ90DXT0216②: 874）
冥安长遂昌、丞光。（Ⅱ90DXT0216②: 875）
七月庚申，敦煌太守弘、长史章、守部候修仁行丞事，谓县，写移使者称县置，谨敬庄事甚有意，毋以谒，劳书到，务称毋解随，如律令。/掾登、属建、书佐政。（Ⅱ90DXT0216②: 876）

日，公历7月8日。尝麦祠：古人在孟夏麦收时，天子在寝庙荐祭，然后尝食麦。《逸周书·尝麦》：“维四年孟夏，王初祈祷于宗庙，乃尝麦于太祖。”《汉书·韦玄成传》：“凡祖宗庙在郡国六十八，合百六十七所。而京师自高祖下至宣帝，与太上皇、悼皇考各自居陵旁立庙，并为百七十六。又园中各有寝、便殿。日祭于寝，月祭于庙，时祭于便殿。寝，日四上食；庙，岁二十五祠。”如淳曰“月祭朔望，加腊月二十五。”晋灼曰：“《汉仪注》宗庙一岁十二祠。五月尝麦。六月、七月、三伏、立秋貙娄，又尝粢。八月先夕馈飨，皆一太牢，酎祭用九太牢。十月尝稻，又饮蒸，二太牢。十一月尝，十二月腊，二太牢。又每月一太牢，如闰加一祀，与此上十二为二十五祠。”师古曰：“晋说是也。”御史大夫弘为郑弘。

第二部分，为御史大夫通过丞相、车骑将军、将军、中二千石、二千石、郡大守、诸侯相等向全国发出的通告：守御史李忠将去孝文庙监尝麦祠，所持传信交御史（大夫）属泽钦，结果中途丢失。今将传信内容抄录各地，如有得此传信者，依律购赏；各传置机构一旦发现有与此传信同编号者，便立即抓获，并将传信上交御史府。永光五年六月癸酉朔，乙亥为六月初三日，公历7月23日。假一封传信：即发给一封传信。假，给予、授予。《汉书·儒林传》：“上知太后怒，而（辕）固直言无罪，乃假固利兵。”师古曰：“假，给与也。”己巳：五月甲辰朔，己巳为五月二十六日，公历7月17日。

第三部分，是敦煌太守府向所属各系统转发前项文告的记录。七月癸卯朔，庚申为七月十八日，公历为9月6日。太守府所发文件要太守、长史、丞三者皆具名。具体办理文案的掾、属、佐也要具名。

第四部分，效谷县接到上述逐级下发的文件后，又向所属乡、置转发了同样内容的文件。我们现在所看到的这份册子当为效谷县下发悬泉置的原件。七月辛酉为七月十九日，公历9月7日。是效谷县接到敦煌郡所发文件的次日，即转发了此件。开头效谷长、丞要具名；落款掾、佐也要同署。

此册书从内容到形式都十分重要。首先，从御史大夫府发出的传信不能丢失。一旦丢失，就要严厉追查。仍然要由御史大夫发出通告，而在全国范围内追查。一旦发现，要按律购求；对非法持有者，要捕击。其次，追查的时间也非常紧迫。此册书给出五个具体时间：五月十七日，传信发出；二十六日丢失，十天时间；六月初三日向全国发出追查通告，间隔六天时间；一个半月时间，敦煌郡收到文件并向下转发；次日，效谷县发到了悬泉置。从六月初三到七月十九日，一个半月时间，中央文件就发到了最基层，在当时的交通通讯条件下，速度可谓十分惊人。第三，此册还具有从中央到基层逐级下发文件的完整格式，不仅文件内容完整，逐级下达的程式也十分完整，为我们研究册书形制以及政府文件逐级下达的完整过程提供了实物资料。第四，此册书还有一个特点，就是两个册书连缀在一起，这是过去所未曾见到过的。

简四十三至四十七：

丞相守少史护之，征和元年八月辛巳，假一封传信案上书事，盗传失亡。外七十五。

守御史少史□□□□，征和元年九月甲寅，假三封传信案事，亡传信。外十二。

☒□□□留当市里王定德，征和二年九月丁酉，假三封传信，与郡大守杂治诏狱☒

□□为琅琊尉庞舜，征和三年十一月壬寅，假二封传信，送迎戍田卒。盗传失亡。外□百二十。

御史守属大原王凤，元凤元年九月己巳，假一封传信，行历日诏书，亡传信。外二百七十九。（Ⅰ90DXT0112④:1—5）

以上五简就字体、内容、木质看，当为一册，或者内容相似的单项记录。除中间一枚长 17.5 厘米外，其余四简均长 23 厘米，宽为 1 厘米左右。五简中四简的纪年都是征和元、二年（前 92—前 91），一简是元凤元年（前 80）。这在悬泉汉简中仅次于最早的太始纪年简。简中登录了十封失亡传信的内容。而此类内容的来源很可能是御史大夫府对失亡传信的追查通告，是这类追查通告的抄录，而不是原件。

简四十八：☐国，大始三年五月乙卯，假一封传信案事，亡传信☐ （Ⅱ90DXT0114④：19）

简长13、宽1、厚0.3厘米。上、下残。红柳。太始三年，前94年。五月癸巳朔，乙卯为二十三日，公历6月22日。

简四十九：御史□□常山平□□并，大始五年五月甲寅，假一封传信案上书事，□亡传信。外三百五十五。（Ⅰ90DXT0114③：50）

简长22.9、宽0.9、厚0.2厘米。红柳。存三十七字。太始五年当为征和元年，前92年。五月辛亥朔，甲寅为初四日，公历6月10日。

简五十：□□□史冯贵元，始元二年四月，假一封传信，迎罢戍田卒，溺死。亡传信。外传第十一。 （Ⅱ90DXT0113⑥：4）

简长22.9、宽1、厚0.2厘米。红柳。此亦传信亡失之登记。始元二年，前85年。

简五十一：到会稽兰郇江溳天举车□破敞从御史去，未到延尉，皆亡传信□，今写所亡传信移□□□

二千石各明白布告属县官吏民，有得亡传信者，予购如律，诸乘传、驿驾□□□□□。 （Ⅰ91DXT0309③：226）

简长22.6、宽1.6、厚0.5厘米。下残。胡杨木。

简五十二：□□□□□所亡传同封第者，辄捕击，上传信御史

府，如律令。（Ⅰ91DXT0309③:255）

简长22.8、宽1.35、厚0.45厘米。胡杨木。简五十一、五十二，可能为一个册书的其中两支，就内容看，和简三十八至四十二《失亡传信册》的名式结构基本相同。

悬泉简中除了丰富的传信资料外，还有很多过所简，它们所包含的信息和资料价值，允当另文论及。

**附记：**

张德芳（1954— ），男，汉族，甘肃永昌人。毕业于兰州大学历史系历史专业。先后在甘肃省社会科学院历史研究所、甘肃省文物考古研究所、甘肃简牍保护研究中心、甘肃简牍博物馆工作。2001年以来，先后任甘肃文物考古研究所副所长、甘肃简牍保护研究中心主任、甘肃简牍博物馆馆长、甘肃省政府参事。2003年被西北师范大学聘为兼职教授，历史文献学（简牍学方向）博士研究生指导教师，并负责西北师范大学简牍学科建设。现为西北师范大学简牍研究院学术委员会主任、西北师范大学博士研究生导师。

为甘肃省委省政府遴选聘任的第一层次领军人才、甘肃省宣传文化系统拔尖创新人才、“四个一批”人才。曾任甘肃省历史学会副会长、甘肃省敦煌学会副会长、国际儒学联合会理事、中国敦煌吐鲁番学会理事、中国秦汉史研究会理事。

主要从事丝绸之路史、秦汉史、简牍学研究，在《中国社会科学》《人民日报》《光明日报》等核心刊物发表学术论文100余篇，主持出版《肩水金关汉简（1—5）》《悬泉汉简（1）（2）》《地湾汉简》《玉门关汉简》和《甘肃秦汉简牍集释》等简牍著作。2001年以来，长期主持甘肃简牍的保护、整理、研究工作。

本文原刊《出土文献研究》第七辑，上海古籍出版社2005年版

# 敦煌悬泉置遗址 F13 出土部分简牍文书性质及反映的东汉早期历史

李永平

2008 年 6 月兰州召开的敦煌学会议上，张德芳先生提交的《悬泉汉简中的“浮屠简”略考——兼论佛教传入敦煌的时间》① 一文披露了悬泉置 F13 出土部分简牍的资料，并在文中公布了这部分简牍的图版。F13 是悬泉置遗址坞院内靠北墙的一间小房子，发掘时共出土简 128 枚。其中有明确纪年的 11 枚，最早为建武 27 年即公元 51 年，最晚为永初元年即公元 108 年。对 11 枚简牍，我们比照居延汉简和敦煌汉简进行分析，除“浮屠简”和另外两枚简内容与东汉早期历史密切相关外，其他均为悬泉置收发文书的记录，张德芳先生对“浮屠简”进行的详细考证我们基本上是同意的，在此提点粗浅想法，对另外两枚简择要进行详细的分析。

## 一 关于简 1 的文书术语和文书种类

简 1：少酒薄乐，弟子谭堂再拜请。会月廿三日，小浮屠里七门西（百）入（人）。（VI91DXF13C①：3）

关于简 1，张德芳先生认为“很可能是遗落在悬泉置的一封僧徒之间的来往信件，或者是一件佛弟子要求拜见长老的名刺”。毋庸讳言，“浮

① 张德芳：《悬泉汉简中的“浮屠简”略考—兼论佛教传入敦煌的时间》，《中国敦煌吐鲁番学会 2008 年度理事会暨“敦煌汉藏佛教艺术与文化学术研讨会”论文集》，2008 年，第 160—171 页。

屠”一词的出现，从考古学上确证了佛教传播到敦煌的不用争辩的事实。但简 1 的文书术语和文书种类我们认为还有进一步分析的必要。

首先，我们对这枚单简书写特点和简牍版面进行分析。“少酒薄乐，弟子谭堂再拜请”。竖写在简的上半段正中间，“少酒薄乐，弟子谭堂再”墨迹重，“拜请”二字墨迹浅。“会月廿三日，小浮屠里七门西（百）入（人）”竖写在简的下半段尚存的左侧，墨迹浅。上半段字体明显比下半段尚存左侧的字体要大 2—3 倍。这种字体大小有别的版面现象，在居延简中并非孤例，李均明先生有专文论述，[①] 这里不再赘述。我们认为有这样一种可能，“少酒薄乐，弟子谭堂再拜请”与“会月廿三日，小浮屠里七门西（百）入（人）”，不一定是同时连贯的一个完整事件的记录，也许后者是对前者的批复，我们推测，“少酒薄乐，弟子谭堂再拜请”可能是下属给上级某封信或者其他类文书中的开头语或者最后的落款语，原来内容要多于这简单的两句，悬泉置的值班人员将其记录在案，实际上是概括了文书的大概，性质上属于“记”一类的文书，居延简中有府记、府君记、官记、候记、尉记、尉手记、尉史记、手记、檄记、尺记、北记、忠曼君记等等。而“会月廿三日，小浮屠里七门西（百）入（人）”，则是另一条记，弟子谭堂与“小浮屠里七门西（百）入（人）”存在着某种连贯关系，等事情有一个结果后，将与之有关的完整事件的过程再记录下来。这样理解，这枚简的文书本身和版面文字就有了一个合理的解释，有可能两条记是一人写的，也有可能是两人所书，不管是两人书还是同一人书，对我们理解简文都不会形成障碍。

其次，我们再分析其中的关键术语。“少酒”为居延简中信件中的常见语，居延旧简附 51 记录了一封较完整的书信，其中有“近衣强食”、“近衣强奉酒食”语。[②] 类似这种问候的句子和言语在居延汉简中不少，“少酒”当类似此类问候客套语，当为“烧酒”。少酒也见于传世典籍，《三国志》卷七《魏书·吕布臧洪传》注中有“《九州春秋》曰：初，布骑将侯成遣客牧马十五匹，客悉驱马去，向沛城，欲归刘备。成自将骑逐

① 李均明、刘军：《简牍文书学》，广西师范大学出版社 1999 年版，第 134—145 页。

② 谢桂华、李均明、朱国炤：《居延汉简释文合校》，文物出版社 1984 年版，第 677 页。

之，悉得马还。诸将合礼贺成，成酿五六斛酒，猎得十余头猪，未饮食，先持半猪五斗酒自入诣布前，跪言：‘间蒙将军恩，逐得所失马，诸将来相贺，自酿少酒，猎得猪，未敢饮食，先奉上微意。’布大怒曰：‘布禁酒，卿酿酒，诸将共饮食作兄弟，共谋杀布邪’？”[①] 少当为“烧”。“薄乐”一词为汉简中首见，上述居延附51简中有“薄礼□絮一”。我们从电子版乾隆《大藏经》《药师三昧行法》之《释疑第四》中，检索到“处我于边地一城。其城纵广。五百由旬。然亦得薄乐。受胎于中。经五百岁矣。今天台以十论”。《药师三昧行法》为清康熙时期文，可见“薄乐”并非为初传入中国的佛教专用术语，这里，我们希望从事语言研究的学者能发表高见，暂不做定论。“弟子”这里指学生。《后汉书》卷八二上《方术列传》第载：“博士勃海郭凤亦好图谶，善说灾异，吉凶占应。先自知死期，豫令弟子市棺敛具，至其日而终。”[②] 同传又载：“主部子固，已见前传。弟子历，字季子。清白有节，博学善交，与郑玄、陈纪等相结。为新城长，政贵无为。亦好方术。时，天下旱，县界特雨。官至奉车都尉。”[③]

显然文中“弟子”兼有学生徒弟的含义。“会月”常见于居延汉简中，边塞各基层部门在月末的下旬要对这月的事情进行检查，或者上一级部门要对下属部门的事情进行集中检查，到时到“会”的官员有数人，称为“会月”，如下述文书是“廿七日”对邮书传递情况的集中会审，因此称为“会月廿七日”：

> 建昭四年四月辛巳朔更戌，不侵候长齐敢言之。官移府所移邮书课举日：各推辟部中，牒别言，会月廿七日。谨推辟案过书刺正月乙亥人定七分，不侵卒武受万年卒盖，夜大半三分付当曲卒山；鸡鸣五分付居延受降亭卒世。　　　　《新简》EPT52：83[④]

---

① （晋）陈寿：《三国志》卷7《吕布传》，中华书局1982年版，第228页。

② （南朝宋）范晔：《后汉书》卷82《方术列传》，中华书局1965年版，第2715页。

③ （南朝宋）范晔：《后汉书》卷82《方术列传》，中华书局1965年版，第2719页。

④ 甘肃省文物考古研究所、甘肃省博物馆等：《居延新简》，文物出版社1990年版，第233页。

基于上述材料，我们推测“小浮屠里”是汉代基层行政组织——里的名，可能是敦煌某乡下属的里，也可能是其他地方的里。汉代的里名是体现了当时社会风貌，读何双全先生《〈汉简·乡里志〉及其研究》，[①]河东郡安邑县有“尊德里”，东郡白马县有“仁德里”，这是两汉儒家提倡立德思想在社会中的反映。东郡临邑县的“马相里”“都术里”是当时相术在民间流行的反映。东汉长沙郡有“不于君里”。可见，“浮屠”一词被用于里名，一方面反映了佛教已经得到一定程度的普及，否则是不会用于知晓度高的里的名称的。在汉以后的十六国高昌地区，大量的僧号、道号出现在各种文书中，而且俗名中都明显标有佛教痕迹，例如：僧求、僧保、浮屠、愿报、礼和等。[②] 汉代，社与秋社是祭祀社神的两大祭祀活动，两汉时代，春、秋两社除了祭社的本义外，还具有愈来愈浓重的娱乐节庆色彩，使其成为当时乡村社会中的两大节日。产生于印度的佛教，由于文化传统和社会背景的不同，在许多方面都与中国固有的思想文化存在着巨大的差异。但佛教不仅非常懂得“入乡随俗”的重要性，而且其本身也具有适应环境的内在机制，因此，在它传入中国以后，就以“随机”“方便”为理论依据，十分注意与中土原有的思想文化相适应。而节日祭祀和偶像崇拜也正是佛教信仰的特点。作为乡社祭祀的最基层行政机构，里很可能也是佛教逐渐向民间普及的最基层。这一点从“小浮屠里”名称上似乎也对我们有所启发。

## 二　简2反映的建武年间史事

简2：建武廿七年八月丙寅朔庚寅，太尉憙、司徒勤、司空纯、大司隶校尉。(VI91DXF13C②:28)

① 何双全：《〈汉简·乡里志〉及其研究》，甘肃省文物考古研究所《秦汉简牍论文集》，甘肃人民出版社1989年版，第151—168页。

② 沙梅真：《吐鲁番出土文书中的姓氏资料及文化意蕴》，《敦煌研究》2007年第1期，第94—98页。

这是朝廷诏书中的一条简，具体到这枚是诏书传达到悬泉置的抄录副本。与之相关的内容见于《后汉书》卷二《光武帝纪》：“（建武）二十三年，冬十月丙申，太仆张纯为大司空。”“（建武）二十七年夏四月戊午，大司徒玉况薨。五月丁丑，诏曰：‘昔契作司徒，禹作司空，皆无‘大’名，其令二府去‘大’。’又改大司马为太尉。骠骑大将军行大司马刘隆即日罢，以太仆赵熹为太尉，大司农冯勤为司徒。”①

**1. 关于东汉初年“三公”**

《续汉书·百官志》：“太尉，公一人。本注曰：掌四方兵事功课，岁尽即奏其殿最而行赏罚。凡郊祀之事，掌亚献；大丧则告谥南郊。凡国有大造大疑，则与司徒、司空通而论之。国有过事，则与二公通谏争之。世祖即位，为大司马。建武二十七年，改为太尉。”②《后汉书》卷二《光武帝纪》：“二十二年……秋七月，司隶校尉苏鄴下狱死。”③汉初，恢复置建了“三公”“九卿”诸机构，但有些府寺机构的名称已经改变，内部结构已重新调整，分支机构被裁减，官吏编制大大压缩，职能作用也发生了很大转变，政治地位和权势大大下降。究其变化原因，一是皇帝加强集权的客观需要。自西汉以来，任“三公”各府长官者，均为朝廷重臣及皇亲国戚。这些人大权在握，专横跋扈，严重干扰了皇权的行使，尤其是西汉后期更为严重。有鉴于此，东汉立国初，光武帝刘秀便立即对“三公”“九卿”诸机构进行了调整——削权、转职、缩编。二是尚书台机构职能强化的必然后果。东汉初“事归台阁”，尚书台及其所属六曹分支机构侵夺并分割了“三公”“九卿”各机构的大部分职权，也迫使“三公”“九卿”诸机构必须进行调整。东汉初“三公”各府机构名称已演变为：大司徒府、大司马府和大司空府（即西汉时的

① （南朝宋）范晔：《后汉书》卷 2 下《光武帝纪下》，中华书局 1965 年版，第 75—78 页。

② （晋）司马彪：《续汉书·百官志》，见（南朝宋）范晔《后汉书》，中华书局 1965 年版，第 3557 页。

③ （南朝宋）范晔：《后汉书》卷 2 下《光武帝纪下》，中华书局 1965 年版，第 74 页。

丞相府、太尉府和御史大夫府）。建武二十七年（51），东汉统治者将大司徒府和大司空府的“大”字去掉，只称司徒府和司空府，又改大司马府为太尉府。三府序位是太尉府居首，次为司徒府和司空府（西汉时丞相府居首位）。

### 2. 关于司隶校尉

司隶校尉，《后汉书》卷二《光武帝纪》有两条记载：

> 第一条：（建武二十二年）秋七月，司隶校尉苏鄴下狱死。[①]
>
> 第二条：中元元年冬十月辛未，司隶校尉东莱李沂为司徒。[②]

建武二十二年到三十一年，即47年到56年期间司隶校尉很可能是有空缺的，这条诏书简的发现，与《后汉书》记载是吻合的。司隶校尉，始置于汉武帝征和四年（前89），成帝元延四年（前9）曾省去，哀帝时复置，省去校尉而称司隶。东汉时复称司隶校尉。东汉初年，汉光武帝刘秀省去丞相司直，使司隶校尉获得更大的权势，朝会时和尚书令、御史中丞一起都有专席，当时有“三独坐”之称。东汉时司隶校尉常常劾奏三公等尊官，故为百僚所畏惮。司隶校尉对京师地区的督察也有所加强，京师七郡称为司隶部，成为十三州之一。

### 3. 简文所见人物事迹

冯勤字伟伯，《后汉书》有本传。“魏郡繁阳人也……初为太守铫期功曹，有高能称。期常从光武征伐，政事一以委勤。勤同县冯巡等举兵应光武，谋未成而为豪右焦廉等所反，勤乃率将老母、兄弟及宗亲归期，期悉以为腹心，荐于光武。初未被用，后乃除为郎中，给事尚书。以图议军粮，在事精勤，遂见亲识。每引进，帝辄顾谓左右曰：‘佳乎吏

---

① （南朝宋）范晔：《后汉书》卷2《光武帝纪》，中华书局1965年版，第74页。

② （南朝宋）范晔：《后汉书》卷2《光武帝纪》，中华书局1965年版，第83页。

也！’由是使典诸侯封事。勤差量功次轻重，国土远近，地势丰薄，不相逾越，莫不厌服焉。自是封爵之制，非勤不定。帝益以为能，尚书众事，皆令总录之。”①

赵憙字伯阳，南阳宛人也。《后汉书》有本传。是刘秀南阳统治集团的重要人物，少年时代从军，征战河内，二十出头被封“五威偏将军”，“光武破寻、邑，憙被创，有战劳，还拜中郎将，封勇功侯……迁憙平原太守。（建武）二十六年，帝延集内戚宴会，欢甚，诸夫人各各前言‘赵憙笃义多恩，往遭赤眉出长安，皆为憙所济活’。帝甚嘉之。后征憙入为太仆，引见谓曰：‘卿非但为英雄所保也，妇人亦怀卿之恩。’厚加赏赐。二十七年，拜太尉，赐爵关内侯。时，南单于称臣，乌桓、鲜卑并来入朝，帝令憙典边事，思为久长规。憙上复缘边诸郡，幽、并二州由是而定。（建武）三十年，憙上言宜封禅，正三雍之礼。中元元年，从封泰山。及帝崩，憙受遗诏，典丧礼。是时，籓王皆在京师，自王莽篡乱，旧典不存，皇太子与东海王等杂止同席，宪章无序。憙乃正色，横剑殿阶，扶下诸王，以明尊卑。时，藩国官属出入宫省，与百僚无别，憙乃表奏谒者将护，分止它县，诸王并令就邸，唯朝晡入临。整礼仪，严门卫，内外肃然。”②

以上二人均为光武帝刘秀亲信重臣。司空张纯《后汉书》无本传。

## 三　东汉《列女传》编纂的政治思想因素和东汉的国家史学

简3：永平七年四月廿九日……（正面）

大司马吴公女嫁为南阳太守南。妇谒归，负期一日，就分列女传书。（背面）　（VI91DXF13C②：29）

① （南朝宋）范晔：《后汉书》卷26《伏湛传》，中华书局1965年版，第909页。

② （南朝宋）范晔：《后汉书》卷26《伏湛传》，中华书局1965年版，第912页。

这是朝廷下发的关于编纂《列女传》的诏书中的一条。范晔编纂《列女传》所列列女的原则，《后汉书》卷八四《列女传》有记述：

> 《诗》、《书》之言女德尚矣。若夫贤妃助国君之政，哲妇隆家人之道，高士弘清淳之风，贞女亮明白之节，则其徽美未殊也，而世典咸漏焉。故自中兴以后，综其成事，述为《列女篇》。如马、邓、梁后，别见前纪；梁、李姬，各附家传。若斯之类，并不兼书。余但搜次才行尤高秀者，不必专在一操而已。①

简 3 说明了以下历史事实：东汉王朝俟一建立，基于其继承西汉儒学立国的意识形态，在编纂国家史学方面的举措是收集合乎儒家伦理思想的有关材料。吴汉为刘秀南阳统治集团核心的成员，其女列入《列女传》自然可标榜其统治集团受儒家伦理影响之深，对于笼络广大受儒家思想影响的知识分子自然是有效的，并可多角度对其核心成员进行维系和利用。光武帝深知儒学对维护封建统治的重要，特别提倡讲经论理，注意从儒生中选择统治人才。建武五年（29），统一战争尚在进行，光武帝就着手建立太学，设置博士，传授经学。光武帝曾亲临太学，倾听诸博士的论辩。明帝更是广召名儒，自居讲席，让诸儒讨论经学。在地方亦纷纷建立起郡国学，除通过学校培植统治人才外，更注重通过察举和征辟，网罗地主士大夫做官。察举的主要科目有孝廉、贤良、茂才、明经等。其中孝廉按郡国人口，每 20 万岁举 1 人，是儒生仕进的主要阶梯。征辟由三公及郡守直接征召士人当官。光武帝对于隐居山林，不愿在新朝当官的人，多方搜求，重礼征聘，以示对封建名节的表彰。由于被察举、征辟者才高名重，为乡党舆论所推崇，故士大夫比较注意修饰自己的品行，以激扬名声，抬高身价。当然从一开始其中就有矫情造作、沽名钓誉者。

东汉王朝通过提倡经学，表彰名节，广开仕路，收揽和培育了大量

---

① （南朝宋）范晔：《后汉书》卷 84《列女传》，中华书局 1965 年版，第 2781 页。

统治人才，培养了重名节的社会风气。东汉一代，不乏廉洁奉公的官员，敢言直谏的朝臣，讲究人品气节的士人，和睦孝悌的家族，使他们成为维护东汉王朝的重要支柱。

致谢：

感谢初师宾先生、张德芳先生对我在简牍研究方面给予的鼓励和指导，他们的鼓励，能够使我坚持从事出土文物和简牍的研究并有所收获，感谢我大学同学杨富学兄和挚友魏文斌兄协助查找部分资料时给予的帮助。

**附记：**

李永平（1965—　），男，山西新绛人，甘肃省博物馆研究馆员，西北师范大学兼职教授、硕士研究生指导教师，甘肃省历史学会理事，甘肃敦煌学会理事，主要从事甘肃出土汉晋文献及古代出土文物研究。曾主持并完成国家清史编撰委员会课题《甘肃清代历史文物、遗址、建筑图录》、国家社科基金项目《甘肃新出土魏晋十六国文献整理研究》。在《文物与考古》《故宫文物月刊》（台北）《简帛研究》《出土文献研究》等重要学术刊物均发表过多篇学术论文。

原刊《敦煌研究》2010 年第 5 期

# 简册研究

# 新发现的一份西汉诏书

## ——《永始三年诏书简册》考释和有关问题

伍德煦

甘肃省居延考古工作队近年来在居延额济纳河流域汉代军事要塞构筑的城郭烽燧遗址中，发掘出大批汉代简册和文物，对研究两汉时期的政治、经济、军事和文化，提供了极其珍贵的资料。

《永始三年诏书简册》是近年来居延出土的简册中，属于成组的而比较完整的简册之一。我们不仅可以从实物中看出汉代诏书组成部分的形式和特点，了解汉王朝由中央颁发诏书律令到各州郡县乡的行政系统程序，特别是居延边郡地区文书传递的行政程序，而且这个诏书的内容也十分重要，就全部简文上下相关处来看，它的基本内容反映了在汉成帝刘骜时，丞相翟方进、御史孔光于永始三年奏书陈言当时天灾频繁，郡国粮食匮乏，而各地官僚豪强地主仍大量放高利贷，用收取重利的办法盘剥庶民，造成农民破产，“来去城郭流亡”的严重局面。西汉王朝为了挽救和维持其反动统治，颁布了“除货钱它物律”和“还息与贷者必不可许”的律令。《诏书册》从一个侧面反映了西汉晚期阶级矛盾日益尖锐的历史特点，对研究当时阶级斗争提供了重要的新资料。现将《永始三年诏书册》作简略介绍。

### 一 《永始三年诏书册》

《永始三年诏书册》出土于汉代金关烽火台南侧的堡垒式房屋东墙

根近东南角处，诏书册共存十六枚简，简长约 23 公分，宽约 2 公分，每简多为两行书。简册的麻绳编纶已朽毁，但简册上下两道的编联痕迹尚可辨别；简册无编联符号，次第已紊乱，有的简有烬火烧毁致残损伤的痕迹，有的简文泐蚀不清。

现根据这十六枚简的书写特点，即有七枚简在书写时均在简首留有约 2 公分的空白，另有八枚简均为顶格书写，不在简首保留空白的特点，余一简因残蚀过甚，暂不计列；又依据汉简中的诏书格式，简文内容，诏书下达的时间和汉时行政系统程序，试排列如下：

第一简　丞相方进御史臣光昧死言

明诏哀安元：臣方佳御史臣光往秋郡被霜冬无大若不[利][宿][麦]

[恐]民□▨

第二简　郡国九谷最少豫稍为惆给立辅既言民所疾苦可以便安

弘农太守丞立山阳行太守事湖陵□□上[彳]▨

第三简　调有余给不足不民所疾苦必可以便安百姓者公计长吏

守丞▨　臣光奉职无状顿：首：死：罪：巨方进臣光前封公上计弘农太守▨

第四简　令堪封曰富民多畜田出贷▨

□□□

第五简　来去城郭流亡离本逐末浮食□□□□□

与县官并税以成家致富开并兼之路□

第六简　治民之道宜务其本广农□▨

来出贷或取以贾贩愚者□□

第七简　言既可许取请除贷钱它物律诏书到县道[官]

□□□□□

县官还息与贷者必不可许必别奏臣方进臣光愚戆顿：首：死：罪：

第八简　制　　可

第九简　永始三年七月戊申朔戊[辰]

下当用者

第十简　七月庚午丞相方进下少府卫将：军：二：千：石：部刺史郡太守▨

下当用者书到言

第十一简　八月戊戌丞相方进重令长安男子李絫索辅等自言古租□□又闻三辅豪黠吏比复出贷史（吏）重质不止疑郡国亦然书到

第十二简　赏得自责毋息毋令[使][郡]县相残贼务禁绝息□▨

第十三简　十月己亥张掖太守谭守郡司马宗行长史事▨

书从事下当用者明扁悬亭显处令吏民皆知之如诏书

第十四简　十一月己酉张掖肩水都尉谭丞平下官下当用者如[诏][书]

第十五简　十一月辛亥肩水侯宪下行尉事谓关啬夫吏承书从事明扁亭□

处如诏书　　　　　　士史猛①

第十六简因残损太甚，简文泐蚀不清，或为他简之残缺部分，在此不释。

上列诏书册较完整的共十五枚简，共有简文二十七行，现将简文比较清晰，简文句读和词意较明白者，作些简略注释。

第一简“丞相方进”即翟方进，与其他简的“丞相方进”同，见《汉书·翟方进传》：“永始二年……擢方进为丞相”；“御史臣光”即孔光，见《汉书·孔光传》：“孔光字子夏……成帝初即位……后为光禄勋……徙光禄勋为御史大夫……元始五年薨。”西汉时的三公，有丞相，“丞天子，助

① 编者按：上述15枚简文中，第二简“佳”字，第十一简“戌”字，第十五简“侯”字明显是“进”“戌”“候”字的笔误之字，“：”则是重文符号（通行惯例重文符号应作“＝”）。但《永始三年诏书》最早的释文——甘肃省博物馆汉简整理组《〈永始三年诏书〉简册释文》（《西北师院学报》1983年第4期）一文——即如此，本文可能是出于遵从原释文的目的，故如此处理。今为保持原貌，一仍其旧。

理万机”；太尉，“掌武事，主五兵”；御史大夫，“贰于丞相，侍御史之率”，司纠察之任，都是秩万石的等级，是西汉封建王朝的中央最高官吏。“昧死言”是当时封建臣属向皇帝奏事的官文书习语。“明诏哀安元：”诏，告也，古时上告其下曰诏，君告其臣曰诏。元：庶民也。哀安元：与《盐铁论·未通》御史曰：“……先帝哀怜百姓之愁苦”的意义相似。“冬无大䨮”，䨮即雪字之章草体，《金石索·石索四·汉故谷城长荡阴令张君表颂》：“既敦既钝，雪白之性”，雪即作䨮。秋被霜，冬无雪，言灾害并臻。“宿麦”即指冬麦，《汉书·武帝纪》：“元狩三年，遣谒者劝有水灾郡，种宿麦”，注：“秋冬种之，经岁乃熟，故云宿麦。”

第二简“郡国九谷最少”，九谷，《周礼·天官·冢宰》：“一曰三农生九谷”，注：郑司农曰：“九谷：黍、稷、秫、稻、麻、大小豆、大小麦也”。此即泛指粮食。“赒给”，救济之意，如《汉书·食货志下》“山东被水灾，民多饥乏……虚郡仓廪以赈贫”之意。“立辅既言”，立为人名，辅，佐吏也。庶人在官曰辅，《周礼·天官·大宰》“置其辅”，注，“辅，府吏，庶人在官者”。“立辅”应指简文中的“弘农太守丞立”。“弘农太守丞立”，弘农为郡名，景帝时更郡守为太守，辅秩二千石，[①] 丞为太守之佐官，立为人名。“山阳”即汉时的山阳郡。弘农郡领县十一，在长安迤东地区。山阳郡领县二十三，简文中的湖陵为山阳郡领县之一。

第三简“调有余给不足”，似指汉时推行的均输、平准法。即在全国统一设立“均输官”，把各地应当运交中央的物资运至物资不足而售价较高的地区出售，把卖得的钱交中央。“均输法”是与贩运商人争利。另外，在京师设“平准官”用官价在市场上随物价涨落贵卖贱买。“平准法”是与投机商争利。“公计长吏”当指汉时的“上计吏”，汉代各县令（长）于年终时须将该县的户口、垦田、钱谷出入等编为计簿，呈送郡国。由郡守、国相再加汇编，用副本上计于中央的丞相，由中央总核。入京师执行上计的人员称为“上计吏”。郡国每岁多遣其属官长吏守丞诣京师上计，汇报郡国每岁的财政收入情况。“臣光奉职无状”，即御史

① 编者按：此句“辅”字，疑为衍文。

大夫孔光向皇帝自称有失纠察之职责。“顿：首：死：罪：”，为顿首死罪的重文符号，为臣属向封建皇帝奏书言事常用的习语，和第一简的“昧死言”均相类。“前封公上计”，似即指第四简中的某（县）令堪封向中央上报计簿一事。

第四简“令堪封曰富民多畜田出贷”，令似即指县令，堪封为县令姓名，“畜田出贷”，即兼并土地和放高利贷，为县令堪封向上计的汇报内容。

第五简“来去城郭流亡”当指汉成帝时破产农民的流亡。《汉书·翟方进传》：“间者郡国谷虽颇孰，百姓不足者尚众，前去城郭，未能尽还”。“离本逐末”，即弃农经商之意，古以农业为本业，工商为末作。“浮食”，浮末而食之意。即言徒作浮利，不事生产而食。《潜夫论》：“举世舍农桑，趋商贾，今察洛阳，浮末者什于农夫，虚伪游手者什于浮末”；《商君书·农战第三》：“夫农者寡而游食者众。故其国贫危”。浮食、浮末均指事工商而离农本之意。

“与县官并税以成家致富开并兼之路”，“县官”，此处似即指官府。“并税以成家致富”，并，旁缘也，如《汉书·张汤传》：“奸吏并侵渔”，王先谦补注：“旁缘为奸也”；成，肥腯曰成，此处引伸为丰美充满之意，即“县府官吏因取租税而富裕家室”之意。“开兼并之路”，即指当时官吏、地主、商人三位一体的豪强地主利用租税、高利贷等剥削手段，贪婪无厌地并兼农民的土地。

第六简“治民之道宜务其本广农”，古时指农业为本业，如《史记·商君书》“大小戮力本业”，《汉书·仲长统传》“急农桑以丰委积”之意。[①]“或取以贾贩愚者”，似即指奸吏取利于商贾和愚民之意。

---

① 编者按：《史记·商君书》当为《史记·商君列传》之笔误，《汉书·仲长统传》当为《后汉书·仲长统传》之笔误。中华书局点校本《史记·商君列传》：“有军功者，各以率受上爵；为私斗者，各以轻重被刑大小。僇力本业，耕织致粟帛多者复其身。”“大小”连上读，2013 年中华书局修订本同此，与本文断句“大小”连下读不同。然杨海峥整理点校本《史记会注考证》（上海：上海古籍出版社 2015 年版）断句为：“有军功者，各以率受上爵；为私斗者，各以轻重被刑。大小僇力，本业耕织，致粟帛多者复其身。”虽与本文断句不完全相同，但关于“大小”的连读却与本文相同。

第七简“请除贷钱它物律”，除，免也。此即汉时释逋贷之意。《汉书·宣帝纪》：“神爵元年，所振贷物勿收”；《汉书·成帝纪》：“永始二年，所振贷贫民勿收”。此处简文，似应指不准豪滑官吏、商人放高利贷，也不准收高利贷息。《汉书·食货志》：“今农夫五口之家……其能耕者不过百亩。百亩之收，不过百石。春耕夏耘，秋收冬藏，伐薪樵，治官府，给徭役……四时之间，亡日……勤苦如此，尚复被水旱之灾，急政暴虐，赋敛不时，朝令而暮改，当具，有者半贾而卖，亡者取倍称之息；于是有卖田宅，鬻子孙，以偿责者矣。”也指汉代贫苦农民用土地房屋来偿还借贷。律即律令，皇帝颁布的法律。《史记·酷吏列传》：“前主所是著为律，后王所是疏为令”。“除贷钱它物律”与此简第二行简文“还息与贷者必不可许”的意义紧密相关，是这个诏书为了解决社会危机颁布的法令，也是这个诏书的中心内容。“诏书到县道官”，道，县主蛮夷曰道，《后汉书·马援传》：“檄下亟下县道”；官即指官府。《汉书·地理志》：“迄于孝平，凡郡国一百三，县邑千三百一十四，道三十二，侯国二百四十一……汉极盛矣。”“诏书到县道官”，就是把诏书下达到西汉全国各地。

“还息与贷者必不可许”，似应指此简上文的“除贷钱它物律”的具体措施。“必别奏”，别，明也。《论语·子张》：“譬如草木，区以别矣”。这条简文的大意，是要各郡县官府下达不许还息与贷者的法令。并要将施行情况必须明白地向汉王朝奏报。戆（gàng 音杠），愚而直也。《史记·高祖纪》：“然陵少戆”。此处为翟方进、孔光向皇帝奏言时的自贬之词。

第八简“制”，君命也，制书、制诰均指皇帝的命令。“可”，许可也。

第九简“永始三年七月戊申朔戊辰”，当指汉成帝制可诏书的日期。“十”为“七”字，汉简中，“七”字书写特点，是横划较长，竖划较短，而“十”字是竖划较长，横划较短，此诏书中制可的“七月”和“七月”又下达诏书的上下级行政系统关系均符合。“下当用者”即主者

施行之意，为汉代下行公文的常用语。

第十简，此简全文是书明由丞相翟方进将诏书逐级下达的官府名称。“小府”即少府，汉时为九卿之一，掌山海池泽收入和皇帝宫室的手工业制造，为皇帝的私府，秩中二千石。“卫将军”一名，《汉书·文帝纪》：“今纵不能罢边屯戎，又伤兵厚卫，其罢卫将军，军太仆，见马遗财足，余皆以给传置。”① “卫将军”即当为《汉书·百官公卿表》里的“卫尉”，汉高帝六年，将军郦商为卫尉，均可为证。卫尉为汉九卿之一，掌宫门卫屯兵，主南军，秩中二千石。“部刺史”，即监御史。《汉书·百官公卿表》：“汉省丞相遣史分刺州，不常置，武帝元封五年，初置部刺史，掌奉诏条察州。……成帝绥和元年更名牧（州牧）……”。汉武帝分全国为十三个监察区，称为十三部州，每部设刺史一人，秩六百万，② 周行郡国，以六条问事。简文仍书“部刺史”，证明更刺史为牧确在永始年之后。“部刺史”之品级本低于郡太守，但简文列部刺史在郡太守之前，可能其品级已不低于郡太守。此行简文的文例，即七月庚午日由丞相翟方进下少府卫将军，卫将军下二千石，二千石下部刺史郡太守。简文的卫字下缺一重文符号。“书到言”如《史记·三王世家》及汉碑诏书后所谓“书到言”也，汉时下行公文，必令报受书之日，或云“书到言”，或云“书到日”，其意相同。

第十一简“八月戊戌”，③ 当指永始三年八月，与第九、第十简的“永始三年七月”相连续。简文中的“男子”，系汉简和汉书中常见习语，如“何一男子”“妄一男子”均类似，一般指无官爵地位的人。“李桑、索辅”为人名。“自言”与爰书中的“自状”相同，即自动主诉之意。“古租□”似应指汉初高帝、文帝时的租税贷息。《汉书·食货志》：“汉兴，接秦之敝……上于是约法者禁，轻田租，什五而税一”，④ “孝景

① 编者按：据中华书局点校本《汉书》及《汉书·文帝纪》师古注相关内容可知，本文引文中“戎”当为“戍”字之笔误，“伤”当为“饬”字之笔误。且断句当从中华书局点校本作：“今纵不能罢边屯戍，又饬兵厚卫，其罢卫将军军。太仆见马遗财足，余皆以给传置。”

② 编者按：“万”当为“石”字笔误。

③ 编者按：“戌”当为“戌”字笔误。

④ 编者按：据中华书局点校本《汉书》，“者”当为“省”之笔误。

二年，令民半出田租，三十而税一也”。史书记载西汉初的田租表面上是轻的，事实上并不轻。简文中的“古租”提法，可为此简之下列简文，如“三辅豪黠吏比复出贷史重质不止”及这个诏书册内所提到的“与县官并税以成家致富开并兼之路”，“民所疾苦”，“来去城郭流亡离本逐末”，“富民多畜田出贷”等相比较，要说明成帝年间的租税贷息较汉初时已经够沉重的了。“三辅”指京兆尹、左冯翊、右扶风三郡，所辖各县大都在长安附近地区。“豪黠吏”即指西汉王朝中官吏兼地主、商人的豪门贵族，如《汉书·货殖传》：“自元、成讫王莽，京师富人杜陵、樊嘉……为天下高赀（同资，钱财），樊嘉五千万，其余皆万矣。……其余郡国富民，兼业专利，以贷赂自行，取重于乡里者，不可胜数。”①这些豪强凭借其权势钱财，放高利贷，在各州郡诸侯国内，残酷剥削人民。”比复出贷史重质不止”，比，频也；比复，指经常而众多之意。“史重质不止”，史即吏字，汉简中史吏通用，此指豪强官吏。质即平质，“重质”即是豪吏重取高利贷息，与第七简的贷钱它物之意相关联。此简的简文比较完整，泐蚀字数不多，词意也较清楚，简文内容也是这个诏书册的重点。

第十二简“自责”，悔改之意。《汉书·翟方进传》：“方进不自责悔，而内挟私恨”，此处似应指第十一简的“豪黠吏”应当自责悔。下接简文“毋息毋令使郡县相残贼”，息即指高利贷者收取的子金利息，“毋令使郡县相残贼”，当指诏书册中的三辅豪黠吏不得放高利贷侵害百姓，与下接简文“务禁绝息”之意相关联。

以上第十一和十二简，排列于永始三年七月汉成帝制可诏书中的“除贷钱它物律”和“还息与贷者必不可许”的法令之后，似又在永始三年八月根据长安男子李橤、索辅自言古租贷情况和当时三辅京师地区诸豪黠吏大肆放高利贷，利用重质手段，沉重盘剥庶民的事实，补充了“毋息毋令使郡县相残贼务禁绝息”的法令。

---

① 编者按：据中华书局点校本《汉书》，“贷”当为“货”之笔误。且据文意，“杜陵”“樊嘉”间不应用顿号断开。

第十三简“守郡司马宗行长史事”，摄行其职曰守，郡司马为一郡统兵之官，综理军府之事，宗为人名。以大衔兼小官曰行某官事，长史为边郡太守的属官，《汉书·百官公卿表》：“郡守有丞，边郡又有长史，掌兵马，秩皆六百石”；《续汉书·百官志》：“郡当边戎者，丞为长史”，[①] 是边郡有长史。“明扁悬亭显处”，明扁即明书之于扁，扁，《说文》“扁以户册，门户明悬之书册”。亭，指驿亭，邮亭，人停集之处。“亭显处”，亭阙明显之处，便于观看，使令吏民皆知。

第十四简“张掖肩水都尉”，都尉比将军略低之武官，辅佐太守，并掌全部军事。因驻于肩水，故简文称张掖肩水都尉。谭为人名，丞为属官，平为人名。“下官下当用者”与上列简文之“□书从事下当用者”相类。为汉时下行公文之习用语。“如□□”，似即“如诏书”三字，汉时下行诏书，苟一事为律令所未具，而以诏书定之者，则曰“如诏书”。如者，如诏令行事也。

第十五简“肩水侯宪”，即肩水侯官之长，宪为人名，尉为主兵之官，《汉书·匈奴传》注引汉律：“近塞郡皆置尉，百里一人”。“关啬夫吏”，即出土地点金关的啬夫吏。啬夫为汉代乡官，掌管诉讼和赋税。《后汉书·百官志五》：“其乡小者县置啬夫一人，皆为知民善恶，为役先后，知民贫富，为赋多少”。金关啬夫，为负责关隘交通事务，秩比啬夫的官吏。“士史”，即士吏，古史、吏二字通用，据汉简，侯官的士吏，为主文书之事。

上列《永始三年诏书册》，由于编纶朽失，又无编联顺序号数，在试列的排比中，肯定难以恢复原貌。在我国秦汉考古工作中，象这样比较完整而有确切年号的西汉时期的《诏书册》尚属少见。特点在《诏书册》中暴露了两汉晚期的封建社会中最本质的阶级矛盾，[②] 即豪强地主贪得无厌地兼并土地，放高利贷和利用重质手段残酷地剥削人民的历史，反映了腐朽的生产关系严重阻障生产力发展的内容，因而《诏书册》具

---

① 编者按：引文“戎”字，中华书局点校本《后汉书》作“戍”。

② 编者按：疑本句“特点”“两汉”分别为“特别”“西汉”之笔误。

有十分珍贵的科学价值。《诏书册》简虽然泐蚀了部分简文，但通观全册，其主要内容和诏书格式的前后组成部分仍相当明白。大体上可将《诏书册》分为四个部分。第一、二、三简是丞相翟方进、御史孔光向汉成帝奏书，首先陈述了“往秋郡被霜、冬无大若”的不良气候，出现灾害并臻的局面，意即全国各州郡地方粮食缺乏，西汉王朝应“豫稍为惆给”，以解“民所疾苦”，并引“弘农太守丞”，“山阳行太守事”等郡县官吏所上计，主张施行“调有余给不足”的均输、平准的办法，以解除“民所疾苦”。第二部分，即第四、五、六、七、八、九简，陈述某县令堪封上计所奏，着重暴露了当时“富民多畜田出贷”，即当时的官吏、地主、商人，放高利贷来盘剥人民，兼并土地，形成农民破产，“来去城郭流亡，离本逐末”的社会危机，而豪强官吏仍重税高息苛敛百姓，以“成家致富”和开“并兼之路”。在严重的社会危机面前，反动的统治阶级虚伪地提出了“治民之道，宜务其本广农□”的主张，并请汉成帝颁布“除贷钱它物律”的法令，规定“还息与贷者必不可许”的禁令。企图以打击高利贷者的办法，来挽救摇摇欲坠的封建统治。汉成帝在永始三年七月“制可”同意发出这个诏书。第三部分，即第十、十一、十二简，丞相翟方进于永始三年七月将这个诏书下达“少府、卫将军、二千石”和各地州部刺史、郡太守诸官吏。又于同年八月，根据西汉首都“长安男子李彖、索辅自言古租”，特别强调在京师地区的“三辅豪黠吏，比复出贷，史重质不止，疑郡国亦然”的严重情况，要求各地官府要切实按照上列诏书施行律令。即“毋息毋令使郡县相残贼”。第四部分，即第十三、十四、十五简，于永始三年十月“张掖太守谭，守郡司马宗行长史事”等将诏书转下所辖各级，“十一月己酉张掖肩水都尉谭、丞平”又转下诏书，“十一月辛亥肩水侯宪”又转下诏书至金关啬夫吏。并要求将诏书“明扁悬亭显处，令吏民皆知之”。

这个《诏书册》的内容是比较清晰的，它从一个侧面反映了西汉晚期阶级矛盾的加深，西汉统治者为了解决社会危机，企图采用打击一些高利贷者的办法，来挽救危机，但历史证明了统治者的改良办法，都不能解决封建制度本身存在的不可克服的矛盾。

# 二 《诏书册》有关的一些问题

## 1.《诏书册》形制和其组成部分的特点

《永始三年诏书册》的出土，使我们看见了距今已有一千九百九十一年的西汉成帝刘骜时书写的比较完整的诏书原本。从形制看，它是有编联的简册，简长2.3公分，合汉尺一尺，简文多为两行书，有汉成帝刘骜制可诏书的年月日。《汉制度》曰："帝之下书有四，一曰策书，二曰制书，三曰诏书，四曰诫书。策书者，编简也。其制长二尺，短者半之。"策、制、诏书和诫书，均为君告臣、上告下之文书，实物与文献记载大体是符合的。

《诏书册》的文章体例，也与汉碑和其他残存的诏书断简相类同，如《诏书册》的起首文句和建宁二年的《鲁相史晨祠孔庙奏铭》相似，与永光二年或三年的"非调请诏赈饥"的残简相类同。其简文内容也有相似之处，如"守太司农光禄大夫调昧死言，守受簿丞庆前以请诏……上调物钱谷转漕为民困乏储，调有余给☑"（《居延甲编》1175号A），简所云"守受簿丞庆前以请诏"云云之"前"字，乃诏书中习用追述旧事之词，而援引旧例办事之文体，与《永始三年诏书册》中的奏请赈灾之简文，如"丞相方进御史臣光昧死言"，"郡国九谷最少，可豫稍为惆给"，"调有余给不足"，"前封向上计"等都有诏书中习用相同的文例。

关于《诏书册》的"八月戊戌丞相方进重令长安男子李彖、索辅等自言古租□□又闻三辅豪黠吏比复出贷史重质不止疑郡国亦然书到"和"赏得自责毋息，毋令使郡县相残贼，务禁绝息□☑"的二枚简应排列在诏书册何处较为合适的问题。在试排的过程中，有两种意见，一是认为应排列在《诏书册》的前部分，因为它的时间是"八月戊戌"，而把汉成帝制可诏书的时间认为是"永始三年九月戊申朔戊辰"；另一种意见认为此二简不属于《诏书册》，是其他简册的。经过我们详细察看实物，从简册的形制长短，简文书法的字体、书势、墨色等相比较，特别是此二简的内容和《诏书册》的基本内容都是紧密相关联，最后，判定此二简仍应为《诏书册》的一部分。属于《诏书册》的根据有三，第一，它的形制尺寸长度、宽度，和《诏书册》其他简是一致的，字体的书势大小都反映出是由一人书写完成的。特别是它的书写格式是顶格书写，与其他顶格书写的简一样，而与其他不顶格书写的简有差异，所以初步应排列在顶格书写的简一类。第二，经详细察看“永始三年十月戊申朔戊[辰]下当用者”这枚简，“十月”应释为”七月”，不是“十月”，汉简中的“七”与“十”是有较明显的差别的。第三，“八月戊戌丞相方进重令长安男子……又闻三辅豪黠吏比复出贷史重质不止疑郡国亦然书到”和“赏得自责毋息，毋令[使][郡]县相残贼”二简似为丞相翟方进依照汉成帝于永始三年七月制可的“除贷钱它物律”和“还息与贷者必不可许”的律令，检举三辅地区豪黠吏违犯上述诏书律令而请按验治罪的文书，如《汉书·景帝纪》:”夏四月诏曰：……今岁或不登，民食颇寡，其咎安在？或诈伪为吏，吏以贷赂为市，渔夺百姓，侵牟万民。县丞，长吏也，奸法与盗盗，甚无谓也。其令二千石各修其职；不事官职耗乱者，丞相以闻，请其罪。布告天下，使明知朕意”。[①] 上列二简中的“又闻三辅豪吏比复出货，吏重质不止，疑郡国亦然，书到”，“赏得自责毋息，毋令[使][郡]县相残贼务禁绝息□☒”等简文，就是如“丞相以闻，请其罪，布告天下，使明知朕意”的意思。汉简的诏书格式与文献记载的诏书程序可以互为印证，故将此二简排列于汉成帝制可诏书的永始三年七月之后，似较为适当。通过对《永始三年诏书册》的试排，使我们进一步认识汉简诏书编册的次序和其组成部分的特点。

### 2.《诏书册》可补《汉书·成帝纪》诏书之阙

能与《永始三年诏书册》相印证的文献，当首推东汉明帝时班固所

① 编者按：引文“贷”字，中华书局点校本《汉书》作“货”。

撰的《汉书》。史称班固九岁能文，长益博贯，明帝时为郎，典校秘书，续父所著《汉书》，积累二十余年乃成，为世所重。经查《汉书·成帝纪》永始三年经成帝发布的只有一条，即“三年春正月己卯晦，日有蚀之。诏曰：‘天灾仍重，朕甚惧焉。惟民之失职，临遣大中大夫嘉等循行天下，存问耆老，民所疾苦。其与部刺史举谆朴逊让有行义者各一人。’”①《汉书·成帝纪》的永始三年诏书与居延出土的《永始三年诏书》简册，在颁发的月日时间和诏书中提及的主要人物与内容均不同。《汉书》中永始三年诏在正月己卯晦，而居延出土的《诏书册》在永始三年七月戊申朔戊辰，前者主要人物提及大中大夫嘉，内容为“举谆朴逊让有行义者”，而后者提及的主要人物是丞相翟方进、御史大夫孔光，其内容为“除贷钱它物律”和“还息与贷者必不可许”的律令。所以，如居延出土的这样颇为重要的免除贷息的诏书律令，《汉书》绝不会弃而不记。从汉成帝永始三年至东汉明帝时班固著《汉书》，其间约九十余年，中经王莽改制和农民起义战争的洗礼，典籍文书或为散失，居延出土的汉成帝制可的“除贷钱它物律”诏书，必当为《汉书》所漏记，所以居延出土的《诏书册》可补《汉书·成帝纪》永始三年诏书之阙，诚为真实而珍贵的资料。

### 3.《诏书册》产生的历史背景

从汉元帝（前48年—前33年）开始，西汉进入后期，与西汉王朝相终始的三个社会问题：土地兼并问题、奴婢问题、具有浓厚奴隶制色彩的大工商主问题，到这时日益尖锐，阶级矛盾急剧激化，西汉政权处于风雨飘摇之中。

土地兼并恶性发展，西汉统治阶级中的王公贵族和官僚表现得特别贪婪。成帝时皇舅王立与南郡太守李尚勾结，“占垦草田数百顷”，② 大官僚张禹“内殖货财，家以田为业，及富贵，多买田，至四百顷，皆泾

---

① 编者按：引文“谆”字，中华书局点校本《汉书》作“惇”。

② （汉）班固：《汉书》卷77《孙宝传》，中华书局1962年版，第3258页。

渭灌溉，极膏腴之贾（价）”。[①] 地方豪强势力也不甘落后，成帝时，关东富人益众，“多规（自占为疆界）良田，役使贫民”。[②] 地主和商人愈是无限制兼并土地，农民破产而沦为奴婢的数量便愈加快增长。西汉后期元帝时，官奴婢达十万余人，贵族、官僚、地主、大工商主拥有的奴婢更不在少数。王室五侯“僮奴以千百数”，[③] 这批贵族、官僚和豪强地主往往兼营商业及高利贷，如成、哀时成都大工商主罗裒（音剖），以钱数百万赂遗曲阳侯王根，定陵侯淳于长，“依其权力，赊贷郡国，人莫敢负，擅盐井之利，期年所得自倍”。[④]

随着贵族官僚、地主、大工商主势力的膨胀、财富增加而来的，是他们的生活日益奢侈腐化。成帝时永始四年诏书：“方今世俗奢僭罔极，靡有厌足，公卿列侯，亲属近臣，……或迺奢侈逸豫，务广第宅，治园地，多畜奴婢，被服绮縠，设钟鼓，备女乐……”。[⑤]

剥削阶级的享乐生活是建筑在残酷压榨劳动人民基础之上的。广大农民虽然终日“暴露中野，不避寒暑，捽草把土，手足胼胝”，[⑥] 仍然过着牛马不如的悲惨生活，成帝时，因饥饿而惨死在道路上的贫苦农民竟达几百万之多。广大农民挣扎在“有七亡而无一得”[⑦] 的死亡线上。愤怒和仇恨的火种点燃了农民起义的火炬，成帝建始三年，关中终南山傰宗率数百人首先起义；鄠县有梁子政领导的起义，严惩当地官僚地主；京都长安为之震动。阳朔三年，有颍川铁官徒申屠圣起义，鸿嘉三年，有尉氏樊并和山阳铁官徒苏令的起义，席卷十九个郡国，给西汉地方官吏以沉重打击。《诏书册》就是产生在成帝时西汉王朝处于阶级矛盾日

① （汉）班固：《汉书》卷81《张禹传》，中华书局1962年版，第3349页。
② （汉）班固：《汉书》卷70《陈汤传》，中华书局1962年版，第3024页。
③ （汉）班固：《汉书》卷98《元后传》，中华书局1962年版，第4023页。
④ （汉）班固：《汉书》卷91《货殖传》，中华书局1962年版，第3690页。
⑤ （汉）班固：《汉书》卷10《成帝纪》，中华书局1962年版，第324页。
⑥ （汉）班固：《汉书》卷72《贡禹传》，中华书局1962年版，第3075页。
⑦ （汉）班固：《汉书》卷72《鲍宣传》，中华书局1962年版，第3088页。“七亡”主要是：“县官重责，更赋租税”；“贪吏并公，受取不已”；“豪强大姓，蚕食无厌”；“苛吏徭役，失农桑时”。“七死”主要是：“酷吏殴杀”；“治狱深刻”；“冤陷无辜”等，说明封建国家的赋役剥削和豪强兼并，人民生活在水深火热之中。

益尖锐的历史时刻。它从反面为我们提供了研究西汉晚期阶级斗争历史的重要资料。同时，历史证明了封建统治阶级用任何办法企图解救社会危机，终是徒劳的。

**附记：**

伍德煦（1930— ），男，1952 年四川大学毕业，参加工作，曾任职于甘肃省博物馆。1970 年代调入西北师范大学历史系，1983 年晋升副教授。

本文原刊《西北师院学报》1983 年第 4 期

# 汉代的《养老令》与“王杖”简

李宝通

我国古代尊老、养老传统悠久，在先秦典籍中屡屡提到，古代开明的君主，都能够“善养老者”。传说在西周文王姬昌的时代，统治区域内没有发现忍饥受冻的老人。《诗经》颂赞“寿考且宁”，《周礼》倡导“孝行以亲父母”；孔子祈盼“老者安之”，孟子向往“老者衣帛食肉”。古代的圣贤，更是推己及众：“老吾老以及人之老”。甚至有人将诸侯对待老人的态度与纳贤兴邦的“国之大事”联系在一起，认为如果敬养老人、尊重贤者，国家就有喜庆；遗弃老人，任用不贤者，国家就有灾祸。类似的记载，不绝于书。推测我国先秦时代已经有了养老制度与相应的法律规范，只是由于年代久远以及书厄连绵，今天我们已难洞见其详。

史书记载，汉高祖刘邦即位不久，就颁行了《养老令》，规定在乡、县各置三老一人，县三老可以和县令、县丞、县尉等官员平起平坐，有事互相请教；免除他们的徭役，并在每年的十月赐给酒肉。汉文帝刘恒元年，又把这一制度推而广之，认为“方春和时，草木群生之物皆有以自乐”，朝廷应该顺应自然法则，制定较为完备的养老制度。文帝时代的《养老令》说“老者非帛不暖，非肉不饱”，应该保障他们有比较优裕的生活条件。规定百姓年龄在 80 岁以上的，每人每月赐米 1 石、肉 20 斤、酒 5 斗；年龄在 90 岁以上的，加赐每人布帛 2 匹、丝棉 3 斤。汉武帝刘彻时，又多次重申：遵照古代圣贤的教义，乡里以年龄、朝廷以爵位来排定长幼、尊卑的次序，以便治国安民。并为百姓年龄在 90 岁以上的，颁行了《养老令》的配套制度《受鬻法》。为防止官吏舞弊或烦扰老人，还规定了具体的措施细节，要求县、乡收到赐物后立即分发，不得积压。

《后汉书·礼仪志》较为细详地记载了东汉的《养老令》和“高龄受王杖”（王杖又释玉杖）的制度。规定在每年的秋天，地方政府都要核查民户的年龄，年满70岁的，授给他们王杖，同时保障他们的生活；80、90的，要倍加尊重，额外赐予物品。王杖的顶端以鸠鸟作为装饰，据说鸠鸟是古代的“不噎之鸟”，朝廷以此来表达对老人们饮食正常，身体健康的良好祝愿。

然而，由于在传世典籍中，没有具体受养者的记载流传下来，所以曾有人怀疑汉代的《养老令》仅仅是一纸空文，并没有付诸实施。而甘肃武威汉墓出土的《王杖十简》和《王杖诏书令》26简，则基本上可以释此疑窦。

《王杖简》开宗明义就说：“年七十以上，人所尊敬也”，“年八十以上，生日久乎?”揭明了社会应有的道德准则与自然存在的客观规律。简文规定对百姓70以上的“耆老高年，赐王杖”，作为受敬、受养的标志与凭据。因为杖首作鸠形，所以也称“鸠杖”。“鸠杖”实物在出土汉墓中已陆续发现多根。简文所见与赐、受王杖有关的年代有西汉宣帝本始二年（前72），成帝建始元年（前32）、二年、河平元年（前28）、元延三年（前10），东汉明帝永平十五年（72）等，其中又提到了从“高皇帝”刘邦以来的延续传统。简文所记载的受王杖者的居地，有汝南西陵县昌里、云阳白水亭、长安敬上里以及陇西郡、南郡等；从简文所收入的十余例受王杖者以及因为持杖老人被官吏欺侮而代为告发者的身份来判断，汉朝政府养老的对象主体是普通百姓。结合前面所引的史料来分析，汉代的养老制度曾经在全国各地长期普遍地实行。

《王杖简》明确规定了对受王杖者的敬养、保护条例以及对违令者的处罚原则。受王杖者享有相当于“六百石”官吏的政治待遇，允许行走于天子专用“驰道”的旁道，可以出入官府郎第，对老人触犯刑法而非重罪者也给予宽免。严禁恶吏侵扰老人，“有敢征召、侵侮者”，以“大逆不道”论罪，并有多例地方官吏欺侮老人而被判处死刑的记载。对孤、独、盲、侏儒等老弱残疾，只要具备一些劳动能力，就鼓励他们从事生产，不收田租、市赋，不服徭役，使他们得以自存自立。在屡禁民间酤酿的同时，政府还允许孤寡老人在市场上列肆卖酒，以获得较为丰厚的收益。汉朝政府还倡导全社会的敬老、养老之风，百姓有热心赡养孤寡老人的，也给予减免赋役的优待。

可以看出，汉代尊老、养老、护老制度已形成体系，世代相袭，有法可依，执法严密，对老人从经济、政治乃至社会地位方面均给予了一定的优惠待遇。这不但可以培植尊老爱幼的良好社会风气，也有助于发挥“禁暴止邪”的道德教化作用，使百姓能够安居乐业。我们无法将汉代的养老制度与先秦时代作具体比较，但从历史发展的逻辑以及上面所列举的《养老令》与“王杖”简的有关史料来推论，认为汉代养老制度继承了前朝而趋于规范完善，当非过誉。在我国封建社会中，汉代统治集团是较为注重维系人心、安定社会的；作为一个并非首创又非晚近的封建王朝，在中华民族历史上留下了如此深远的影响以至今天绝大多数中国人仍然扬眉吐气地以“汉”人自称，这是值得我们深思的。

随着人类物质文明与精神文明的进步，人口的老龄化已成为全球关注的问题。老人们度过了数十年紧张而又烦忙的工作生涯，为社会做出了巨大的贡献，社会理应回报他们，使之衣食无缺，精神愉悦；即使是那些患有残疾者，社会也有义务护理赡养，使之安度晚年。更为重要的是，今天年富力强的基本生产者乃至意气风发的翩翩少年，终将要走过人生旅途，寻求老年归宿。因此，对待老人的态度、敬养措施及法律规范，就成为衡量一个社会的道德标准、价值取向以及稳定程度的重要依据。

在我国行将步入老龄化社会，制定敬养老年人法规、倡导全社会尊老养老风尚的今天，借鉴、参考我国古代尤其是卓有成效的汉代养老制度及道德规范，应该是大有裨益的。

**附记：**

李宝通（1953—　），男，汉族，历史学博士，西北师范大学历史文化学院教授。1982 年西北师范大学历史系本科毕业。1985 年西北师范大学历史系隋唐史硕士研究生毕业，导师为金宝祥教授。2002 年获首都

师范大学历史学博士学位。

主要研究方向为魏晋南北朝隋唐史、简牍学。在《中国史研究》《中国经济史研究》《敦煌研究》等刊物上发表论文40余篇。著有《唐代屯田研究》(甘肃人民出版社2001年版),主编《简牍学教程》(甘肃人民出版社2011年7月版),参编《简牍学研究》《丝绸之路文化大辞典》《古代西北屯田开发史》《甘肃省志·大事记》等。部分成果被《书品》《中国社会科学文摘》《中国史研究动态》《人大复印资料》《中国文物报》等转载或评介。

1996年起实际负责《简牍学研究》的编辑工作,在其主持下完成《简牍学研究(1—4)》的编辑工作。2002年至2013年实际负责西北师范大学简牍学学科建设工作。

本文原刊《丝绸之路》2001年第7期

# 居延出土《甘露二年丞相御史律令》简牍考释

伍德煦

甘肃省博物馆居延考古工作队在本省北部额济纳河流域居延地区，对汉代城障烽塞遗址进行了几处科学发掘，出土近两万枚汉简和大量文物。这为研究汉代政治、经济、军事、民族及社会生活情况，提供了一批极其珍贵的科学资料。

现将在破城子南部肩水金关出土的西汉《甘露二年丞相御史律令》简牍作一概略介绍。

《甘露二年丞相御史律令》共有简牍三枚（编号为73EJT1），长均约23公分，合汉尺一尺，是为尺牍。三枚简共书有简文十二行，属章草体隶书。简文的末两行除有部份简文漶漫不清外，其余简文多较清晰。

《甘露二年丞相御史律令》简牍的内容是宣帝时追查广陵王刘胥集团阴谋篡权活动，通缉逆党逃犯而发布全国的一份文件。广陵王刘胥为武帝子，在昭帝时就“迎女巫李女须，使下神祝诅”“有觊欲心”，[①] 企图篡夺王位；在宣帝时，又勾结楚王延寿谋反，楚王坐诛，赦免了刘胥，但胥又继续祝诅，五凤四年，谋反事发，畏罪自杀。简牍中提到的人物有广陵王刘胥、故长公主（可能指平阳公主，景帝王皇后长女）、安道侯（韩说）、河间王（景帝子）及与祝诅谋反事有关的奴婢、亲眷等多人。追缉的逃犯可能指在昭帝时曾参与广陵王刘胥阴谋篡权活动而牵连的一名奴婢外人，又名丽戎，简牍律令中具列其名字、经历、年龄、身

① （汉）班固：《汉书》卷63《武五子传》，中华书局1962年版，第2760页。

份、体态、肤色、习性等特征和涉及的有关人物；并详细说明丽戎逃亡的经过。责令郡守和“都吏严教属县官令以下啬夫、吏正、三老”详加侦讯，不得隐匿逃犯，“复庇大逆、同产当坐连事”，“推迹未罢，毋令居部家中不举”等，限令按期将通缉逃犯情况上报张掖太守府。可见宣帝时对刘胥集团长期阴谋篡权的活动，采取了十分坚决的措施。西汉在武、昭、宣时期，封建王朝刘姓皇族统治集团内部为争夺王权而出现的所谓“巫蛊谋反事件”，均见《汉书》本传等篇。此简牍的出土，为印证文献和补充记载，提供了信而可征的重要实物例证，也为揭露封建王朝的腐朽残忍和研究汉代有关刑事檄文的制度和内容提供了珍贵的资料。

现将《甘露二年丞相御史律令》作如下初步考释，因少数简文笔划漶漫不清，释者水平有限，错误难免，请识者指正。释文排列次序仍依照原简排列，标点如下。通假及必要的说明，写在括号内。

1. 甘露二年五月己丑朔甲辰朔（朔为衍文、错书），丞相少史充御史守少史仁以请，诏有逐验大逆无道故广陵王胥御者，连同

2. [illegible]夷故长公主夷卿大婢外人，移隗太守，逐得试知外人者，故长公主大奴千北等曰：“外人一名丽戎，字中屯，前太子守观

3. 奴婴齐妻，前死；丽戎从母指之字子文，私男弟，偃居主虎市里。弟指之姊子，故安道侯奴杜取，不同关里男子，字涛，为丽戎

4. 新＊[①]耳，以牛车就载籍田（通佃）食各事。”始元二年，公主女孙为河间王后，与指之酒；之国使丽戎游从居主机黄棻，养男孙丁子池＊。元凤元年

5. 中定＊死。驰后＊奴婢汐人。诏问，丽戎涛俱亡，丽戎脱籍，疑变更名字造估驰，造更名人妻，不罪民间若死。母从知丽戎如

6. 时年可廿三四岁，至今年可六十，所为人中壮、黄色、小

① 文内凡标＊形符号，表示简文有模糊不清者。

头、黑伐（浅）隋面、拘颈、常低頟（额）如颛状、身小长、托魔少言。书到，二千石遣毋收，都吏

7. 严教属县官令以下啬夫、吏正、三老、□徼问乡里吏民，赏取婢及免婢以为妻，年五十以上，刑（形）状类丽戎者，问父母昆弟本谁生子，务

8. 使请实*持之从迹（踪迹），毋皆*聚烦，复庇大逆，同产当坐连事；推迹（跡）未罢，毋令居部家中不举。传者书言白报，以邮亭行□□□

9. 传命重事当奏闻，必谨容之，勿留，如律令。

10. 六月张掖太守毋适、丞勋敢告部都尉千人谓县写移、书到，趣报如御史书律令，敢告□/椽使守卒史安国佐财。

11. 七月壬辰，张掖肩水司马陵*以秩次兼行都尉事谓侯☑/，传书□□□索□□□□有以书言，会廿日，如律令/椽遂守居部*

12. 七月乙未肩水侯福谓侯长广☑，言会月十五日，诣报府，毋□□，如律令/☑

现将律令内容作一简略考释。

## 一　简牍内容初释

“甘露二年五月己丑朔甲辰朔”。“甘露”为汉宣帝刘询时的年号。刘询系汉武帝卫皇后所生戾太子纳史良娣所生史皇孙之子。《汉书·武五子传》：“太子有遗孙一人，史皇孙子，王夫人男，年十八岁即尊位，是为孝宣帝”。宣帝的祖父戾太子和父亲史皇孙均在征和二年的“巫蛊事件”中死去。事见《汉书·武帝纪》及《江充传》《外戚传》等。“五月己丑朔甲辰朔”，己丑朔为五月初一日，“甲辰朔”的“朔”为衍文，为简文误书，“甲辰”当是五月十六日。

“丞相少史充御史守少史仁以请”。丞相少史即丞相府的属官少吏，《汉书·百官公卿表》：“秩四百石至二百石是为长吏，百石以下，有斗

食佐史之秩，是为少吏”。充为少史人名。御史守少史即御史府初除的属官。“守少史”，汉制，吏初除为守，满岁为真。如淳曰：“诸官初加皆试，守一岁，迁为真，食全俸”。《汉书・朱博传》：“朱博以高第入守左冯翊，满岁为真”。仁为守少史人名。“以请”，请，告也。《尔雅・释诂》：“请，告也”。《仪礼・乡射礼》：“乃请宾曰”，请作告解。《礼・昏仪》：“纳征请期”，注：“请告昏纳之期日也”。请作告白之意解。

“诏有逐验大逆无道故广陵王胥御者，连同匡夷故长公主夷卿大婢外人”。诏，上告其下曰诏，诏亦指诏书。《史记・秦始皇本纪》：“命为制、令为诏”。《汉书・董仲舒传》：“陛下发德音、下明诏”。此处简文即言奉诏追查案验犯大逆无道罪的广陵王御者而连坐有罪的匡夷和故长公主夷卿的大婢外人。“逐验”，逐即追也，《楚辞・九歌・河伯》：“乘白龙兮，逐文鱼”，注：“逐，从也，从即追逐也”；验即案验、左验之意，《汉书・杨恽传》：“（恽）以上主为戏，语尤悖逆绝理，事下廷尉，廷尉定国考问，左验明白”，师古曰：“左，证左也，言当时在其左右见此事者也”。简文的“逐验”有追查案验之意，因为此檄文的内容是追查通缉于武帝末、昭帝初年犯大逆无道罪的逃犯，逃犯流亡至甘露二年已有三十余年的时间了。“大逆不道”，谓罪恶重大，多指谋反封建帝王而言，《汉书・杨恽传》：“恽幸得列九卿……不竭忠爱，尽臣子义，而妄怨望称引为욕恶言，大逆不道，请逮捕治”，可为证。

“故广陵王胥御者”。广陵王胥即刘胥，为武帝子，《汉书・武五子传》：“汉孝武皇帝……李姬生……广陵厉王胥……胥壮大好倡乐逸游……动作无法度，故终不得为汉嗣，昭帝初立……胥见上年少无子，有觊欲心，而楚地巫鬼，胥迎女巫须使下神祝诅……宣帝即位，胥曰：‘太子孙何以反得立’，复令女须祝诅如前，又胥女为楚王延寿后弟妇，数相餽遗通私书，后延寿坐谋反诛，辞连及胥，有诏勿治，……后胥子南侯坐杀人夺爵，……系狱弃市，……胥复使巫祝诅如前，……居数月，祝诅事发觉，有司按验，胥惶恐，药杀巫及宫女二十余人以绝口，公卿请诛胥，……即以绶自绞死，……立六十四年而诛，国除。”又《汉书・诸侯王表》：“广陵厉王胥于五凤四年坐祝诅上自杀”。以上记载，可见广陵王刘胥于昭、宣帝时，一直不停地为实现阴谋篡权，用迷信方式，使巫“祝诅上”企图篡夺帝位。“御者”，驾驭车马之人。《仪礼·既夕礼》：“御者执策，立于马后”。简文言“大逆无道故广陵王胥御者，指广陵王的御者参与了大逆无道的谋反活动。

“连同匡夷故长公主夷卿大婢外人”。即牵连有罪的匡夷和故长公主的大婢外人。“连同”即连坐同罪，入罪曰坐，连同就是牵连同罪。《史记·商君列传》：“命民为什伍，而相收（纠）司连坐”。汉律，犯大逆等重罪，并须连坐其亲族。“夷”，可能为人名。“故长公主夷卿”，早于宣帝，生于武、昭帝时的长公主，约有三人：一为武帝的姑母，馆陶长公主，即陈皇后母长公主嫖，一为武帝姊阳信长公主，一为昭帝姊鄂邑盖长公主，依据简文的上下时间和有关内容推计，此简文所称长公主似指阳信长公主为宜。阳信长公主史不载其名字，夷卿可能为阳信长公主的名字或尊称。“长公主”，师古曰：“年最长故谓长公主也”。“大婢”，居延汉简中，凡是年十五以上称为大男大女。大婢或即指十五岁以上的奴婢；又或言汉代二十岁以上的女婢称为大婢。“外人”为大婢名。居延汉简中，“死”“外”二字有时不分，此处“外”字上缺一横，明显当释为“外”字。简文言“大婢外人”即檄文中追缉的牵连犯大逆无道而流亡的罪犯丽戎。

“移隗太守，逐得试知外人者”。指罪犯案件移书于隗太守所，得征验大婢外人的案情。“试知”即事未征实，而预为考验刺探得知之意。《周礼·夏官·槀人》：“试其弓弩，”《国策·魏策》：“大王万岁千秋之后，愿得以身试黄泉，蓐蝼蚁”。试得释为证验之义。

“故长公主大奴千北等曰：‘外人一名丽戎，字中屯，前太子守观奴婴齐妻，前死；丽戎从母指之字子文，私男弟，偃居主虎市里。弟指之姊子，故安道侯奴杜取，不同关里男子，字游，为丽戎新＊耳，以牛车就载籍田食各事。’”上列简文是征验故长公主大婢外人的证辞。“大奴”，居延汉简中称年满十五以上者为大男，或云汉代年满二十岁以上的男奴称为大奴，居延汉简有“大奴□□年廿三四”可为证。“千北”为大奴名。“外人一名丽戎”，指外人又名丽戎之意，“一”即又也，或也，

《左传·昭公五年》："一臧一否"，"一"作或字解，"一名"即又名也。"字中屯"，即丽戎的字为中屯。汉时妇女亦有名有字，如东汉班昭字惠姬，一名姬。又《魏书·李安世传》："百姓皆为之歌曰：'李波小妹字雍容，褰裙逐马如卷蓬'"，可证古时妇女有名有字。"前太子守观奴婴齐妻，前死"，前太子当指武帝卫皇后生戾太子刘据，刘据在武帝末年因宫廷中的"巫蛊事件"，被武帝宠臣江充所诬陷，太子遂起兵斩充，有人言戾太子谋反，武帝派大兵索求围捕，戾太子自杀身死，后丞相车千秋申戾太子之冤，武帝始怜戾太子无辜，于湖城县作思子宫，"如归来望思之台"。"守观奴"，观即宫殿中之台观建筑，为封建帝王家族居住或祭祀之所，司马相如《子虚赋》记甘泉宫有石关、封峦、鳷鹊、寒露四观，武帝为戾太子筑归来望思台，简文言"前太子守观奴"，可能就是指守护戾太子望思台观的男奴。"婴齐"为守观奴人名。"前死"，似指守观奴婴齐早在宣帝甘露二年以前已死亡。"丽戎从母指之字子文"，指故长公主大婢丽戎在其前夫婴齐死后，则跟随其母亲。"从"，跟随也，《左传·僖公三十三年》："敢犒从者"，从作跟随解。"指之字子文"为丽戎母亲之名字。"私男弟，偃居主虎市里"，私者，男女不婚而奸谓之私。"男弟"，指年龄小于丽戎且有兄弟关系者，《汉书·卫青传》："卫子夫男弟步广，皆冒卫氏"。《急就章》注："男者以别女也，有兄之称也"。简文有言男弟为丽戎母亲之姊子，即表兄弟也。"偃"，止息也，偃居即居息，栖止之意。"虎市里"为乡里地名。此处简文言丽戎从母后，私通其表弟，从其主人居住虎市里。《汉书·外戚传》："广国字少君，……为其主人入山作炭，暮卧岸下百余人，岸崩，尽厌杀卧者，少君独脱不死。……从其家之长安"，师古曰："从其主家也"。即言广国为佣时，从其主家居住于长安，与简文"偃居主虎市里"相类。"弟指之姊子，故安道侯奴杜取，不同关里男子，字涥，为丽戎新＊耳"，弟即丽戎私通之男弟，为丽戎母指之的姊子，即丽戎的表弟。"故安道侯奴"，安道侯即韩说，《汉书·武五子传》："充（江充）典治巫蛊，既知上意，白言宫中有蛊气入宫至省中，坏御座掘地，上使安道侯韩说、御史章赣、黄门苏文等助充，充遂至太子宫掘蛊，得桐木人，……太子急然德言，征和二年七月壬午乃使客为使者，收捕充等，安道侯说疑使者有诈，不肯受诏，客格杀说”。可证武帝时的“巫蛊事件”中，安道侯韩说被太子使者杀于征和二年七月。“杜取”为人名。“不同关里”为乡里地名。“男子”，汉时一般指无爵位的男丁。“洊”为杜取之字，“新＊”，似指新人，古时夫妻新婚均可互称，因别于故妻故夫可称新人，《古乐府》：“新人工织缣，故人工织素”，妇人指夫亦可称新人，蔡琰《悲愤诗》：“托命于新人，竭心自勖厉”，盖文姬归汉，重嫁董祀，故可称新人。简文言“新＊”即指丽戎曾重嫁于安道侯奴杜取之意。“以牛车就载籍田食各事”，“牛车”即牛驾之车。汉初，经秦末战争，饥馑频仍，经济遭受破坏，一般庶民还不能乘牛车。《汉书・食货志》：“自天子不能具窌驷，而将相或乘牛车”。[①] 经文、景之后，经济逐渐恢复，一般庶民多乘牛车了。《汉书・外戚传》：“宣帝得全。即尊位……求得外祖母王媪……诣关时乘黄牛车，故百姓谓之黄牛妪。”“以牛车就载”即指丽戎、洊曾乘载牛车之意。“籍田食”，籍，凭借，依靠也。“田”通佃，即佃客，田客，租地耕种也。《汉书・高帝纪》：“命民得田之”，指可租佃耕种土地之意。又《晋书・王恂传》：“太原诸部亦以匈奴胡人为田客，多者数千”。“籍田食”，即凭借租佃土地耕种而食，也就是指丽戎和洊曾作田客租种为生的情况。“各事”，指长公主大奴千北等向隗太守所言以上种种证辞。即有关大逆无道罪牵连犯长公主大婢外人，又名丽戎，字中屯，曾为前太子守观奴婴齐妻，后又从母，私通其表弟杜取，字洊，以及丽戎与洊为佃客耕地而食的各种事情。

“始元二年，公主女孙为河间王后，与指之酒；之国使丽戎洊从居主机萁菜，养男孙丁子池＊”。“始元”，汉昭帝刘弗陵年号（二年是前八十五年）。“公主女孙”，可能即是前简文中的故长公主（即武帝长姊阳信长公主）之女孙。“河间王”，《汉书・景十三王传》：“孝景皇帝十四男……粟姬生……河间献王德，以孝景前元二年立，……立二十六年

① 编者按：引文“窌”字，中华书局点校本《汉书》作“醇”，据颜师古注内容、王先谦《补注》考证及中华书局影印光绪二十六年虚受堂《汉书补注》本也当为“醇”。本文作者作“窌”字，不知何据，待考。

薨，……奏谥法曰……宜谥曰献王。……子共王不害嗣，四年薨，子刚王堪嗣，十二年薨，子顷王授嗣，十七年薨，子孝王庆嗣，四十三年薨。"[①] 又《汉书·诸侯王表》记载河间献王德的玄孙孝王庆，四十七年薨。[②] 据简文内容的年限，此简文的"河间王"，可能当指河间孝王。因孝王庆正当昭帝时的河间王，与简文的"始元二年"相符。"与指之酒"，即言河间王后曾置酒饮指之，指之即丽戎母。"之国使丽戎洊从居主机蕢菜"，之，往也，"之国"，言河间王后往回河间封国，河间国在今河北省河间县西南。"从居主"，即丽戎洊从主而居。《汉书·卫青传》："青壮为侯家骑，从平阳主"，即从居平阳主之意。"机蕢菜"，可能为乡里地名。"养男孙丁子池＊"，言丽戎洊从居主后，曾养子，当为指之之孙，称男孙者以别于女孙也。"丁"，成年能胜赋役者谓丁。汉制，民年十五而算出口赋，二十年而傅，给徭役，均五十六而除，时有丁男之称。此言"丁"者，指男孙成年时。"子池＊"似为男孙成年时的名字。

"元凤元年中定＊死"。"元凤"为汉昭帝年号。元年是前八十年。"定＊死"，似指丽戎曾牵连大逆无道罪，于昭帝元凤年间，定为死罪。前列简文曾言丽戎牵连有罪后，从母而逃亡。

"驰后＊奴脾汐人"。此处简文字体有墨浸渍不清处，其意似指河间王后的奴婢名驰，其字为"汐人"。因下接简文明言丽戎又逃亡更改名字为"造佔驰"。

"诏问，丽戎洊俱亡，丽戎脱籍，疑变更名字造佔驰，造更名人妻，不罪民间若死"。"诏"，上白于下谓诏。"诏问"，即指河间王后问及奴婢丽戎和洊的经历；"丽戎洊俱亡"，指丽戎洊惧于牵连大逆无道罪一并逃亡。"亡"，逃也，《汉书·韩信传》：萧何闻信亡，自追之。""脱

---

① 编者按，引文"粟"字，中华书局点校本《汉书》作"栗"。

② 编者按：《诸侯王表》"七"字，景祐本作"二"。据王先谦说，《诸侯王表》"七"当作"三"，《传》是此误。中华书局点校本《汉书》已据王先谦说，改此字为"三"，并出校勘记。参《汉书》卷 14，中华书局 1962 年版，第 409、425 页；王先谦《汉书补注》，影印光绪二十六年虚受堂本，中华书局 1983 年版，第 163 页。

籍”，即脱离于傅籍，汉时编民户于册籍，《汉书·元帝纪》注：“籍者为尺二竹牍，记其年纪、名字、物色”。《释名·释书契》：“籍，所籍疏人民户口也。”简文言丽戎和洊俱亡而脱漏于户籍。“变更名字造佔驰”，指丽戎变换名字为造佔驰。“更名人妻，不罪民间若死”，亦指丽戎更嫁他人为妻，而逃匿不罪于民间如已死亡。

“母从知丽戎如时年可廿三四岁，至今年可六十”。此处简文言丽戎牵连大逆无道罪后即从母而居，逃亡时大约二十三四岁。“至今”，指宣帝甘露二年下达追捕檄文之时。“年可六十”指丽戎大约逃亡三十余年，至甘露二年时，丽戎已属六十左右的年岁了。

“所为人中壮、黄色、小头、黑饯隋（通椭）面、拘颈、常低頟（通额）如颛状、身小长、托瘪少言。”以上简文是说丽戎本人的身材、肤色、脸形和平时习性的特征。“拘颈”，曲缩谓拘，《庄子·大宗师》：“伟者夫造物者，将以予为此拘拘也。”成玄英疏：“拘拘，挛缩不伸之貌”，“拘颈”即谓曲缩颈部之貌。“常低頟如颛状”，頟，音陌，颡也，见《说文》。按《六书故》：“发下眉上为頟”，今通作额字。颛，音专，《汉书·贾捐之传》：“颛，独居一海之中”，注“颛与专同，专：尤区也，一曰圜貌也”。王先谦补注：“《说文》颛下云：‘颛谨貌’”。此言颛状其蠢蒙无知识，亦从谨字生训。简文即言丽戎常有低额作愚蠢状的习性特点。“托瘪少言”，瘪，音贿，癖也，见《一切经音义》引《声类》，又《外台秘要》：“水浆停滞不散，遇寒气积聚而成癖，在于两肋之间，有时而痛，或名寒癖。”简文即言丽戎假托有癖病而少于言辞的特点。

“书到，二千石遣毋收”。“书到”，即指此《甘露二年丞相御史律令》的文书到达各地之时，秩二千石的官吏勿得收留牵连大逆无道罪犯丽戎。“二千石”，汉制，分官吏等级，以所得俸禄多寡为准，有中二千石、二千石、比二千石等名称。中二千石者月俸百八十斛谷，二千石者百二十斛谷，比二千石百斛，见《汉书·百官公卿表》注。又《汉书·循吏传序》：“与我共此者，其为良二千石乎”，注：“谓郡守诸侯相”。按汉制郡守诸侯相并为二千石官。

“都吏严教属县官令以下啬夫、吏正、三老、□徼问乡里吏民”。“都吏”，即督邮。《汉书·文帝纪》：“二千石遣都吏”，如淳曰：律说都吏，今督邮是也，闲惠晓事，即为文无害都吏”。“教属”，即属命告诫之意。《汉书·黄霸传》：“吾欲有所司察，择长年廉吏遣行，属命周密”，注：“属，戒也”。“啬夫、吏正、三老、□徼”，均为汉乡里之官。《汉书·百官公卿表上》：“县令、长，皆秦官，掌治其县。万户以上为令，秩千石至六百石。减万户为长，秩五百石至三百石。皆有丞、尉，……大率十里一亭，亭有长，十亭一乡，乡有三老、有秩、啬夫、游徼。三老掌教化。啬夫职听讼，收赋税。游徼徼循禁贼盗。”

“赏取婢及免婢以为妻，年五十以上，刑（通形）状类丽戎者”。赏即赏赐，贵者给予卑者曰赏赐。“取”，通娶，取妇也。《说文》段注：“取彼之女，为我之妇。”“免婢”，即免去奴婢身分为庶人之意。《汉书·文帝纪》：“后四年，免官奴婢为庶人”。又《汉书·武帝纪》：“（武帝建元元年）赦吴楚七国孥输在官者”。[①] 应劭曰：“吴楚七国反时，其首事者，妻子没为官奴婢，武帝哀焉，皆赦遣之也”。[②] 此即赦免奴婢为庶人者。“刑”，通形，“刑状”即形状。“类”，同似也。此处简文即言乡里吏民有受赏赐而娶奴婢为妇和免去奴婢身份而娶为妻者，年岁在五十以上，其形状和丽戎相似者。

“问父母昆弟本谁生子，务使请实＊持之从迹（通踪迹）”。“昆”，兄也。《论语·先进》：“人不间于其父母昆弟之言”，昆弟即兄弟。“持之从迹”，持，挟制也，尤今言掌握之意。《史记·酷吏列传》：“挟吏长短”，挟即持握之义。“从迹”即踪迹之假借。《汉书·扬雄传》：“蹑三皇之高踪”，踪即踪迹之意。以上简文即言有娶奴婢为妻，年岁在五十以上，形状类似丽戎者，应查问本人与其父母兄弟的血亲关系，并须掌握其经历踪迹之意。

“毋皆＊聚烦，复庇大逆，同产当坐连事”。“烦”，烦乱也，当引申

---

① 编者按：引文“孥”字，中华书局点校本《汉书》及中华书局影印光绪二十六年虚受堂《汉书补注》本皆作“帑”，据颜师古注内容“帑读与孥同”，该字也当作“帑”。

② 编者按：此“应劭曰”系颜师古《汉书注》所引。

为祸乱之意，“毋皆＊聚烦”即言不得一并招聚祸乱，此意与下接简文内容相关。“复庇大逆”即隐匿包庇大逆罪犯之意。“同产”，《后汉书·明帝纪》：“爵过公乘，得移与子，若同产，同产子”，注：“同产，同母兄弟也”。“当坐连事”，即言包庇大逆罪犯当牵连入罪之意。

“推迹未罢，毋令居部家中不举。传者书言白报，以邮亭行□□□”。“推迹”，推即推鞫、推究、推问之推。《晋书·鲍靓传》：“（靓）年五岁，语父母云：‘本是曲阳李氏儿，九岁堕井死。’其父母寻访得李氏，推问皆符验”。“推迹未罢”，即言推问查究丽戎的来历踪迹未罢休完结之意。“毋令居部家中不举”，“部”即部督邮，汉时郡之佐吏，掌监属县，初分郡为南、北二部，后有东南西北四部及东南西北中五部，谓之五部督邮。“部家中”，即指简文中的张掖郡五部督邮所辖各县乡里家中。“举”，本意为荐举，《礼·儒行》：“怀忠信以待举”，此处当引伸为举发，揭举，尤今言检举之意。“毋令居部家中不举”，即言不得隐匿大逆罪犯潜居各部所属吏民家中而不检举。

“传者书言白报，以邮亭行□□□”。“传者”，汉时传递公文书用车曰传。传有四种，《汉书·高帝纪》注，如淳引汉律：“四马高足为置传，四马中足为驰传，四马下足为乘传，一马二马为轺传”。一般多用乘传，如《汉书·文帝纪》：“张武若六人，乘六乘传，诣长安”。用传的办法也有一定规定，《汉书·平帝纪》注，如淳曰：“律，诸当乘传者，及发驾置传，皆持尺五寸木传信，封以御史大夫印章。其乘传者，参封之。参，三也。有期会，累封两端，端各两封，凡四封。乘置、驰传者，五封之；两端各二，中央一也。轺传，两马再封之，一马一封也”。可见汉时用传（车），须持传信，传的种类不同，传信上的封印也不同。“书言白报”，指文书言明上报者，“白”即告白之意，“报”亦告也，《吕氏春秋·乐成》：“已得中山还，反报文侯”。“以邮亭行□□□”，此汉时传递文书之制度，邮是传送文书的机关，《后汉书·郭泰传》注引《说文》：“邮，境上传书舍也”，又《扬震传》：“谪震诸子，代邮行书”，汉时郡县的的行政普通文书和上封事或奏疏都可经过邮舍传送。“亭”，是供给旅客止宿之所，《风俗通》：“汉家因秦，大率十里一亭，亭，留也，今语有亭留、亭待，盖行旅宿食之所馆也”。汉时的亭设有亭长，亭长有禁捕盗贼和民有争讼供给讼所的职务。汉时，无符传不得过亭，《汉书·王莽传》：“大司空士夜过奉常亭，亭长苛之，告以官名，亭长醉曰：‘宁有符传耶?’士以马箠击亭长，亭长斩士亡。郡县逐之，家上书，莽曰：‘亭长奉公，勿逐。’”以上简文即言用传（车）传递文书言明上报，按邮亭传送制度奏报。

“传命重事当奏闻，必谨容之，勿留，如律令”。“重事”，不轻率谓重，《论语·学而》：“君子不重则不威”，重事即重要而非轻率之事。又《汉书·刑法志》：“至后元年，又下诏曰狱重事也”，即指狱讼诉罪之事为重事，此简文指追捕大逆无道牵连罪犯之事谓重事。“谨容之”，谨，敬也，《史记·扁鹊传》：“舍客长桑君过，扁鹊独奇之，常谨遇之”；容，宽大含容也。《易·师》：“君子以容民畜众”，虞注：容，宽也。“勿留”，指传送重要文书，所经邮亭之所毋得借故而稽留。“如律令”，汉时公文用语，行下诏书，或曰如诏书，或曰如律令。苟一事为律令所未具，而以诏书定之者，则曰如诏书，如《孔庙置百石卒史碑》《无极山碑》是也；苟为律令所已定而以诏书督促之者，则曰如律令。[①]“如律令”一语，不独诏书，凡上告下之文，皆得用之。

“六月张掖太守毋适、丞勋敢告部都尉千人谓县写移、书到，趣报如御史书律令，敢告□/椽使守卒史安国佐财”。“毋适”为张掖太守名，“丞勋”，丞为太守属官，《汉书·百官公卿表上》：“郡守，秦官，掌治其郡，秩二千石，有丞。”勋为郡丞之名。“敢告”，下白上之辞。“部都尉千人”，千人为都尉之属官，《汉书·百官公卿表上》“武帝元狩三年昆邪王降，复增属国，置都尉、丞、侯、千人。属官，九译令。成帝河平元年省并大鸿胪”。[②]“趣报”，趣，催促也，《史记·项羽本纪》：“数使使趣齐兵”，又《汉书·曹参传》：“告舍人趣治行”，注：“趣读曰促，谓速也”。趣报即言从速奏报。简文末有一斜画/，或为主文书者之画押，

---

① 王国维：《观堂集林》，中华书局1959年版，第846页。

② 编者按：引文“侯”字，中华书局点校本《汉书》及中华书局影印光绪二十六年虚受堂《汉书补注》本皆作“候”。

即后世押字、签字之意。“椽使守卒史安国佐财”，皆主文书之官。《樊毅复华下民租口算碑》表后，署有椽臣条，肃臣准，书佐臣谋，与此处简文类同。“守卒史”，守指摄行卒史之事也。

“七月壬辰，张掖肩水司马陵＊以秩次兼行都尉事谓侯▨/，传书□□□索□□□□有以书言，会廿日，如律令/椽遷守居部＊。“肩水”，即此次居延考古队的发掘地，出土大量木质简牍的“肩水金关”四字过所符传。现尚残存部份烽塞关城，位于金塔县天仑北二十五千米，[①] 额河上游谷地北口的东岸，北达居延都尉府，南通肩水都尉府（大湾）和肩水侯官[②]治所（地湾），为西汉居延地区屯戍的军事重地。“司马”，统兵之官，居延出土的西汉《永始三年诏书册》有“郡司马”，敦煌所出汉简有：“司马以下与将卒长史将屯要害外，属太守”。此简文的“司马”，当是都尉下之武职属官。“以秩次兼行都尉事”，汉制，百石俸禄以上的官吏谓有秩，《后汉书·百官志》：“乡置有秩、三老、游徼”，本注曰：“有秩，郡所署，秩百石。”又《续汉志》：“有乡有秩，秩百石”，汉制计秩，以百石始，不及百石，谓之斗食，百石即称有秩矣。“兼行”，行者，官阙则卑者摄之曰行，兼行者谓兼摄其事，《汉书·王尊传》：“王尊转守槐里兼行美阳令事。”可为证，“以书言，会廿日”，会即期会，指文书上报之日，“廿日”即简文的七月二十日为期会之日，亦即张掖肩水司马令其下级限定于七月二十日将追捕大逆无道罪犯丽戎的情况向上级报告。如（《居延汉简》）208 页 142·33＋139·36 释文 3968 号）：“十月壬寅甲渠障侯喜告尉不侵侯长赦等，写移书到，趣作治，已成言，会月十五日，诣言府，如律令”。就是命令侯长赦在完成某项任务以后，赶在本月十五日那天去向上级报告。可作“会”得释为期会之证。[③]

“七月乙未肩水侯福谓侯长广▨”。“七月乙未”是肩水侯官向其所辖属下级传达命令之日，“肩水侯福谓侯长广”，是肩水都尉所属侯官。

---

① 编者按：“天仑”疑为“天仓”笔误。

② 编者按：本文中“候官”“候长”“甲渠候”“肩水候”之“候”皆误作“侯”。

③ 裘锡圭：《湖北江陵凤凰山十号汉墓出土简牍考释》，《文物》1974 年第 7 期。

“福”“广”为候官和候长人名。

“言会月十五日，诣报府，毋□□，如律令/☑”。此处简文的“会月十五日”，指肩水候官命令其下级应在七月十五日上报追捕逃犯情况，较简文中的“张掖肩水司马陵＊以秩次兼行都尉事”的命令上报期限“会廿日”，要早五天。这合于当时上下级行文的时间顺序。“诣报府”，诣，往也，至也，《汉书·杨王孙传》：“未得诣前”。“诣报府”即将追捕逃犯情况上报于郡府之意。“如律令”，即如《甘露二年丞相御史律令》是也。

## 二　从《甘露二年丞相御史律令》看西汉时的“巫蛊之狱”

《甘露二年丞相御史律令》简牍是追捕于武帝末年、昭帝初年犯大逆无道罪的逃犯，而发布全国的一份檄文。这一文件中所涉及的人物，如广陵王刘胥、故长公主、前太子（即戾太子刘据）、安道侯韩说和河间孝王庆等。据《汉书》本传等篇所载，这些人物大都与武、昭、宣帝时期因刘姓皇族统治集团为争夺王位权力，而发生的所谓“巫蛊之狱”有关。简牍中追捕的逃犯丽戎，虽属奴婢身份，但其经历多在皇室贵族家中，显然与当时的“巫蛊事件”有所牵连，故简文中所言的大逆无道罪，当即指西汉武、昭时期发生的“巫蛊之狱”。

所谓大逆无道的“巫蛊之狱”是指巫以咒诅之术为蛊以害人。武帝晚年信方士，诸巫多聚京师，女巫可来往于宫中，初本教宫人于屋内埋木人祭祀，以求度厄免灾，后宫人因妬忌恚詈，相告讦，以为咒诅，借以害人。会武帝年老多病，宠臣江充奏言帝病在巫蛊，乃使江充掘蛊宫中，治其狱。《汉书·江充传》记载此事经过较详，如“（江充）因是为奸奏言，上疾祟在巫蛊，于是上以充为使者治巫蛊，充将胡巫掘地求偶人，捕蛊及夜祀视鬼，染汙令有处，辄收捕验治，烧铁钳灼，强服之，民转相诬以巫蛊，吏辄劾以大逆亡道，坐而死者前后数万人。是时，上春秋高，疑左右皆为蛊祝诅，有与亡，莫敢讼其冤者，充既知上意，因言宫中有蛊气，先后治后宫希幸夫人，以次及皇后，遂掘蛊于太子宫得桐木人，太子惧不能自明，收充自临斩之，骂曰：赵虏前乱乃国王父子不足邪？乃复乱吾父子也，太子由是遂败”。又“会阳陵朱安世告丞相公孙贺子太仆敬声为巫蛊事，连及阳石诸邑公主，父子皆坐诛”。从以上记载可以看出汉武帝在迷信鬼神和猜疑的思想支配下，造成了当时的“巫蛊之狱”。其结果，一是幸臣持宠挟隙打击了皇族内部的反对派和某些失宠无权的官僚贵族，一是诬陷了不少无辜的庶民奴婢。

从汉武帝至宣帝甘露二年（即匈奴呼韩邪单于称臣降服，西汉对匈奴族战争停止之时），是西汉极盛时期达于顶点之时，也是西汉封建专制主义的中央集权政治特别强化的时期。在这段时期内，西汉王朝统治者，特别是汉武帝，顺应当时历史的潮流，利用人民的力量，对西汉封建社会的高度发展，起过某些积极的作用。但归根到底，西汉封建社会的高度繁荣和一切成就，都是劳动人民血和汗的结晶。

汉武帝作为当时地主阶级的总头目，不可避免地以极其残酷的榨取方法和暴虐的铁腕对人民进行了剥削和统治。作为镇压人民的刑法，当时特别烦多，《汉书·刑法志》：“至孝武即位……百姓贫耗，穷民犯法……（作）律令凡三百五十九章，大辟四百九条，千八百八十二事，死罪决事比万三千四百七十二条”。真是对人民设下了天罗地网，犯罪的人多了，以致造成“文书盈于几阁，典者不能徧睹”的情况。

简牍中所要追捕的大逆无道罪逃犯丽戎，本是牵连有罪的奴婢，据《汉书·江充传》记载当时典治巫蛊的情况，有“染汙令有处，辄收捕验治，烧铁钳灼，强服之，民转相诬以巫蛊，吏辄劾以大逆亡道”，可见无罪被刑、诬陷受戮的冤案一定不少。甚至形成“有与亡，莫敢讼其冤者”，没有人敢伸诉冤案。所以简牍中的逃犯丽戎，当时是否真有大逆无道之罪，尚属疑问；而封建统治者，对这样一个逃亡的奴婢，事隔三十余年之后，仍然不轻易饶恕，发布文件，全国追捕，可见当时镇压人民的残酷。简牍的律令中还特别强调“同产连坐”之律，即一人犯罪，夷其三族，就是要使“无罪之父母、妻子、同产坐之及收”，企图以此达到封建统治者希求的“所以累其心，以重犯法也”① 的目的，不准被压迫阶级有一丝一毫的反抗。“四人帮”出于篡党夺权的罪恶目的，大搞影射史学，极力吹捧历史上所谓“有所作为”的封建帝王，不讲历史条件，不作具体的阶级分析，凭空捏造出一个超阶级的什么“法家路线”，把封建专制主义的镇压人民的“严刑峻法”美化为“革命暴力”，甚至荒唐地和我们社会主义的无产阶级专政相比附，完全暴露了他们一伙彻底背叛历史唯物主义，妄图对中国人民实行法西斯专政的罪恶面目。

《甘露二年丞相御史律令》简牍的出土，对揭露封建帝王的所谓“法治”路线，暴露封建专制主义残酷镇压人民的反动本质，是一个很有力的实物例证。

本文原刊《甘肃师大学报(社会科学版)》1979 年第 4 期

① （汉）班固：《汉书》卷 23《刑法志》，中华书局 1962 年版，第 1104 页。编者按：引文“以重犯法也”，中华书局点校本《汉书》作“使重犯法也”。

# 居延简册《甘露二年丞相御史律令》考述

初仕宾

新发现的居延简牍文书之一，《甘露二年丞相御史律令》册，是西汉宣帝时期，为了追查通缉燕王、盖主与广陵王两个政治阴谋集团的逃犯，发布全国的一份律令文件。

此册，1973年出土于居延的肩水金关遗址。在发表简报时只刊载了简影照片，并有一简要介绍。① 现在继为释文、考述如次，供读者参考指正。

## 一

全册共有三枚木牍，出于金关遗址的探方一。出土时已散乱，经室内整理合缀一册。牍长23厘米左右，宽不等，文字共十二行，书写潦草，但首尾连贯，内容完整。缺泐不清处，据上下文及同类简牍文辞，大半可以弥补。简文共十二行，标注如下：

（1）甘露二年五月己丑朔甲辰朔（衍一朔字），丞相少史充、御史守少史仁以请：诏有逐验大逆无道故广陵王胥御者惠、同

（2）产弟故长公主弟卿大婢外人。移郡太守，逐得试知。外人者，故长公主大奴千□等曰，外人，一名丽戎，字中夫，前太子守观

① 甘肃居延考古队：《居延汉代遗址的发掘和新出土的简册文物》，《文物》1978年第1期。

(3) 奴婴齐妻。前死，丽戎从母捐之字子文，私男弟偃，居主焉市里。弟，捐之姊子，故安道侯奴，杜取不同县里男子字游为丽戎①

(4) 聟，以牛车就（僦）载、藉田仓为事。始元二年中，主女孙为河间王后，与捐之随之国。后，丽戎、游从居主机［棻］弟（第），养男孙丁子沱。元风元年

(5) 中，主死，绝户，奴碑没入诣官，丽戎、游俱亡。丽戎脱藉，疑变更名字，循匿绝迹，更为人妻妾，罪民间，若死毋从知。②丽戎此

(6) 时年可廿三四岁，至今年可六十所。为人：中状，黄色，小头、黑发、椭面、拘颈，常低额如颛状，身小长，讬度少言。书到，二千石遣毋害都吏（图版拾壹，1）。③（以上第一牍）

(7) 严教属（嘱）县官令以下啬夫、吏正、三老，杂验问乡里吏民，赏（倘）取（娶）婢及免奴以为妻，年五十以上，刑（形）状类丽戎者，问父母昆弟：本谁生子？务

(8) 得请闻。④发主从（踪）迹，毋□聚烦。复庇大逆，同产当坐。重事。推迹未罢，毋令居部家中不举！传者书言白报，以邮亭行诣长安。

(9) 传、会重事，当奏闻，必谨容之，毋留，如律令。

---

① 编者按：《陇上学人文存·初世宾卷》收本文，本句作："材取不审县里男子字游为丽戎"。对于本文个别文字的修订，可见本书所收初师宾、伍德煦《居延甘露二年御史书册考述补》一文。初世宾：《陇上学人文存·初世宾卷》，甘肃人民出版社2015年版，第224页。

② 编者按：《陇上学人文存·初世宾卷》本文本句作："丽戎脱籍，疑变更名字，遁匿绝迹，更为人妻，不罪民间，若死毋从知"。初世宾：《陇上学人文存·初世宾卷》，甘肃人民出版社2015年版，第224页。

③ 编者按："图版"指本文初发表于《考古》1980年第2期时所附的《甘露二年丞（原作"承"，应系笔误）相御史律令》局部放大图版，其中图版拾壹是摹本、图版拾贰是黑白照片。由于《甘露二年丞相御史律令》简册更清晰的彩色、红外线图版已公布（参甘肃简牍保护研究中心等编《肩水金关汉简（壹）》，中西书局2011年版），故为排版方便计，本文不再收录原稿所附图版。

④ 编者按：《陇上学人文存·初世宾卷》本文本句"闻"作"实"。初世宾：《陇上学人文存·初世宾卷》，甘肃人民出版社2015年版，第225页。

(10) 六月，张掖太守毋适、丞勋，敢告部都尉卒人，谓县，写移书列，趣报，如御史律令①。敢告卒人/掾便·守卒史安国、佐财（图版拾壹，1）。(以上第二牍)

(11) 七月壬辰，张掖肩水司马阳，以秩次兼行都尉事，谓候、[塞尉]，写移书到，[逐] 索部界中。毋有? 以书言，会廿日。② 如律令/掾遂、守属□

(12) 七月乙未，肩水候福谓候长广、[啬夫] □，写 [移书到]，[逐] 索部界中。毋 [有]? 以书言，会月十五日诣报府。毋□ [忽] 如律令/令史□（图版拾壹，2）(以上第三牍)

又，在破城子探方四十三发现一残牍，内容与此相关，兹释文如下，以供参考：

▨所逐验大逆无道故广陵王胥御者惠同产弟故长公主弟卿大▨
▨字中夫前为故太子守观奴婴齐妻婴齐前病死丽戎从母捐▨③
▨男子字游为丽戎聟以牛车就载藉田仓为事始元（图版拾贰，4）

## 二

汉代重要官文书如诏书律令的发布，每每是自上而下逐级地批转行文，行文程序颇为严格，下达的范围一般到乡级为止。

此册实际上是四个文件的合成。一、二两牍的（1）～（9）行文字，即《甘露二年丞相御史律令》本文，册中自称“御史书”，是主要文件。下余的（10）～（12）行文字，是张掖太守以下各级命令执行

① 编者按：《陇上学人文存·初世宾卷》本文本句作：“如御史书律令”。初世宾：《陇上学人文存·初世宾卷》，甘肃人民出版社2015年版，第225页。

② 编者按：《陇上学人文存·初世宾卷》本文本句作：“会月廿日”。初世宾：《陇上学人文存·初世宾卷》，甘肃人民出版社2015年版，第225页。

③ 编者按：《陇上学人文存·初世宾卷》本文本句“妻”作“妾”，“母”作“毋”。初世宾：《陇上学人文存·初世宾卷》，甘肃人民出版社2015年版，第225页。

“御史书”的行文，共包括三个文件，即张掖太守→部都尉、县，肩水都尉→肩水候、塞尉，肩水候→部候长、啬夫，可称为辅属文件。这种“主件加辅件”的形式结构，是居延汉简同类文书中常见的一种公文程式。

从最后的收文者和出土地点分析，此册是肩水候官根据上级肩水都尉批转来的御史书和行文，重抄再发致金关的。关啬夫和部候长都是相当于地方乡官的军事建置，有独立的行政司法权力，可受理重要公务、文件。而下一级的烽隧（以及地方的亭、里），无此权限。所以，在居延属于隧亭级的烽火台遗址上，由上级直接发来的重要文件律令，一般是难得发现的。

这份律令于甘露二年（前52）五月十六日（甲辰）从长安发出，六月（约下旬）到达张掖，七月壬辰肩水都尉批转，三天后即乙未日再由肩水候发送金关，历时六十七天。这个速度比当时其它中央诏令，不算是急件。

可是，文件的态度和要求，却是非常严厉、认真的。

## 三

主件的御史书律令，其原来的样式是否如目前所见的，不得而知。现存的简文，可分为三个部分：

（1）年月日、发文官府、事由［（1）至（2）的“逐得试知”止］

（2）综述被通缉者的行迹、特征［至（6）的“讬廋少言”止］

（3）命令和要求［至（9）的“毋留如律令”止］

现将御史书的重要内容，作一简略考述：

“丞相少史充、御史守少史仁以请：诏有逐验大逆无道故广陵王胥御者惠同产弟，故长公主弟卿大婢外人。移郡太守，逐得试知”。

按，丞相、御史府，为当时中央的两个最高的行政权力机构，俗称“两府”或“大府”。此令由两府署名，但册中单称“御史书”。汉时御史大夫位列三公，专司执法授令、纠察吏民，号称“掌副丞相”。这里的丞相府可能是虚领其衔。以请，多指报告、请求，是下对上的用辞，这里出现在下行文书中，是说此事已闻于上并得到批准的。诏有逐验，是说先前已有诏书追查、案验某某，现奉诏行事，这是发布此令的事由。逐得试知，为已经初步查明。逐，追逐；试知，试证得知。郡，原简作“�州”，乃是书吏草率书就的别字。

御者，车夫，惠为车夫之名。居延简的“大奴”“大婢”指年十五岁以上的奴婢。外人，为大婢之名。《汉书·武五子传》有“丁外人”，《居延汉简甲编》75 简有“卒外人”即戍卒外人，皆人名。御者惠、大婢外人，是诏书所要追查的。

大逆无道，并非罪大恶极等形容词，而是汉代最严重的罪名，亦即汉律“谋反”“大逆”“不道”“不敬”“诽谤政治”“訞恶言”“祝诅上”“诬罔主上”等政治重罪的概称①，或又作“大逆亡道”“大逆毋道”“大逆不道”“逆乱不道”等②统指反上作乱，危倾政权、阴谋政治及诽谤罔欺朝廷之类。汉律，“大逆无道要斩”“父母妻子同产，无少长皆弃市”，甚至“夷三族”。③ 犯此罪的，主要指广陵王和长公主，外人等是参与其罪的从犯。

广陵王胥，即武帝第四子刘胥，元狩六年封王。据《汉书·武五子传》、《楚元王传》及武、昭、宣等纪，刘胥在武帝时，即“行骄嫚”，“好倡乐逸游”，“动作无法度，终不得为汉嗣”。昭帝即位，“胥见上年少无子，有觊欲心，”阴使巫祝下神诅咒，制造“必令胥为天子”的舆论，谋篡帝位。昭帝死，众臣议立胥，大将军霍光不许，以此怨恨，诅

① 谋反，见《汉书·景纪》三年十二月诏；大逆，《文纪》元年诏；不道，《杜延年》、《丙吉传》等；不敬，《灌夫》、《赵充国传》；诽谤政治，《严延年传》；訞恶言，《夏侯胜传》；祝诅上，《诸侯》、《王子侯表》；诬罔，《武帝纪》等。编者按：“祝诅上”见于《汉书·诸侯王表》和《汉书·王子侯表》，文中“诸侯”后漏一“王”字。

② 引文分别见《汉书·江充传》、《昭帝纪》元凤元年诏、《景帝纪》如淳注、《宣帝纪》地节四年诏等。

③ 引文分别见《晋书·刑法志》、《汉书·景帝纪》注引汉律，《晁错传》，《高帝纪》十一年三月、《文帝纪》后元年十月。按夷三族，古有两说，一为坐连父母、妻子、兄弟，一曰父族、母族、妻族，《晋书·刑法志》曰，魏改汉律大逆无道，坐连不及祖父母孙，是知夷三族并不仅限于父母兄弟。

咒新立的昌邑王贺。宣帝初立，政局未定，“胥曰：太子孙何以反得立?”“复令女须祝诅如前”。其时，楚王刘延寿以刘胥为武帝子当立为天子，阴谋发兵助胥谋反。二人结连私通。后又因子坐罪弃市及削夺草田而不满，继续诅咒，为乱多年。五凤四年事败露，药杀巫人宫女二十余人灭口，畏罪自杀。诸记载刘胥的主要犯罪是“诅祝上”，此册作“大逆无道”因知二罪可互通，前者属于罪状，后者为罪名，并包括与楚王谋反之罪。

另一大逆无道罪者“故长公主弟卿”，当即昭帝之姊鄂邑长公主。弟卿，为其名字，但史书不载。《汉书·外戚传》长公主师古注，“年最长，故谓长公主”。[①] 宣帝以前有四长公主。文帝女馆陶长公主嫖，尚陈午；景帝女阳信长公主（又称平阳公主）先尚曹寿（或曹时），后尚卫青，此二人均未犯罪，史实与本册不合。武帝之女有二人封长公主，一卫皇后女卫长公主，尚栾大，见《汉书·郊祀志》；一即李姬之女，燕王旦、广陵王胥同母姊鄂邑盖主，昭帝立，以帝长姊封长公主。[②]《汉书·外戚传》云：“昭帝始立，年八岁，帝长姊鄂邑盖长公主居禁中共养帝。盖主私近子客河间丁外人，上与大将军闻之，不绝主驩，有诏外人侍长主。”同上《昭帝纪》元凤元年九月，“鄂邑长公主、燕王旦与左将军上官桀、桀子票骑将军安、御史大夫桑弘羊皆谋反，伏诛”；十月诏：上官桀、桑弘羊与燕王通谋，“共谋令长公主置酒，伏兵杀大将军光，徵立燕王为天子，大逆毋道”。“王及公主皆伏辜”。此册明言：长公主为大逆毋道罪，元凤元年中，主死，绝户，奴婢没入诣官，又大婢外人曾为其抚养男孙姓丁名子沱等情，足证此长公主弟卿必为鄂邑盖主无疑。

按盖主与燕王等谋反事，其起因与内幕十分错综复杂，曾蔓延数年，

---

① 又《汉书·昭帝纪》师古注：“帝之姊妹则称长公主”，与此稍异。按长公主当指帝（或太子）姊之年长者，如景帝为太子时，姊嫖即称长主，戾太子姊于武帝时亦称长主。昭帝立，帝姊盖主始称长公主等。

② （汉）班固：《汉书》卷7《昭帝纪》，中华书局1962年版。按：武帝陈后无子，卫后三女皆有名，王夫人生齐怀王闳。《外戚传》言盖主为燕王旦之姊，当系李姬生。

又见《汉书·武五子》《霍光》《苏武》《张汤》《杜延年》《车千秋》《胡建》诸传。先是武帝末，燕王旦见戾太子被废，野心“以次第当立为太子，上书求入宿卫”，武帝不许。昭帝初立，即与中山哀王子刘长、齐孝王孙刘泽等宗室势力结谋，伪言武帝死因不明、昭帝非武帝子等，蛊惑动摇人心；一面诈称曾受武帝诏书：“得职吏事，修武备，备非常”。于是蓄集甲兵，操阅军卒，以围猎为名陈兵待起。始元元年，刘泽等败，稍有收敛。此后，盖主以帝姊供养有功，骄恣无法，怨恨霍光阻拦为丁外人求侯封爵。而上官桀、安，因盖主、丁外人之力，以女为昭帝皇后，与霍光争权。桑弘羊则以武帝功臣自居，为子弟求官，也受到霍光抵制而大相龉龃。[①] 于是，四股势力结为死党，内外互应，燕王上书诬告霍光，并应许立上官桀为王。上官、桑弘羊却另“谋杀光，诱徵燕王至而诛之，因废帝而立桀。”到元凤元年，这一政治阴谋才被人揭发而全部暴露出来。

御史书的第二部分，是对盖主大婢外人姓名、年龄、身份、形状习性、家庭亲属、个人历史经历的综合述叙。这些情况，是在诏书通令全国追查前述二人之后，由盖主家奴“千□”等人提供的。御史书公布这些材料，是为再次追查通缉外人，提供线索和依据。

“外人，一名丽戎，字中夫，前太子守观奴婴齐妻”。宣帝时谓“前太子”，当指武帝的戾太子刘据而言，《武五子传》又称“故太子”；而昭帝为太子三天登帝位，为时甚短，亦不得称“前太子”。观，即阙，见《尔雅·释阙》。汉时府第门前的双阙，是礼仪、守望之所，守观奴就是守门奴。

“前死”以下：是说婴齐早就亡故了，丽戎归从其母（名捐之，字子文），并与姨母之子、“故安道侯”的家奴名偃的私通，住在盖主府第所在的“焉市里”地方。安道侯，即《武帝纪》的按道侯韩说，征和二年，奉诏与江充共治卫皇后、戾太子的所谓“巫蛊”案，发生兵乱被杀。再下，“杜取不同县里男子字游为丽戎聟”，聟，婿之俗字，见《礼

① 编者按：《陇上学人文存·初世宾卷》本文本句“龉龃”作“龃龉”。初世宾：《陇上学人文存·初世宾卷》，甘肃人民出版社2015年版，第230页。

记·皆义》："婿执雁入"，《释文》："婿，本作聟"。即偃阴与丽戎私相来往，却阳为丽戎假取另一县里的名字叫游的男子为夫。自假于人曰杜，如杜撰；取，作选择、纳取。"以牛车就载、藉田仓为事"，是说游靠牛车为农田、官仓拉货运脚为业。以上是发生在武帝时期的事。

"始元二年中，主女孙为河间王后……"，查《景十三王传》《诸侯王表》，此时为河间王的，是孝王刘庆。"与捐之随之国"，指丽戎二人与母共随盖主女孙去河间国。看来，这大概是受了盖主派遣前去服侍王后的。汉河间国，今河北省献县一带。后又返回，跟随盖主住在"机［棻］第"，为盖主抚育男孙丁子沱。机［棻］第，中间一字不清，末字作弟，假为第。即府邸，疑是盖主府第名，在长安。据前引《外戚传》，盖主、丁外人的私幸关系，已经公开、合法，所以，丁子沱显然就是丁外人之孙。"元凤元年中，主死"，与《昭帝纪》元凤元年九月盖主、燕王谋反伏诛的记载吻合。"绝户"以下，谓盖主自杀，因罪削夺宗室籍，幸存者免为庶人，财产奴婢没收入官。于是，二人一起逃亡，丽戎从此"脱藉"，即奴婢籍簿虽载其名而人已失亡。再下说，怀疑丽戎已经化名隐藏在民间，重新嫁人，似已死亡，却无从知其下落。这一句是御史书对丽戎去向的分析判断。

关于丽戎的年龄、形态等："此时年可廿三四岁，至今年可六十所"，所、可，皆约略之辞，即"左右""相当"之类。但这里似乎有错。因为，元凤元年丽戎逃亡到甘露二年仅相隔二十七年，不应当是六十岁；如以元凤元年的廿三岁为准，上溯到戾太子死的征和二年，丽戎为太子守观奴妻，最大也才十二岁，也很不合情理。所以，"廿"极可能是"卅"的笔误。

"中状，黄色"：指丽戎的大形和肤色。"小头，黑发，椭面、枸颈，常低额如颛状"，是头颈的特征、情态。枸，枝干屈曲状；或假为拘，为拘执不灵。颛，同专，谨小慎微之态。"身小长"，身指上体，小谓细，小长可释为细而长。"讬廋少言"，讬，作推委；廋为隐匿不明。总之，丽戎的为人习性，经常是低头谨慎状，善于隐晦而少有言语外露。

御史书的第三部分，向全国发布的命令，有三个中心内容：

（一）清查的步骤、方法和范围。要求郡国守相派遣干练可靠的检查官循行、督诫县令以下至地方乡官，共同审查吏民，凡是娶女婢（包括免除奴婢身份者）为妻，年龄五十岁以上，特征类似丽戎的，都要弄清其父母兄弟亲属关系等，务必报闻上级。

关于“毋害都吏”，毋害一词，或作无害、不害、文毋害等，每见于《史》《汉》诸书和居延简中，但历来的解释纷纭不一。《汉书·文帝纪》如淳注引律“闲惠晓事，即为文无害都吏”，《史记索隐》引韦昭曰：“有文理，不伤害。”毋害，为律令文辞，即无伤害、违碍。汉律“矫诏”罪，有大害、害、不害之别。《汉书·终军传》徐偃“矫制大害，法至死”，《功臣表》：浩侯王恢“坐使酒泉矫制害，当死，赎罪免”，《恩泽侯表》：宜春侯卫伉“坐矫制不害，免”。诈称或私变诏制曰矫制。虽矫制而又曰不害，是说并未违伤诏制本旨。又《唐律疏议》：“有害，谓当言勿原而言原之”，法令所不容许，却以法为名容许之，有伤于法，故称有害。据此，害与不害的确切定义是极清楚的。文，指法制、道德。文毋害，即官吏毋害于文。亦即晓习文法，循章守成之谓。

此段之“严教属县官令以下”，属，通嘱。但也可从下句读，作“所属”。“啬夫、吏正、三老”，皆乡官，见《汉书·百官公卿表》，但有“游徼”而无“吏正”，疑吏正即游徼之属，掌乡里“徼循禁盗贼”。“杂验问”，杂字，原简作“雜”，谓共同、互相参与案验讯问。验问为司法用语。又《汉书》多见“杂治”，义同此。

（二）强调案件严重，明申法令。“发主从迹，毋□聚烦”，发，有明、尽等义。从，汉简假为踪（见甲 120 简）”不知何一步人迹……不得从迹”。聚烦，谓聚积纷乱。“复庇大逆，同产当坐”，复，汉律有“复作”“诈自复免”条，[1] 谓免其刑罚而劳作赎罪，和私自免除劳役，此处作复免解。庇，包庇。此语概亦引之汉律。前引大逆弃市条，指大逆罪，此条指复庇大逆罪，有所不同。“重事”，大事。“推迹未罢，毋

---

① 分别见《汉书·宣帝纪》孟康注引律、《晁错传》臣瓒注；《晋书·刑法志》引汉律令甲。

令居部家中不举”，推，推究；举，检举。[1] 整个一段话的意思是：清尽盖主罪恶余孽，勿使其重为祸乱；私自容忍和包庇大逆罪的，连其兄弟一起治罪；都是关系重大的事，追查并未结束，不要让罪人藏匿起来不予检举！

（三）对报告结果和驿传的要求。“传者书言白报，认邮亭行诣长安”。[2] 此言，速派专人乘邮亭传车将追查结果的文书送报中央。“传、会重事，当奏闻，必谨容之，毋留”。会为期会，即办理某事之时间、地点的限制要求，违反期会，法律称“失期”“后期”“不会”罪。这句话是说，准时报、送也是大事，应报奏中央的、各驿置务必谨慎接待，不得滞误。

## 四

本册辅件的三道行文命令，经历了四级行政、军事组织，即郡太守、都尉、鄣塞候官（县）、部候长（关）。

张掖太守的行文，将御史书同时批移给军事系统的各部都尉和直属的民政系统的各县，要求按御史书迅速办理、报告。“趣报”，趣是催促急速之辞。毋适、勋，分别是太守和太守府丞的名字，“适”字，即“敌”，“毋适”即无敌之意。

肩水都尉以下的行文，属于军事系统。“张掖肩水司马阳，以秩次兼行都尉事”，即肩水都尉的司马名阳者，因都尉任缺，以秩别次于都尉而代行都尉职事。凡秩别低而摄代秩别高的职务，曰“行”。司马，军事官吏，秩六百石或比六百石，此处为都尉属吏。这道行文，除向下批移御史书、太守书以外，还提出新的要求：“逐索部界中，毋有？以书言，

---

① “举”，作列陈解，故陈奏于上、检举不法、选誉良善，皆可曰“举”。居延汉简中的“举”，多为检举揭发，如“各如府都吏所举”（74EPT57：108）。又有“举书”（464·2，18·16，甲211、287），日人永田英正氏以为是烽隧举升烟信号之记录（见《东方学报》京都第四十七册永田英正著《破城子出土的定期文书》），非是。按，此类举书系检举烽隧烽烟信号不合规定的罪状文书。

② 编者按：引文“认”字，前文作“以”，疑此处笔误。

会廿日”。逐索，追查搜索。界中，即各部属管辖的界限范围。前文提“部家中”，此处作“部界中”，是因为边郡军事系统区辖，以治军为主，少有居民百姓的缘故。毋有，秦汉时俗语，即“有没有”，见云梦秦简《爰书程式》，[①] 此处似作疑问句，意思是有、或没有，都要最晚于七月廿日之前上报。

“肩水候福，谓候长广、啬夫□”。候，亦军事职称，如军候、曲候，秩六百石或比六百石。此处的候为鄣候，或称塞候，相当于地方的县级，鄣、塞为都尉下一级建置。主烽火候望警戒。候的文书重复了都尉命令，但将会期提前五天，留有余地。

汉代边郡的组织建置，王莽以前，是以郡太守为主，下属民政、军事两个系统。太守除辖属各县，同时管辖军事系统的都尉，并节制直属中央的属国都尉（司民族事务）、农都尉（屯田农事）等。本册反映的组织体系，正是这种情况。但王莽后期到东汉初年有所变改，以居延地区与河西为例。居延都尉“治民比郡”直属河西大将军府，与张掖太守平级，相互不再发生辖属关系。所以，也就不见张掖太守直接行文居延都尉的现象。关于居延地区行府、军事的组织系统和地望、职责等，前人已有论著，[②] 可资参照，不再赘述。

西汉社会到武帝时，是所谓鼎盛时期。但由于连年战争，又急于求成，以致民生困扰不堪，政治刻佞失常，使各种社会矛盾骤然加剧，其中最尖锐突出的，尤属王位继承问题。武帝中期特别在晚年，崇信神仙巫祠。“是时上春秋高，疑左右皆为蛊祝诅”。[③] 于是轻信奸臣诬谗，以莫须有的“巫蛊”之罪，自相戕害，先后将戾太子、卫皇后、丞相公孙贺、刘屈氂及公主等多人处死；[④] 另一方面，在选择继嗣上，却长期犹豫不决。这就导致了中央集权力量的削弱，打乱了领导集团内部原有的

---

① 见《文物》1976 年第 8 期《云梦秦简释文（三）之五》：《有鞫》《覆》《告臣》《黥妾》等节。

② 陈梦家：《汉简考述》，《考古学报》1963 年第 1 期；陈梦家《汉简所见居延边塞与防御组织》，《考古学报》1964 年第 1 期。

③ （汉）班固：《汉书》卷 45《江充传》，中华书局 1962 年版，第 2179 页。

④ 见《汉书·武五子传》《公孙贺传》《刘屈氂传》《李广利传》《武帝纪》《外戚传》。

计划和秩序，政局严重动荡不安，于是封建割据等异己势力乘虚而起，招致了昭宣时期盖主、燕王、广陵王、上官桀、桑弘羊之辈的相继为乱。

《甘露二年丞相御史律令》册所反映的历史背景与史实，正是这一严重政治危机的继续和解决。它为研究西汉中期的统治阶级内部矛盾和政治状况，提供了很宝贵的史料。

此册于宣帝甘露二年左右，三令五申地追查盖主、广陵王谋反事，时隔三十年或已数年，牵连波及御者、奴婢，行文全国，下达基层，足以说明这两个案件本身及其影响的严重性。同时也可以看出，宣帝时期，不仅对广陵王，而且对继续承办前代昭帝时发生的盖主事件，也是何等地坚决彻底。史称宣帝之法治，往往颂赞其"宽厚""廷平"，而忽略严峻的一面。其实，霍光死后，宣帝在限制、治裁霍光子侄等专权、谋反时，是非常得当严肃的。此册的发现，也可以说是宣帝时期政治严明的一个典型事例。

此册由中央通令全国，动用司法行政一切手段案讯逐验大逆不道的刑事犯罪。像这样长篇而又形式完整的重要律令文件，在居延汉简和汉代文献古籍中，不仅极为详尽，而且也是罕见的。它对于研究西汉时期的律令、司法以及行政、文书简牍制度，都是难得的文物实例。其重要价值是不待赘言的。

**附记：**

初仕宾（1937— ），又名初师宾、初世宾，男，汉族，山东烟台人，甘肃省博物馆研究馆员、原馆长，国内知名的简牍学和考古专家。1961年毕业于山东大学历史系，长期在甘肃从事考古发掘、学术研究、文物保护管理工作。1972—1982年，参与或主持了居延遗址的多次发掘工作。此后，致力于居延汉简整理和研究工作，发表《汉边塞守御器备考略》《居延烽火考述》《悬泉汉简羌人资料补述》等简牍学论文近30篇，参与主编22卷本《中国简牍集成》等大型简牍资料著作。

1993年，面对甘肃省博物馆文博系统人员专业知识欠缺的情况，时任甘肃省博物馆馆长初仕宾组织与西北师范大学合办三届文博大专班，编撰规划了“考古学通论”“考古学专题”与“文物鉴定”等主干课程14门，开始了与西北师范大学的合作。至1995年3月，西北师范大学正式聘请初仕宾为兼职教授，参与组成简牍学研究生导师组。此后，初仕宾先生在西北师范大学培养简牍学研究生多名，有力支持了西北师范大学简牍学的发展。

本文原刊《考古》1980年第2期，后收入《陇上学人文存·初世宾卷》，甘肃人民出版社2015年版

# 居延甘露二年御史书册考述补

初师宾　伍德煦

裘锡圭先生《关于新出甘露二年御史书》,[①] 就这份新出的居延简册的释文、句读、理解等方面，提出了一些与拙文[②]不同的看法，其中不少意见是很正确的，但有些却未敢欣同。谨再赘述点滴浅见，以补前文疏误，并求正于方家。

关于释文，裘文更正作“马市里”“不审县里”“没入诸官”“务得请实发生从迹”“扰民”“须报府”等等，所校之字均极是。

以下几处，裘文所释尚可商榷、补充，拙文原释也有部分错误，汇述于次：

1. “丽戎”。裘文作丽哉，后复更正为戎字。按此字册中凡七见，一作戎，六作“哉”。此字从戈、甲，当释戎。

2. “材取”。原释杜取；裘文释林，从上句读作人名。此字右半“扌”，从才不从木，写法同《孔和》《武荣》《魏受禅碑》之财、才、材等字，汉简财字多作“財”，当释材字。财、材、裁三字古通用，材取即裁取，解为斟酌决裁而取，字从下句读，非人名，详后文。

3. “与捐之随之国”。原释随字不误，裘文作“偕”字。此字简文作“隋”，左旁从阜，右半与同简后文之“椭”字同。此句盖言长公主孙女嫁为河间王后，丽戎（即外人）与其母捐之（以奴婢身份）随从赴河间国，主从关系颇明确。《汉书·元帝傅昭仪传》：“元帝崩，傅昭仪

---

① 见《考古与文物》1981 年第 1 期，下简称裘文。

② 即《居延简册甘露二年丞相御史律令考述》，见《考古》1980 年第 2 期。

随王归国，称定陶太后”；又《冯昭仪传》：“河平中，随王之国，后陟中山”。以太后之尊，从其子归国，尚称随行，奴仆侍从于主子，是不大会称“偕”的。

4. “迣去绝迹”。原释遁匿绝迹，裘文释远走绝迹。简文“迣”字较清晰，假为“遁”字。第二字非“匿”、非“走”，今据字形释为“去”字。

5. “更为人妻，不罪民间”。不，简文作“不”。裘文释此字为“介”，疑是兆字误写，读如“逃”，从下句读。徐元邦、曹延尊同志释作“小”。[①] 今按此字当释“不”，即古文“櫱”字。《说文・木部》：“不，古文櫱，从木无头”。段玉裁注：“櫱，伐木余也”；“蘖，櫱或字，从木，辥声”。不字音蘖，有隐瞒，隐埋地下蔓延根株之义。不罪，即深匿其罪，或蔓蘖罪恶。居延简大湾（A35）所出之邮书课简文，常见所谓“不今”“不今驿”的邮站名称，不今二字皆为误解。其字形为“不亇”状，当释“不亍”，不字写法全同本册不罪之不字；亍，则音驻，有止、驻等义，见《说文》。隧亭名称曰不亍，意思若斩断截止，与“诛虏”“伐胡”“莫当”等隧名的命名之义近似。旧释“不今”，则义不可解。

6. “为人中状”。原简文作“壮”，但应释状字。汉简此类文书多作状字，如甲919“年五十六，大状，黑色，长须”；甲1039“中状、黑色，肥大头少发，年可卌七”等等即是。但少数也有作壮者，甲285“坚驽苑髡钳钛左趾大奴冯宣，年廿七八岁，中壮，发长五六寸”，此乃状字假借音。中状、大状，谓身材之高下。壮，则指强健、肥硕，其相对之义为瘦弱。但汉简从不见大小瘦弱之例。又此册前言“中壮”而后言“身小长”，是自相矛盾，故壮字应释状字为妥。

7. “拘颐”。原释拘颈，徐、曹、裘诸家释作颐字，是。简文拘字不从木，应释拘，假为狗字。狗颐，乃以鸟兽形比喻面目特征。

---

① 徐元邦、曹延尊：《居延新出甘露二年诏所逐验简考释》，《考古与文物》1980年第3期。

8. “戚额如颛”。戚，为裘文所释，是。颛，裘文释频，认为戚频即蹙頞，即眉、额之愁态。但简文颛字作“颛”。又蹙额如頞，语义似烦赘。窃以为戚字当低缩不舒展的情态。

9. “託廋”。裘文释为诈瘣，瘣读为鬼。诈为明欺；瘣，《玉篇》《集韵》释癖，与文义不相属，释鬼则俗称诡黠、轻儇者，但皆与简文所谓寡言少语不合，似仍以释“託廋”较妥。

10. “推迹未罢，毋令居部家中不举”。原释不误，裘文曾作“求穷”“不觉”。按穷、罢二字，简文所从之“穴”“罒”区别较明显。举字，作检举、举荐、列举等解。乃政令文书习用语。《史记·秦始皇本纪》：“吏见知不举者，与同罪”。裘文释作不觉。不觉即法律之“不知不见”。《晋书·刑法志》：“张汤、赵禹始作监临部主、见知故纵之例，……其不知、不见、不坐”。而“见知不举”，即故意的隐瞒、包庇，属于重罪。此册既将逐验对象的罪状、特征等等公之于众，就不再存在不知、不觉的问题，故此处必定是“不举”而不会是“不觉”。

11. “必谨容之”。裘文释谨密，于文义虽通，但此册之事已下达里正、父老，似非密件。“必谨容之，毋留”，指各级官吏及驿传对逐验的情况、结果等，应谨慎受理，迅速传报奏闻，看不出为什么要强调秘密行事。再从语法角度看，容字多作动词谓语，而密多作形容词使用，释密似不如释容字。

12. “及免婢以为妻”，原释奴字，非是。

13. “掾□”，原空阙，今补“佷”字，人名。

由于句读和理解的不同而致使文义各异的，有以下几处：

1. “请诏”。汉时中央政府诏令，尤其是诏书这种形式，其形成大概，有的先是由丞相、御史大夫诸公卿臣下奏请，经皇帝批准（“制曰：可”），再颁布下达。有的是皇帝提出问题，群臣议奏，再定著为诏令文件。有的直由皇帝下令，称“制诏”某某云云。我们认为请诏属于上述第一种诏令，它包括奏请和诏许两个步骤、内容。裘文以为“请诏”是“请求诏许”，或为“经皇帝批准”，似只说明了其中的一个方面。实际上，史籍所载“请诏”一事，都是既成的事实。如《汉书·宣帝纪》：

“诸请诏省徒卒自给者，皆止”，是此种诏书已经下达，正因为已施行了，所以才下令停止。其“省徒卒自给”，既是臣下的奏请，也是皇帝允许并颁布的诏书内容。而且，据《后汉书·第五伦》、《范滂传》等，奉行“请诏”的特职官吏“请诏使”，也就是向皇帝奏请的人。同样，本册逐验之事，经过臣下奏请与皇帝诏许的步骤。现在下文，不过是奏诏行事而已。如果理解为“请求诏许”，本册形成以前曾有奏请、诏许的事实就变得模糊不清了。

2. “移郡太守”。裘文以为这是此次文书的行文例辞。汉简官文书往来行文的例辞，上对下，属于诏书的一般是“某下某”，其它文书曰“某谓某”“某告某”“某移某”。将“以请诏”某某事“移郡太守”，解为行文例辞是可信的。但也有另一种可能。即此语与“请诏所逐验”云云为一事，乃申述此次行文之事由。如同甲 1175 简：“臣调昧死言：守受簿丞庆前以请诏使护军屯食……”一样。而行文的主要内容还在以后，在此册即“书到”以下的部分。因为现所见汉简颁布于全国的诏令、文书，其行文例辞一般多作“某某下（或移）郡太守，诸侯相”，某些时期受文者还包括“刺史”。而此处仅言郡太守，似不合惯例。故此语或指此前逐验时移文郡守，下文“逐得试知外人者”云云乃逐验之初步结果。

又此册乃候官抄移乡级官吏的文书，其部分字句，与同件的另一文本：居延都尉抄移给甲渠候官的本子稍有差异。[①] 因此，御史书的原来面目是否即本册现在的模样，是不能肯定的。也许原件不只“移郡太守”四字，但在逐级抄移时，曾有删削减省，故上述可能暂存疑于此。

3. “大逆无道”以下，册文依次列出四个人名，即：广陵王刘胥、御者惠、盖长公主第卿、大婢外人（丽戎）。但是，逐验范围、对象，却因盖主、刘胥此时早已伏法而缩小到惠和丽戎二人的身上。《汉书》有关《纪》《传》，明载刘胥、盖主犯“大逆无道罪”，此二人及燕王刘

① 初仕宾：《居延简册〈甘露二年丞相御史律令〉考述》，《考古》1980 年第 2 期，第 179 页，图版十二。

且又为武帝李姬所生，在法律上，恰属于同产姊弟关系。而御者惠犯有何罪？他（她）与丽戎是否为同产兄妹？简文则无一字交待。汉时罪人及其所犯罪名的称谓程式，目前所知确切的资料甚稀少。在这种情况下，仅凭句读来断定大逆犯专指御者惠，而丽戎仅因同产关系获罪，这是相当困难的。即就“大逆无道故广陵王胥御者惠同产弟故长公主弟卿大婢外人”这段未加标点的文字来看，惠和外人都可以是大逆罪者；也可以是其中任何一人；或者二人都不是，只是他们的犯大逆罪的主人的御者和奴婢而已。

其次，或以此书仅说到丽戎之事，判断诏所逐验的只是丽戎一人，广陵王、惠、盖主等都是附加说明丽戎的，这似乎也有问题。按汉时官府文牍，语言文字往往极简赅，不容作少许增削。其见于《汉书》、汉简者，在书式、辞语、文法等方面又有着惊人的相似处。此册前言诏所逐验某某，下文紧接便是“逐得试知外人者”，假如诏书只逐验丽戎一人，下文直书“逐得试知者故长公长大奴千、□等”即可，何必赘加“外人”二字？与此类似之辞例又见《汉书·外戚传·史皇孙王夫人传》所记宣帝寻访外祖母王氏事，曰：“初上即位，数遣使者求外家人，……既得王媪，会大中大夫任宣与丞相、御史属，杂考问乡里识知者，皆曰：王妪”。这里“识知”的对象已交待清楚，故不再赘言“王媪”之名。由此带来一点启示，本册书明“逐得试知外人者”，是一种强调、限定性的说明，暗示请诏追查的不只丽戎一人。

又本册之“试知”，裘文以为：试、识乃同韵部字，可释“识知”，上文所引《外戚传》之辞例可以为证。但本册作“试”，简文清晰。又“试”字解作考察、验证、比较，“识”字则为熟知，二者有程度与字义的不同。《外戚传》之了解熟知王媪者，虽数经拷验而不更其辞。本册所提供丽戎之情状则多约略之辞，还有不明了的，故御史书要求“务得情实发生踪迹”。因此，仍暂依旧释作“试知”。

4. “大逆同产当坐”。此语盖引之于律文，或为所称引律文的概括。汉律大逆无道罪，《汉书·晁错传》曰：“大逆无道，错当腰斩，父母妻子同产无少长皆弃市”。《景帝纪》如淳引《律》曰：“大逆无道，父母妻子同产皆弃市”。又《三国志·魏志》卷四：“科律：大逆无道，父母妻子同产皆斩”。《晋书·刑法志》引《魏律序略》：“大逆无道要斩，家属从坐，不及祖父母孙。至于谋反大逆，临时捕之，或污潴，或枭菹，夷其三族。”以上所引《律》之“同产”，俗以为指同父、母的兄弟姊妹。其实，同产的含义包括较广。据《汉书》所载诸大逆罪的不完全统计，所坐之人除己父母、妻子、兄妹以外，凡祖父母、孙、侄、媳、婿、甥以及其宗族、亲属的其它成员，都属于“同产”。《汉书·孝成赵皇后传》：“平安刚侯夫人谒，坐大逆，同产当坐，以蒙赦令归故郡。今昭仪所犯尤悖逆，罪重于谒，而同产亲属皆在尊贵之位”。又《许皇后传》：“前平安刚侯夫人谒坐大逆罪，家属幸蒙赦令归故郡”。几相参照，可知“同产”“亲属”“家属”所指是一，可以互通，泛指案犯本人以外的其他所有应负法律责任的亲属。本册之“大逆同产当坐”，即上引之“坐大逆，同产当坐”，及前引魏律之“家属从坐”，不一定专指兄弟姊妹间的“同产”关系。又西汉承秦制，大逆罪处以酷刑，动辄夷三族，诛连甚广。汉初诛吕氏男女老少，武帝治陈、卫皇后巫蛊案及公孙贺、李广利狱，昭帝治盖主、燕王、上官桀、桑弘羊谋反，宣帝治霍光夫人、子婿辈谋反大逆，诛死者少则数百，多者千余家、数万，甚至连非亲属也一起治罪的。

5.“从母捐之字子文，私男弟偃，居主马市里。弟，捐之姊子，故安道侯奴，材（裁）取……为丽戎聟（婿）”。这句话也不大好标点。据另几种读法，可以说成跟随母亲的私生男弟偃，住在盖主的某府第，而姨母之子、安道侯的奴仆某为其择婿。从，也可作亲属关系，如从祖、从兄，又姨母可称从母。但“居主”云云，说的是某一活动地点，联系上下文，“从”应作动词，指丽戎丈夫死后，归从其母。私，亦作动词，谓“私通”，即非正式的两性关系，如《汉书·霍光传》：“父中孺……以县吏给事平阳侯家，与侍者卫少儿私通而生去病，归家娶妇生光”。《外戚传·上官皇后传》：（盖）主私近于客河间丁外人”。汉时称谓，昆弟关系称兄、弟、男弟、女弟、同产弟、同母弟之类。即是父母所私生，也不称“私弟”。“私男弟偃”当指与男弟名偃者有私情。汉律称乱伦非

礼为“乱”“奸”“淫乱”。与男弟有私，是乱伦行为，在律条应受亟谴，故下文需对男弟身世等加以说明。此种补述句型亦见于班书，《外戚传·孝元冯昭仪传》：“后，征定陶王为太子，封中山舅参为宜乡侯。参，冯太后少弟也”。因此，此句之男弟偃与安道侯奴实为一人，即丽戎姨母之子。据此，“材”字当从下句读。

此句之安道侯，《汉书》见载有二人。一为中山王刘胜子刘恢，《王子侯表》曰：“元鼎五年坐酎金免爵”。一为揭阳定，及其子揭阳当时。定于武帝时封侯，当时于征和四年杀人而弃市，皆见《功臣表》。同上又载“按道侯”韩说，征和二年助江充等治卫后、戾太子巫蛊狱，为太子使者所杀；三年，子韩兴继嗣，四年坐祝诅罪被腰斩，也是大逆无道犯。又据戾太子、江充、车千秋、刘屈氂诸《传》，征和四年，武帝悔悟巫蛊狱一案有诈，尽诛江充等治狱者三族。韩兴之被杀或与此事有关。本册之安道侯，疑即韩氏父子，是武帝末巫蛊冤狱事件的策划者。册文言丽戎随母及姨弟居住盖主府中，姨弟为其择婿事，约发生在征和二年戾太子罹难和征和四年江充等伏法之后。丽戎本为太子家奴婢，至此始转入盖主家。后入盖主之奴婢籍。偃大概是征和四年从按道侯家转入盖主府中的。

6.“与捐之随之国”。此句省略主语“丽戎”。如将“随”释“偕”，易误解为盖主与丽戎之母捐之一同赴河间，而实际上是丽戎同母亲共随长公主女孙去河间。下文加一“后”字，明证后来又返回，依居盖主之“杋棻第”，可见丽戎曾去过河间国。否则，勿须加此“后”字。

7.“务得请实发生从迹，毋□聚烦扰民，……得者书言白报，以邮亭行，诣长安传舍”。以上为裘文所校正。《汉书·戾太子传》颜师古注：“胡巫受充意指，妄作蛊状，太子特忿，且欲得其情实，故以火炙之”，由知简文之“请实”即此处之“情实”，相当于“实情”和“事实真相”，乃古时治狱习用语辞。“发生”，义若始起、萌发、生长。务得情实发生踪迹，乃针对追查丽戎而言，与上句紧连，意思是：审验吏民所娶情状类似丽戎的人，验问其父母昆弟是谁？他是谁所生养？务必得到确凿的罪人及其根底真情。“毋□聚烦扰民”，指逐验时勿滋事生非而扰乱百姓，亦政令习用语，如《汉书·宣帝纪》地节四年九月诏“使者行郡国，问民所疾苦，吏或营私烦扰，不顾厥咎”。又《武帝纪》元狩元年四月诏：“县乡即赐，毋赘聚”，如淳曰：“赘，会也，令勿擅征召、赘聚”；师古曰：“各遣就其所居而赐之，勿会聚也”。据此，简文空阙之字可补“赘”字。此册的“赘聚烦扰”，主要是从政治意义上讲的。我们前次释文将“生”误为“主”字，因而将这句话误解为查验盖主的指令，经裘文校释，今补正于此。

关于这份御史书反映的历史事实，及其价值，拙文前为抛砖引玉，后经徐元邦、曹延尊与裘锡圭诸先生相继研究，皆有创见。但我们认为，此册下列几点史实需引起注意：

首先，请诏逐验对象的丽戎及其亲属等，是武、昭、宣三朝与帝室、藩王长期发生密切关系的近侍亲信之人，不是一般奴婢。“御者”，前曾以为是车夫，似不妥。《汉书·外戚传·孝元冯昭仪传》：“遣御史丁玄案验，尽收（冯太后）御者、官吏及昆弟在郡国者百余人”。因此，请诏中的“惠”，可能是广陵王刘胥的近侍亲幸者。丽戎、捐之、偃、惠等，曾在戾太子、盖主、广陵王、河间王、按道侯家活动过，并与盖主、广陵王两次谋反大逆事件有所联系。在居延汉简中，逐验追缉大逆无道罪者，似只此一例。正如徐、曹二同志文章所指出，这不是一个普通的政治案件。

其次，本册所述在五凤四年广陵王谋反事败后二年，先有请诏逐验，复有盖主家大奴提供线索，由二府下达御史书，通令全国深入追查，对丽戎似乎还处在验查阶段，并未确定其具体罪状，亦未明言追捕（即“诏所名捕”，但册文“得者……以邮亭行诣长安”，“搜索部界中”等，似意味着搜查、追缉），这与汉简常见的“诏所名捕”文书不同，详见徐、曹同志文。这也是居延简中仅见的，显示这一案件的特殊性。

再次，丽戎在广陵王刘胥伏法（或御者惠犯法）以前廿六年即已失踪，如果是因为惠的同产女弟而受株连，为何书中详述丽戎与捐之、偃、游等的亲属关系，独无一语言及与惠之间的来往，于惠和捐之二人也是同样，好像从未发生联系。又逐验丽戎，公布其仪相、年岁、父母亲属

关系等即可，为何此书却更大书特书昔日与盖长公主间的旧事，并要求“务得情实发生从迹”，随时将结果直报中央？在御史书看来，丽戎的脱籍匿逃，显然是有罪的，这罪过首先与其主人的谋反大逆事有关，否则，书言“不罪民间”，岂不是无中生有了？正因如此，逐验追缉的急切，并未因罪犯亡逃年久而有丝毫减轻松懈。同时，从中央二府发出的这份不同寻常的文件中，也可看出：盖主、燕王等谋反事在宣帝朝野中的印象和影响依然是十分的深刻、强烈。

对这样一份疑点较多的历史资料，我们认为，只有分析了它的特定的历史背景，才能给予确切的估量。

按西汉时期统治阶级领导集团内部的矛盾，宣帝以前，帝室与宗藩之间围绕加强或削弱中央集权而产生的斗争，占据十分重要的地位。自汉初刘邦平异姓诸王，景帝灭七国谋反，武帝抑淮南，实行推恩、削爵、左官之法，不断地打击了宗藩分裂势力，加强了中央集权。这场斗争，到武帝末、昭帝初年，发展到高峰，终于爆发戾太子案，以及燕王、盖主勾结外戚、朝臣直接谋取帝位的政治阴谋。

宣帝作为武帝戾太子的嫡孙，首先是武帝末巫蛊狱的无辜受害者。帝自幼即沦陷于囹圄，颠沛成长于民间，其母家又出身微贱，了无势力。只是因为这场政治斗争的需要，在昭帝亡故，帝位继承出现危机的情况下，才被大将军霍光等推上皇帝宝座。

宣帝初年，一切由霍光秉政行事，所谓“威势震主”，“上内严惮之，若有芒刺在背”。[①] 同时，其合法地位，又屡屡遭到以叔祖广陵王刘胥为首的宗藩势力的非议责难。地节元年，楚王刘延寿勾结刘胥，欲谋立胥为天子，事败露，楚王自杀国除。而另一位叔父，即下野的废帝昌邑王刘贺，其时尚健在。“宣帝即位，心内忌贺”，[②] 常引以为患。地节二年霍光死，帝亲政理事，开始翦除异己。四年，霍光夫人、子婿谋反

① （汉）班固：《汉书》卷68《霍光传》，中华书局1962年版，第2958页。编者按：原文引文漏“严”字。

② （汉）班固：《汉书》卷63《武五子传》，中华书局1962年版，第2767页。编者按：原注作《张敞传》，今改。

及药杀皇后、太子案发觉，“与霍氏相连坐诛灭者数千家”①。元康二年，密诏山阳太守张敞对昌邑王严加防范、监视，次年贬之为侯，又数年削三千户，至宣朝末，嗣绝国除。而五凤四年，刘胥谋反也得到彻底清理。此以前直到昭帝时期，刘胥数次阴谋发难，直欲取昭、宣而代之，它实际上是盖主、燕王谋反事件的继续发展。不过，这已经是宗藩夺权逆流的尾声了。刘胥之后，藩室再也没有为非作乱的力量了。

在另一方面，宣帝从即位之日起，即扶植外家及故旧恩人。地节三年，经百般努力，找到外祖母王媪和舅氏，其查访、验证王媪真伪之情，见载《汉书·外戚传》，前文已略引，与本册逐验丽戎的认真、严肃，一正一反，有“异曲同工”之妙，堪称姊妹篇。总之，宣帝采取重大措施，一者是接受前朝的经验教训，更重要的是因为中央政权与他本人地位仍处于严重的威胁之中。当然，这又导致了西汉晚期外戚专权的到来，直至汉末王莽的取代刘氏。

本册御史书的发布，在宣帝处理广陵王案后不久，必然带有鲜明的时代特征。据《汉书·武五子传》等，地节元年，即发觉刘胥谋反，但未治罪。后，胥子刘宝杀人、奸乱被诛。刘胥五凤四年再次谋反，阴谋破败，毒死宫人、巫祝等知情者，“公卿请诛胥，天子遣廷尉、大鸿胪即讯，遂与姬二人自杀。天子加恩，赦王诸子皆为庶人，国除”。据此，对刘胥的处理似较宽大。但此册表明，又二年之后，仍在追查有关人员。此册惠的犯罪，肯定是刘胥的参与者。其下落，按裘文看法，约已随同刘胥伏法，我们则以为可能仍是逐验对象之一。不论如何，刘胥周围有部分人被认定为大逆犯是肯定的，不像史书记载那般简单。而丽戎失踪近三十年，如只因是惠的同产，再别无牵连，按史载昭、宣朝处理盖主、广陵王的诏令，会当赦免或作亡奴对待。现在可能发现与盖主大逆事与其他重罪有密切关系，引起朝廷注意，才下令大动干戈地逐验追究。

刘胥谋反事五凤四年并未了结，还有例证。《汉书·景十三王传》河间王“元取故广陵厉王（胥）、厉王太子及中山怀王故姬廉等为姬。

---

① （汉）班固：《汉书》卷68《霍光传》，中华书局1962年版，第2956页。

甘露中，冀州刺史（张）敞奏元事，下廷尉召逮廉等，元迫胁廉凡七人令自杀，有司奏请诛元”。据《诸侯王表》，河间王刘元于五凤四年嗣位，取广陵诸姬当在刘胥伏法后。据前引，胥自杀，诸子皆免为庶人，诸姬亦当免除。但至甘露中（注意，与本册同时），复诏令逮捕，故知又因刘胥谋反事受株连，或属漏网亦未可知。刘元抢先杀人灭口，必有不可告人的阴谋在内，可知他自己也有瓜葛。另外还需注意，刘元为孝王刘庆子，刘庆在位四十三年，本册“始元二年主女孙为河间王后”，就是嫁给刘庆的。刘元当是盖主的重外孙，捐之、丽戎恰恰是服侍刘元父母的人。又中山怀王，诸《表》《传》皆不言有罪，其故姬不知为何被召逮？或系史书失载了。

总之，河间王刘元案，在时间、性质、案情上，与本册完全相同而有联系，都是广陵王案的余波。治刘元案的张敞，即宣帝密诏监视昌邑王的张敞，乃宣帝少时旧识。本册时的御史大夫为于定国，甘露三年即迁升丞相。敞参与废除昌邑王，奏削霍氏之权，书谏上官皇太后应守法度，治裁河间王、广川王，俱见本《传》等，与于定国并驰而为宣帝最得力的助手。

我们前曾认为，广陵王、盖主谋反事已过数年或数十年，而朝廷还在继续追查有关人犯，从中看出宣帝时对本朝、前朝几次大案所持的政治态度。这个认识不仅仅是从本册中得出的。在昭、宣两朝，燕王、盖主与广陵王，实际是宗藩分裂势力的总代表。这两个集团，以及与其他阴谋集团如中山王、齐王、楚王等之间，都有着密切联系，相互勾结，连续发难，企图颠覆夺取政权。宣帝平定广陵王，标志着对分裂势力斗争的最后胜利。本册涉及的史实和人物非同一般，不是偶然的巧合，也不仅是一件简单的追捕亡奴的案件。它从一个侧面，反映出这一段特殊历史时期中的政治斗争的进程和特点。这也是此册的重要价值所在。

本文原刊《考古与文物》1984 年第 4 期，后收入《陇上学人文存·初世宾卷》，甘肃人民出版社 2015 年版

# 《甘露二年丞相御史书》探微

张小锋

《甘露二年丞相御史书》是研究汉代历史十分珍贵的实物资料。有学者认为，这一文书反映宣帝时追究燕王旦谋反的追随者或广陵王“祝诅”宣帝事件的牵连者。笔者认为上述论断缺乏根据。实际上，这一文书反映的是汉宣帝即位后，彻底平反其祖父戾太子冤狱，并为在这一冤案中被牵连的奴婢丽戎等人昭雪的情况。今依据有关事实，略陈陋见。不妥之处，祈望指正。

## 一

《甘露二年丞相御史书》册是一九七三年十月在甘肃省金塔县肩水金关遗址中发现的，其编号为73EJT1：1—3。该册共有木牍三枚，牍文十二行，内容连贯，皆自右而左竖行书写，全文如下：①

1. 甘露二年五月己丑朔甲辰朔，丞相少史充、御史守少史仁以

---

① 该释文系转录自甘肃人民出版社出版的《简牍学研究》第二辑中彩色图版释文，标点为笔者所加。《简牍学研究》将73EJT1：1牍第二行第21—33字释为“外人者，故长公主大奴。千秋等曰”，读来使人耳目一新。这里“千秋”是指自武帝征和四年（前89）至宣帝元凤四年（前77）居丞相位的车千秋。《汉书·武五子传》载：“车千秋复讼太子冤，上遂擢千秋为丞相。”可见车千秋是力主给戾太子平狱洗冤的功臣，而丽戎是为太子守冢观人婴齐的妻子，所以车千秋知悉丽戎身世。丽戎于元凤元年（前80）逃亡后，下落不明，此时汉廷很可能追查过，并留有追查文书的底本，当时提供追查线索者，便是知情人车千秋。《甘露二年丞相御史书》很可能是依据当时追查底本制作而成。

请，诏有逐验，大逆无道故广陵王胥御者惠同

2. 产弟故长公主弟卿大婢外人，移郡太守，逐得试知。外人者，故长公主大奴。千秋等曰：外人，一名丽戎，字中夫，前太子守观

3. 奴婴齐妻。前死。丽戎从母捐之，字子文。私男弟偃，居主马市里第。捐之姊子，故安道侯奴林，取不审县里男子字游为丽戎

4. 聟（“婿”之俗字），以牛车就载，藉田仓为事。始元二年中，主女孙为河间王后，与捐之偕之国。后丽戎、游从居主柧棻第，养男孙丁子沱。元凤元年

5. 中，主死，绝户，奴婢没入诣官，丽戎、游俱亡。丽戎脱籍，疑变更名字，远走绝迹，更为人妻，介罪民间，若死，毋从知。丽戎此

6. 时年可廿三四岁，至今年可六十所。为人：中壮、黄色、小头、黑发、隋面、拘颐，常戚额如频状，身小长，诈庞少言。书到，二千石遣毋害都吏，（以上系 73EJT1：1）

7. 严教属县官令以下，啬夫、吏正、三老，杂验问乡里吏民，赏取（“尝娶”之假借）婢及免婢以为妻，年五十以上，刑状类丽戎者，问父母昆弟，本谁生子，务

8. 得请（“情”之假借）实，发生从迹。毋督聚，烦挠民。大逆同产当坐，重事，推迹未穷，毋令居部界中不举。传者书言自报，以邮亭行诣长安

9. 传舍。重事当奏闻，必谨密之，毋留，如律令。

10. 六月，张掖太守毋适、丞勋敢告部都尉卒人，谓县写移书到，趣报，如御史律令。敢告卒人/掾佃、守卒史禹、置佐财。

（以上系 73EJT1：2）

11. 七月壬辰，张掖肩水司马阳以秩次兼行部都尉事，谓侯、城尉写移书到，搜索部界中，毋有，以书言，会月廿日，如律令/掾遂、守属况。

12. 七月乙未，肩水侯福候长广、□□□写移……搜索部界中，

毋有，以书言，会月十五日，须报府，毋忽，如律令/令史□。

（以上系 73EJT1：3）

此外，在居延破城子甲渠遗址中还发现了一枚木牍，内容和 73EJT 1：1—3 相同，书写工整，“它比 EJT1：1—3 的准确性应更高一些”，①可以补充前三牍的疏漏，内容如下：

所逐验大逆无道故广陵王胥御者惠同产弟故长公主第卿
字中夫前为故大子守观奴婴齐妻婴齐前病死丽戎从母捐
男子字游为丽戎聟以牛车就载藉田仓为事始元

（以上系 EPT43：92）②

在汉代的居延边陲地区竟然发现了两份记载同一内容的文书，说明汉廷曾在全国范围内认真追查过丽戎。由册文可知，汉廷所要追查的丽戎是一名奴婢，她于元凤元年（前 80）逃亡后，下落不明。二十八年后，即汉宣帝甘露二年（前 52），由汉廷最高中央机构的丞相、御史两府联合下书，在全国范围内追查她。汉廷为什么要大费周折地追查一名已逃亡达二十八年之久的奴婢呢？这其中的原因，值得我们深思。

有学者认为，《甘露二年丞相御史书》“是西汉宣帝时期，为了追查通缉燕王、盖主与广陵王两个政治阴谋集团的逃犯，发布全国的一份律令文件。……同时也可以看出，宣帝时期，不仅对广陵王，而且对继续承办前代昭帝时发生的盖主事件，也是何等地坚决彻底。”③显然，该文作者认为，丽戎被追查是受汉廷穷治二十八年前燕王、盖主谋反事件和两年前广陵王刘胥“祝诅”宣帝事件的牵连。事实上，这一论断缺乏根

① 徐元邦、曹延尊：《居延新出土的甘露二年“诏所逐验”简考释》，《考古与文物》1980 年第 3 期，第 93—96 页。

② 甘肃省文物考古研究所等：《居延新简》，文物出版社 1990 年版，第 106—107 页。

③ 初师宾：《居延简册〈甘露二年丞相御史律令〉考述》，《考古》1980 年第 2 期，第 179—184 页。

据。《汉书·昭帝纪》载：元凤元年九月，“鄂邑长公主、燕王旦与左将军上官桀、桀子票骑将军安、御史大夫桑弘羊皆谋反，伏诛。……冬十月，又（诏）曰：‘燕王迷惑失道，前与齐王子刘泽等为逆，抑而不扬，望王反道自新，今乃与长公主及左将军桀等谋危宗庙。王及公主皆自伏辜。其赦王太子建、公主子文信及宗室子与燕王、上官桀等谋反父母同产当坐者，皆免为庶人。其吏为桀等所诖误，未发觉在吏者，除其罪。’”由此可见，燕王与盖主等人因谋反而伏辜，一个月后，昭帝便下诏赦免了其子孙党羽和一切受到牵连者，并未大力穷治该事件，此后也没有重新追究其党羽集团的记载。这说明，丽戎被追查决不是受其主人盖主谋反事件的牵连。如果把《甘露二年丞相御史书》所述追查丽戎一事看成是宣帝时期还在继续坚决彻底地承办昭帝时盖主谋反事件，显然是有悖史实的。

《汉书·武五子传》载：“昭帝初立……胥见上年少无子，有觊欲心……胥迎女巫李女须，使下神祝诅。……宣帝即位……复令女须祝诅如前。……公卿请诛胥，……（胥）即以绶自绞死。及八子郭昭君等二人皆自杀。天子加恩，赦王诸子皆为庶人，赐谥曰厉王。”可见，广陵厉王刘胥在昭宣时期，虽觊觎皇位，有不轨之心，屡屡指使女巫祝诅圣上，但这种反叛方式根本不会动摇昭帝和宣帝的统治，并且身历武帝末年“巫蛊之祸”的昭帝和宣帝深知株连“祝诅”的危害性，在广陵王刘胥自缢身亡后，宣帝厚赏加恩，赦免了广陵王诸子。那么作为广陵王刘胥的近侍之人惠也应在赦免之列，作为惠的同产弟丽戎更不会因为广陵王刘胥“祝诅”事件而受到追查了。这说明，把追查丽戎的原因归结为宣帝穷究广陵王刘胥“祝诅圣上”事件，同样也是难以令人信服的。虽然册文中有“大逆无道故广陵王胥御者惠同产弟故长公主弟卿大婢外人”等文字，但这段文字的真正目的并不是说丽戎被追查便是受广陵王刘胥事件和盖长公主事件的牵连，而仅仅是表明了丽戎与广陵王、长公主之间的关系，它与后面描述丽戎的身体特征、社会经历、逃亡时间的文字所起的作用一样，都是为了向人们提供更为详细的信息和线索，以便能尽快地追查到她罢了。由以上分析可知，丽戎被追查与盖主谋反、广陵王“祝诅圣上”两案并无关系。她唯一能够成立的罪行便是她“作为盖主的大婢，在盖主身死户绝之时本应没入官家，但却跟丈夫一起潜逃民间”，[①] 即丽戎的脱籍罪行。但这一罪行并不值得汉宣帝时由丞相、御史二府联合下书，诏令全国来追查一个已脱籍二十八年之久的奴婢。看来，追查丽戎是别有用意的。

## 二

丽戎是一个十分特殊的人物，了解她的身份是了解整个册文内容的关键。

一方面，丽戎乃“故长公主大奴”。这里“故长公主”必为鄂邑盖主（昭帝姊）无疑。[②]《汉书·外戚传》载：“昭帝始立，年八岁，帝长姊鄂邑盖长公主居禁中，共养帝。……长主内周阳氏女，令配耦帝。”昭帝嗣位时，尚在幼年，长姊鄂邑长公主供养省禁。可以说，长公主名为帝姊，实有抚育昭帝之功。昭帝对这位姐姐，怀有深刻感激之情，并且恩宠有加。《汉书·昭帝纪》载：“太子即皇帝位，谒高庙。帝姊鄂邑公主益汤沐邑，为长公主，共养省中。……赐长公主及宗室昆弟各有差。……（始元元年）益封燕王、广陵王胥及鄂邑长公主各万三千户。……元凤元年春，长公主共养劳苦，复以蓝田益长公主汤沐邑。”甚至“公主内行不修，近幸河间丁外人”，[③]“上与大将军闻之，不绝主欢，有诏外人侍长主”。[④]

由册文可知，丽戎作为故长公主的大婢，始元二年（前85）中，当盖长公主的孙女嫁为河间王后时，丽戎曾和其母亲捐之一起到了河间王国。后来丽戎和其丈夫曾居住在“柧蒌”这个地方，“养男孙丁子沱”。

---

① 裘锡圭：《关于新出土甘露二年御史书》，《考古与文物》1981年第1期，第105—108页。

② 初师宾：《居延简册〈甘露二年丞相御史律令〉考述》，《考古》1980年第2期，第179—184页。

③ （汉）班固：《汉书》卷68《霍光传》，中华书局1962年版，第2934页。

④ （汉）班固：《汉书》卷97上《外戚传上》，中华书局1962年版，第3958页。

这个男孙“丁子沱”显然是长公主与丁外人的男孙。丽戎既能侍奉盖长公主的女孙河间王后，又能抚养长公主的男孙丁子沱，说明丽戎是鄂邑盖长公主最为信赖的心腹之人。从昭帝即位以来到始元二年中这段时间内，长公主身处省禁抚育幼帝，作为其心腹的丽戎很可能也随长公主入居省中侍奉左右，应该说，鄂邑盖长公主与心腹大婢丽戎都曾有抚养昭帝之功。

另一方面，丽戎又是“前太子守观奴婴齐妻，婴齐前病死”，这里“前太子当指武帝卫皇后生戾太子刘据”,① 征和二年（前 91）“巫蛊之祸”起，太子刘据因此而蒙冤身死。此后不久，武帝哀悔，在太子冢傍作思子宫，建归来台，而丽戎前夫婴齐即为守护太子冢观的负责人。

武帝晚年的“巫蛊之祸”是一起震骇全国的大冤狱，当时太子发兵与丞相刘屈氂合战五日，“死者数万人，血流入沟中”。② 这起冤狱持续两年时间，从京师、三辅到地方郡国，株连所及，上至皇后、太子、公主，下及兵丁、百姓，“坐而死者前后数万人”。③ 尽管武帝作归来台，并诛杀了陷害太子的江充家人、宦官苏文等，但太子冤狱尚未彻底昭雪，武帝便猝然崩逝。太子冤狱，“天下闻而悲之”④，然而终昭帝一朝，对此并不关心。始元五年（前 82），“夏阳男子张延年诣北阙，自称卫太子，诬罔，要斩”⑤。张延年能冒杀身之祸，自称卫太子，诣自北阙，反映了昭帝时期人民怜慕卫太子，对其冤狱得不到彻底昭雪的不满。掖庭令张贺“本卫太子家吏，及太子败，贺坐下刑”,⑥ 终昭帝一朝未见拔擢，就连当时戾太子的遗孙刘病已（即宣帝）也仅仅是“以庶人衣食县官”而已。那么作为守护太子冢观的婴齐就更不会引人注意了，最终只有默然无闻病困而死。

---

① 伍德煦：《居延出土〈甘露二年丞相御史律令〉简牍考释》，《甘肃师范大学学报（社会科学版）》1979 年第 4 期，第 19—28 页。

② （汉）班固：《汉书》卷 66《刘屈氂传》，中华书局 1962 年版，第 2881 页。

③ （汉）班固：《汉书》卷 45《江充传》，中华书局 1962 年版，第 2178 页。

④ （汉）班固：《汉书》卷 63《武五子传》，中华书局 1962 年版，第 2747 页。

⑤ （汉）班固：《汉书》卷 7《昭帝纪》，中华书局 1962 年版，第 222 页。

⑥ （汉）班固：《汉书》卷 97 上《外戚传上》，中华书局 1962 年版，第 3964 页。

宣帝即位后，对其祖父和父亲的冤狱才予以彻底昭雪。“以湖阌乡邪里聚为戾园，长安白亭东为戾后园，广明成乡为悼园。皆改葬焉。后八岁，……益奉园民满千六百家，以为奉明县。尊戾夫人曰戾后，置园奉邑，及益戾园各满三百家。”① 那么，故太子守观奴婴齐也应在拔擢之列。此时婴齐虽死，然其妻丽戎尚在人世。《汉书·丙吉传》载：“掖庭宫婢则令民夫上书，自陈尝有阿保之功。章下掖庭令考问，则辞引使者丙吉知状。掖庭令将则诣御史府以视吉。吉识，谓则曰：‘汝尝坐养皇曾孙不谨督笞，汝安得有功？独渭城胡组、淮阳郭徵卿有恩耳。’分别奏组等共养劳苦状。诏吉求组、徵卿，已死，有子孙，皆受厚赏。诏免则为庶人，赐钱十万。”可见，宣帝对尝有供养之功的宫婢，无论是有劳苦抚养者，还是不谨督笞者，都予以封赏，若其人已死，则寻求其子孙亲属，封赏安抚。作为守护太子冢观者婴齐之妻丽戎，同样也应在安抚之列。

由上可见，丽戎既有抚养昭帝之功，同时又是守护太子冢观者婴齐之妻，在宣帝昭雪戾太子冤狱的政策下，也是诏求的对象。故此笔者认为，丽戎身份十分特殊，决不可等闲视之。

## 三

承前所述，丽戎所犯罪行仅仅是脱籍逃亡，“外人（即丽戎）的被追捕却并非由于她与广陵王有任何关系，……相反，从这份文书里一点也看不出官方有认为外人参与了盖主阴谋的意思”。② 然册文确载，追查丽戎之事是丞相、御史二府联合下书进行的，同时要求“毋督聚烦扰民”，并且“严教属县令以下，啬夫、吏正、三老杂验问乡里吏民，赏取婢及免婢以为妻，年五十以上，刑状类丽戎者，问父母昆弟，本谁生子，务得请实”。可见，这次“逐验”丽戎，不像是在搜查重犯，反而与宣帝寻访外祖母王媪极为相似。《汉书·外戚传》载：“初，上即位，

① （汉）班固：《汉书》卷63《武五子传》，中华书局1962年版，第2749页。

② 裘锡圭：《关于新出土甘露二年御史书》，《考古与文物》1981年第1期，第105—108页。

数遣使者求外家，久远，多似类而非是。既得王媪，令太中大夫任宣与丞相御史属杂考问乡里识知者，皆曰王妪。妪言名妄人，……及广望三老更始、刘仲卿妻其等四十五人辞，皆验。宣奏王媪悼后母明白，上皆召见，赐无故、武爵关内侯，旬月间，赏赐以巨万计。顷之，制诏御史赐外祖母号为博平君，以博平、蠡吾两县户万一千为汤沐邑。封舅无故为平昌侯，武为乐昌侯，食邑各六千户。”可见，宣帝寻求外祖母王妪这件事，是由太中大夫与丞相御史属负责，求得类似者，必先令其自陈经历，然后让“识知者”辨认，验证无误后再上奏皇帝。而册文所述追查丽戎之事，也是由丞相与御史的属吏负责，并且“逐得试知”、令人“杂验问”。两事环节多所相合，说明“逐验”丽戎这件事是宣帝继地节三年（前67）求得外祖母后，又一次在全国范围内诏求有特殊身份的丽戎，以图厚赏的政治举措。宣帝作为武帝戾太子的嫡孙，受“巫蛊之祸”的牵连，自幼身陷囹圄，颠沛于民间，其母家又出身微贱，“宣帝从即位之日起，即扶植外家及故旧恩人”。[①] 诏求外祖母王妪与追查丽戎两事，正是这一历史背景的具体体现。这些都是汉宣帝即位后为戾太子案深入平反昭雪的举措，而不是追究燕王、盖主谋反事件的追随者和广陵王刘胥“祝诅圣上”事件的牵连者。还望治史者明察焉！

**附记：**

张小锋（1971—），男，汉族，甘肃宁县人，历史学博士，对外经贸大学党委常委、宣传部长、教授。1991 至 1995 年在西北师范大学历史系就读。1995 年成为西北师范大学首位简牍学方向硕士研究生，1998 年毕业。同年进入首都师范大学继续攻读中国古代史专业博士研究生。

本文原刊《首都师范大学学报(社会科学版)》2000 年第 5 期

---

① 初师宾、伍德煦：《居延〈甘露二年丞相御史书〉册考述补》，《考古与文物》1984 年第 4 期，74—79 页。

# 《甘露二年丞相御史律令》册释文辑校

杨　媚

1972—1976 年，甘肃居延考古工作队在额济纳河流域对居延汉代遗址进行了较大规模的发掘，取得了重要成果。其中，1973 年在肩水金关遗址 1 号探方内出土了三枚木牍，编号为 73EJTI：1—3，《文物》1978 年第 1 期对此已有报道，并附有木牍照片；① 1974 年在破城子 43 号探方内出土了一枚残牍，编号为 74EPT43：92，这枚残牍与金关所出三枚木牍内容相似，可能是同一简册的不同抄本。这四枚简即《甘露二年丞相御史律令》册。《甘露二年丞相御史律令》是宣帝时发布全国的一份文件。其目的是追捕广陵王刘胥御者惠的同产弟、故长公主盖卿的大婢——丽戎。故长公主盖卿即鄂邑盖长公主，与燕王刘旦、广陵王刘胥为同母姐弟，因抚育幼帝（昭帝）有功，骄恣无法，后与上官桀、桀子骠骑将军上官安、御史大夫桑弘羊等密谋造反，元凤元年（前 80）事发被诛。广陵王刘胥为汉武帝第四子，由于“好倡逸游乐”，故“终不得为汉嗣”②。他在昭、宣时期一直觊觎王位，曾多次使巫下神诅咒，后又与楚王刘延寿私通谋反。五凤四年（前 54），谋反事发，刘胥自杀。丽戎在“昭帝元凤元年‘主死绝户’之时”，“趁机逃往民间，一直没被发现。将近三十年以后，由于她的胞兄故广陵王御者惠犯了大逆无道罪，她又以‘大逆同产’的身份受到追捕”。③ 也可能由于丽戎与鄂邑盖长公

① 甘肃居延考古队：《居延汉代遗址的发掘和新出土的简册文物》，《文物》1978 年第 1 期，第 7 页图版伍，6—8。

② （汉）班固：《汉书》卷 63《武五子传》，中华书局 1962 年版，第 2760 页。

③ 裘锡圭：《关于新出甘露二年御史书》，《考古与文物》1981 年第 1 期。

主有这样一层关系，因而她也可能是鄂邑盖长公主谋反事件的知情人甚至是参与者。简册较详细地描述了丽戎的年龄、身份、经历、体态、习性等特征，并要求各郡县详加查寻。

该册自发表以后，许多学者对之进行了精密的考释和深入的研究。主要有：伍德煦先生《居延出土〈甘露二年丞相御史律令〉简牍考释》（《甘肃师大学报(社会科学版)》1979 年第 4 期，下称伍文），初师宾先生《居延简册〈甘露二年丞相御史律令〉考述》（《考古》1980 年第 2 期，下称初文），徐元邦、曹延尊先生《居延新出土的甘露二年“诏所逐验”简考释》（《考古与文物》1980 年第 3 期，下称徐文），裘锡圭先生《关于新出甘露二年御史书》（《考古与文物》1981 年第 1 期，下称裘文），裘锡圭先生《〈关于新出甘露二年御史书〉一文的更正信》（《考古与文物》1981 年第 3 期，下称更正信），朱绍侯先生《对〈居延简册〈甘露二年丞相御史律令〉考述〉的商榷》（《河南师范大学学报(社会科学版)》1982 年第 4 期，下称朱文），初师宾、伍德煦先生《居延甘露二年御史书册考述补》（《考古与文物》1984 年第 4 期，下称初补），裘锡圭先生《再谈甘露二年御史书》（《考古与文物》1987 年第 1 期，下称裘补），以及何双全先生《甘露二年丞相御史书再辨》（未发表，下称何文）。这些著作无疑代表了《甘露二年丞相御史律令》册研究的最高水平。本文试图在前辈研究的基础上，对照图版，综核诸说，对该册再作句读和释读。

由于破城子残牍与金关木牍在内容上可相互参证，因此先将残牍释文抄录于下[①]：

〼所逐验：大逆无道故广陵王御者惠同产弟、故长公主盖卿大〼

〼字中夫，前为故太子守观奴婴齐妻，婴齐前病死，丽戎从母捐〼

① 因未见残牍原件及图版，故释文引自初文，句读及个别字的释读为本人陋见。

☐男子，字涛，为丽戎聟，以牛车就载籍田仓为事。始元

（74EPT43：92）

金关所出木牍三枚共十二行，前面文字较工整，后面文字潦草，且磨灭较多，难以辨认。其句读及释文如下（需注释者，皆在其后括弧内以数字标明）：

甘露二年五月己丑朔甲辰朔（1），丞相少史充、御史守少史仁，以请诏有逐验（2）：大逆无道（3）故广陵王胥御者（4）惠同产弟、故长公主盖卿（5）大婢外人，移郡（6）太守，逐得试知（7）。外人者，故长公主大奴。千秋（8）等曰：外人，一名丽戎，字中夫，前太子（9）守观奴婴齐妻，前死（10），丽戎从母捐之，字子文，私男弟偃居主马市里（11）。第，捐之姊子，故安道侯（12）奴，材取不审县里男子，字涛，为丽戎聟（13），以牛车就载籍田仓为事（14）。始元二年中，主女孙为河间王后，与捐之偕之国（15）。后丽戎、涛徙居机茱第（16），养男孙丁子沱。元凤元年中，主死，绝户，奴婢没入诣官（17），丽戎、涛俱亡。丽戎脱籍，疑变更名字，逺走绝迹（18），更为人妻，介罪民间（19），若死，毋从知（20）。丽戎亡时年可廿三四岁（21），至今年可六十。所为人：中壮，黄色，小头，黑发，隋面，枸颐，常戚额如频状，身小长，诈廆少言（22）。书到，二千石遣毋害都吏，严教属县官、令，以下啬夫、吏、正、匕、老（23），杂验问乡里吏民，尝取婢及免婢以为妻，年五十以上，形状（24）类丽戎者，问父母昆弟，本谁生子？务得请实、发生从迹（25）。毋督聚烦扰民（26），大逆同产当坐，重事，推迹求穷，毋令居部界中不觉（27）。得者书言白报（28），以邮亭行驿长安传舍。重事，当奏闻，必谨审（29）之，毋留，如律令。

六月，张掖太守毋适、丞勋（30）敢告部都尉、卒人，谓县写移，书到，趣报（31），如御史书律令，敢告卒人/掾佀，守卒史禹、置佐财（32）

七月壬辰，张掖肩水司马阳以秩次兼行都尉事，谓候、［城尉］（33），书到，廋索（34）部界中，毋有，以书言，会月廿日，如律令/掾遂、守属况。

七月乙未，肩水候福谓候长广、候史□写移，书到，廋索部界中，毋有，以书言，会月十五日，须报府，毋□□如律令/令史□（73EJT1：1—3）

释文注释：

（1）后一“朔”字为衍文。

（2）伍文、初文、徐文、朱文都在“以请”之后断开，将“请”字解释为“请求”“报告”之意。裘文则认为“请诏”二字不应分开，是“请求诏许或经皇帝批准之意。”由于该文书是下行文书，因此解释为“请求”“报告”似乎不妥，而解释为“经皇帝批准要求追查xx”则更为合理，因而依裘文。另外，此处的“有”字在破城子残牍中为“所”字，不知孰是，但可以肯定两者必有一处为笔误。

（3）“大逆无道”为广陵王刘胥的罪名，指谋反。

（4）关于“御者”，伍文、初文都解释为“驾驭车马之人”，后初补改其意为“近侍亲幸者”，后者似乎更为准确。

（5）“盖”，伍文释为“夷”，初文、徐文、朱文皆释为“弟”，裘文释为“苐”，都认为是长公主之名。唯何文释为“盖”，认为“盖卿”即鄂邑盖长公主，而传统文献并未具载其名，因而“盖卿”相对于其他作为长公主的称呼应更为可靠。

（6）“郡”，伍文释为“隗”，其余诸家释为“郡”，本文从“郡”。

（7）“试知”，即“识知”，考察之意。

（8）“秋”，伍文释为“北”，其他未释。何文释为“秋”。“千秋”乃当时御史大夫车千秋，因为他曾“复讼太子冤”，[①] 因而对当时的内情

① 此处“太子”即在巫蛊事件中遇害的戾太子。见《汉书》卷63《武五子传》，中华书局1962年版，第2747页。

应颇为了解，也只有他能够提供详细的资料。“故长公主大奴”应是“外人”的修饰语，这里是先明确所追查对象的身份，然后再对其作更详细的介绍。

（9）指戾太子刘据，《汉书·宣帝纪》称“故皇太子”。①

（10）据破城子残牍可知是“婴齐前病死”。

（11）从，指随从、跟随之意。“捐”，伍文释为“指”，其余诸家释为“捐”，本文从此释。“子文”为丽戎母捐之之字。“私”即私通，指丽戎与其表弟偃有私通关系。而何文认为姊妹互相称夫谓之“私”，“私男弟偃”这句话是以丽戎母亲捐之的口吻说的，因而“私”即表明了偃与丽戎的姨表关系。笔者认为该册中有关丽戎的资料是千秋等人所提供，而这句话若以丽戎母亲的口吻来说则略显突兀，因而将“私”仍解释为“私通”。“居”即“居住”，何文将“居主”解释为“居住”，但在古汉语中，“居住”之意用“居”即可表达，所以“主”可能为“主人家”之意。“马”，伍文释为“虎”，初文、朱文释为“焉”，徐文释为“床”，裘文释为“马”，初补改释为“马”，“马市里”可能是主人家所居之地。

（12）“安道侯”即安道侯韩说，曾与“使者江充等掘蛊太子宫”。②

（13）“材”，伍文释为“杜”，并因此认为“杜取”是安道侯奴之名。初文也释为“杜”，但取“杜撰”之意，“杜取”即“假取”。徐文从初文。裘文释为“林”，朱文释为“杜”，都认为是安道侯奴之名。初补改“杜”为“材”，认为“材”通“裁”，“材取”即“裁取”，“裁决而取”之意，较为合理。“不审”，伍文、初文、徐文、朱文皆释为“不同”，裘文依据《居延汉简》8534、3720号简及《居延汉简甲编》115、1543号简，释为“不审”，意即“不确定”。另《敦煌汉简》683、984号简中也有“不审郡县”“不审县

---

① （汉）班固：《汉书》卷8《宣帝纪》本始元年六月诏，中华书局1962年版，第242页。

② （汉）班固：《汉书》卷8《宣帝纪》，中华书局1962年版，第208页。

里”之说”,[①] 亦可为一例证。“聟”通“婿”。此句意为偃为丽戎选择了一个不明确籍贯的男子（字游）为丽戎的丈夫。

（14）籍田，古代天子、诸侯征用民力的田称籍田。《史记·孝文本纪》：“上曰：‘农，天下之本，其开籍田，朕亲率耕，以给宗庙粢盛’。”裴骃《集解》：“韦昭曰：‘籍，借也。借民力以治之，以奉宗庙，且以劝率天下，使务农也。’”此处指官田。本句意为游以牛车为官仓运货为业。

（15）偱，此字依何文所释，为“侍奉”之意。伍文将之释为“酒”，初文、徐文、朱文、初补皆释为“随”，裘文、裘补释为“偕”。此字似应释为“偱”。《玉篇·人部》：“偱，侍也。”[②] 丽戎为盖主奴婢，因而奉命去河间侍奉公主女孙，所以释“偱”更为恰当。

（16）汉简中“竹”字头皆写作“艹”，“杋菜苐”即“杋菜第”。第，府第，“杋菜”当为盖主府第的名称。

（17）元凤元年九月，谋反事发，盖主被诛。[③]“诣”，伍文释为“诏”，初文、徐文、朱文、何文释为“诣”，裘文、初补释为“诸”。此字似应释“诣”。诣，往、到。《史记·孝文本纪》：“乃命宋昌参乘，张武等六人乘传诣长安。”《汉书·杨王孙传》：“王孙苦疾，仆迫从上词雍，未得诣前。”颜师古注曰：“诣，至也。”诣官，指交付官府。汉时奴婢犯罪或因罪牵连，常被交付官府罚服劳役。

（18）“远走绝迹”，伍文释为“造估驰，造”，初文、徐文、朱文皆释为“循匿绝迹”，初补后改释为“迣去绝迹”，裘文、何文释为“远走绝迹”。对照图版，裘文所释似更为准确。

（19）“介”字，伍文释为“不”，初文、朱文释为“妾”，初补改释为“不”，徐文释为“小”，裘文则释为“介”，但疑为“兆”字误

---

① 甘肃文物考古研究所编：《敦煌汉简》，中华书局 1991 年版。

683 号：兴客不审郡县姓名习字子严年卅所为人短壮黄色毋须（短面第 245 页）

984 号：弊部士不审县里王宏坐要□　共为督盗贼刘况搓杀人者　械（第 257 页）

② 转引汉语大词典编辑委员会编：《汉语大词典》（第一卷），四川辞书出版社、湖北辞书出版社 1986 年版，第 193 页。

③ （汉）班固：《汉书》卷 7《昭帝纪》，中华书局 1962 年版，第 226 页。

写。裘补后以居延简为例，指出简常见的“不亍”为“介亭”的简体，更断定此字应为“介”。对照图版，此字确为“不另”，此字也见于马王堆帛书《老子》甲本第91号简，[①] 则裘文所释似更准确。《字彙·人部》：“介，系也。”[②] “介罪民间”指带罪藏匿于民间。

（20）若，意为或。此句意为或者已经死亡也未可知。

（21）“亡”字，伍文释为“如”，初文、徐文、裘文、朱文皆释为“此”，何文认为“亡”字是在“此”字上改写而成，细看图版，“亡”字笔画的确较重。若释为“亡”，则指丽戎逃亡时年龄约廿三四岁，至甘露二年（前52）仅隔二十七年，所以丽戎在甘露二年如果还活着，其年龄应是五十岁左右，而不是文书中所称的六十岁，因此疑“廿”乃“卅”的笔误，此说极有道理。

（22）以上是对丽戎体态特征的描写。“壮”通“状”，“隋”通“椭”。“枸颐”，伍文释为“拘颈”，为“曲缩颈部之貌”；初文、朱文释为“枸颈”，意与伍文相同；徐文、裘文、何文释为“枸颐”，裘文疑“枸颐”为“尖下巴之意”；初补改释为“拘颐”，认为“拘假为狗字。狗颐，乃以鸟兽形比喻面部特征。”释“拘颐”似更准确，但“枸颐”应指低头之状。枸，弯曲。《荀子·性恶》：“故枸木必将待檃栝矫然后直，钝金必将待砻厉然后利。”[③] 颐，指下巴。《史记·春申君列传》：“刳腹绝肠，折颈摺颐。”“频”，伍文、初文、徐文、朱文皆释为“颛”，裘文、何文释为“频”，“频”通“颦”，皱眉之意，似更合理。“诈廆少言”，诈，欺骗，指丽戎说话较谨慎，少有言语外露。类似关于体态特征的描写也见于《敦煌汉简》，如“循客令居赵放字子阿年卌所为人中壮黄色毋须。”[④]

（23）正，指里正。“匕”字，伍文、初文、徐文、朱文皆释为

① 国家文物局古文献研究室编：《马王堆汉墓帛书（壹）》，文物出版社1980年版。同书《老子》乙本第188下释此字为“不”。

② 转引汉语大词典编辑委员会编《汉语大词典》（第一卷），四川辞书出版社、湖北辞书出版社1986年版，第103页。

③ 北京大学《荀子》注释组：《荀子新注》，中华书局1979年版，第390页。

④ 甘肃省文物考古研究所编：《敦煌汉简》，中华书局1991年版，第240页，538号简。

“三”，裘文、何文释为“父”。查看图版，此字为“苐”，与同册中“廿三四岁”的“三”字、“问父母昆苐”中的“父”字都不相同，而与武威医简中“匕”字写法相似，因此妄释为“匕”。“匕”同“比”，《说文・匕部》：“匕，相与比叙也。”段玉裁注曰：“比，亦可作匕。”① 比，古代基层行政编制，五家为比。《周礼・地官・大司徒》：“令五家为比，使之相保；五比为闾，使之相受。”② 老，指三老。

（24）图版为“肜”，因而释为“形”。

（25）“请实”，初文、徐文、朱文释“请闻”，伍文、裘文、何文、初补释为“请实”。释“请实”似更准确。“请”通“情”，“情实”即“实情”。“发生”，伍文释为“持之”，初文、朱文、何文释为“发主”，徐文释为“□主”，裘文、初补释为“发生”。“发生”较之“发主”意思似乎更为明确。“从”通“踪”，“从迹”即“踪迹”。

（26）“督”，伍文、初文、徐文、朱文皆未释，裘文释为“趋”，更正信改“趣”为“督”，何文释为“督”。今依更正信和何文。督，监视。《汉书・萧何传》：“及高祖起为沛公，何当为丞督军。”颜师古注曰：“督，谓监视之也。”聚，众。《左传・成公十三年》：“我是以有辅氏之聚。”洪亮吉《诂》曰：“韦昭〈国语〉注：‘聚，众也’。”③ 又《史记・苏秦列传》：“禹无百人之聚，以王诸侯。”此处指百姓。

（27）“觉”，伍文、初文、徐文、朱文释为“举”，裘文、何文释为“觉”。查看图版，似更像“觉”字。而且根据文意，是要求各郡县谨慎严密地追查，而不要出现被追查者居住在自己的辖区内却没有发觉的情况，万万不可疏忽大意。

（28）白报，指报告。

（29）“谨审”，伍文、初文、徐文、朱文、初补皆释为“谨容”，裘文释为“谨密”，何文释为“谨审”。从文意看，似释“谨审”更为恰

---

① （汉）许慎、（清）段玉裁注：《说文解字注》，上海古籍出版社 1981 年版，第 384 页。

② 《十三经注疏》整理委员会整理、李学勤主编：《十三经注疏・周礼注疏》，北京大学出版社 1999 年版，第 264 页。

③ （清）洪亮吉著，李解民点校：《春秋左传诂》，中华书局 1987 年版，第 468 页。

当，“谨审”疑“谨慎”之意，指各级官吏要将调查结果谨慎受理，并迅速上报。

（30）毋适为张掖太守名，丞为太守属官，勋为丞之名。

（31）类似格式见于《敦煌汉简》764、1254号简等。[①] 趣报，即促报，迅速报告。《汉书·成帝纪》：永始三年十二月“谴丞相长史、御史中丞持节督趣逐捕。”颜师古注曰：“趣，读曰促。”

（32）掾、守卒史、置佐皆为职官名称，以下皆同。

（33）伍文、徐文未释，初文、朱文释为“塞尉”，裘文、何文释为“城尉”。从图版看，所缺字左侧从“土”，因而释“城尉”。

（34）“廋索”，伍文未释，初文、徐文、朱文释为“逐索”，裘文释为“搜索”，何文释为“廋索”。今依何文。“廋”通“搜”，廋索即搜索、寻找。《汉书·赵广汉传》：“及光薨后……直突入其门，廋索私屠酤……斧斩其门关而去。”颜师古注曰：“廋读与搜同。”另《敦煌汉简》1722号：“隧长常贤充∠世∠绾∠福等杂廋索部界中问戍卒王韦等十八皆相证”。[②]

《甘露二年丞相御史令》册的发现对我们研究汉代边郡组织建置、文书下达程序及文书性质都有十分重要的意义，也为两千多年前统治阶级内部的一场错综复杂的政治斗争找到了实证。可以说宣帝始终处在这场政治斗争的旋涡之中，“虽在襁褓，犹坐收系郡邸狱”，[③] 在民间度过了其童年和少年时代，后才被霍光推上帝位。五凤四年（前54），广陵王刘胥谋反事发，此次谋反，虽很快以刘胥自杀而告结束，但其仍有深远的影响。直到三年后的甘露二年（公元前52年），还下令在全国追捕与其有牵连的人，也可见宣帝法治之严峻。难怪后世称“孝宣之治，信赏必罚。综核名实，政事文学法理之士咸精其能，至于技巧工匠器械，

① 甘肃省文物考古研究所编：《敦煌汉简》，中华书局1991年版。764号：十一月乙巳玉门关候延寿丞待谓候长□等写依檄到□□□□□□□□□□出外塞檄杨姓从弟田翔病□如律令（第248页）1254号：八月乙巳敦煌玉门都尉宫谓玉门候官写移书到如太守府书律令/掾恩属汉昌（第267页）。

② 甘肃文物考古研究所编：《敦煌汉简》，中华书局1991年版，第286页。

③ （汉）班固：《汉书》卷8《宣帝纪》，中华书局1962年版，第235页。

自元、成间鲜能及之，亦足以知吏称其职，民安其业也。……业垂后嗣，可谓中兴。”①

**附记：**

杨媚（1980— ），又名杨眉，女，汉族，甘肃舟曲人。甘肃简牍博物馆研究馆员，副馆长。1998至2002年，在西北师范大学历史学系学习，获历史学学士学位。2002年在西北师范大学文学院历史学系中国古代史专业（简牍学方向）学习，2005年毕业，获硕士学位。

本文原刊西北师范大学历史学系、甘肃省文物考古研究所编
《简牍学研究》第四辑，甘肃人民出版社2004年版

① （汉）班固：《汉书》卷8《宣帝纪》，中华书局1962年版，第275页。

# 金关汉简《甘露二年丞相御史书》政治史信息再探

## ——兼谈汉代贵族奴婢的政治参与

李迎春

《甘露二年丞相御史书》木牍三枚，1973年出土于肩水金关遗址，编号73EJT1∶1—3号简，是汉朝廷于甘露二年（前52）发布的通缉大婢外人的命令。这三枚木牍在一万一千余枚肩水金关汉简中较早公布。1978年《文物》杂志第1期刊登甘肃居延考古队《居延汉代遗址的发掘和新出土的简册文物》一文，称该牍为“甘露二年‘丞相御史律令’”，介绍了其主要内容，公布了三枚木牍的黑白照片，并指出“甲渠残简（EPT43∶93）内容同此册，当属同一文件，可互相参证”，① 为相关研究奠定了基础。此后，伍德煦、初仕宾、徐元邦、曹延尊、裘锡圭、朱绍侯、许青松等学者相继撰文，就木牍释文和文书内容展开讨论。② 1997年甘肃省文物考古研究所、西北师范大学历史系编《简牍学研究》第2

① 甘肃居延考古队：《居延汉代遗址的发掘和新出土的简册文物》，《文物》1978年第1期。

② 伍德煦：《居延出土〈甘露二年丞相御史律令〉考释》，《甘肃师大学报》1979年第4期；初仕宾：《居延简册〈甘露二年丞相御史律令〉考述》，《考古》1980年第2期；徐元邦、曹延尊：《居延新出土的甘露二年“诏所逐验”简考释》，《考古与文物》1980年第3期；裘锡圭：《关于新出甘露二年御史书》，《考古与文物》1981年第1期；裘锡圭：《关于〈新出甘露二年御史书〉一文的更正信》，《考古与文物》1981年第3期；朱绍侯：《对〈居延简册甘露二年丞相御史律令考述〉的商榷》，《河南师大学报》1982年第4期；初师宾、伍德煦：《居延甘露二年御史书册考述补》，《考古与文物》1984年第4期；许青松：《“甘露二年逐验外人简”考释中的一些问题》，《中国历史博物馆馆刊》1986年第8期；裘锡圭：《再谈甘露二年御史书》，《考古与文物》1987年第1期。

辑公布了三枚木牍的长宽尺寸和彩色照片。2011 年甘肃简牍保护研究中心编《肩水金关汉简［壹］》正式出版，刊布了 73EJT11—3 号简的原大红外线和彩色照片。2016 年张德芳主编《居延新简集释》公布了 EPT4393 号简的红外线和彩色照片，为进一步的释读、研究创造了有利条件。1990 年代后，张小锋、何双全、杨媚、邬文玲、赵宠亮、孙树山等学者在此基础上，对木牍释文予以进一步校订，对简牍内容也进行了深入分析，取得了较大成果。①

经过近四十年的整理、研究，可以说目前学界在 73EJT11—3 号简大部分文字释读和文意理解上已取得共识。但由于这三枚木牍作为文书抄本，字体不够规范，抄写时有漏字、衍字现象，故在个别文字的释读和文意探索上仍有不同意见。由于学界对该书的校订成果极为丰富，故笔者不拟对该书全部文字进行重新校订，只在对个别关键词释读基础上，就该书反映的政治史信息尤其是高级贵族家奴婢的政治功能予以申论。

## 一　《甘露二年丞相御史书》释文及重点句意解析

在前人研究基础上，笔者校订《甘露二年丞相御史书》释文并标点如下：

甘露二年五月己丑朔甲辰朔，丞相少史充、御史守少史仁以请

① 张小锋：《〈甘露二年丞相御史书〉探微》，《首都师范大学学报（社会科学版）》2000 年第 5 期；何双全：《甘露二年丞相御史书再辩》，未发表，其具体意见见杨媚《〈甘露二年丞相御史律令〉册释文辑校》一文；杨媚：《〈甘露二年丞相御史律令〉册释文辑校》，载甘肃省文物考古研究所、西北师范大学文学院历史系编《简牍学研究》第 4 辑，甘肃人民出版社 2004 年版；邬文玲：《〈甘露二年御史书〉校读》，载中国政法大学法律古籍整理研究所编《中国古代法律文献研究》（第 5 辑），社会科学文献出版社 2012 年版；赵宠亮：《〈甘露二年丞相御史书册〉考释补议》，载张德芳主编《甘肃省第二届简牍学国际学术研讨会论文集》，上海古籍出版社 2012 年版；孙树山：《〈甘露二年丞相御史书〉再商榷》，《文教资料》2015 年第 34 期。此外，甘肃省文物考古研究所编《居延汉简释粹》（兰州大学出版社 1988 年版）、薛英群《居延汉简通论》（甘肃教育出版社 1991 年版）、李均明《秦汉简牍文书分类辑解》（文物出版社 2009 年版）也都涉及对此简的争论，可以参看。

诏有（所）逐验大逆无道故广陵王胥御者惠同产第（弟）、故长公主第（第）卿大婢外人，移郡大守：逐得试（识）知外人者故长公主大奴千秋等曰：外人，一名丽戎，字中夫，前大（太）子守观奴婴齐妻，前死，丽戎从母捐之字子文、私男第（弟）偃居主马市里第（第）。（弟），捐之姉子、故安道侯奴，材取不审县里男子字游为丽戎聟（婿），以牛车就载藉田仓为事。始元二年中，主女孙为河间王后，与捐之偕之国。后丽戎、游从居主杌棻第（弟），养男孙丁子沱。元凤元年中，主死绝户，奴婢没入诸官，丽戎、游俱亡。丽戎脱籍，疑变更名字，远走绝迹，更为人妻，介罪民间，若死毋从知。丽戎亡时，年可廿三四岁。至今，年可六十所。为人中壮，黄色，小头，黑发，隋（椭）面，拘（钩）頤，常戚（蹙）额如频状，身小长，诈廆少言。书到，二千石遣毋害都吏 73EJT11

严教属县官令以下，啬夫、吏、正、父老杂验问乡里吏民，赏（尝）取（娶）婢及免婢以为妻，年五十以上，刑（形）状类丽戎者。问父母昆第（弟）、本谁生子，务得请（情）实、发生从（踪）迹。毋督聚烦扰民。大逆，同产当坐，重事，推迹未穷，毋令居部界中不觉。得者书言白报，以邮亭行，诣长安传舍。重事，当奏闻，必谨密之，毋留如律令。

六月，张掖大守毋适（敌）、丞勋敢告部都尉卒人：谓县：写移书到，趣报，如御史书、律令。敢告卒人／掾佷、守卒史禹、置佐财。 73EJT12

七月壬辰，张掖肩水司马阳以秩次兼行都尉事，谓候、城尉：写移书到，廆（搜）索部界中，毋有，以书言，会廿日，如律令。／掾遂、守属况。

七月乙未，肩水候福谓候长广宗等：写□□（移书）到，庋（搜）索部界中，毋有，以书言，会月十五日，须报府，毋□□（失期）如律令／令史□ 73EJT13

1974年，居延破城子遗址也出土内容相关的残牍一枚，释文如下：

☐□逐验大逆无道故广陵王胥御者惠同产弟故长公主第卿☐
☐字中夫前为故大子守观奴婴齐妻婴齐前病死丽戎从母捐☐
☐男子字游为丽戎聟（婿）以牛车就载藉田仓为事始元☐

EPT4392

残简内容与金关木牍内容几乎完全一致，但字迹要比金关木牍规范、工整许多。73EJT11—3 号简出土于金关这一汉帝国行政管理的基层末梢地带，并非丞相、御史、太守、都尉、候官文书原件，而是一不规范的抄件，故其中讹字、漏字、衍字的现象非常严重，这也是该书历来难以准确释读的主要原因。我们在释读该书时须注意到其文字不规范的现象，只有将这一现象考虑进去，才能更好地展开释读文字、通顺文意工作。

关于 73EJT11—3 号简的释文，近年来杨媚、赵宠亮、邬文玲曾在集合诸家释文基础上做过校释工作。为避免重复，本文未对三枚木牍全文予以系统校释，只是根据图版，在吸取前人合理意见基础上，对重点字的释文予以选择，重做释文如上。下面拟对个别字的释读及文意理解略作说明。

**1. 丞相少史充、御史守少史仁以请诏有（所）逐验大逆无道故广陵王胥御者惠同产第（弟）、故长公主第（第）卿大婢外人，移郡大守**

该句释读争议不大，要说明的是：（1）73EJT11 号简“有”字不误，但在字体规范的 EPT4392 号简中该字作“所”，再结合文意，当以“所”为是，73EJT11 号简的“有”为误写。（2）该牍“第”“弟”字不加区别，皆写作“苐”。（3）长公主“苐”卿，据杨媚《〈甘露二年丞相御史律令〉册释文辑校》所引何双全《甘露二年丞相御史书再辩》文可知，何双全将此字径释为“盖”，认为此人即是文献中的“盖长公主”。①

---

① 杨媚：《〈甘露二年丞相御史律令〉册释文辑校》，载甘肃省文物考古研究所、西北师范大学文学院历史系编《简牍学研究》第 4 辑，甘肃人民出版社 2004 年版。

按：根据此人长公主的身份，及后文所谈到的其经历可知，该人是传世文献中的盖长公主无疑。但该字字形确为“苐”，且字体规范的EPT4392号简中该字也作“苐”，由此可知该牍此字释“苐”字无疑，不能释作“盖”。初仕宾、裘锡圭、赵宠亮、邬文玲等学者认为“第卿”即史书失传的盖长公主之名，暂可从。（4）关于“大逆无道”者的具体所指，有学者认为是“故广陵王胥”，[①] 其实应从裘锡圭所说是“故广陵王胥御者惠”。[②] EJT12号简明确记载“大逆，同产当坐”，简中要追捕的大婢外人是惠的“同产”，而非刘胥“同产”，故简中“大逆”者显然是惠，大婢外人之所以被朝廷“名捕”，至少从简中来看应与其惠同产弟的身份有关。“惠”之所以成为“大逆”，虽不排除受刘胥牵连的可能，但根据《汉书·武五子传》的记载，此案似无大加株连，故惠成为“大逆”的原因，可能与甘露二年朝廷发现新的线索有关。（5）御者，在古籍中常见，有“驾马人”和“侍御之人”两种意思。[③] 具体到本简的“御者”，伍德煦、初仕宾、裘锡圭早年都认为是“驾驭车马之人”（或“车夫”）。[④] 唯于豪亮认为：“根据《汉书·广陵王传》同广陵王胥一同作案的多是女性，这个御者可能为女性”。[⑤] 此后，初师宾、伍德煦和裘锡圭都提出或赞同应改释为“近侍亲幸者”“侍御之人”。[⑥] 但此后，仍有不少学者径解简文“御者”为车夫。笔者认为，尽管“从文义来看，两种解释皆可通”，[⑦] 但依据语言环境，此处“御者”仍当以亲近侍御女性的

---

① 初仕宾：《居延简册〈甘露二年丞相御史律令〉考述》，《考古》1980年第2期。

② 裘锡圭：《关于新出甘露二年御史书》，《考古与文物》1981年第1期。

③ 于豪亮：《居延汉简丛释》“御者”条，《于豪亮学术文存》，中华书局1981年版，第185页。

④ 参伍德煦《居延出土〈甘露二年丞相御史律令〉考释》，《甘肃师大学报》1979年第4期；初仕宾《居延简册〈甘露二年丞相御史律令〉考述》，《考古》1980年第2期；裘锡圭《关于新出甘露二年御史书》，《考古与文物》1981年第1期。

⑤ 于豪亮：《居延汉简丛释》“御者”条，《于豪亮学术文存》，中华书局1981年版，第186页。

⑥ 参初师宾、伍德煦《居延甘露二年御史书册考述补》，《考古与文物》1984年第4期；裘锡圭《再谈甘露二年御史书》，《考古与文物》1987年第1期。

⑦ 邬文玲：《〈甘露二年御史书〉校读》，载中国政法大学法律古籍整理研究所编《中国古代法律文献研究》第5辑，社会科学文献出版社2012年版。

可能性为大。张家山汉简《二年律令·置后律》385号简载："婢御其主而有子，主死，免其婢为庶人。"① 其中"御"显然是"侍御"之意。《史记·淮南衡山列传》载："孝与王御者奸。"② 其中与衡山王刘赐子刘孝"奸"的衡山王御者显然也是女性侍妾。本简中的惠作为广陵王的"御者"，语境与前引《史记》中衡山王御者的语境接近，故也应是刘胥的亲近侍御。

**2. 前大（太）子守观奴**

关于"前太子"的身份学界基本无争议，皆认为是汉武帝的长子戾太子刘据。主要的分歧在于"守观奴"。伍德煦等学者认为"观"是巫蛊之祸后汉武帝为戾太子所筑的"归来望思台"，守观奴即是守护戾太子归来望思台的男奴。③ 初仕宾则认为，"观"即门阙，守观奴就是守门奴。④ 邬文玲认为："'前太子守观奴'的表述与前文'故广陵王胥御者'相类，意思是已故戾太子生前的守观奴。"⑤ 笔者认为，如果婴齐所守之"观"是"归来望思台"，作为严谨的司法文书，就应该直接书写"归来望思台"，而不会仅称"前太子守观奴"，故应从初仕宾、邬文玲等学者的看法，婴齐就是戾太子家的守门奴。

**3. 丽戎从母捐之字子文、私男茀（弟）偃居主马市里茀（第）。（弟），捐之姊子、故安道侯奴，材取**

该句分歧较多。（1）私，从字形看，除裘锡圭、邬文玲认为该字尚可存疑外，其余诸家认为"私"字问题不大。从文意看，何双全认为

---

① 张家山二四七号汉墓竹简整理小组：《张家山汉墓竹简〔二四七号墓〕（释文修订本）》，文物出版社2006年版，第61页。

② （汉）司马迁：《史记》卷118，中华书局2014年版，第3761页。

③ 伍德煦：《居延出土〈甘露二年丞相御史律令〉考释》，《甘肃师大学报》1979年第4期。

④ 初仕宾：《居延简册〈甘露二年丞相御史律令〉考述》，《考古》1980年第2期。

⑤ 邬文玲：《〈甘露二年御史书〉校读》，载中国政法大学法律古籍整理研究所编《中国古代法律文献研究》第5辑，社会科学文献出版社2012年版，第51页。

“私”表示偃与丽戎的姨表关系，杨媚则认为作动词有私通之意，[①] 邬文玲认为该字“如果确是‘私’字，或即小之意”。[②] 笔者认为，该处“私男苐（弟）”与“母”并称，不可能是动词，只能是对“男苐（弟）”的修饰，至于何说和邬说，目前则较难判断，根据后文对“弟”身份的介绍，似当以何说为是。（2）居主马市里苐捐之，该句的理解关键在于“苐”字究竟应上读，还是下读。伍德煦、初仕宾、徐元邦、曹延尊、杨媚等学者释此字为“弟”，从下读。[③] 裘锡圭、朱绍侯、邬文玲则将此字理解为府第之“第（弟）”，认为应从上读。笔者认为，该字上下读皆不可少。从后文“居主机棻苐”来看，应从上读，因为“居”的一定是“第”，而不能是“里”，“居主马市里”不成文。但如果仅从上读，后文“捐之姊子故安道侯奴”也不成文，因为在汉代司法文书中所涉及人物，都要列名，这是司法文书严谨性的必然要求。如果“苐（弟）”字从上读，“捐之姊子故安道侯奴”就没有名字了，这不符合司法文书的规范。有学者释“奴”后字为“林”或“杜”，认为是安道侯奴之名，但此字结构清楚，从“木”从“才”，应从初师宾、伍德煦《居延甘露二年御史书册考述补》一文的意见释为“材”字，非“杜”“林”，而“材取”在汉代又是常见固定搭配，故“材”并不是安道侯奴的人名。因此，“苐（弟）”又应从下读，“弟”的身份是“捐之姊子故安道侯奴”，即前文所说之“私男弟偃”，这样“弟”的名字就有了交代。且正因为此时“偃”与丽戎居住在一起，故可以为其安排婚姻。“苐”既要从上读，又要从下读，这个矛盾如何调和？笔者认为，由于简文是抄本，行文不规范，故在“苐（弟）”字下可能漏抄了重文号。本简中“苐”“弟”“第”写法无别，故简中“苐”字应从上、从下两读，从上读时作

① 杨媚：《〈甘露二年丞相御史律令〉册释文辑校》，载甘肃省文物考古研究所、西北师范大学文学院历史系编《简牍学研究》第4辑，甘肃人民出版社2004年版。

② 邬文玲：《〈甘露二年御史书〉校读》，载中国政法大学法律古籍整理研究所编《中国古代法律文献研究》第5辑，社会科学文献出版社2012年版。

③ 据《汉书》卷15上《王子侯表上》，汉武帝时还有中山靖王子刘恢被封为安道侯，但元鼎五年（前112），安道侯恢“坐酎金免”，此后才有南越揭阳令定被封安道侯事。由于丽戎、偃等人的活跃时间不可能早到元鼎年间，故偃绝不可能是安道侯刘恢之奴。

“第”，从下读时同“弟”。(3) 安道侯，大部分学者认为是汉武帝时奉命与江充一起掘蛊太子宫引发巫蛊之祸的韩说。但应注意的是，据《汉书》，韩说是“按道侯”而非“安道侯”，且当时恰有“安道侯”。《汉书》卷九五《西南夷传》载：“粤揭阳令史定降汉，为安道侯”，则汉灭南越后曾封降臣“揭阳令史定”为“安道侯”，据《汉书》卷十七《景武昭宣元成功臣表》，该侯国一直延续到延和（即“征和”）四年。当然，由于安道侯史定是南越降臣，似难以深入参与上层统治集团政争，且该简抄写较为随意，故简中“安道侯”仍不排除是“按道侯”的误抄。尤其是该简中人物与汉武帝后期及昭宣政治有密切关联，而“按道侯”在当时政治舞台上远较南越降臣“安道侯”活跃，故误抄的可能性应该很大。

4. **后丽戎、游从居主机棻第（弟），养男孙丁子沱**

丁子沱，作为盖长公主的男孙，又姓丁，正如学界普遍认为的，应有很大的可能是丁外人之孙。

5. **丽戎亡时，年可廿三四岁。至今，年可六十所**

该通缉令下发于甘露二年，丽戎逃亡于元凤元年（前80），相距28年，如逃亡时“年可廿三四岁”，则至今当“五十”余岁，不应是“年可六十所”，故此处有错抄之字，要么“廿”字为“卅”的错抄，要么“六”字为“五”字错抄。此外，后文又要求地方官检查“年五十以上”者，似乎也佐证了此处“六”字为讹。

6. **为人中壮，黄色，小头，黑发，隋（椭）面，拘（钩）頤，常戚（蹙）额如频状，身小长，诈廆少言**

中壮和身小长，初仕宾《居延简册〈甘露二年丞相御史律令〉考述》认为“壮”当读为“状”，指中等身材。[1] 初师宾、伍德煦《居延

① 初仕宾：《居延简册〈甘露二年丞相御史律令〉考述》，《考古》1980年第2期。

甘露二年御史书册考述补》，认为“壮”有强健、肥硕之意。[①] 许青松认为既然后文称丽戎“身小长”即身细长，那么此处就不能称肥硕，更不能称中等身材，最多能称“强健”。[②] 邬文玲支持初仕宾《居延简册〈甘露二年丞相御史律令〉考述》的意见，认为仍是指中等身高，至于和后文“身小长”的关系，则认为“身”指上体，而非整个身材，“意即丽戎的上身细长。大约丽戎的身材是身长腿短型”。[③] 笔者认为，“中壮”两字是分别对身高和体格的总体描述，与此相对的词是“短壮”，西北简中常见“短壮”：

> 兴客不审郡县姓名习字子严年卅所为人短壮黄色毋须短面　马圈湾683
>
> ☐循客张掖和平里孙立字君功年卅四五短壮□☐　　73EJT37675
>
> ☐短壮□黑色阳朔二年四月辛丑朔己巳北乡佐　　72EJC194

“中”既然与“短”对文，显然是指身高。那么如何理解“身小长”呢？笔者认为把“身小长”理解为身体细长或个子矮，故而反对“壮”和“中”都是不对的。其实“小”即“少”，“少”同“稍”，“身小长”就是“身稍长”，即比正常女人稍微高一点，与“中”和“壮”并不矛盾。

该牍是宣帝甘露二年丞相御史府下达的名捕文书，追捕对象是一名叫外人的年纪大概有50余岁的老妪。这份诏书，在肩水金关和甲渠候官遗址都有出土，内容一致，可知这份诏书当时是由中央下达到了包括津关、候官烽燧在内的各个地区，名捕连边疆地区也不放过，可见追捕的力度之大。

---

① 初师宾、伍德煦：《居延甘露二年御史书册考述补》，《考古与文物》1984年第4期。

② 许青松：《“甘露二年逐验外人简”考释中的一些问题》，《中国历史博物馆馆刊》1986年第8期。

③ 邬文玲：《〈甘露二年御史书〉校读》，载中国政法大学法律古籍整理研究所编《中国古代法律文献研究》第5辑，社会科学文献出版社2012年版，第54页。

## 二　汉朝廷通缉外人原因探析

为什么这样一位50多岁的老妪会引起国家如此的关注？对于一个奴婢汉朝廷为什么会如此大费周章的全国通缉？学者们根据外人的身份，曾予以探讨，主要有以下观点：

（1）初仕宾、伍德煦、朱绍侯等学者认为，外人受到追查与盖长公主旧案和广陵王刘胥新案有关，是汉宣帝在“时隔三十年或已数年”之后，继续“追查盖主、广陵王谋反事”，甚至对御者、奴婢也不放过。[①]

（2）杨媚认为，外人被追捕与刘胥事件有关，在刘胥事件后的三年，宣帝还下令“在全国追捕与其有牵连的人，也可见宣帝法治之严峻”。[②]

（3）裘锡圭认为，外人被追捕确实是受到了广陵王刘胥案的牵连，但这并不代表其与广陵王有关，而是因其具有“惠同产弟”的身份而被通缉。[③] 许青松同意裘说，并进一步指出，外人和盖长公主的关系、当年的逃亡皆不是本次被追捕的决定性原因。[④] 邬文玲对此观点也予以赞同。[⑤]

（4）张小锋认为丽戎被追捕，既不是穷治二十八年前燕王、盖主谋反集团之余波，也不是株连两年前广陵王刘胥“祝诅”宣帝事件之从犯，而是宣帝即位以后，彻底平反其祖父戾太子冤狱，并为在这一冤案中被牵连的丽戎等人昭雪的措施。在全国范围内诏求丽戎，是为了对她

---

① 初仕宾：《居延简册〈甘露二年丞相御史律令〉考述》，《考古》1980年第2期；朱绍侯：《对〈居延简册甘露二年丞相御史律令考述〉的商榷》，《河南师大学报》1982年第4期；初师宾、伍德煦：《居延甘露二年御史书册考述补》，《考古与文物》1984年第4期。

② 杨媚：《〈甘露二年丞相御史律令〉册释文辑校》，载甘肃省文物考古研究所、西北师范大学文学院历史系编《简牍学研究》第4辑，甘肃人民出版社2004年版。

③ 裘锡圭：《关于新出甘露二年御史书》，《考古与文物》1981年第1期。

④ 许青松：《“甘露二年逐验外人简”考释中的一些问题》，《中国历史博物馆馆刊》，1986年第8期。

⑤ 邬文玲：《〈甘露二年御史书〉校读》，载中国政法大学法律古籍整理研究所编《中国古代法律文献研究》第5辑，社会科学文献出版社2012年版。

进行厚赏。[①]

（5）赵宠亮反对张小锋观点，认为《甘露二年丞相御史书》反映的还是对外人的追捕，追捕原因是受“惠”的牵连。[②]

（6）孙树山也反对张小锋观点，认为外人被追捕，一是其确在二十多年前就有“脱籍”之罪，在广陵王案后又有“大逆同产”的身份，二是宣帝希望通过追查一个逃亡二十余年的奴婢而向世人昭示自己打击谋反行为的决心。[③]

上述观点，虽不尽相同，但除张小锋外，诸家皆认为外人的被追捕应与盖长公主或广陵王刘胥谋反案有关。唯张小锋认为该牍是汉宣帝平反昭雪戾太子之狱、要寻找并厚赏外人等行为的体现。这一观点不但与传世文献所述史实不符，而且也脱离了简牍本身内容，臆测成分较大。孙树山，尤其是赵宠亮对张文进行了反驳，有理有据，本文不再赘言。笔者只拟说明，汉宣帝“平反”戾太子刘据之说，不符合历史事实。戾太子刘据被江充等构陷而至于绝地，遭遇令人同情，但其自“发中厩车载射士，出武库兵，发长乐宫卫……部宾客为将率，与丞相刘屈氂等战”之始，[④] 就已走上了兴兵叛乱的不归之路。在汉代《春秋》公羊学“君亲无将，将而必诛”思想的影响下，叛乱罪名一旦坐实，就不会有“平反昭雪”的可能。这也正是汉武帝醒悟太子被构陷后，虽“怜太子无辜，乃作思子宫，为归来望思之台于湖”，[⑤] 却不能公开为太子昭雪的原因所在。汉宣帝即位后，

> 下诏曰：“故皇太子在湖，未有号谥，岁时祠，其议谥，置园邑。”有司奏请：“礼‘为人后者，为之子也’，故降其父母不得祭，尊祖之义也。陛下为孝昭帝后，承祖宗之祀，制礼不逾闲。谨行视

① 张小锋：《〈甘露二年丞相御史书〉探微》，《首都师范大学学报》2000 年第 5 期。

② 赵宠亮：《〈甘露二年丞相御史书册〉考释补议》，载张德芳主编《甘肃省第二届简牍学国际学术研讨会论文集》，上海古籍出版社 2012 年版。

③ 孙树山：《〈甘露二年丞相御史书〉再商榷》，《文教资料》2015 年第 34 期。

④ （汉）班固：《汉书》卷 63《武五子传》，中华书局 1962 年版，第 2743 页。

⑤ （汉）班固：《汉书》卷 63《武五子传》，中华书局 1962 年版，第 2747 页。

> 孝昭帝所为故皇太子起位在湖，史良娣冢在博望苑北，亲史皇孙位在广明郭北。谥法曰‘谥者，行之迹也，’愚以为亲谥宜曰悼，母曰悼后，比诸侯王园，置奉邑三百家，故皇太子谥曰戾，置奉邑二百家。史良娣曰戾夫人，置守冢三十家。园置长丞，周卫奉守如法。”以湖阌乡邪里聚为戾园，长安白亭东为戾后园，广明成乡为悼园。皆改葬焉。
>
> 后八岁，有司复言：“《礼》‘父为士，子为天子，祭以天子。’悼园宜称尊号曰皇考，立庙，因园为寝，以时荐享焉。益奉园民满千六百家，以为奉明县。尊戾夫人曰戾后，置园奉邑，及益戾园各满三百家。”

宣帝虽改葬父史皇孙及祖母史良娣和祖父刘据，并置奉邑，但这些行为从性质上讲并非“平反昭雪”，而是尊亲敬祖的表现。且从宣帝的具体举动来看，其重点在于对父亲史皇孙地位的重建，如亲政后称悼园尊号曰“皇考”，立庙置县，几乎以帝礼相待。但对于刘据的礼仪，则保持了相当的克制，不但未加尊号以帝礼相待，连“太子”称号也未恢复，而是称其为“故皇太子”（简文称“前太子”），甚至加谥号为“戾”，显然不是平反昭雪。因此，张小锋平反昭雪戾太子、厚赏外人的观点是站不住脚的。

笔者认为，关于甘露二年汉廷大张旗鼓追捕外人一事原因的考虑，应从简文涉及的复杂的人物关系入手分析。表面追捕理由，简文说得很清楚，即“大逆无道故广陵王胥御者惠同产弟（弟）”和“大逆同产当坐”两句，外人作为“大逆”惠的同产弟当坐重罪，被全国通缉有理有据。其中名捕文书特意点出丽戎和“广陵王胥御者惠”的关系，说明这层关系是朝廷非常重视的，而隐藏在这层关系背后的则可能还有朝廷名捕丽戎的深层次原因。简文中关于“当奏闻，必谨密之”等细节的交待，也说明外人一案非同小可，可能关联到皇室秘闻。

赵宠亮曾指出盖长公主、广陵王刘胥自杀后，“朝廷很快就结束了搜捕行动，并赦免了余党”，认为“惠”应该已得到赦免，因此对外人被继续追捕感到疑惑，推测“惠”是不是在广陵王刘胥自杀后又有其他犯罪行为而导致“同产弟”外人被追捕。[①] 这一对外人被追捕事件的质疑，非常合理，极有见地。但遗憾的是赵文未进一步揭示“惠”在刘胥自杀后还会有什么犯罪行为导致如此严重后果。其实，初师宾、伍德煦先生早有推测，朝廷可能是发现了惠、丽戎“与盖主大逆事与其他重罪有密切关系”，“才下令大动干戈地逐验追究”，并隐约指出此事可能与河间王刘元有关，[②] 但因囿于“御者”是车夫而未能展开论述。笔者认为初仕宾、伍德煦的推测非常重要、准确，该通缉令确应与另一诸侯王狱，即河间王元取广陵厉王故姬案有关。《汉书·景十三王传》载：“元取故广陵厉王、厉王太子及中山怀王故姬廉等以为姬。甘露中，冀州刺史敞奏元，事下廷尉，逮召廉等。元迫胁凡七人，令自杀。有司奏请诛元，有诏削二县，万一千户。”其中“甘露中”的时间限定，与《甘露二年丞相御史书》的下达时间完全吻合。《汉书》关于河间王元的罪行，只提到其取广陵王、王太子故姬。但本简通过对丽戎等奴婢关系、活动的记载揭示出了河间国与广陵王刘胥、盖长公主势力的密切联系。因此，丽戎被通缉应与其本人及同产惠与河间王、广陵王、盖长公主的关系有关，是朝廷挖掘河间王与广陵王甚至盖长公主势力关系、治河间王狱的需要。作为流亡脱籍二十余年的奴婢，丽戎之所以会引起朝廷如此关注，只能从她的复杂身份上寻找线索。

从简文可知，外人又叫丽戎，至少有五种身份：一、广陵王刘胥御者惠的同产弟；二、故盖长公主的大婢，曾与后夫游一起养育过长公主的男孙丁子沱，而丁子沱的祖父则很可能是昭帝前期炙手可热的河间人丁外人；三、前大子守观奴婴齐妻；四、故安道侯奴偃是其“私男弟”（姨表弟），并且二人可能有私情；五、盖长公主奴婢捐之的女儿，盖长公主的孙女嫁为河间王后后，捐之曾随至河间。丽戎的这五种身份非常重要，几乎涉及到了武帝晚期至昭宣时期的各次政治斗争。

---

① 赵宠亮：《〈甘露二年丞相御史书册〉考释补议》，载张德芳主编《甘肃省第二届简牍学国际学术研讨会论文集》，上海古籍出版社 2012 年版。

② 初师宾、伍德煦：《居延甘露二年御史书册考述补》，《考古与文物》1984 年第 4 期。

广陵王胥是武帝的儿子、昭帝的哥哥、宣帝的叔祖，由于武昭宣时期政局不稳，故作为当时仍在世、且年长于昭帝的武帝儿子，一直觊觎最高皇权，或者说是被皇权拥有者视为最大的潜在威胁。《汉书》卷六三《武五子传》载：

> 昭帝时，胥见上年少无子，有觊欲心。而楚地巫鬼，胥迎女巫李女须，使下神祝诅。女须泣曰："孝武帝下我。"左右皆伏。言"吾必令胥为天子。"胥多赐女须钱，使祷巫山。会昭帝崩，胥曰："女须良巫也。"杀牛塞祷。及昌邑王征，复使巫祝诅之。后王废，胥寖信女须等，数赐予钱物。宣帝即位，胥曰："太子孙何以反得立？"复令女须祝诅如前。又胥女为楚王延寿后弟妇，数相馈遗，通私书。后延寿坐谋反诛，辞连及胥。有诏勿治，赐胥黄金前后五千斤，它器物甚众。胥又闻汉立太子，谓姬南等曰："我终不得立矣。"乃止不诅。后胥子南利侯宝坐杀人夺爵，还归广陵，与胥姬左修奸。事发觉，系狱，弃市。相胜之奏夺王射陂草田以赋贫民，奏可。胥复使巫祝诅如前。居数月，祝诅事发觉，有司按验，胥惶恐，药杀巫及宫人二十余人以绝口。公卿请诛胥，天子遣廷尉、大鸿胪即讯。胥谢曰："罪死有余，诚皆有之。事久远，请归思念具对。"……即以绶自绞死。

广陵王刘胥祝诅事发、自杀身亡是五凤四年（前54），此名捕诏书发于甘露二年五月，时间大体相合。诏书中称："大逆同产当坐"，而丽戎恰为广陵王刘胥御者惠的同产弟。刘胥祝诅，其御者可能参与其中，可能知情。刘胥死后，其故姬有被河间王刘元"取"者，如果惠即是被河间王刘元所取的故姬之一，那么在朝廷进一步追查河间王刘元与广陵王刘胥、盖长公主关系时，其和其同产弟丽戎就非常重要了。

外人与长公主盖卿的关系最为复杂，也最为亲密。其本人的身份是"故长公主盖卿大婢"，并曾与后夫游"从居主杌棻弟"，养育公主的男孙丁子沱，可见其当为公主心腹、亲信。其母也是长公主婢，并且于始元二年（前85）随公主女孙随嫁河间，与公主的关系也不一般。盖长公主是武帝之女，食邑于鄂。[①] 武帝驾崩前，盖长公主已在朝中有较大势力，燕王刘旦接到武帝死讯后，曰："上弃群臣，无语言，盖主又不得见，甚可怪也。"[②] 武帝死，"盖主不得见"竟被诸侯王认为是异变征兆，可见武帝晚年盖主之权势、地位。昭帝即位，盖主受封长公主，益封万三千户。当时昭帝年幼，由盖主抚养，盖主更成为辅政大臣拉拢甚至依靠的对象。左将军上官桀、桀子骠骑将军上官安依靠盖主将上官安之女、霍光外孙嫁与昭帝为后。盖主有私夫河间丁外人，"上与大将军闻之，不绝主欢，有诏外人侍长主"，[③] 几乎成为一桩丑闻。[④] 由于盖主的权威，丁外人也成为炙手可热的人物，上官桀、上官安，甚至燕王刘旦纷纷为丁外人求侯，由于霍光的阻挠而未实现。[⑤] 后来，上官桀、上官安、燕王刘旦、御史大夫桑弘羊和盖主、丁外人一起与霍光展开权力斗争，最终失败。元凤元年（前80）九月，"（上官桀等）乃谋令长公主置酒请光，伏兵格杀之，因废帝，迎立燕王为天子。事发觉，光尽诛桀、安、弘羊、外人宗族。燕王、盖主皆自杀。"盖主死后，霍光"威震海内"，

---

① 《汉书》卷7《昭帝纪》："帝姊鄂邑公主益汤沐邑，为长公主，共养省中。"颜师古注引应劭曰："鄂，县名，属江夏。公主所食曰邑。"颜师古曰："帝之姊妹则称长公主，仪比诸王，又以供养天子，故益邑也。"《汉书》卷63《武五子传》："旦姊鄂邑盖长公主、左将军上官桀父子与霍光争权有隙，皆知旦怨光，即私与燕交通。"颜师古注引张晏曰："食邑鄂，盖侯王信妻也。"颜师古曰："为盖侯妻是也，非王信。信者，武帝之舅耳，不取鄂邑主为妻，当是信子顷侯充耳。"秦进才认为王信之子的妻子是江都易王女刘征臣，并非盖长公主，张、颜二注皆误，正确解释应是"盖"之得名取决于盖主外家的姓氏，即盖主生母姓盖（参秦进才《〈汉书〉鄂邑盖长公主颜注辩误》，《文史》第39辑，中华书局1994年版。按：秦进才认为"盖"得名外家姓氏之说，征诸"窦太主"等得名之例是有一定道理的。但问题是，秦进才是推理得出结论，而没有直接证据，在无证据的情况下否定前人甚至是魏晋人之结论，也很危险。固然《汉书·景十三王传》曾记载刘征臣"为盖侯子妇"，然此处"盖侯"子是否就是颜师古所说的"顷侯充"并不清楚，故不能以此点否定颜师古的意见。当然，从年龄、辈分角度考虑，盖长公主嫁与顷侯充仍是不合适的，如嫁于王充之子后来嗣侯的王受，可能就更合适了，也更不会与刘征臣"为盖侯子妇"矛盾。故"盖长公主"得名真相的问题还有待继续探索。

② （汉）班固：《汉书》卷63《武五子传》，中华书局1962年版，第2751页。

③ （汉）班固：《汉书》卷97上《外戚传上》，中华书局1962年版，第3958页。

④ 如《汉书》卷36《楚元王刘交传》载："盖长公主孙谭遮德自言，（刘）德数责以公主起居无状。"

⑤ （汉）班固：《汉书》卷97上《外戚传上》，中华书局1962年版，第3959页。

完全控制了西汉政局。[①] 从武帝晚年到昭帝元凤元年，盖主身处权力中心、掌西汉朝局近10年，在始元年间，更俨然成为上官桀、上官安、桑弘羊、燕王刘旦集团（或称“反霍光集团”）的首脑。虽最后失败，但其政治影响力不容小觑。丽戎身为长公主心腹，养育公主孙丁子沱（丁子沱姓丁，显然是丁外人与公主所生子之子），与公主和丁外人都有密切关系。元凤元年，盖长公主事败后，“主死绝户奴婢没入诣官”，丽戎与其夫游“俱亡”，距甘露二年已近三十年。

丽戎其母曾随公主女孙嫁至河间，公主女孙始元二年嫁为河间王后，当时的河间王是景帝子河间献王刘德曾孙之子河间孝王刘庆。考虑到盖主私夫丁外人是河间人士，且是盖主“子客”，不知盖主女孙联姻河间是否与丁外人有一定关系。另有一点值得注意，宣帝发布追逐丽戎的诏书，是在广陵王刘胥祝诅自杀之后的甘露二年。而甘露年间，河间王刘元确因与广陵王刘胥故姬的关系而陷入非常危险的境地。《汉书》卷五三《景十三王传》：“（河间王）元取故广陵厉王、厉王太子及中山怀王故姬廉等以为姬。甘露中，冀州刺史敞奏元，事下廷尉，逮召廉等。元迫胁凡七人，令自杀。有司奏请诛元，有诏削二县，万一千户。”广陵事发在五凤四年，名捕丽戎、治广陵王一案在甘露二年尚未结束。而甘露年间，河间王元已因取故广陵厉王、厉王太子故姬遭到惩处，这些事件连续发生，不能不令人考虑其中关联。

河间王元是孝王庆之子，也就是盖主女孙之子。广陵王御者惠之母是盖长公主家大婢。这样河间王与广陵王集团通过盖长公主似乎若即若离中已有些许此前不为我们所知的线索。联系前述河间王元在广陵王刘胥自杀后的举动及遭遇，我们似可推测河间王取广陵王故姬不排除有保护广陵厉王残余势力或隐瞒某些隐情的因素。河间王元在东窗事发后，“迫胁凡七人，令自杀”，显然是要消灭某种证据。河间王元单纯取废王、废太子故姬之事，由于案情清楚，并无杀人灭口的必要，故取姬背后当有其它隐情。事后，“有司奏请诛元”，可见这绝非一般案件，案情

① （汉）班固：《汉书》卷68《霍光传》，中华书局1962年版，第2936页。

应与皇权有关。河间王与皇室血缘关系疏远，对皇权威胁不大，故宣帝示恩，最终惩罚结果为“削二县，万一千户”。

盖主、广陵国、河间国政治方面的复杂关系甚至可以追溯至武帝后期和昭帝前期。从传世文献来看，关于广陵王刘胥，有一点非常奇怪，就是在昭帝死后，尤其是刘贺被废后，他作为武帝唯一健在的儿子，都是最有力的皇位竞争者，但当时掌握大权的霍光却一次又一次将其排除，甚至宁可拥立出自卫霍集团对立面昌邑王集团的刘贺和已无贵族身份的刘病已，而不立刘胥。此种原因，《汉书》失载，一般的推测，只能止于刘胥是燕王刘旦的同母弟，而燕王刘旦死于霍光之手，因此霍光担心广陵王即位会对自己不利。但问题是，天子、诸侯王间的兄弟感情，不能以常人之情度之。如李夫人孙子昌邑王刘贺，出身于以李广利为代表的李氏外戚集团，武帝末年，该集团与卫霍外戚集团势同水火，但这并不影响霍光拥立其为帝。既然刘贺可以被拥立，那么刘胥被排除在帝位之外的原因就需另作考虑。《甘露二年丞相御史书》的出土，为我们提供了一些线索，那就是广陵王集团与盖主集团可能早有联系，在昭帝前期其与盖主关系虽不一定有燕王集团密切，但应是团结在盖主身边反对霍光的成员之一。霍光发动政变消灭盖主、燕王、上官桀、桑弘羊集团后，可能是考虑到再诛灭武帝之子刘胥会引起很大非议，故搁置了刘胥，但此后刘胥显然会被霍光排除在皇位继承人序列之外。而盖主被诛后，河间国、广陵国在反对霍光及霍光所立继承人方面利益一致，故广陵王长期祝诅霍光拥立和控制的昭帝、昌邑王，甚至宣帝。

《甘露二年丞相御史书》提供了许多正史中失载的信息，为我们全面认识盖主与霍光、广陵王与宣帝的政治斗争，深入分析武昭宣之际的政局变化提供了更多思路。而丽戎被追捕，很可能就是汉宣帝在广陵王自杀后，继续发酵广陵王狱，牵连至河间王，发现了丽戎及其母亲、同产与盖主、河间王、广陵王的复杂关系时，决定以丽戎为线索彻底解决纠缠了近三十年的权力纠纷而做出的举动。

此外，简文还透露了丽戎与前太子守官奴婴齐和“安道侯奴”偃的关系。丽戎的前夫婴齐曾做过戾太子的守观奴，对戾太子应较熟悉。宣

帝是戾太子的孙子，且刚出生即遭遇巫蛊之祸，祖父母、父母惨死，宣帝即位后对祖父很有感情，除了赠号谥、置园邑外，还多方了解、寻觅与戾太子有关的线索，曾因“闻卫太子好《谷梁春秋》”，而力图立《谷梁春秋》于学官。丽戎前夫婴齐的太子守官奴这种身份，应会引起宣帝的注意。而丽戎的姨表弟偃是故安道侯奴。如前文所述，此“安道侯”极可能是“按道侯”误写。按道侯韩说因击东越而封侯，长期受武帝信任，巫蛊之祸时受命与江充一起掘蛊太子宫，最终被戾太子所杀，死后其子韩兴嗣，征和四年坐祝诅被诛杀。可以说，巫蛊之祸的直接诱因是韩说与江充一起构陷太子。戾太子正因杀此二人而从此走上不归路。丽戎身兼戾太子守观奴之妻和按道侯奴之姊的身份，其在巫蛊之祸中的具体表现及可能知道的某些隐情，如盖长公主与戾太子刘据关系，按道侯韩说与盖主、刘据关系，可能也会引起宣帝的高度关注。这或许是其被宣帝名捕的另一层原因。

综之，外人在甘露年间遭到名捕的深层次原因，一是其是汉朝廷审查河间王元狱，调查盖主、广陵王、河间王等政治集团关系的重要线索，二是其与戾太子守观奴婴齐，甚至按道侯奴的关系也是对巫蛊之祸真相非常感兴趣的宣帝所关心的。

## 三　贵族家奴（婢）与汉代政治

政治史一直是治秦汉史者最为关心的内容之一，而武昭宣时期上层统治集团内部错综复杂的关系更是西汉政治史的重要组成部分。长期以来，政治史研究主要关注的是上层政治人物，这既与传世文献的叙述视角有关，也与我们的研究视角有关。《甘露二年丞相御史书》的出土，则为汉代政治史研究提供了新的视角，我们可以通过贵族家奴的活动、各贵族集团中家奴间错综复杂的关系来审视当时上层统治集团内部的活动。

高等级贵族的家奴是一种身份特殊的群体。一方面他们社会地位很低，身份上属于奴婢，容易为治政治史者所轻视。另一方面他们作为高等级贵族的“工具”，社会和政治能量又不容小觑，如本简中偃能够为“不审县里男子”安排“以牛车就载藉田仓”的差事即可见其社会能量。《汉书》卷六八《霍光传》载：“两家奴争道，霍氏奴入御史府，欲蹋大夫门，御史为叩头谢，乃去。”① 《后汉书》卷四〇下《班固传下》载：“洛阳令种兢尝行，固奴干其车骑，吏椎呼之，奴醉骂，兢大怒，畏宪不敢发，心衔之。”霍家和班固家的家奴凌辱御史和洛阳令，影响力可见一斑。《史记》卷二〇《建元以来侯者年表》载：“（张章）之北阙上书，寄宿霍氏第舍，卧马枥间，夜闻养马奴相与语，言诸霍氏子孙欲谋反状，因上书告反，为侯，封三千户。”霍氏养马奴竟可知“霍氏子孙欲谋反状”，也可见他们对上层政治有一定的参与。东汉和帝时，外戚、太仆、许阳侯马光也因窦宪奴的告发而获罪自杀。《后汉书》卷二四《马光传》章怀注引《东观记》曰：“奴名玉当。初，窦氏有事，玉当亡，私从光乞，不与。恨去，怀挟欲中光。官捕得玉当，因告言光与宪有恶谋，光以被诬不能自明，乃自杀。光死后，宪他奴郭扈自出证明光、宪无恶言，光子朗上书迎光丧葬旧茔，诏许之。”朝廷以窦宪奴的证词出入定罪高级官员，可见当时奴婢政治作用的发挥。当然，以上层政治人物视角观察历史的传世正史不可能对贵族奴婢的政治参与度有正面描写，而《甘露二年丞相御史书》则为我们提供了观察贵族奴婢政治参与度的绝好材料。

《甘露二年丞相御史书》所涉及的奴婢众多，有丽戎、丽戎母捐之、丽戎前夫婴齐、丽戎“私男弟”偃、长公主大奴千秋。此外，“故广陵王御者惠”也有很大的可能是奴隶身份。这些奴隶皆从属于高等级贵族，其中惠是广陵王御者，婴齐是戾太子刘据守观奴，而丽戎、丽戎母捐之、千秋皆为盖长公主之奴婢，丽戎“私男弟”偃是安道侯奴，在安道侯败亡后与丽戎、丽戎母同居“主马市里苐”，可见其与盖长公主也有密切联系。这些奴婢在《甘露二年丞相御史书》中同时出现，首先引人关注的是他们之间的母系血缘关系。捐之是丽戎和惠的母亲，是偃的姨母，

① （汉）班固：《汉书》卷68《霍光传》，中华书局1962年版，第2951页。

这些奴婢以母系血缘关系联系起来，可能与汉代奴婢产子的法律继承关系有关。张家山汉简《二年律令·杂律》："主婢奸，若为它家奴妻，有子，子畀婢主，皆为奴婢"，[①] 明确规定婢之子女皆为奴婢身份，且所有权归婢之主人。本简中，捐之是盖长公主之婢，故丽戎也是盖长公主之婢。偃是捐之姊子，捐之与偃的母亲既是姊妹，则偃的母亲似也当为盖长公主之婢，那么根据汉律，偃也当属盖长公主。至于偃的身份"故安道侯奴"，很可能是盖长公主与"故安道侯"曾有某种联系所致。安道侯败亡后，偃能返至盖长公主门下，也说明其可能出自盖长公主府第。惠的情况与偃相似，丽戎是惠的"同产弟"，则惠之母也当是捐之，按照汉律惠也当从属于盖长公主，其之所以成为"故广陵王胥御者"，可能也是由于盖长公主与广陵王的某种联系所致。理清了简中奴婢的各种关系，我们可以发现奴婢尤其是腹心奴婢在高级贵族的政治交往中所发挥的重要作用，他们很可能是各级贵族交往、联系或斗争的重要棋子。以本简为例，盖长公主有捐之和偃的母亲两个亲信之婢，两婢分别生了惠、丽戎和偃。盖长公主将惠赠予（或其它方式）广陵王刘胥，将丽戎嫁给了前太子守观奴婴齐，将偃赠予（或其它方式）安道侯，后来在自己女孙嫁至河间国时又将捐之陪嫁至河间。这样，盖长公主与广陵王、河间王、戾太子刘据、安道侯的家内奴婢间就建构起联系网络。同样广陵王、河间王、戾太子刘据、安道侯家内奴婢也通过盖长公主之婢的关系而产生联系。这种奴婢之间的交流，有巩固政治同盟、加强联系的目的，但也有相互之间安插耳目的目的。例如本简中的"安（按）道侯"与戾太子刘据是对立的，正因为按道侯搜蛊太子宫而直接导致了巫蛊之祸发生。当我们知道安（按）道侯奴恰是太子宫守门人之妻的"私男弟"时，不能不考虑太子宫中有蛊的说法，有无可能是来自于本简中的偃和丽戎。而捐之、偃、惠等盖长公主的奴婢遍布广陵王、河间王、按道侯身边，则更可能是出于构建政治同盟的目的了。这些奴婢身份卑微，

---

① 张家山二四七号汉墓竹简整理小组：《张家山汉墓竹简〔二四七号墓〕（释文修订本）》，文物出版社2006年版，第34页。

关系隐秘，其活动不容易引起朝廷警觉。本简中，捐之、偃、惠在外，丽戎在盖长公主府内，利用亲属关系，丽戎可以充当各种信息传递、政治沟通之枢纽，身份极为特殊。

本简中惠背负“大逆无道”之罪，可能是参与了广陵国与河间国的沟通，至少也是参与了广陵王刘胥的某些活动。其母曾随盖长公主女孙陪嫁至河间国，其本人成为广陵王刘胥的“御者”，其同产弟留守盖长公主府，她们母子三人，俨然已是沟通盖长公主、河间国、广陵国三大贵族政治势力的隐秘中介。盖长公主死后，丽戎潜逃。但在霍光和汉宣帝威权统治下，河间国和广陵国仍暗流涌动，其联系者，可能就是惠。广陵王刘胥覆灭后，河间王刘元迫不及待收纳广陵王故姬，无非就是担心事情败露。待真的东窗事发后，河间王又不惜冒极大风险杀人灭口。而随着汉廷审查的深入，丽戎以及其背后的盖长公主、广陵国、河间国、按道侯国、戾太子集团复杂关系终于浮出水面。可以说，正是由于这些贵族奴婢在不为人注目的环境下的活动，才丰富了汉代上层统治集团内部斗争的风云诡谲，也正是由于这些奴婢拥有的政治力量和政治信息，汉朝廷才会在全国范围内通缉丽戎这样一位五十余岁的奴婢。

综上可知，《甘露二年丞相御史书》木牍的出土为我们继续深入探讨戾太子集团、霍光集团、盖主集团、燕王集团、广陵王集团、河间王集团等政治势力的错综复杂关系提供了珍贵信息。其揭示的某些集团间或千丝万缕，或若即若离的关系是我们深入思考西汉中期上层政治斗争的关键。其呈现的西汉时期高级贵族家奴阶层间的复杂错综关系，也为我们从另外角度分析上层政治斗争提供了可能。可以说，金关汉简《甘露二年丞相御史书》的政治史价值，不仅是补充了具体史料，更在于打开了政治史研究的另一种思路，其价值值得进一步思索、探讨。

**附记：**

李迎春（1981—　），男，汉族，河南确山人，历史学博士，教授，甘肃省教学名师。2009 年北京师范大学中国古代史专业（秦汉史方向）

博士研究生毕业后，在西北师范大学历史文化学院任教至今。西北师范大学简牍研究院学术委员会秘书长，《简牍学研究》副主编。主要从事秦汉史与秦汉简牍研究。

本文原刊《简牍学研究》第八辑，甘肃人民出版社 2019 年版

# 《悬泉汉简（壹）》历表类残册复原

## ——兼谈“历日”与“质日”

孙占宇　赵丹丹

近百余年来，西北地区疏勒河、额济纳河流域内曾出土过不少“编册横读式”历表散简，[①] 研究者已从中复原出若干残册，为汉代历法研究提供了宝贵的第一手资料。近些年，在南方墓葬简牍（含高校入藏简牍）中也出现了不少“编册横读式”历表类材料，多数是完整或基本完整的简册，其中往往含有记事性文字，在一定程度上反映了秦汉帝国基层官员的工作日常，引发了学界持久的兴趣。

这种历表最早出现在斯坦因所获敦煌汉简中，罗振玉称其为“历谱”，其后学者沿用之，几无异议。2003 年，邓文宽根据东汉王充等人的记述并参考敦煌文献中多件类似材料的自题名，指出此类历表应称作“历日”。[②] 李零不同意此说，他根据银雀山汉简“七年视日”及张家山汉简“七年质日”的自题名，主张将此类历表称作“视日”或“质日”。[③] 近年，研究者又在新刊布的肩水金关汉简和岳麓秦简中，陆续发现了“质日”“磿（历）日”等标题简和简册，各为以上说法提供了实物支持。至此，对于此类材料名称的讨论开始陷入僵局，多数学者倾向于称为“质日”，也有部分学者坚持称为“历日”，还有学者试图将二者折中为一，难以取得共识。笔者认为，这两种材料虽然皆以历表为主体，但其功用各有侧重，并

① 1990 年，敦煌清水沟汉代烽隧遗址出土过一件基本完整的“地节二年历谱”（见张德芳、石明秀主编《玉门关汉简》，中西书局 2019 年版，第 86 页），其余皆为散简。

② 邓文宽：《出土秦汉简牍“历日”正名》，《文物》2003 年第 4 期。

③ 李零：《视日、日书和叶书——三种简帛文献的区别和定名》，《文物》2008 年第 12 期。

非一事（详见后说），故需在研究中加以区别。本文所录多个残册中既有“质日”也有“历日”，为避免歧义，暂以“历表”统称之。

西北屯戍遗址出土的“编册横读式”历表皆以月序为经，以日序为纬，构成一个横向 12 行（表月，如有闰月则为 13 行）、纵向 30 列（表日）的表格，其中囊括了全年每一天干支名，完整简册共用简札 32 枚左右。南方墓葬中出土的“编册横读式”历表也以月序为经，以日序为纬，囊括全年日干支，但其表格横向为 6 行（表月，单、双月分开抄写）、纵向为 59（或 60）列（表日），完整简册共用简札 62 枚左右。如有闰月，则另简抄写。由于抄写格式的特殊性，我们很容易将此类历表散简从其它材料中分离出来。

新出《悬泉汉简（壹）》中也有 20 多枚“编册横读式”历表的散简，本文在综合考察这些散简的基本形制（侧重于材质、阴刻线、锲口）、书法风格（侧重于书写特点、字体大小、墨色浓淡）、抄本特点（侧重于文字间隔、注记行款）等方面一致性的基础上，试图对部分在内容上有关联的散简进行编连复原，并考证出其具体年代。

残册一　五凤二年历表

简 1：[十二日]　……　壬辰　□　壬戌　辛卯　辛酉▨

I90DXT01122143

简 2：[十四日]　……　□午　甲子　癸巳　癸亥　建　壬辰▨

I90DXT0109S131

简 3：十六日　己巳　己亥　戊辰　戊戌▨　I90DXT011113

简 4：十七日　□□　庚□　|　□□　□□▨　I90DXT01122146[①]

---

① 甘肃简牍博物馆等编：《悬泉汉简（壹）》，中西书局 2019 年版。为行文简洁起见，本文引用简文时仅注简号，不一一罗列页码。

简4保存状况不佳，字迹漫漶不清之处甚多。上端墨迹，原释作“□日”。今将红外线图版放大，约略可见为“十七日”之残。第二处干支，原释作“丙□”。仔细观察其残笔，更似“庚□”。其下还有一处貌似拖笔的墨迹，似未引起整理者注意，今录作“丨”。距离上端2.6及10.4厘米处各有两处残留墨迹，从其横向书写的情形来看，应是干支，亦为整理者所忽略，今以“□”补出。

从基本形制来看，此四简之材质均为红柳，修治整齐。简3、简4上端平齐，下部残去，其右侧距上端2.2厘米处各有一处锲口，用以固定编绳；简1、简2上下两端皆残去，仅存中间部分，未见锲口。其宽度，除简2为0.7厘米外，其余三简皆为1.0厘米，基本一致。

从书写风格来看，四简皆以隶书抄写，笔法较为随意。其中简3、简4上端之日序字皆竖向书写，字体较大，虽笔划轻细，仍较为醒目。简1—4中的干支字皆横向书写，字体细小，但不难辨认。无论日序字，还是干支字，其书写风格统一，似为同一人所书。

从文字间距来看，简3、简4中日序字所占空间，即简顶部与第一处纪日干支间的距离，皆为2.6厘米，完全一致。简1存四组干支，间距2.4—2.5厘米，平均为2.46厘米；简2存五组干支，间距2.2—2.6厘米，平均为2.43厘米；简3存四组干支，间距2.4—2.6厘米，平均为2.53厘米；简4存四组干支（残墨），间距2.4—2.6厘米，平均为2.54厘米。各简中干支字间的距离相差无几（1毫米左右），整齐划一，应是刻意为之。①

综上所述，此四枚简在书写材质、锲口位置、书法风格、字体大小、文字间距等方面都具有高度相似性，很可能属于同一历日简册。

据整理者介绍，全部悬泉汉简中纪年最早者为西汉武帝元鼎六年（前111），最晚者为东汉安帝永初元年（107），前后跨越218年。② 而据

---

① 整理者在简3释文下注有“阴刻横线”，但其余各简释文下皆无此注。笔者推想，此阴刻横线应是抄写者为方便日干支与月序之间的对应关系而刻划的栏界，各简均得有之。四简中文字间距相差无几，必赖此种刻线之功。但其余三枚简上到底有无此线？还需目验原物。

② 甘肃简牍博物馆等编：《悬泉汉简（壹）·序言》，中西书局2019年版，第3页。

笔者统计，《悬泉汉简（壹）》中所见纪年简共268枚，其中最早者为“太始五年”（即征和元年，前92），最晚者为“建武卅年”（54，东汉纪年仅此一见），集中在武帝后期至光武帝后期，时间范围更小。尽管如此，本文仍将其中多个历表类残简的具体年代置于整个悬泉汉简的纪年范围内加以综合考察。

由简3中的“十六日”干支，我们容易推知此年中前四个月的朔日分别是：甲寅、甲申、癸丑、癸未。查陈垣《二十史朔闰表》、张培瑜《三千五百年历日天象》、饶尚宽《春秋战国秦汉朔闰表》、徐锡祺《西周（共和）至西汉历谱》诸种历表，在悬泉汉简纪年范围内，符合上述条件者有西汉宣帝五凤二年（前56）及成帝河平四年（前25）。但根据“编册横读式”历表的抄写格式，河平四年历表中不可能出现简1、简2所见纪日干支抄写在同一枚简上的情况。综合以上，我们可以确认此四简乃五凤二年历表之残。史载，汉初至元封六年沿用秦颛项历，以十月为岁首。① 至武帝太初新历，改用正月为岁首。其后虽多次修历，但正月为岁首之法因之不废。则简3所见应是五凤二年正月至四月第十六日的干支。

但简1、简2在五凤二年历表中如何排列？仍是一个棘手的问题。笔者曾指出，秦汉数术中的“置建法”以节气月而不是历法月为准。② 五凤二年九月十六日乙未立冬，至十月十七日丙寅大雪前一日，其间为节气月十月。简2在“癸亥”下注“建”，则该日应属节气月十月。根据编册横读式历日的抄写格式，该“癸亥”日只能是十月（历法月）十四日。则简2必为“十四日”简之残。

在五凤二年历表中，“十一日”简之六月至闰八月，“十二日”简之八月至十月，“十三日”简之九月至十二月中皆可以出现简1中的四组纪

① 《史记·张丞相列传》：“自汉兴至孝文二十余年，会天下初定，将相公卿皆军吏。张苍为计相时，绪正律历。以高祖十月始至霸上，因故秦时本以十月为岁首，弗革。”（中华书局1959年版，第2681页）《史记·历书》亦见类似记录。验之以银雀山汉简“七年视日”（收入吴九龙：《银雀山汉简释文》，文物出版社1985年版，第233—235页），确以十月为岁首，以九月或闰九月为年终。

② 参见孙占宇《战国秦汉时期建除术讨论》，《西安财经学院学报》2010年第5期。

日干支。但此简下部残断，最末一组干支不可能属于十二月，故“十三日”容易排除。若此简为“十一日”简，则“辛酉”日属闰八月，于节气月也属八月。① 按前述“置建法”，应在其下注“建”，简文中则付诸阙如，故“十一日”也可排除。

此四简在五凤二年历表中的具体排列位置，可参看表1。

表1　**五凤二年历表残册复原**

| 简序 | | 正月大 | 二月小 | 三月大 | 四月小 | 五月大 | 六月大 | 七月小 | 八月大 | 闰月小 | 九月大 | 十月小 | 十一月大 | 十二月小 |
|---|---|---|---|---|---|---|---|---|---|---|---|---|---|---|
| | 一日 | 甲寅 | 甲申 | 癸丑 | 癸未 | 壬子 | 壬午 | 壬子 | 辛巳 | 辛亥 | 庚辰 | 庚戌 | 己卯 | 己酉 |
| 简1 | 十二日 | 乙丑 | 乙未 | 甲子 | 甲午 | 癸亥 | 癸巳 | 癸亥 | 壬辰 | 壬戌 | 辛卯 | 辛酉 | 庚寅 | 庚申 |
| 简2 | 十四日 | 丁卯 | 丁酉 | 丙寅 | 丙申 | 乙丑 | 乙未 | 乙丑 | 甲午 | 甲子 | 癸巳 | 癸亥建 | 壬辰 | 壬戌 |
| 简3 | 十六日 | 己巳 | 己亥 | 戊辰 | 戊戌 | 丁卯 | 丁酉 | 丁卯 | 丙申 | 丙寅 | 乙未 | 乙丑 | 甲午 | 甲子 |
| 简4 | 十七日 | 庚午 | 庚子 | 己巳 | 己亥 | 戊辰 | 戊戌 | 戊辰 | 丁酉 | 丁卯 | 丙申 | 丙寅 | 乙未 | 乙丑 |

表注：宋体加阴影者为简1—简4释文，亦即此简册中残存文字。下同。

检索西北汉简中的文书资料，可见如下月朔记录：五凤二年二月甲申朔（73EJT37523A；73EJT2435A），三月癸丑朔（I90DXT0112①17），五月壬子朔（73EJT992A；73EJT371099A；418.2），六月壬午朔（73EJT37740A），七月壬子朔（敦2148），八月辛巳朔（6.8），九月庚辰朔（敦1176；6.5；EPT56182），十月庚戌朔（40.4A），十一月己卯朔（73EJT3749A），以此校验上表，无不契合。

值得注意的是，上文所引四枚汉简分别出自第109、111及112三个探方的不同层位。但通过上述工作，我们可以确定此四枚简属于同一简册，这对于《悬泉汉简（壹）》的断简缀合及简册复原富有启发意义。

---

① 查徐锡祺《西周（共和）至西汉历谱》（北京科学技术出版社1997年版，第1572页），该年节气月八月自八月十四日甲午白露始，至闰八月十五日乙丑寒露前一日终。

残册二　河平四年历表

| 简 | | | | | | | | 编号 |
|---|---|---|---|---|---|---|---|---|
| 简5：［四日］……□ | 癸<br>丑□ | 癸<br>未 | 癸……<br>丑…… | 壬<br>午□ | | | | I90DXT01141125 |
| 简6：十日 | 癸<br>亥□ | 癸□<br>巳□ | 壬□□□□□□□<br>戌□□ | ▨ | | | | I90DXT01141223 |
| 简7：［廿一/四日］…… | 甲<br>辰 | 癸<br>酉 | □▨ | | | | | I90DXT01141221 |
| 简8：［廿二/三日］…… | 乙<br>巳 | 甲<br>戌 | 甲<br>辰 | 癸<br>酉 | 癸<br>卯 | 壬<br>申▨ | | I90DXT0110246 |

简5—7保存状况不佳，文字残泐不清之处甚多。简5上端断茬处有一处墨迹，整理者未察，今以“□”补出。其下“癸丑”，整理者未释，红外线图版放大后，此二字约略可辨识。[①] 其下残墨，整理者释为“建”。今看红外线图版，应是一处貌似拖笔的墨迹，暂缺释。简6“癸巳”，整理者未释，红外线图版放大后，“巳”字约略可辨识。其右之字漫漶不清，但可根据上文“癸亥”推知为“癸”。“壬戌”，原释作“戊戌”，上距“癸巳”仅5天，殊不合理。今看红外线图版，“戌”字可辨识，其右之字已几近灭失，从干支间隔推算，应为“壬”。简7“癸酉”下整理者释有一“建”字，今看红外线图版，此字已几近磨灭，未知何据，暂缺释。[②] 简5第二处“癸丑”下有两行墨迹（字数难详），“壬午”下有一处墨迹，简6“癸亥”下有一处墨迹，“癸巳”下有两三处墨迹，“壬戌”下有两行共八字墨迹。皆似使用者所作记注，漫漶不清，为整理者所忽略，今以“□”或“……”补出。

从基本材质来看，此四简之材质皆为松木，宽大平整。简5上部残

① 验之以与下文“癸未”的间隔（一个月），也是可靠的。

② 若在“癸酉”下注“建”，则该日必在节气月八月，即白露与寒露两节之间。查徐锡祺《西周（共和）至西汉历谱》（北京科学技术出版社1997年版，第1572、1634页），五凤二年、河平四年白露与寒露之间皆无癸酉日，亦可证“建”字系误释。

去，下端平齐；简 6 上端平齐，下部残去；简 7、简 8 上下两端皆残去，仅存中间部分。其宽度，除简 6 为 2.0 厘米，其余三简皆为 2.2 厘米，基本一致。

从书写风格来看，简 6 上端书有“十日”二字，竖向，字体甚大，笔划较粗，其书写空间为 3.6 厘米。四枚简上的干支字皆横向书写，字体较大，为工整的隶书，风格相若。但简 5、简 6 所见记注用墨较淡，字体潦草，不易辨识，应是后书。

据整理者介绍，简 6—8 上皆有“阴刻横线”，但在彩色及红外线照片中很难观察。[①] 从文字间距来看，简 5 存四组干支，间距 3.6—4.0 厘米，平均为 3.8 厘米；简 6 存三组干支，间距 3.5—3.9 厘米，平均为 3.7 厘米；简 7 存两组干支，间距 3.8 厘米；简 8 存六组干支，间距 3.3—4.1 厘米，平均为 3.7 厘米。各简中文字间隔整齐，应是以“阴刻横线”为界栏抄写上去的。

综上所述，此四枚简在书写材质、书法特点、栏界刻痕、文字间距、字体大小等方面都具有高度相似性。其主体部分（即日序与干支，不包括注记）似为同一人一次性抄写完成，很可能属于同一历表简册。

据简 6 中的“十日”干支，我们容易推知此年前三个月的朔日分别是：甲寅、甲申、癸丑。查徐锡祺《西周（共和）至西汉历谱》等历表，在悬泉汉简纪年范围内，符合上述条件者有西汉宣帝五凤二年（前 56）及成帝河平四年（前 25）。但按照“编册横读式”历表的抄写格式，在五凤二年历表中，简 8 所见六组干支不可能写在同一枚简上。简 5 所见四组干支虽可出现在“二日”简中，对应于五至八月，但实际上简 5 下端完整，其中干支只能对应于九至十二月。故五凤二年可排除。

若将简 5 置于河平四年历表中，简 5 所见干支应属“四日”，具有唯一性。简 7 所见干支或属“廿一日”或属“廿四日”，简 8 所见干支或属“廿二日”或属“廿三日”，遽难断定。但无论如何，此四枚简属于

① 笔者怀疑，简 5 上亦应有“阴刻横线”。究竟如何？有待目验原物。

河平四年历表简册是可以肯定的。其具体排列，可参看表2。

表2 **河平四年历表残册复原**

| 简序 | | 正月大 | 二月小 | 三月大 | 四月小 | 五月大 | 六月小 | 七月大 | 八月小 | 九月大 | 十月大 | 十一月小 | 十二月大 |
|---|---|---|---|---|---|---|---|---|---|---|---|---|---|
| | 一日 | 甲寅 | 甲申 | 癸丑 | 癸未 | 壬子 | 壬午 | 辛亥 | 辛巳 | 庚戌 | 庚辰 | 庚戌 | 己卯 |
| 简5 | 四日 | 丁巳 | 丁亥 | 丙辰 | 丙戌 | 乙卯 | 乙酉 | 甲寅 | 甲申 | 癸丑 | 癸未 | 癸丑 | 壬午 |
| 简6 | 十日 | 癸亥 | 癸巳 | 壬戌 | 壬辰 | 辛酉 | 辛卯 | 庚申 | 庚寅 | 己未 | 己丑 | 己未 | 戊子 |
| 简7 | 廿一日 | 甲戌 | 甲辰 | 癸酉 | 癸卯 | 壬申 | 壬寅 | 辛未 | 辛丑 | 庚午 | 庚子 | 庚午 | 己亥 |
| 简8 | 廿二日 | 乙亥 | 乙巳 | 甲戌 | 甲辰 | 癸酉 | 癸卯 | 壬申 | 壬寅 | 辛未 | 辛丑 | 辛未 | 庚子 |
| 简8? | 廿三日 | 丙子 | 丙午 | 乙亥 | 乙巳 | 甲戌 | 甲辰 | 癸酉 | 癸卯 | 壬申 | 壬寅 | 壬申 | 辛丑 |
| 简7? | 廿四日 | 丁丑 | 丁未 | 丙子 | 丙午 | 乙亥 | 乙巳 | 甲戌 | 甲辰 | 癸酉 | 癸卯 | 癸酉 | 壬寅 |

检索西北汉简中的文书资料，可见如下月朔记录：河平四年正月甲寅朔（I90DXT0110②3），二月甲申朔（73EJT355），五月壬子朔（73EJT371194；E. P. F22705），七月辛亥朔（73EJT37527），十月庚辰朔（284. 2A），十一月庚戌朔（I90DXT0207④5），以此校验上表，无不契合。

残册三　阳朔三年历表（1）

简9：一日　丁卯　丙申　丙寅　乙未☒　　I90DXT0109S60

简10：☒甲子　甲午☒　　I90DXT01141205

简11：廿二日　戊子　丁巳　丁亥　丙辰　丙戌☒　　I90DXT01143127

从基本形制来看，此三简之材质均为红柳，修治整齐，宽皆0.7厘米，样式统一。简9、简11上端平齐，未见锲口，下部残去。简10上下两端皆残去。

从书写风格来看，简9、简11上端日序字皆以工整的隶书抄写，字体大而笔划细，较为醒目。其中两处“日”字字形窄长，共同特征尤为明显。三枚简上的干支字也十分工整，笔划细小，但墨色较重，容易辨认。

从文字间距来看，简 9、简 11 中日序字的书写空间皆为 1.9 厘米。简 9 存四组干支，间距 3.5—3.8 厘米，平均为 3.63 厘米；简 10 存两组干支，间距 3.7 厘米；简 11 存五组干支，间距 3.6—3.8 厘米，平均为 3.7 厘米。

由上可见，此三枚简在书写材质、书法特点、字体大小、文字间距等方面都具有高度相似性，似是同一人一次性抄写完成的。再从简文内容来看，简 9、简 11 中对应的四组干支之间都正好相差 21 日。综合上述因素，可大体确定此三简属于同一历日简册。

简 9 中已见此年中前四个月的朔日分别是：丁卯、丙申、丙寅、乙未。而从简 11 第五组干支“丙戌”，我们也容易推知此年第五个月的朔日为“乙丑”。查徐锡祺《西周（共和）至西汉历谱》等历表，在悬泉汉简纪年范围内，符合上述条件者只有西汉成帝阳朔三年（前 22）。

简 10 中两组干支连写的情况，在阳朔三年历表“一日”简之七、八月，“二日”简之九、十月，“三日”简之十一、十二月，“廿九日”简之二、三月，“卅日”简之四、五月中皆可以有之。唯此简之墨迹浓淡与简 9 尤为接近，最大可能是“一日”简断裂后残存的另一段，姑附于简 9 之后。此三枚简在阳朔三年历日中的具体排列位置，可参看表 3。

表 3 **阳朔三年历表残册（1）复原**

| 简序 | | 正月小 | 二月大 | 三月小 | 四月大 | 五月大 | 六月小 | 七月大 | 八月小 | 九月大 | 十月小 | 十一月大 | 十二月小 |
|---|---|---|---|---|---|---|---|---|---|---|---|---|---|
| 简 9/简 10 | 一日 | 丁卯 | 丙申 | 丙寅 | 乙未 | 乙丑 | 乙未 | 甲子 | 甲午 | 癸亥 | 癸巳 | 壬戌 | 壬辰 |
| 简 10? | 二日 | 戊辰 | 丁酉 | 丁卯 | 丙申 | 丙寅 | 丙申 | 乙丑 | 乙未 | 甲子 | 甲午 | 癸亥 | 癸巳 |
| 简 11 | 廿二日 | 戊子 | 丁巳 | 丁亥 | 丙辰 | 丙戌 | 丙辰 | 乙酉 | 乙卯 | 甲申 | 甲寅 | 癸未 | 癸丑 |
| 简 10? | 廿九日 | 乙未 | 甲子 | 甲午 | 癸亥 | 癸巳 | 癸亥 | 壬辰 | 壬戌 | 辛卯 | 辛酉 | 庚寅 | 庚申 |
| 简 10? | 卅日 | | 乙丑 | | 甲子 | 甲午 | | 癸巳 | | 壬辰 | | 辛卯 | |

检索西北汉简中的文书资料，可见如下月朔记录：阳朔三年正月丁卯朔（73EJT23966；269.1），四月乙未朔（141.1），九月癸亥朔（35.8A），十二月壬辰朔（28.1），以此校验上表，无不契合。

残册四　阳朔三年历表（2）

简12：十八日　甲申　癸丑　癸未反　壬子壬午反　壬子辛巳反☐

I90DXT0111247

此简材质为红柳，文字保存状况良好。简上端平齐，下部残去，宽0.65厘米。上端日序字排列紧密，字体较大，较为醒目，其书写空间为1.4厘米。其下干支字字体较小，但墨色较重，容易辨认。现存七组干支，间距1.6—2.0厘米，平均为1.9厘米。

据此“十八日”干支，我们容易推知该年前七个月的朔日分别是：丁卯、丙申、丙寅、乙未、乙丑、乙未、甲子。查徐锡祺《西周（共和）至西汉历谱》等历表，在悬泉汉简纪年范围内，符合上述条件者也只有西汉成帝阳朔三年。但此简中干支字间距平均为1.9厘米，远较前引简9—11的3.7厘米紧密，二者显然不属于同一简册。由此可见，悬泉置所用阳朔三年历表并不止一件。

简文中有三处历注，皆是“反”字，字体较大，墨色较淡，或系后书。“反”，即“反支”，是秦汉魏晋时期广泛流行的一种时日禁忌，见诸多种简牍日书，也是常见的历注项目。其安排方法，放马滩秦简日书《反支》篇云：“子朔巳亥，丑朔子午，寅朔子午，卯朔丑未，辰朔丑未，巳朔寅申，午朔寅申，未朔卯酉，申朔［卯酉，酉朔辰戌，戌朔辰戌］，亥朔巳亥，是胃（谓）反只（支）。”[①] 孔家坡汉简日书《反支》

① 陈伟主编，孙占宇、晏昌贵撰著：《秦简牍合集（肆）·放马滩秦墓简牍》，武汉大学出版社2014年版，第84页。

篇所见与此完全一致。[①] 前文已考得此年三月丙寅朔，则该月反支日为子或午，但此简在三月“癸未”下注“反”，[②] 误。此年五月乙丑朔，七月甲子朔，简文在五月“壬午”、七月“辛巳”下分别注“反”，合乎前述两种日书的反支日安排，甚确。

残册五　本始二年或永光三年历表

简13：四日　庚寅　庚申　己丑牝马西诣屯辟☐

I90DXT0114365

此简材质为红柳，文字保存状况良好。上端平齐，下部残去，宽0.8厘米。上端日序字排列紧密，墨色较淡，其书写空间为1.4厘米。其下存三组纪日干支，笔划较粗，墨色较浓，容易辨识。其间距为2.8—3.1厘米，平均2.95厘米。

由此“四日”干支，我们容易推知该年前三个月的朔日分别是：丁亥、丁巳、丙戌。查徐锡祺《西周（共和）至西汉历谱》等历表，在悬泉汉简纪年范围内，符合上述条件者有宣帝本始二年（前72）及元帝永光三年（前41）。因无其它材料佐证，目前尚无法断定此历日之确切年份。

《悬泉汉简（壹）》中还有13枚历日残简。其中10枚为“日序简”，从其文字间隔、书写特点、字体大小等方面的特征来看，皆无法归入上述五种残册；3枚为“月序简”，从其文字间隔来看，亦无法归入上述五种残册。

## 余　论

从目前所见历表类简册的自有题名来看，主要有“历日”及“质

① 湖北省文物考古研究所，随州市考古队编：《随州孔家坡汉墓简牍》，文物出版社2006年版，第143页。

② 按照前述反支日的安排方法，应在其前一日“壬午”下注“反”，或是抄写者之疏失。

日”两种。其中“历日”题名仅见二例，一为“元始六年磿（历）日”（73EJT23317），一为“甘露二年磿（历）日”（73EJT2771），皆出自肩水金关遗址。前者的历表部分，经何茂活等人的努力，已找到17枚简，可局部复原。[①] 后者的历表部分暂未发现。此外，敦煌清水沟所出“地节元年历谱”简册，存简27枚，今看其格式、内容，与“元始六年历日”高度相似，应是“历日”。

“质日”题名则多见，主要出自岳麓秦简及睡虎地汉简。岳麓秦简中共有3个简册，分别是“廿七年质日”“卅四年质日”及“卅五年私质日”。睡虎地汉简中共有汉文帝时期的14件历表类简册，多数有“质日”题名，其中“（前元）十年质日”已刊布。[②] 此外，周家台秦简1—68号及尹湾汉简自题为“元延二年”的两种历表类文书，以往研究者曾有多种拟名，今看其格式与内容，也应是“质日”。

综观上述已刊布之“历日”与“质日”，二者皆以历表为主体，皆有文字注记，看似差异不大。但细究起来，其间仍有明显区别。

从历表的基本内容来看，“历日”中的日干支抄写无误，其中月朔与文书简所见完全一致，罕有不合者；但“质日”中的日干支多有误抄，月朔与文书简不合者也不在少数[③]。

从文字注记的基本内容来看，“历日”中多注八节、伏腊等节气，以及建除、反支等日忌类神煞项目，[④] 不见记事；而“质日”中多记行程宿止、职务变动、理讼治狱、归休视事等方面的公务事件，以及人员

---

① 何茂活：《肩水金关出土〈居摄元年历谱〉缀合与考释》，《考古与文物》2015年第2期；杨小亮：《西汉〈居摄元年历日〉缀合复原研究》，《文物》2015年第5期；程少轩：《肩水金关汉简“元始六年（居摄元年）磿日”复原》，李学勤主编《出土文献》第5辑，中西书局2014年版；程少轩：《肩水金关汉简“元始六年（居摄元年）磿日”的最终复原》，复旦大学出土文献与古文字研究中心网站，2016年8月27日，http：//www. gwz. fudan. edu. cn/Web/Show/2886。数枚断简缀合者，按1枚计。

② 此批材料尚未全部公布，以上情况介绍见蔡丹、陈伟、熊北生《睡虎地汉简中的质日简册》，《文物》2018年第3期。

③ 其中缘由，李忠林已有深入讨论，不赘。详见氏著《岳麓书院藏秦简“质日”历朔检讨——兼论竹简日志类记事簿册与历谱之区别》，《历史研究》2012年第1期。

④ 据何茂活等人的复原，“元始六年历日”中还有“小时”“血忌”“月杀”“刑德”等月忌类神煞项目作为附件抄录在简册末尾，此处不论。

死葬、财物往来等较为重要的私人事件,[①] 偶见伏腊、八节，不见神煞项目。

从简册的基本形制来看，“质日”一般采用“超长简”，在两个相邻的日干支之间预留了较大的记事空间，多在3.3厘米以上;[②] 而“历日”一般采用“标准简”，日干支之间留白较少，多在1.5厘米左右。[③]

从简册的基本功用来看，“历日”主要用于查看日期和时日禁忌，与近世流行的“宪书”“皇历”并无太大区别；而“质日”则兼具“历日”与“记事簿”的双重功能，与今日流行的台历较为接近。质言之，“历日”与“质日”之区别，要在是否记事（或预备记事）。

西北屯戍汉简中暂未发现“质日”标题，但类似在历表干支间记事的残简并不鲜见。如悬泉汉简 I90DXT01143138：

☐辛未刺史掾温卿至置宿将军过东　　辛丑☐[④]

① 记事数量统计如下：岳麓秦简“廿七年质日”22处，“卅四年质日”30处，“卅五年私质日”36处（朱汉民、陈松长主编《岳麓书院藏秦简（壹）》，上海辞书出版社2010年版，第3—24页；第47—106页），周家台秦简“卅四年质日”（拟题）52处（陈伟主编，刘国胜、彭锦华撰著：《秦简牍合集（叁）·周家台秦墓简牍》，武汉大学出版社2014年版，第117—123页），尹湾汉简“元延二年质日”（拟题）186处（连云港市博物馆等编：《尹湾汉墓简牍》，中华书局1997年版，第61—67、138—144页）。关于“质日”的确切含义，曾有多位先生做过精彩讨论，笔者以为此“质”应取“对质”“核对”义。“质日”的使用者皆是基层官吏，他们将自己公务活动中的一些重要事件记录下来，应是为了备忘，并在年终考课或遭遇告劾等情形下进行对质。

② 据原大图版测量，岳麓秦简“廿七年质日”及“卅四年质日”中干支间留白约为4厘米，“卅五年私质日”中干支间留白近5厘米，周家台秦简“卅四年质日”（拟题）中干支间留白约为3.5厘米，尹湾汉简“元延二年质日”（拟题）中干支间留白约为3.3厘米。为此，这些简册又采用单、双月分开抄写的形式，以方便使用。

③ 据原大图版测量，《居延汉简》（简牍整理小组编，台北：“中央研究院”历史语言研究所，2014—2017年版）、《居延新简集释》（张德芳主编，甘肃文化出版社2016年版）、《敦煌马圈湾汉简集释》（张德芳主编，甘肃文化出版社2013年版）及《玉门关汉简》（张德芳、石明秀主编，中西书局2019年版）等书中采用“标准简”历表，其干支间留白多在1.5厘米以下。

④ 其中“辛未”之“辛”，墨迹已基本脱落，今据该干支与下文“辛丑”的间隔推定。

其中两组干支间记录二事：其一，“刺史掾温卿至置，宿。”其二，“将军过东。”又如居延汉简503.5：

六日 甲莫归甲　　癸　　　癸下餔归　壬□北部候长壬 ▨<br>　　 辰官　戌　　卯　　　酉至　官　寅候史及□□申

其中6组干支间记录三事：其一，“莫（暮）归官。”其二，“下餔归至官。”其三，“□北部候长、候史及□□”。再如居延新简EPS4T29：

▨ 戊　丁　丁丙候史视丙　　乙　乙　乙　甲　甲　癸<br>　 辰　酉　卯申事　　寅 有 未　丑　未　子　午　亥

其中11组干支间记录二事：其一，“候史视事。”其二，“有”。以上记事内容皆是与边塞驿置及屯戍机构中日常行政有关的事务，与前述各种“质日”所记相类。是可见，西北汉简中虽未出现“质日”之名，但确有“质日”之实。

前引残册二中亦见多处记注，惜文字残泐过甚，无法释读。残册五中在三月“己丑”下留白处作有“牝马西诣屯辟（壁）”的记录。我们将其归入“质日”，应无问题。但其余三个残册中并无记事，是否可以直接定为“历日”呢？试作如下分析：

本文所录历表简皆残断，但其完整长度可按比列大致推算。残册一中干支间距为2.5厘米（平均数），再加日序书写空间2.6厘米，整简长度约为35.1厘米（有闰月）。仿此可知，残册二整简长约48.6厘米，残册三整简长约46.3厘米，残册四整简长约24.6厘米，残册五整简长约36.8厘米。皆超出普通汉简的长度（23.3厘米左右，约合1汉尺）。

前述“地节元年历日”（拟题）整简长23.0厘米，[①] “元始六年历

---

① 殷光明《敦煌清水沟汉代烽燧遗址出土〈历谱〉述考》（李学勤主编《简帛研究》第2辑，法律出版社1990年版，第376—385页）称该简册之“简长36—37，宽0.6—1.3，厚0.3厘米”，张德芳、石明秀主编《玉门关汉简》所附《相关简号对照表及尺寸规格》则说其中单简长宽为“23×0.6”厘米。经敦煌市博物馆石明秀馆长证实，《玉门关汉简》数据为确。

日”中整简长23.3—23.5厘米。其干支间留空皆在1.3厘米左右（个别地方加注建除、八节），整个简册文字分明，行列井然。是可见，以1汉尺左右的“标准简”抄写“历日”足以敷用。[①] 残册四整简长度与1汉尺接近，应是“历日”。而残册一、三皆采用“超长简”抄写，干支间留白分别为2厘米、3.1厘米左右，应不是出于区分栏界的需要，而是为了给使用者预留足够的记事空间。[②] 换言之，这两件残册中虽未见记事，但也有可能是“质日”。

我们也看到，虽然南、北地区出土的“质日”都采用“超长简”，但仍存在明显的差异：南方“质日”简册中单、双月分开抄写，用简59或60枚（标题一般书写在首简背面，月序与日序合占一简）。闰月则另加5—6简，单独抄写；而北方简中十二个月贯通抄写（若有闰月，亦如此），用简32枚（标题及月序各占一简）。究其原因，是由于南方简多用竹篾，幅面较窄（一般0.7厘米以下），只能单行书写，容字有限；而北方简多用木札，幅面较宽（一般在1.0厘米以上），可双行乃至三行书写，容字较多。

**附记：**

孙占宇（1971— ），男，甘肃永登人。兰州城市学院文史学院教授、副院长。2005年毕业于西北师范大学历史系，获教育硕士学位（历

---

① 笔者以为，虽然“历日”或“质日”之名（标题），在简册制作、抄写之时（新年之前）就已确定。但并不能排除使用者在冠以“历日”的历表中附记公私事务，从将其变为“质日”。或者，在某种情况下人们干脆就以“标准简”来制作“质日”。如前引居延汉简503.5残长10.8厘米，已录写日序及六组日干支，内有三处记事。但据推算，其整简长度不会超过1汉尺。也不能排除在冠以“质日”的历表中，使用者并未记录任何事务。或者，干脆就以“超长简”来制作“历日”。如银雀山汉简“七年视日”整简长69厘米，干支间留白在4.2厘米左右，但其中注记只有伏腊、八节、出种等节气和反支神煞，未见记事，与“历日”无甚差异。可能此“视日”本是预备记事的，但在历表抄写完成后不久，其主人即遭亡故，遂作为随葬品下葬，并未留下任何记录。因此，是否采用“标准简”或是否有记事，都不能作为判定“历日”或“质日”的唯一依据。在某些特定场合，还需要具体问题具体分析，做出综合判断。

② 据原大图版测量，《居延汉简》《居延新简集释》《马圈湾汉简集释》及《玉门关汉简》等书中采用“超长简”的历表，其干支间留白多在2.5厘米以上，显然不是出于区分栏界的需要。

史教学法方向)。2008 年毕业于西北师范大学文史学院，获历史学博士学位（简牍学方向)。主要从事秦汉简帛文献整理与研究。近年来，先后主持完成教育部人文社会科学研究一般项目、国家社会科学基金一般项目各 1 项，其它科研项目 5 项。在《考古》《简帛研究》《简帛》《湖南大学学报》等刊物及学术网站发表论文 30 余篇，出版《秦简牍合集［肆]》《居延新简集释［壹]》《放马滩秦简及岳麓秦简〈梦书〉研究》等专著 5 部。

赵丹丹（1987— ），女，内蒙古自治区阿拉善左旗人。阿拉善博物馆简牍研究中心馆员，主要从事居延汉简研究。

本文原刊《敦煌研究》2021 年第 6 期

# 临泽出土《田产争讼爰书》释读及相关问题浅探

贾小军

2010年，考古工作者在甘肃省张掖市临泽县城西南约4.5千米处的黄家湾滩墓群进行考古发掘时，发现一批保存较为完好的木质简牍，共计27枚，计900余字。这批简牍出土时已经散乱，经杨国誉先生排序、标点与释读，大体判断这是一份西晋晚期张掖郡临泽县地方政府对一起争讼田产的民事纠纷案件的审理记录，故称之为“田产争讼爰书”[①]。这批简文对研究魏晋十六国社会经济史具有重要意义。正如杨国誉先生所说：“这份简牍文书……几乎是完整地记录了西晋晚期一次民事经济纠纷案件的审理过程，对于两汉魏晋南北朝时期的经济史研究，具有无可替代的史料价值。”此后张荣强先生对此简册又有进一步考释[②]。本文拟在杨、张两位先生校释的基础上对这批简文作进一步探索，并对简文所反映的西晋十六国河西民众社会生活相关问题进行初步研究。

## 一　简文释读

6300 十二月四日，故郡吏孙香对：“薄祐九岁丧父母，为祖母

---

① 据杨国誉《“田产争讼爰书”所展示的汉晋经济研究新视角——甘肃临泽县新出西晋简册释读与初探》，《中国经济史研究》2012年第1期。本文所据该批简文内容，均据该文，并参考张荣强《甘肃临泽新出西晋简册考释》（《魏晋南北朝隋唐史资料》第32辑，上海古籍出版社2015年版，第187—202页）作了校对。

② 张荣强：《甘肃临泽新出西晋简册考释》，《魏晋南北朝隋唐史资料》第32辑，上海古籍出版社2015年版，第187—202页。

> 见养。年十七祖丧亡，香单弱，时从兄发、金龙具（俱）偶居城西旧坞。

“故郡吏孙香”，是在强调此案中原告孙香的身份。曾担任过“故郡吏”的孙香因与从兄孙发、孙金龙发生田产纠纷而提起诉讼，不知与他的经历是否有关。但无论此案孙香是否胜诉，西晋十六国时期河西民众能够依法维权的现象却值得我们重视。另，据孙香及从兄孙发、孙金龙“居城西旧坞”判断，“坞”为普通百姓居所，又“旧”与“新”相对，可见当时建坞居住在百姓生活中较为常见。

> 6301 以坞西田借发、金龙耩佃。发、金龙自有旧坞在城北，金龙中自还居城北，发住未去。发有旧田坞卖与同县民苏腾（?），今因名香所

简文所云“坞西田”之“坞”，即简 6300 所称“城西旧坞”，据此，孙香认为自己城西有坞、坞西有田，孙发、孙金龙在城北亦有“旧坞”，但孙发的“旧田坞卖与同县民苏腾”。孙发卖于苏腾的，除了“坞”还有“田”，由此似可推知，“坞”与“田”往往相伴存在，这与“坞”最初且耕且守的性质一致。

> 6303 借田，祖母存时与买，无遗令及讬子姪券书以田与发之文。祖父母存时为香父及叔季分异，各有券书，发父兄弟分得城北田

“借田”“以田”之“田”，皆指上文所说孙香借给孙发的“坞西田”。“祖父母存时为香父及叔季分异，各有券书，发父兄弟分得城北田”句，联系简 6298“父同产兄弟三人，庶叔三人共同居同籍，皆未分异”，是说孙香父亲兄弟三人分田产之事。这种兄弟分异，各自组成小家庭从事生产生活活动的现象，应在西晋十六国时代的河西较为普遍，在某种程度上，这种大约由 4—5 人组成的个体农民家庭，是推动该时期河

西社会生产发展的核心力量。[1]

另，联系简6300、6301、6303，孙氏在“香父及叔季分异”之前，于城西、城北各有田坞。又据简6309“割金龙田六十亩益发坞”、简6311“割香、发田各四十亩及坞舍……与香中分临藁坞，各别开门，居山作坝塘，种桑榆杏柰”判断，孙氏在当地拥有一定数量田产，规模应较为可观。

> 6313 坞二处。今自凭儿子强盛，侮香单弱，辞诬祖母，欲见侵夺。乞共发、金龙对共校尽，若不如辞，占具装二具入官，对具。

“城北田坞二处”，未知是否为附近有田的坞两处，联系简6301内容，田、坞似乎仍相伴生。简文所称（孙发）“自凭儿子强盛，侮香单弱……欲见侵夺”虽为孙香一面之词，但也在一定程度上说明该时期民众在处理田产问题时，存在恃强凌弱的不公平现象。

> 6298 十二月六日，老民孙发对：“被召当与从庶弟香了所居坞田土。父同产兄弟三人，庶叔三人共同居同籍，皆未分异。荒毁之中，俱皆亡没，唯祖母

“所居坞田土”，仍为前述孙香所称自己的城西坞田。“荒毁”即荒乱破毁，据简册中相关时间可知，孙香、孙发兄弟分田应是晋武帝泰始九年（273）左右的事情，而在之前的泰始六年（270），因西晋政府在措置羌胡问题的不当，导致“凉州之乱”爆发。简文所称“荒毁”之因，当指“凉州之乱”。

> 6296 存在，为发等分异。弟金龙继从伯得城北坞田，发当与香

---

① 参见贾小军《魏晋十六国河西社会生活史》，甘肃人民出版社2011年版，第172页。

“城北坞田”，即简 6301 所云之城北旧坞及田。

> 6309 共中分城西坞田。祖母以香年小，乍胜田，二分，以发所得田分少，割金龙田六十亩益发，坞与香中分。临藁坞各别开门，居山作坝塘，种桑榆杏柰。

“以发所得田分少，割金龙田六十亩益发坞”句中，值得注意的除了当时百姓分田产时秉承公平原则之外，“割金龙田六十亩益发坞”可理解为“割田益坞”，即“以孙金龙之田补孙发不足之坞”，似在说明“田”与“坞”在某种程度上指代同一事物。

简文称“中分临藁坞”，“临藁坞”当为坞名。既能“中分”，亦可“各别开门”，说明该坞有一定规模。

“居山作坝塘”，在一定程度上说明孙氏经济实力较雄厚，能依山修建坝塘，以作灌溉之用。

“种桑榆杏柰”，说明当时该地有桑、榆、杏、柰种植。《齐民要术》卷四《柰林檎第三十九》称：“张掖有白柰，酒泉有赤柰。”① 《晋书》卷八六《张天锡传》：“会稽王道子尝问其（按，指张天锡，引者）西土所出，天锡应声曰：‘桑葚甜甘，鸱鸮革响，乳酪养性，人无妒心。’”② 张天锡用桑葚、乳酪指代“西土所出”，可知在前凉时代，此二者实有重要影响。此外，据“种桑榆杏柰”判断，孙氏坞田中应当包括专门的果木园。这在嘉峪关壁画墓中可找到相关证据。据《嘉峪关壁画墓发掘报告》表四的统计，嘉峪关新城壁画墓共有果木画砖四幅，其中 4 号墓、5 号墓各 2 幅③。4 号墓 020 号画砖内容是果木园四周高墙围绕，果木枝叶披露墙外；049 号画砖绘一童在围墙外持长杆看护果木园。5 号墓 016

---

① （北魏）贾思勰著、石声汉校释：《齐民要术今释》（上册），中华书局 2009 年版，第 374 页。

② （唐）房玄龄等：《晋书》卷 86《张天锡传》，中华书局 1974 年版，第 2252 页。

③ 甘肃省文物队、甘肃省博物馆、嘉峪关市文物管理所《嘉峪关壁画墓发掘报告》，文物出版社 1985 年版，第 79 页。

号画砖绘一果木园，四周有墙，门半开[①]；048 号画砖绘一守园人持棒护园，园四周围墙，树枝出墙头，树梢有一飞鸟[②]。

6305 今皆茂盛，注列黄籍，从来卌余年。今香横见诬言，云发借田寄居，欲死诬生，造作无端。事可推校，若不如对，占人马具装入官，

“会皆民盛，论列黄籍，从来四十余年”句，杨国誉先生已经指出，反映的是占田令颁布后即太康年间以来全国户口数猛增的现象[③]。不过需要补充的是，简文所述乃同时期张掖郡临泽县的具体情况，这对西晋十六国时期河西地区经济发展、人口增长的现象更具说服力。据《晋书·地理志》，西晋太康元年（280）张掖郡有户三千七百[④]。若以一户五口人计，则张掖郡有 18500 人；若以西晋太康年间每户平均 6.68 人计[⑤]，则张掖郡人口数为 24716 人。据相关研究，河西地区人口发生较大的增长是在前凉时期，一度达到户约 20 万，口约 100 万[⑥]。“从来四十余年”约指晋武帝泰始九年（273）到太康建兴元年（313）四十年间的事情，正与前述研究结论一致。

6319 对具。到，立下重自了，里令分割。

6307 十二月七日，民孙金龙对：“被召当了庶从弟香所争田。更遭荒破，父母亡没。唯有祖母存在，分异，以金龙继养亡从伯后，得城北田，祖

① 参见《嘉峪关壁画墓发掘报告》图版五七之 2。

② 参见《嘉峪关壁画墓发掘报告》图版五七之 1。

③ 杨国誉：《“田产争讼爰书”所展示的汉晋经济研究新视角——甘肃临泽县新出西晋简册释读与初探》，《中国经济史研究》2012 年第 1 期。

④ （唐）房玄龄等：《晋书》卷 14 上《地理志上》，中华书局 1974 年版，第 433 页。

⑤ 据梁方仲《中国历代户口、田地、田赋统计》，中华书局 2008 年版，第 56 页。

⑥ 刘汉东《从西凉户籍残卷谈五凉时期的人口》，《史学月刊》1988 年第 4 期。

“荒破”，即简 6298 所云之“荒毁”，即因“凉州之乱”带来的荒乱与破败。

> 6315 母割金龙田六十亩益发，分居以来卌余年，今香、发诤，非金龙所知。有从叔丞可问，若不如对，占人马具装入官，对具。”

“祖母割金龙田六十亩益发”，在父辈已经离世的情况下，兄弟分异时，尚健在的祖母无疑具有重要影响力，因此，具体田产的分配可由祖母指定，并有一定的约束力。但当祖母逝去，券书又不完备（简 6290 “祖母存时命发息为弘后，无券，香所不知”）的情况下，难免有人借机发难，从而占有更多的田产。

> 6294 建兴元年十二月壬寅朔十一日壬子，临泽令髦枒移孙司马：“民孙香、孙发、孙金龙兄弟共诤田财，诣官纷云，以司马为证，写

本简为纪年简，杨国誉先生指出：“历史上使用“建兴”作为年号的政权先后有蜀汉后主刘禅、东吴废帝孙亮、成汉武帝李雄、西晋愍帝司马邺、前凉、后燕世祖慕容垂及渤海国宣王大仁秀，且时间相对集中”，由于蜀汉、东吴、成汉、后燕、渤海国地望均与河西无关，前凉则“从建兴五年（317）方始沿用建兴年号”，对照陈垣先生《二十史朔闰表》可知，“愍帝建兴元年十二月朔日干支正是壬寅”，故此简“应该正是在西晋愍帝司马邺的建兴元年（313）的十二月间”[①]。需要补充的是，公元 313 年为前凉政权的奠基人张轨任凉州刺史的第 13 年，张轨的政治方针是“尊晋攘夷”和“保宁域内”[②]，简文所称西晋愍帝司马邺的建兴元年，也是张轨统辖的凉州为西晋地方政权的一个实证。

---

① 杨国誉：《“田产争讼爰书”所展示的汉晋经济研究新视角——甘肃临泽县新出西晋简册释读与初探》，《中国经济史研究》2012 年第 1 期。

② 赵向群：《五凉史探》，甘肃人民出版社 1996 年版，第 40 页。

> 6292 辞在右。司马是宗长，足当知尽，移达，具列香兄弟部分券书，会月十五日，须得断决如律令。”

“司马”，即简 6294 所云之“孙司马”，联系简 6288，孙司马似即为“孙丞”。又简 6290 孙丞自称“平史”（仲裁人），说明身为宗长的孙丞有仲裁宗族成员之间纠纷的职责。简文称孙司马（丞）是孙香、孙发、孙金龙诸人宗长（从叔），“足当知”孙香弟兄分田产之事，也说明西晋愍帝时期的河西地区宗族势力仍具一定的影响力，并在政府相关部门解决民事纠纷时起着重要作用。联系魏晋十六国时期坞壁广布的特点及简文中“坞田”“坞舍”等相关内容判断，宗族势力在这一时期的坞壁、坞田、坞舍日常生活中仍具重要作用。

> 6288 建兴元年十二月壬寅十五日丙午［辰］，户民孙丞敢言之。临泽廷移壬子书：“民孙香、孙发讼田，丞是宗长，足知尽。香、发早各

本简亦为纪年简，“建兴元年”即前述西晋愍帝司马邺建兴元年（313）。简文所称“丞是宗长，足知尽”进一步说明，宗长对宗族内部事务的掌握与了解不仅是政府相关部门的认识，宗长本人也承认这一点。

> 6290 自有田分。香父兄弟三人孙蒙、孙弘、孙翘，皆已亡没。今为平决，使香自继其父蒙。祖母存时命发息为弘后，无券，香所不知。
>
> 6311 翘独无嗣，今割香、发田各卌亩及坞舍分，命亲属一人以为翘祠（嗣）。平决已了，请曹理遣，敢言之。”

“今割香、发田各四十亩及坞舍”句，与简 6301、6313 关于坞田、坞舍内容相近，仍反映出“坞田”与“坞舍”伴生，有“坞田”则往往

有“坞舍”。“分命亲属一人以为翘祠（嗣）”为宗长所指定，反映出宗长对宗族成员具有重要的影响力。

> 6323 户曹掾史王匡、董惠白：“民孙香、孙发、孙金龙共诤田坞相
> 6327 诬冒。求问从叔丞，移丞列正，今丞移报：‘香、发早自有田
> 6325 分。香父兄弟三人，孙蒙、孙翘、孙弘皆亡没。今为平决，
> 6321 使香自继其父蒙。祖母存时命发息为弘后，无券
> 6286 书，香不知。翘无嗣，今割香、发田各卌亩及坞舍分，命亲

“割香、发田各卌亩及坞舍”句，与简6311“割香、发田各四十亩及坞舍分命亲属一人以为翘祠（嗣）”同。

> 6317 属一人为翘继。’香、发占对如丞所断，为了。香、发兄弟
> 6281 不和，还相诬言，不从分理，诣官纷云，兴长讼，诉平官法。

简6317、6281所载虽为孙香、孙发兄弟争讼不已之琐事，但却在一定程度上反映出河西地方民众对自身权益尤其是土地所有权的重视。并且，在建兴元年（313）即张轨出任凉州刺史的第十三年里，河西民众能屡次依靠官府解决争讼，也说明当时凉州地方政治的稳定。

> 6280 请事诺，罚香、发鞭杖各百五十，适行事一月。听如丞，
> 6284 移使香、发人出田卌亩及坞舍分与继者。又金龙未相

“香、发人出田卌亩及坞舍分与继者”句，与简6311“割香、发田各四十亩及坞舍分命亲属一人以为翘祠（嗣）”、简6286“割香、发田各卌亩及坞舍”句同。

联系前后简文，简6311、6286、6284“香、发人出田卌亩及坞舍分与（孙翘）继者”，即孙翘继承者可得田八十亩，这一数额比西晋“户调式”规定的所载一户占数额（一百亩）要低。《晋书·食货志》称：“男子一人占田七十亩，女子三十亩。”① 西晋十六国时期的河西地区为地广人稀之地，一户占田尚不足百亩，其中缘由尚不得而知。不过联系相关简文，这似乎与孙翘继承者八十亩田地的来源有关。已如杨国誉先生所指出的，这八十亩田地，并非国家授田，而是孙氏子孙相承的私有田地。所谓“占田”，只不过是国家对民众已有土地进行承认和保护。无论孙氏共拥有多少田地，其数量必然有限，而孙翘继承者田地的获得又较为特殊，既如此，那么他占田数额不足户调之数也在情理之中了。这也在一定程度上说明西晋占田制是“西晋政府通过登记全国土地而重新确认登记者土地所有权的一种方法，是对现存土地关系的合法化认定”②。

> 6282 争，田为香所认，前已罚卌，差不坐。谨启如前。
> 如□□□□不出……钱
> 6283 教诺田钱□但五十鞭断……”（以下漫漶，不可解）

## 二　简文所见西晋十六国河西民众的社会生活

### 1. 案情述要

简文较完整地记录了西晋晚期（前凉早期）张掖郡临泽县地方政府审理孙香兄弟争讼田产民事纠纷案件的全过程。根据相关案情，此案中矛盾重要集中在孙香与孙发身上，孙香有备而来，志在必得，孙发沉着

① （唐）房玄龄等：《晋书》卷26《食货志》，中华书局1974年版，第790页。
② 童超：《论西晋土地、田赋、劳动人口管理体制的改革》，《中国史研究》1987年第4期。

应对，寸土不让，因而“不从分理，诣官纷云，兴长讼”，结果是“香、发人出田卌亩及坞舍分与继者”，表面看来似乎两败俱伤。但此案中孙香其实也达到了部分目的。因“香、发早自有田分”，孙香父亲兄弟三人的田产则由孙发实际占有，孙香在此案中与孙发的后人（继承孙弘）及由宗长孙丞指定的孙翘继承者三分这分田产（包括坞田、坞舍等），所以孙香在原来“自有田分”的基础上又得到了一份田产（继承父亲孙蒙），而孙发实际占有的田产除了分成三分以外，还要“出田卌亩及坞舍分与（孙翘）继者”，可谓一分再分，实际占有的田产越来越少（但孙发原来的“自有田分”并未减少）。据此来看，“香、发兄弟不和，还相诬言，不从分理，诣官纷云，兴长讼”的主要症结是在孙发想保全原来占有的田产，而孙香“诣官纷云”的因由，则因自己是孙蒙、孙弘、孙翘三兄弟唯一的直系继承者，想要得到被孙发实际占有的全部田产。最终此案中的渔翁得利者，既非孙香，亦非孙发，而是被宗长孙丞指定并得到政府承认的孙翘继承者。

此案中对田产的处理可谓考虑周全。既照顾到了原田产所有者（孙蒙、孙弘、孙翘三兄弟）直系亲属孙香的继承权，也对这分田产的实际占有者孙发（实际为继承孙弘田产的孙发子女）的应得权益予以承认，并对无子嗣的孙翘的应得权益进行承认，虽则孙香、孙发“不从分理，诣官纷云，兴长讼”，但由宗长孙丞提出并得到政府承认的解决方案无疑是比较公平的，这也在一定程度上说明河西地区经过前凉张轨十几年的治理，政治清明、社会环境日益转好。

### 2. 河西民众的法律意识与政府的控制力

此案除反映孙香、孙发弟兄二人因田产纠纷互不相让外，在一定程度上还说明此二人均有较强的法律意识，能够利用国家相关规定维护自己权益。无独有偶，与本简册性质类似的《建武三年（27）候粟君所责寇恩事》[①]册所反映的一起民事诉讼，也发生在黑河流域的汉代张掖郡地区，与临泽相

① 甘肃省文物考古研究所等：《居延新简》，文物出版社1990年版，第475—478页。

近。这是否能够说明该地民众具有依法维权的传统虽未可知，但即便这仅仅是互不相连的个人行为，按照国家相关规定维护自己权益，都应该肯定。

而就临泽县地方政府而言，先是委托孙氏宗长提出处理意见，再作出最终裁决，在孙香、孙发“诣官纷云，兴长讼”的情况下，“罚香、发鞭杖各百五十……移使香、发人出田卌亩及坞舍分与继者”，强制执行政府的最终裁决，又反映出此时的张掖郡临泽县对基层民众而言即具有公信力，也能够保证政府法令最终得到执行，进一步说明在张轨治理凉州十三年之后，西晋凉州地方政府对基层的控制力不弱反强，这与中原地区战火纷飞、民不聊生的情况形成鲜明的对比。

### 3. 兄弟分异与小家庭生产

此案为孙香、孙发、孙金龙兄弟因田产问题而发生的争讼，严格说来，孙香祖母当年主持的田产分割，实际为孙香之父孙蒙、孙弘、孙翘兄弟三人的田产分异，而孙香、孙发争讼的核心问题就是孙蒙、孙弘、孙翘兄弟三人田产的分配。除去田产分配问题，此案反映的兄弟分异及由此形成的小家庭模式，却是西晋十六国时期河西经济社会发展的重要推动力。

有关魏晋十六国时期河西地区的家庭规模状况，出土文书及河西壁画墓资料都有不同程度的反映。敦煌文书《建初十二年正月敦煌郡敦煌县西宕乡高昌里籍》（又称《西凉户籍残卷》）[①] 与吐鲁番文书《北凉蔡晖等家口籍》[②] 所记载的家庭，多为2—5人组成、以一夫一妇为核心的小家庭。《西凉户籍残卷》所载家庭情况，人数在2—5人之间的家庭基本为1—2代人组成的家庭，没有三代同堂的状况。比如裴晟家四口人，由一父、二子、一媳组成；隨嵩家五口人，由一夫、一妻、一儿、一媳、附一夫姊组成；隨杨家两口人，由一儿一母组成；阴怀家两口人，由一儿一母组成；吕沾家五口人，由一夫、一妻、二男、一女组成，分别为

---

① 中国科学院历史研究所资料室编：《敦煌资料（第一辑）》，中华书局1961年版，第3—7页；又见郝春文主编：《英藏敦煌社会历史文献释录（第一卷）》，科学出版社2001年版，第183—189页。

② 唐长孺主编：《吐鲁番出土文书（壹）》，文物出版社1992年版，第80页。

56 岁的吕沾、43 岁的吕沾妻赵氏、17 岁的吕沾之子吕元、7 岁的吕元弟吕腾、2 岁的吕腾妹吕华；甚至六口人的家庭，也仅由两代人组成，如吕德家，由一夫、一妻、三子、一女组成。《北凉蔡晖等家口籍》共记录了十五户家口数，所有家庭人口都不多，最多的仅为五人。其中一人者一户，两人者五户，三人者三户，四人者三户，五人者两户，一户人数不详。《西凉户籍残卷》所反映的时间与《北凉蔡晖等家口籍》相比略早，但由于基本处于同一地域，我们可以相信其中反映的家庭构成也比较接近。因此，《北凉蔡晖等家口籍》所记录的人口数可考的 14 户人家，也应为 1—2 代人组成的家庭。而在魏晋十六国河西墓葬壁画中，也有较多的以一夫一妇劳作为主题的画砖，反映了播种、回家、场上、运输等多种生活场景。这些“夫妇劳作图”及其反映的生活场景，应与汉魏以来河西地区社会生产中作为基本生产单位的一夫一妇家庭，以及民众的家庭规模有关[①]。

上述材料反映的的小家庭，是构成魏晋十六国时期河西社会的真正细胞，他们是推动这一时期河西社会生产发展的核心力量。

#### 4. “坞”及相关问题

根据相关资料，河西地区的“坞”出现比较早。如居延汉简中就有大量关于“坞”的记载，如简：

(1) 坞高丈四尺五寸，按高六尺，衔□高二尺五寸，任高二丈三尺　175. 19A[②]

(2) 五凤二年八月辛巳乙酉□，甲渠万岁隧成，廼十月戊寅夜堕坞徒伤要有廖，即日视事敢言之。　6. 8（甲 44）[③]

① 详参贾小军《魏晋十六国河西社会生活史》，甘肃人民出版社 2011 年版，第 160—172 页。

② 陈梦家：《汉简缀述》，中华书局 1980 年版，第 154 页。

③ 陈梦家：《汉简缀述》，中华书局 1980 年版，第 154 页。

简（2）“五凤”为西汉宣帝年号，“五凤二年”为前56年，这说明河西地区的“坞”至迟在西汉宣帝时期已经出现。

另，《后汉书》卷六五《段颎传》中称张掖附近有“钜鹿坞”：

明年春（指汉桓帝延熹三年，160年），余羌复与烧何大豪寇张掖，攻没钜鹿坞，杀属国吏民，又招同种千余落，并兵晨奔颎军。

此处所谓“钜鹿坞”，今地不详，但据上下文判断，应该是当时位于今张掖附近某处的防御性建筑。

有关魏晋十六国时期河西的坞壁情况，考古资料和传统史籍都有较多的反映。既有称“坞”者，如嘉峪关新城1号墓035号画砖：“左为坞，坞外有马、牛、羊等，画上有朱书题榜‘坞’字。”① 也有称“村坞”者，如《魏书》卷一一四《释老志》：“凉州自张轨后，世信佛教。敦煌地接西域，道俗交得其旧式，村坞相属，多有塔寺。”② 还有非常具体的赵羽坞③、侯坞、若厚坞等名称：

《晋书》卷一一九《沮渠蒙逊载记》：

（蒙逊率兵）比至氐池，众逾一万。镇军臧莫孩率部众附之，羌胡多起兵响应。蒙逊壁于侯坞。④

（秃发）傉檀来伐，蒙逊败之于若厚坞。⑤

上述这三类“坞”名各自代表了坞壁发展的不同阶段和不同生活环境。“坞”主要为防御工事，“村坞”是对居民生活世界的统称，侯坞、

① 甘肃省文物队等《嘉峪关壁画墓发掘报告》，文物出版社1985年版，第98页。另，据《嘉峪关壁画墓发掘报告》，新城1号墓为曹魏甘露二年的墓葬，第74页。

② （北齐）魏收：《魏书》卷114《释老志》，中华书局1974年版，第3032页。

③ 参前引敦煌文书《建初十二年正月敦煌郡敦煌县西宕乡高昌里籍》。

④ （唐）房玄龄等：《晋书》卷119《沮渠蒙逊载记》，中华书局1974年版，第3191页。

⑤ （唐）房玄龄等：《晋书》卷119《沮渠蒙逊载记》，中华书局1974年版，第3195页。

若厚坞、赵羽坞等，则是已在居民普遍认同的“村坞”世界中的若干小环境，经过较为长久的时段之后，成为某地的小地名，甚至与代表国家基层行政组织的“乡里”并称，如《西凉户籍残卷》中就将敦煌郡敦煌县西宕乡高昌里居民的居住点称为“赵羽坞”。据此，则至西晋十六国时期河西地区的“坞”发展应当已经比较成熟了。

笔者以为，《田产争讼爰书》简文多次提到“坞”“坞田”“坞舍”以及“临（?）藁坞”，正反映出“坞”在历史变迁过程中的一个重要阶段。若根据前引文献对河西地区的“坞”按时间先后排序，我们就会得到以下这个序列：

> “钜鹿坞”（东汉）→“坞”（曹魏）→“坞”“坞田”“坞舍”“临（?）藁坞”（西晋）→“村坞”（前凉）→“赵羽坞”（西凉）、“侯坞”（北凉）、“若厚坞”（北凉）

由于东汉时期坞壁产生不久，因此“钜鹿坞”虽为具体坞名，但主要就防御意义而言，而西凉时期的“赵羽坞”，已成为居民点的名称了。可见，《田产争讼爰书》简文多次提到“坞”“坞田”“坞舍”是“坞”在由防御设施向民众具体生活空间转变过程中的重要步骤，正是由于“坞”与“坞田”“坞舍”紧密相连，才有后来与代表国家基层行政组织的“乡里”并称的“赵羽坞”出现。

### 5. “临泽令”、“户曹掾史”、宗族与基层社会控制

“户曹掾史”，“当为临泽县户曹任事官员”。① 根据此案处理过程，先后参与此案处理的人员或机构依次是临泽令髦朷、宗长（司马、仲裁人?）孙丞、临泽县户曹掾史王匡、董惠。其中髦朷当为临泽县负责军政事务的县令，孙丞则身为孙氏宗长、并由临泽令髦朷指定的此案仲裁人，

① 杨国誉：《“田产争讼爰书”所展示的汉晋经济研究新视角——甘肃临泽县新出西晋简册释读与初探》，《中国经济史研究》2012 年第 1 期。

户曹掾史王匡、董惠为负责此案判决结果的最终执行者。此案主要的评判环节并非由临泽令髦切或户曹掾史王匡、董惠负责，而是作为孙氏宗长的孙丞，孙丞还在本案中指定了孙翘的继承人。虽然宗族成员孙香、孙发对宗长孙丞的裁决并未绝对服从，但这仍然反映出“其时宗长对宗主成员具有一定的控制权”，“这一权利的行使也得到了地方政府的赞同和支持”①，进而言之，其时政府对基层社会的控制，在很大程度上仍然通过宗族组织来实现。

### 6. 西晋十六国时期河西民众的饮食结构

据简册相关内容判断，本案中的孙香、孙发、孙金龙等人，在拥有一份田地（应种植传统农作物）的同时，还能够“居山作坝塘，种桑榆杏柰”，显示出“桑榆杏柰”在民众生活中具有重要地位。有关河西地区桑、榆、杏、柰等果木的种植，史书中也有相关记载。《齐民要术》卷二《种瓜第十四》：“《广志》曰：‘瓜之所出，以辽东、庐江、敦煌之种为美。……瓜州大瓜，大如斛，出凉州。’……《汉书·地理志》曰：‘敦煌，古瓜州地，有美瓜。’”② 张澍《凉州府志备考》卷一《物产·食物类》“大瓜”条：“《宋书》：凉州有大瓜，狐入其中首尾不见。”③《齐民要术》卷四《柰林檎第三十九》又称：“张掖有白柰，酒泉有赤柰。”④ 另，北凉段龟龙《凉州记》也有相关记载：“吕光时，敦煌太守宋歆献同心之梨。”⑤ 比起瓜、梨，桑葚则更具代表性。《晋书》卷八六《张天锡传》称，“会稽王道子尝问其（按，指张天锡，引者）西土所出，天锡应声曰：‘桑葚甜甘，鸱鴞革响，乳酪养性，人无妒心。’”⑥ 张

① 杨国誉：《“田产争讼爰书”所展示的汉晋经济研究新视角——甘肃临泽县新出西晋简册释读与初探》，《中国经济史研究》2012 年第 1 期。

② （北魏）贾思勰著、石声汉校释：《齐民要术今释》（上册），中华书局 2009 年版，第 179 页。

③ 张澍辑：《凉州府志备考》，武威市市志编纂委员会办公室 1986 年校印，第 76 页。

④ （北魏）贾思勰著、石声汉校释：《齐民要术今释》（上册），中华书局 2009 年版，第 374 页。

⑤ 王晶波点校：《二酉堂丛书史地六种》，甘肃人民出版社 1992 年版，第 105 页。

⑥ （唐）房玄龄等：《晋书》卷 86《张天锡传》，中华书局 1974 年版，第 2252 页。

天锡用桑葚、乳酪指代“西土所出”，可知在前凉时代，此二者实有重要影响。

此外，这一时期时期河西粮食品种和肉类也很丰富，有大麦、小麦、谷、豆类、牛肉、羊肉、猪肉等。如产于河西的“卢水麦”就是麦类中的优良品种。[①] 贾思勰《齐民要术》卷二《大小麦第十》：“《广志》曰：‘卢水麦，其实大麦形，有缝。禾宛麦，似大麦，出凉州。’”[②] 在吐鲁番出土的五凉时代文书中，多次出现“麦”的相关记录。据《吐鲁番出土文书（壹）》，文书《刘普条呈为得麦事》（63TAM115）[③]、《北凉真兴六年（公元 424）出麦帐》（75TKM9629（b））[④]、《掬子等取麦帐》（75TKM9628）[⑤]、《奴婢月廪麦帐》（75TKM9117）[⑥] 等，都记录了与麦子相关的内容。麦饭用麦子蒸制而成，因其价格较低廉，所以为一般百姓经常食用。将小麦以磨加工成面粉后，即可制成各种各样的美味食品。而在河西魏晋壁画墓中，大量的宰牲图又反映出肉食在该时期民众生活中居于重要地位[⑦]。

《田产争讼爰书》简文所载孙香、孙发等人最多也是生活条件较好的个体农民，在种植主要的粮食作物之外，辅之以桑、榆、杏、柰、瓜等蔬果产品，再加上河西地区的畜牧传统影响，食肉也应为日常生活的重要内容。由此看来，食用麦饭、肉类和各种蔬果，成了这一时期河西民众的主要饮食内容。以现今眼光观之，这样的饮食结构无疑是均较为合理、科学的。魏晋十六国时期河西人口的增长，当与此有关。

总之，临泽出土的《田产争讼爰书》简册因其保存较为完好，内容

---

① 赵向群：《五凉史探》，甘肃人民出版社 1996 年版，第 234 页。

② （北魏）贾思勰著、石声汉校释：《齐民要术今释》（上册），中华书局 2009 年版，第 142 页。

③ 参见唐长孺主编《吐鲁番出土文书（壹）》，文物出版社 1992 年版，第 7 页。

④ 参见唐长孺主编《吐鲁番出土文书（壹）》，文物出版社 1992 年版，第 33 页。

⑤ 参见唐长孺主编《吐鲁番出土文书（壹）》，文物出版社 1992 年版，第 37 页。

⑥ 参见唐长孺主编《吐鲁番出土文书（壹）》，文物出版社 1992 年版，第 77 页。

⑦ 详参贾小军《魏晋十六国河西社会生活史》，甘肃人民出版社 2011 年版，第 235—246 页。

完整，反映了丰富的社会历史信息，对研究西晋十六国时期河西民众社会生活问题具有重要价值。

**附记：**

贾小军（1979— ），男，甘肃秦安人。历史学博士，博士后，河西学院历史文化与旅游学院院长，河西史地与文化研究中心教授，中国魏晋南北朝史学会理事。2002 年西北师范大学历史系本科毕业，2002 至 2005 年、2012 至 2015 年，在西北师范大学历史系中国古代史专业攻读研究生，获历史学硕士、博士学位。主要从事魏晋南北朝史、西北边疆史、河西史地、考古学的教学和科研工作。

本文原刊《鲁东大学学报（哲学社会科学版）》
2012 年第 5 期，在收入本书时作者有一定补充、修订

# 汉代边疆社会研究

# 汉河西四郡设置年代考辨

郝树声

凡留意两汉河西史的人，首先遇到的问题就是四郡的设置年代。由于《汉书·武帝纪》和《地理志》记载的歧异，也由于《史》《汉》两书其它有关材料中隐含或透露的四郡设置年代的时间信息不尽一致，因而使这一问题成了千古悬案。《汉书·武帝纪》：元狩二年（前121）“秋，匈奴昆邪王杀休屠王，并将其众合四万余人来降，置五属国以处之。以其地为武威、酒泉郡”[①]。元鼎六年（前111），“又遣浮沮将军公孙贺出九原，匈河将军赵破奴出令居，皆二千余里，不见虏而还，乃分武威、酒泉地置张掖、敦煌郡，徙民以实之”[②]。但是《汉书·地理志》所记四郡设置年代却完全不同：武威郡，故匈奴休屠王地，武帝太初四年（前101）开；酒泉郡，武帝太初元年（前104）开；敦煌郡，武帝后元年（前88至87）分酒泉置[③]。此外，《史记》《汉书》还有多处记载此事的材料，保留了不同于以上两种说法的其它说法，给后人留下了疑难。

北宋司马光纂修《资治通鉴》要求以年系事。河西四郡的设置到底系于何时，他该从信哪种说法需要明确取舍。他的《资治通鉴考异》就是解决这类问题的。其中谈到：“汉书武纪：元狩二年浑邪王降，以其地为武威酒泉郡，元鼎六年分置张掖、敦煌郡。而地理志云：张掖酒泉郡太初元年开；武威郡太初四年开；敦煌郡后元元年分酒泉置。今从武

① （汉）班固：《汉书》卷6《武帝纪》，中华书局1962年版，第176页。

② （汉）班固：《汉书》卷6《武帝纪》，中华书局1962年版，第189页。

③ （汉）班固：《汉书》卷28下《地理志下》，中华书局1962年版，第1612—1614页。

纪。"[①] 就是说他在《武纪》和《地志》两种说法中选择了前者。但是实际操作中他又发现有问题，因为武纪把武威酒泉的设置年代放在元狩二年（前121），而在此后的一段时间里张骞出使西域明言"今单于新困于汉，而故浑邪地空无人。"张骞出使的目的就是要招乌孙东还，"居故浑邪之地"以共同对付匈奴。既然"地空无人"，说明此时西汉朝廷尚未在这一地区置郡移民，所以他把酒泉郡的设置放在元鼎二年（前115）。此年，乌孙拒不东还，张骞返回朝廷。至于武威的设置，他却认为更在酒泉之后。"后"到什么时候，未明言。只是在酒泉设郡条下接着写到："后又分置武威郡，以绝匈奴与羌通之道"。可见，也是把问题留给了后人。

到了清代，全祖望著《汉书地理志稽疑》完全承袭了司马光的作法。他在武威条下云："本纪与志置郡之年不合，温公曰本纪是也，以下三郡同"。在酒泉条下则云："据《匈奴传》则初置止酒泉一郡，武威亦稍后之，今从本纪"[②]。自此后，"今从本纪"的说法成了大多数学者的意见。如齐召南的《汉书考证》就认为"志与纪自相矛盾，自应以纪为实"[③]。钱大昕《二十二史考异》[④] 和吴卓信《汉书地理志补注》[⑤] 也都力主武纪说而否定地志说。唯有朱一新则否定武纪而以地志说为是[⑥]。此外，王竣在《汉书正误》中提出一种折衷的说法，为《武帝纪》和《地理志》架起一座沟通的桥梁，认为"武帝纪元狩二年置武威酒泉，元鼎六年又分置张掖、敦煌郡，纪、志年分差异，意者纪但记创制之年，志则因其营建城郭设官分治之岁乎"[⑦]。从口气上看，只是一种揣测。他把创建之年与营建城郭设官分治分割开来，而且前后时间相差：张掖七

① （宋）司马光：《资治通鉴考异》，见《四库全书》史部编年类。

② 二十五史刊行委员会：《二十五史补编》，中华书局1955年版，第1257页。

③ 转引自（清）王先谦《汉书补注》，中华书局1993年影印本，第797页。

④ （清）钱大昕：《二十二史考异》，见《丛书集成初编》第3528—3542号。

⑤ 二十五史刊行委员会：《二十五史补编》，中华书局1955年版，第892—903页。

⑥ （清）朱一新：《汉书管见》，见光绪二十二年顺德龙氏葆真堂刊《拙丛稿》。

⑦ 转引自张春树《汉代河西四郡的建置年代与开拓过程的推测》，《历史语言研究所集刊》第37本2分册，1967年6月。

年，酒泉十七年，武威二十年，敦煌二十三年。既不符合情理，也与汉代创设初郡的惯例不合，显然是不能成立的。不过，我们不应厚责古人。事实上从司马光到清代诸前贤都已对《汉书》本身的记载提出了怀疑并作出各自不同的解释，只是未对问题进行深入研究，讨论始终局限在《纪》与《志》的范围内。

到20世纪40年代随着西北学的再度兴起，河西置郡年代问题又引起了人们的关注。1942年，张维华先生发表了《汉河西四郡建置年代考疑》①，以完全超越前人的科学方法，广泛搜求文献中与四郡设置年代有关的资料，对照比勘，严密论证，得出了不同于前人的新结论。1944年劳榦先生考释居延汉简告竣，利用汉简新资料在《居延汉简考证》一书中又对四郡的设置年代提出了独到的见解。两位前辈的研究从方法到结论至今留给后辈以深深的启迪。嗣后方诗铭先生和徐规先生分别于1946年和1948年先后发表了《敦煌建置年代考》② 和《汉河西四郡建置年代辨正》③。50年代至今，海峡两岸的学者以及日本的一些学者也都对此发表了意见。台湾方面：施之勉先生于1951年发表了《河西四郡建置考》④、张春树先生于1967年发表了《汉代河西四郡的建置年代与开拓过程的推测》⑤；日本方面：有日比野丈夫的《关于河西四郡的成立》⑥、安田静彦的《关于前汉时期的河西置郡》⑦；中国大陆方面有：黄文弼先生的《河西四郡建置年代考》⑧、陈梦家先生的《河西四郡的设置年代》⑨、周振鹤先生的《西汉河西四郡设置年代考》⑩、王宗维先生的

① 金陵、齐鲁、华西三大学编：《中国文化研究汇刊》，1942年2卷，又见《汉史论集》，齐鲁书社1980年版。

② 《经世日报·禹贡周刊》1946年10月18日。

③ 《浙江学报》1948年2卷2期。

④ 《大陆杂志》1951年第3卷第5期。

⑤ 《历史语言研究所集刊》第37本2分册，1967年6月。

⑥ 《创立二十五周年纪念论文集》1954年10月。

⑦ 《东汉史苑》第13号1978年12月。

⑧ 《西北史地论丛》，上海人民出版社1981年版；又见《黄文弼历史考古论集》，文物出版社1989年版。

⑨ 《汉简缀述》，中华书局1980年版。

⑩ 《西北史地》1985年第1期。

《汉代河西四郡始设年代问题》①。另外专门讨论敦煌一郡设置年代的文章还有吴礽骧等先生的《汉代的敦煌郡》② 和刘光华先生的《敦煌建郡于汉武后元元年辨》③。除上述十四位先生的研究外，其他研究两汉史和西北史的学者也都对四郡设置年代偶有涉及但因不属专门研究恕不一一罗列。为了讨论的方便，先将上述文章中有代表性的意见列表如下：

| 郡名 | 酒泉 | 张掖 | 敦煌 | 武威 |
|---|---|---|---|---|
| 各家学者 | 论定时间 | 论定时间 | 论定时间 | 论定时间 |
| 张维华 | 元鼎二、三年间 | 元鼎六年 | 元鼎六年 | 元凤元年至神爵元年 |
| 劳榦 | 元狩二年 | 元鼎六年 | 太初四年或稍后 | 元凤三年十月至地节三年五月约在本始二年左右 |
| 黄文弼 | 元鼎二年 | 元鼎六年 | 太初二年 | 元鼎六年 |
| 施之勉 | 元鼎六年 | 太初元年 | 后元元年 | 从劳说 |
| 日比野丈夫 | 元鼎六年 | 元封年间由河西郡改名 | 天汉年间 | 元凤三年至地节三年 |
| 陈梦家 | 元鼎六年 | 元鼎六年 | 元封四、五年 | 地节三年至元康四年 |
| 张春树 | 元鼎六年 | 元鼎六年 | 太初以后太始三年前天汉三年左右 | 从劳说 |
| 周振鹤 | 元狩二年 | 元鼎六年 | 元鼎六年 | 地节三年 |
| 王宗维 | 元封三年 | 太初三、四年间 | 后元元二年间 | 地节二年 |
| 吴礽骧 | 元鼎六年 | | 元封五、六年 | |
| 刘光华 | | | 后元元年 | |

可以看出：关于酒泉置郡的时间大致有元狩说、元鼎说（又可分为元鼎二年说和元鼎六年说）和元封说三种意见；张掖设郡有元鼎说和太初说两种意见；敦煌设郡时间分歧最大，有元鼎说、有元封说、有太初说、有天汉说、有后元说等五种；武威设郡时间则被限制在从元凤到元康的 20 年中。每种意见所依据的材料和理由，将在下面连同笔者的意见

① 《西北史地》1986 年第 3 期。

② 《西北师院学报》1982 年第 2 期。

③ 《西北师院学报》1982 年第 2 期。

一并讨论。从总体上看，问题的研究在一步步深入，有些已逐步趋向一致。但从另一方面看，或者由于论者所持方法不同，或者由于对材料的索解不同，又出现了新的分歧，因而仍有进一步探索和辨正的必要。下面分别论述之。

## 酒泉设置之年代

笔者认为，在上述酒泉设郡时间的诸多说法中，元鼎六年的根据最为充分确凿。

### （一）酒泉郡的设置与“始筑令居以西在同一时期”

《史记·大宛列传》载：“自博望侯骞死后，匈奴闻汉通乌孙，怒，欲击之。及汉使乌孙，若出其南，抵大宛、大月氏相属，乌孙乃恐，使使献马，愿得尚汉女翁主为昆弟。天子问群臣议计，皆曰‘必先纳聘，然后乃遣女’。初，天子发书《易》，云‘神马当从西北来’。得乌孙马好，名曰‘天马’。及得大宛汗血马，益壮，更名乌孙马曰‘西极’，名大宛马曰‘天马’云。而汉始筑令居以西，初置酒泉郡以通西北国”[①]。文中“及得大宛汗血马”是将太初四年（前101）之事注记于此以明何以乌孙“天马”改为“西极”的缘由。除此之外，“自博望侯骞死后”，“乌孙乃恐，使使献马”以及“始筑令居以西”，都清晰地记载了一个与酒泉置郡相关的时间链。《汉书》将此分别抄录在《张骞传》和《西域传》中，所不同之处就是把前后时间关系交待得更清楚了。《张骞传》曰：“骞还，拜为大行。岁余，骞卒。后岁余，其所遣副使通大夏之属者皆颇与其人俱来，于是西北国始通于汉矣”[②]。《西域传》乌孙条下记载：“匈奴闻其与汉通，怒，欲击之。又汉使乌孙，乃出其南，抵大宛、月氏，相属不绝。乌孙于是恐，使使献马，愿得尚汉公主，为昆弟”[③]。接

---

① （汉）司马迁：《史记》卷123《大宛列传》，中华书局1959年版，第3170页。

② （汉）班固：《汉书》卷61《张骞李广利传》，中华书局1962年版，第2693页。

③ （汉）班固：《汉书》卷96下《西域传下》，中华书局1962年版，第3903页。

下来《张骞传》又云：“初，天子发书《易》，由‘神马当从西北来’。得乌孙马好，名曰‘天马’。及得宛汗血马，益壮，更名乌孙马曰‘西极马’，宛马曰‘天马’云。而汉始筑令居以西，初置酒泉郡以通西北国”①。张骞出使乌孙返回的时间在元鼎二年（前115）。“岁余骞卒”，据《汉书·百官公卿表》时在元鼎三年。“后岁余，其所遣副使通大夏之属者皆颇与其俱来”，当在元鼎四、五年间。“乌孙乃恐，使使献马”，亦在其时。接下来就是“始筑令居以西”和“初置酒泉郡”了。因为这两件事发生在同一时间，有人就根据《水经注·河水注》卷二“令居县……汉武帝元鼎二年置”的说法将酒泉置郡放在元鼎二年。② 其实这是一种误解。因为“置令居县”和“始筑令居以西”是两回事，后者在《汉书·张骞传》的注中说得很清楚，臣瓒云“筑塞西至酒泉也”③。

“始筑令居以西”的时间在元鼎六年（前111）。《史记·平准书》曰：“其明年，南越反，西羌侵边为桀。于是天子为山东不赡，赦天下囚，因南方楼船二十余万人击南越，数万人发三河以西骑击西羌，又数万人度河筑令居；初置张掖、酒泉郡，而上郡、朔方、西河、河西开田官，斥塞卒六十万人戍田之”④。《汉书·武帝纪》将羌与南越反的时间系于元鼎五年，而将出兵平定之事系于元鼎六年。文曰：“六年冬十月，发陇西、天水、安定骑士及中尉、河南、河内卒十万人，遣将军李息、郎中令徐自为征西羌，平之。行东，将幸缑氏，至左邑桐乡，闻南越破，以为闻喜县。春，至汲新中乡，得吕嘉首，以为获嘉县。驰义侯遣兵未及下，上使令征西南夷，平之，遂定越地”⑤。可证“数万人度河筑令居”，及“初置张掖酒泉郡”均在元鼎六年。因此上引《史记·平准书》中徐广将张掖、酒泉的设置时间注为元鼎六年是有根据的。另外作为一条旁证，陈梦家先生也曾注意到，宣帝神爵元年（前61）用兵平羌时，

① （汉）班固：《汉书》卷61《张骞李广利传》，中华书局1962年版，第2693页。

② 陈桥驿点校：《水经注》卷2《河水》，上海古籍出版社1990年版，第39页。

③ （汉）班固：《汉书》卷61《张骞李广利传》，中华书局1962年版，第2694页。

④ （汉）司马迁：《史记》卷30《平准书》，中华书局1959年版，第1438页；班固：《汉书》卷24《食货志》，中华书局1962年版，第1173页，记载与此同。

⑤ （汉）班固：《汉书》卷6《武帝纪》，中华书局1962年版，第188页。

发酒泉、张掖、武威三郡屯兵并陇西、天水、安定骑士。而在此次元鼎六年伐羌时，却只有陇西、天水、安定骑士而无河西三郡的屯兵，可证酒泉、张掖二郡只能置于元鼎六年之后，而武威的情况又当别论。

### （二）酒泉置郡与徙民实边是密不可分、相互依存的

《汉书·武帝纪》把酒泉置郡的时间放在元狩二年（前121）。不管当时的根据出自何处，但从《史》《汉》两书反映的全部情况看，与其它的历史事实是相违谬的。霍去病于元狩二年三出河西，迫得浑邪王四万余人降汉后，汉朝首先考虑的问题不是立即在河西置郡，而是希望乌孙东居故地，与乌孙结盟共抗匈奴。《史记·大宛列传》载："……是后天子数问骞大夏之属。骞既失侯，因言曰：'……今单于新困于汉，而故浑邪地空无人。蛮夷俗贪汉财物，今诚以此时而厚币赂乌孙，招以益东，居故浑邪之地，与汉结昆弟，其势宜听，听则是断匈奴右臂也"①。河西地区自春秋战国以来就是月氏、乌孙的游牧地，楚汉之际匈奴势力崛起，到文帝六年（前174），"罚右贤王，使之西求月氏击之……以夷灭月氏，尽斩杀降下之。定楼兰、乌孙、呼揭及其旁二十六国，皆以为匈奴，诸引弓之民并为一家"②，正式占据河西一带。其范围在"盐泽以东，至陇西长城"③。正与"浑邪王率其民降汉，而金城、河西西并南山至盐泽空无匈奴"的记载相吻合④。到元狩二年（前121），时历五十四年。在长达半个多世纪的时间里，匈奴在河西的人口已发展到将近十万多人，而远非浑邪王降汉时所率之四万余众。下面引一些具体材料说明这个问题。元狩二年春，霍去病第一次出击河西，汉武帝有一个诏书，谈到虏获情况，当是最原始最可信的材料，诏曰："骠骑将军率戎士逾乌盭，讨遬濮，涉狐奴，历五王国，辎重人众慑慴者弗取，冀获单于子。转战六日，过焉支山千有余里，合短兵，杀折兰王，斩卢胡王，诛全甲，执浑邪王

---

① （汉）司马迁：《史记》卷123《大宛列传》，中华书局1959年版，第3167—3168页。
② （汉）司马迁：《史记》卷110《匈奴列传》，中华书局1959年版，第2896页。
③ （汉）司马迁：《史记》卷123《大宛列传》，中华书局1959年版，第3160页。
④ （汉）司马迁：《史记》卷123《大宛列传》，中华书局1959年版，第3160页。

子及相国、都尉首虏八千余级，收休屠祭天金人”①。《资治通鉴》记此次“获首虏八千九百余级”②，当有所据。同年夏天，汉遣四将军出击匈奴，张骞和李广出右北平，公孙敖和霍去病俱出北地；最后结果，博望侯张骞留迟后期，当死，赎为庶人；郎中令李广功过相当，无赏；合骑侯公孙敖坐行留不与骠骑会，当斩，赎为庶人。唯独霍去病“逾居延至祁连山，捕首虏甚多。天子曰：‘骠骑将军逾居延，遂过小月氏，攻祁连山，得酋涂王，以众降者二千五百人，斩首虏三万二百级，获五王、五王母，单于阏氏、王子五十九人，相国、将军、当户、都尉六十三人……鹰击司马破奴再从骠骑将军斩遬濮王，捕稽沮王、千骑将，得王、王母各一人，王子以下四十一人，捕虏三千三百三十人……校尉句王高不识，从骠骑将军捕呼于屠王王子以下十一人，捕虏千七百六十八人’”③。以上材料同为天子诏书原文，最为凭信。霍去病春、夏两次出击河西，斩杀、虏获的匈奴总数约有48800多人，号称五万，言之不虚。再加当年秋天浑邪王降汉4万余众，所以元狩二年前游牧在河西的匈奴将近10万人。这10万人之众经过霍去病三出河西，出现了“空无匈奴”和“河西地空”的局面。在这样的情况下，于元狩二年即在河西设郡，条件是不成熟的。

置郡的条件首先需要有人。既然匈奴内迁置五属国以处之，那么对河西的巩固与发展，第一步就需要“徙民以实之”。而元狩二年之后，朝廷的几次“徙民实边”却未及河西。第一次是元狩三年，“山东被水灾，民多饥乏，于是天子遣使者虚郡国仓廪以振贫民。犹不足，又募豪富人相贷假。尚不能相救，乃徙贫民于关以西，及充朔方以南新秦中七十余万口，衣食皆仰给县官”④；第二次是元狩四年夏，“匈奴远遁，而幕南无王庭。汉度河自朔方以西至令居，往往通渠置田，

---

① （汉）司马迁：《史记》卷111《卫将军骠骑列传》，中华书局1959年版，第2929页；又班固《汉书》卷55《卫青传》，中华书局1962年版，第2479页。

② （宋）司马光：《资治通鉴》卷19《汉纪》，中华书局1956年版，第630页

③ （汉）司马迁：《史记》卷111《卫将军骠骑列传》，中华书局1959年版，第2930—2931页；又（汉）班固《汉书》卷55《霍去病传》，中华书局1962年版，第2480—2481页。

④ （汉）司马迁：《史记》卷30《平准书》，中华书局1959年版，第1425页。

官吏卒五、六万人，稍蚕食，地接匈奴以北”[①]；第三次是元狩四年（前119），“有司言关东贫民徙陇西、北地、西河、上郡、会稽凡七十二万五千口”[②]；三次徙民，规模不为不大，人数不谓不众，唯独不及河西，正可说明元狩二年河西尚未设郡；相反，第一次移民河西，“上郡、朔方、西河、河西开田官，斥塞卒六十万人戍田之”则正是元鼎六年的事，[③] 亦可说明酒泉置郡在此次移民之后或同时。此处“上郡”“朔方”“西河”三地均以郡名，而河西则独以地区名，亦可说明此前“河西”尚未置郡。劳榦先生为了证明元狩二年说，认为《汉书》记载张骞使乌孙与《史记》的记载有五条不同处，其中《史记》言乌孙为匈奴西边小国，而《汉书》言乌孙与大月氏俱在敦煌祁连间；《史记》言故浑邪地空无人，汉书言昆莫地空。张骞欲徙乌孙之处，乃乌孙故地，即班氏所言“祁连敦煌间”，约当今嘉峪关以外地区，不得包括酒泉也。他还认为，班氏世在西州，其于乌孙事必别有所据，《汉书》与《史记》关于张骞出使乌孙事，自应以《汉书》为准[④]。其实，不论乌孙昆莫之地，还是匈奴昆邪之地，只是时间上的交替而不是空间上的差异，两者指的是同一块地方。匈奴的范围，“自金城、河西西并南山至盐泽”；而乌孙和大月氏“俱在敦煌祁连间”也只是临近西移前的情况，实际上他们在此前的游牧范围大得很。《史记》正义就说：“凉、甘、肃、瓜、沙等州，本月氏国之地”；[⑤] 同理，乌孙的游牧范围也并不局限在“敦煌祁连间”。他们都是游牧民族，而非定居民族，最大的特点是“逐水草而居”。所以《史》《汉》异文的记载，不能证明酒泉郡置于元狩二年的事实。

---

① （汉）司马迁：《史记》卷110《匈奴列传》，中华书局1959年版，第2911页；又班固《汉书》卷94上《匈奴传上》，中华书局1962年版，第3770页。

② （汉）班固：《汉书》卷6《武帝纪》，中华书局1962年版，第178页。

③ （汉）司马迁：《史记》卷30《平准书》，中华书局1959年版，第1439页；又班固《汉书》卷24《食货志》，中华书局1962年版，第1173页。

④ 劳榦：《居延汉简考证》，载劳榦《居延汉简·考释之部》，《“中央研究院”历史语言研究所专刊之四十》，1960年，第24—29页。

⑤ 可参阅拙文《月氏在河西的几个问题》，《甘肃社会科学》1994年第6期。

**（三）酒泉设郡于元封三年的说法，根据不足**

有论者所主元封三年说，其根据是《史记·匈奴列传》所载“汉使杨信于匈奴。是时，汉东拔秽貉、朝鲜以为郡，而西置酒泉郡以隔绝羌与胡通之路”。《史记·朝鲜列传》和《汉书·武帝纪》均言拔朝鲜之事在元封三年（前108），既然朝鲜设置的时间已定，而同时“西置酒泉郡”的时间必然也是元封三年[①]。其实《史记·匈奴传》这段材料的原文是：“汉使杨信于匈奴。是时汉东拔秽貉、朝鲜以为郡，而西置酒泉郡以隔绝与胡通之路。汉又西通月氏、大夏，又以公主妻乌孙王以分匈奴西方之援国。又北益广田至眩塞，而匈奴终不敢以为言”。《汉书·匈奴传》原文抄录[②]。这段材料中，杨信使于匈奴，据《汉书·武帝纪》时在元封四年（前107）[③]；而东拔朝鲜则在元封三年（前108）；西通月氏、大夏当指张骞出使乌孙回来后，“因益发使抵安息、奄蔡、黎轩、枝、身毒国……而北道酒泉抵大夏”[④]，时在元鼎至元封间；公主妻乌孙在元封中[⑤]；北益广田至眩塞，据陈梦家先生考证在元封四年[⑥]；加上所谓西置酒泉郡，共将六件事排在一起，旨在概括当时汉朝从东、西、北三面在空间上对匈奴所取得的军事外交胜利以说明“匈奴终不敢以为言”的局面。六件事的时间关系是错乱的，仅从排列上看不出它们之间的顺序关系和内在的一致性，因此，将此作为酒泉置郡于元封三年的唯一根据是不充分的。

**（四）《汉书·地理志》记酒泉置郡于太初元年，与诸多历史事实相抵触，不能成立**

《汉书·地理志》关于酒泉置郡于太初元年（前104）的记载，除上

---

① 王宗维：《汉代河西四郡始设年代问题》，《西北史地》1986年第3期。

② （汉）司马迁：《史记》卷110《匈奴列传》，中华书局1959年版，第2913页；又班固《汉书》卷94上《匈奴传上》，中华书局1962年版，第3773页。

③ （汉）班固：《汉书》卷6《武帝纪》，中华书局1962年版，第196页。

④ （汉）司马迁：《史记》卷123《大宛列传》，中华书局1959年版，第3170—3171页。

⑤ （汉）班固：《汉书》卷96下《西域传下》，中华书局1962年版，第3903页。

⑥ 陈梦家：《汉武边塞考略》，载氏著《汉简缀述》，中华书局1980年版。

引《大宛列传》《平准书》《匈奴列传》的材料足可否定外，尚有若干事实能更加确凿地证明其不能成立。其一，汉武帝元封二年（前109）作《瓠子之歌》，“自是之后，用事者争言水利。朔方、西河、河西、酒泉皆引河及川谷以溉田”①；其二，元封三年（前108），武都氐人反，分徙酒泉郡②；其三，元封四年，赵破奴和王恢破楼兰，“于是酒泉列亭障至玉门矣”③；其四，元封四年，浩侯王恢坐使酒泉矫制害，当死，赎，国除，封凡三月④；其五，“乌维单于立十岁而死，子乌师庐立为单于。年少，号为儿单于。是岁元封六年也（前105）。自此之后，单于益西北，左方兵直云中，右方直酒泉、敦煌郡⑤。上述材料明言早在太初以前就已有酒泉或酒泉郡，所以太初元年始设酒泉郡的说法可谓不攻自破。

## 张掖设置之年代

张掖设郡的时间《武纪》系于元鼎六年（前111），近世以来张维华、劳榦、黄文弼、陈梦家、张春树、周振鹏等诸位先生均未提出异议，意见是一致的。笔者只想就《地志》所记太初元年以及后人元封说和太初三、四年说作一些辨析，以进一步证明其元鼎六年说的可信。

《汉书·地理志》云：“张掖郡，故匈奴昆邪王地，武帝太初元年（前104）开”。事实上，诸家都曾注意到，《史记》《汉书》均有太初以前即有张掖郡的记载。《汉书·李广苏建传》附《李陵传》载：“武帝以为（陵）有广之风，使将八百骑，深入匈奴二千余里，过居延，视地形，不见虏，还，拜为骑都尉，将勇敢五千人教射酒泉、张掖以备胡。

① （汉）司马迁：《史记》卷29《河渠书》，中华书局1959年版，第1414页；又班固《汉书》卷29，中华书局1962年版，第1684页。

② （汉）班固：《汉书》卷6《武帝纪》，中华书局1962年版，第194页。

③ （汉）司马迁：《史记》卷123《大宛列传》，中华书局1959年版，第3172页；又班固《汉书》卷61《张骞传》，中华书局1962年版，第2695页。

④ （汉）司马迁：《史记》卷20《建元以来侯者年表》，中华书局1959年版，第1056页；又班固《汉书》卷17《景武昭宣元成功臣表》，中华书局1962年版，第660页。

⑤ （汉）司马迁：《史记》卷110《匈奴列传》，中华书局1959年版，第2914页；又班固《汉书》卷94上《匈奴传上》，中华书局1962年版，第3774页。

数年，汉遣贰师将军伐大宛，使陵将五校兵随后”[①]。贰师伐大宛，时在太初元年（前104），而此前数年，李陵已教射酒泉、张掖，说明张掖郡的设置早在太初元年以前。霍去病河西之战，扫清匈奴，史称“断匈奴之右臂”。而张掖得名，据《汉官仪》的记载，取其“张国臂掖”之意。可见，“张掖”一名的由来，具有一定的政治军事含义，与匈奴退出河西有关。换句话说，“张掖”一名的由来是与设郡同时诞生的。太初元年前的数年李陵教射之酒泉张掖，即指酒泉、张掖二郡。

此外，前文谈到酒泉设郡时间已引《史记·平准书》和《汉书·食货志》“数万人渡河筑令居，初置张掖、酒泉郡，而上郡、朔方、西河、河西开田官，斥塞卒六十万人戍田之”的材料。《史记·集解》在“初置张掖、酒泉郡”之下引徐广曰：“元鼎六年”。《汉书》师古注曰：“开田，始开屯田也。斥塞，广塞令卻。初置二郡，故塞更广也。以开田之官广塞之卒戍而田之”。这里，“元鼎六年”“初置二郡”的说法当是有根据的。另外，上已论及，与“度河筑令居以西”的相关事件也可说明张掖、酒泉二郡之设置同在元鼎六年。

日本学者日比野丈夫以为汉代先设了河西郡，而后在元封年间（前110—105年）改河西郡为张掖郡。这显然把地域名称与郡县名称混为一谈了。造成这种误解的原因，确切说首先不在日比野氏本人而在《史记》原书记载的逻辑混乱。《史记·河渠书》“自是之后，用事者争言水利。朔方、西河、河西、酒泉皆引河及川谷以溉田”[②]，《史记·卫将军骠骑列传》“最骠骑将军去病，凡六出击匈奴，其四出以将军，斩捕首虏十一万余级。及浑邪王以众降数万，遂开河西酒泉之地，西方益少胡寇”[③]。这里，“河西”并不包括酒泉，似指黄河以西到酒泉以东地区。但是，前引“上郡、朔方、西河、河西开田官、斥塞卒六十万人戍田之”以及“浑邪王率其民降汉，而金城、河西西并南山至盐泽空无匈

① （汉）班固：《汉书》卷100《李广苏建传》，中华书局1962年版，第2451页。
② （汉）司马迁：《史记》卷29《河渠书》，中华书局1959年版，第1414页。
③ （汉）司马迁：《史记》卷111《卫将军骠骑列传》，中华书局1959年版，第2945页。

奴”[①]，这里的“河西”又包括了四郡全部地区。可见司马迁笔下的“河西”，所指是混乱的，概念是不清楚的。中国古代的思辨逻辑并不发达。有人作过专门研究，古人所留下的诸多名篇，包括那些专门以政论擅长的煌煌巨著，仔细推敲起来，也有不少逻辑上的错误。司马迁笔下偶尔出现这样的差误是不奇怪的。班固《汉书》照抄司马迁原文，也把这种混乱沿袭了下来，但班氏自己另外续补的河西史料却未犯类似错误，概念是清晰的。如《汉书·匈奴传》：“昆邪王杀休屠王，并将其众降汉，凡四万余人，号十万。于是汉已得昆邪，则陇西、北地、河西益少胡寇”[②]。再如《汉书·西域传》：“孝武之世，图制匈奴，患其兼其西国，结党南羌，乃表河西，列四郡，开玉门，通西域，以断匈奴右臂，隔绝南羌、月氏”[③]。这里“河西”“四郡”的所指都是清楚的。日本学者日比野丈夫认为有一个“河西郡”的看法，就在于没有认真辨识出司马迁笔下的这种逻辑混乱。

王宗维先生把张掖郡的设置时间定在太初三、四年间。他认为张掖郡最早设于现今武威以北的洪祥滩，这里“是谷水两大水源交汇处，当时这里土壤肥沃，水草充足，扼谷水流域要塞，是放牧、农耕和南北防御的理想地方。又当东西通道，李陵选择这里练兵、备胡，是有道理的。所以这个地方，开始是李陵屯兵之所，后来又以张掖为名设县、置郡”[④]。王先生把张掖置郡定在太初三、四年的唯一根据是《史记·大宛列传》记载，其时，“益发戍甲卒十八万，酒泉、张掖北，置居延、休屠以卫酒泉”。根据王先生的推测，“十八万戍甲卒加上参与运输的‘转车人’‘负私者’，一时拥进河西地区的不下二十余万人。张掖（即上文所说洪祥滩）是进入走廊的第一个绿洲，留居者至少有七八万人。这样多的人虽不都是长期留居户，但留下的也不少，于是就有许多民事问题需要地方行政机关处理。在这种情况下，汉朝政府

① （汉）司马迁《史记》卷123《大宛列传》，中华书局1959年版，第3167页。
② 班固：《汉书》卷94上《匈奴传上》，中华书局1962年版，第3769页。
③ 班固：《汉书》卷96下《西域传下》，中华书局1962年版，第3928页。
④ 王宗维：《汉代河西四郡始设年代问题》，《西北史地》1986年第3期。

就在李陵屯兵之地设立了张掖县、张掖郡。从此河西分为两大部，东部属张掖郡，西部属酒泉郡”①。看得出来，王先生的议论中想象和臆断的成份较多，史料根据却相对薄弱。也就是说，要使这一观点真能得到确立，还需要更加确凿的根据和进一步的充分论证，仅有上述的材料和分析是不能成立的。

最后，是否酒泉置郡在前，其它三郡在后的问题。《史记》和《汉书》各有五条材料单独提到酒泉，给人一种似乎酒泉最先设郡，而后分置其它三郡的错觉。仔细比勘，两书十条记载中，其中四条是相同的，除去相同者，总共有六条，大多前已征引，现再罗列如下：（一）《史记·河渠书》《汉书·沟洫志》：“自是之后，用事者争言水利，朔方、西河、河西、酒泉皆引河及川谷以溉田”。（二）《史记·卫将军骠骑列传》《汉书·卫青霍去病传》：“浑邪王（《汉书》为昆邪王）以众降数万，遂开河西酒泉之地（《汉书》无“遂”字）。（三）《史记·匈奴列传》、《汉书·匈奴传》：“是时汉东拔秽貉、朝鲜以为郡，而西置酒泉郡以隔绝胡与羌通之路”。（四）《史记·大宛列传》《汉书·张骞传》：“而汉始筑令居以西，初置酒泉郡以通西北国”。（五）《史记·大宛列传》：“其后遣使，昆明复为寇，竟莫能得通。而北道酒泉抵大夏”。（六）《汉书·西域传》：“其后骠骑将军击破匈奴右地，降浑邪、休屠王，遂定其地，始筑令居以西，初置酒泉郡，后稍发徙民充实之，分置武威、张掖、敦煌，列四郡，据两关焉”。

上述材料（一）（二）前已辨析，属于司马迁记载上的混乱，不能作为酒泉最先设郡的依据。材料（三）对举最东部秽貉、朝鲜和最西部酒泉，因为当时敦煌尚未设郡，与最东、最北相对应的最西只能是酒泉而不是敦煌。（四）（五）两条，主要讲通西域的道路只能经过酒泉，或者说主要强调了酒泉郡的设置在汉通西域的过程中所占的重要地位。同样说明敦煌郡尚未设立，酒泉是西北边境控扼中西交通的门户。材料（六）从字面看，倒是很清楚，先设置了酒泉郡，然后分置其它三郡。

① 王宗维：《汉代河西四郡始设年代问题》，《西北史地》1986 年第 3 期。

但是这条材料出自《汉书·西域传》的序传中，行文本身的笔法极为概括简练，目的在于扼要交待汉在西北的文治武功后，引起对西域的具体记述。因而，对这一史实的记载或有疏失。再则，如果《汉书》对四郡的记载仅此一条，那么我们就完全可以据此定案，不必多费笔墨。但问题是，除此记载外，《汉书》本身还有其它的记载。如同我们不能根据《武纪》把酒泉、张掖设郡定在元狩二年一样，也不能对上述材料（六）完全不加怀疑。事实上，四郡设置之确切年代，从《汉书》记载之如此矛盾分歧看，就连当时的班固自己也没有搞清楚。大量抄录前人的记载，对相互矛盾的史实材料未能详审鉴别，缺乏深入研究。因此，材料（六）不能作为酒泉最先设郡的确切依据，至多只能存疑，留待后日考证。

总之，张掖建郡于太初元年，太初三、四年以及元封间由河西郡改置的说法都是站不住脚的。只有元鼎六年与酒泉同时置郡的结论才是最接近史实的。

## 敦煌设郡之年代

敦煌设郡的时间，《汉书·武帝纪》言元鼎六年（前111）由酒泉郡分置，而《汉书·地理志》则言后元年（有人以为夺一元字，当为后元元年，前88）置。前后相差二十三年。后人张维华先生和周振鹏先生主元鼎六年说；陈梦家、吴礽骧二先生分别主元封四、五年和元封五、六年说；黄文弼、劳榦二先生分别主太初二年和太初四年说；日比野丈夫和张春树、方诗铭先生分别主天汉年间说、天汉三年说和天汉三年至征和二年说；施之勉、刘光华、王宗维先生分别主后元元年说和后元元二年间说。意见最为分岐。

本来，起初的讨论只限于《本纪》说和《地志》说，1944年夏鼐先生在敦煌发现一条简文，“酒泉玉门都尉护众候畸兼行丞事”（中华书局《敦煌汉简》编为2438号），成为敦煌建郡时间的关键材料。简文说明，在敦煌建郡之前玉门都尉就已设置，而且隶属于酒泉郡所辖。于是玉门都尉的设置便成了敦煌建郡的上限。敦煌遗书《后晋天福十年寿昌县地境》记载："玉门关，县北一百六十里，汉武帝元鼎九年置，并有都尉"①。有人认为，元鼎只有六年而无九年。此"元鼎九年"当为元封三年（前108），因而敦煌设置当在元封三年之后即元封四、五年之间②。又有人认为上述《寿昌县地境》出自少数民族之手，不尽可靠，玉门建关及设置都尉当在"酒泉设亭障至玉门"之后，即元封四年（前107）之后，因而敦煌设郡当在元封五、六年之间③。这里有一个问题被忽略了。事实上，对简文文义的理解是一回事，对其本身的时间考证又是一回事。而后者才是确定敦煌建郡于何时的关键。在夏先生发现该简之前，斯坦因也在同一地点发现过不少汉简，最早的为天汉三年（前98）。解放后先后在敦煌各地采集和掘获的汉简有十多批。其中的纪年简也没有一枚是早于此时的。因而，该简的最早时限只能在天汉三年以后。它的价值不仅说明在敦煌建郡以前，就有一个隶属于酒泉郡的玉门都尉，而且也说明，迟至天汉三年前敦煌尚未郡建。

此外，文献中还有征和年间未置敦煌郡的材料，刘光华先生的《敦煌建郡于后元元年辨》和《敦煌上古历史的几个问题》④ 已言之甚详。其一，《汉书·武帝纪》载，天汉二年（前99）五月，"贰师将军三万骑出酒泉，与右贤王战于天山，斩首虏万余级"。《史记·匈奴列传》和《汉书·匈奴传》的记载基本相同。《汉书·匈奴传》载："其年（征和三年），匈奴复入五原、酒泉，杀两部都尉。于是汉遣贰师将军七万人出五原，御史大夫商丘成将三万余人出西河，重合侯莽通将四万骑出酒泉千余里……重合侯军至天山，匈奴使大将偃渠与左右呼知王将二万余骑要汉兵，见汉兵强，引去。重合侯无所得失"。上述两事分别发生在天汉二年和天汉三年，均为汉军进军天山与匈奴作战的事例。"天山"，按

---

① 唐耕耦、陆宏基编：《敦煌社会经济文献真迹释录》，全国图书馆文献缩微复制中心，1990年，第52页。

② 陈梦家：《汉简缀述》，中华书局1980年版，第186页。

③ 吴礽骧：《汉代的敦煌郡》，《西北师院学报》1982年第2期。

④ 《敦煌学辑刊》总第3册。

《括地志》载在伊吾县北百二十里，地当西域东部。由河西西进天山，敦煌为必经之地。两次作战均言“出酒泉”而不言出敦煌，从一个侧面说明此时的敦煌尚未建郡。其二，《汉书·西域传》载征和四年（前89）武帝轮台诏追述上年伐西域时运粮情况说，“汉军破城，食至多，然士自载不足以竟师，强者尽食畜产，羸者道死数千人。朕发酒泉驴、橐驼，负食出玉门关迎军。吏卒起张掖，不甚远，然尚厮留甚众”。这里是说，汉军攻破车师后粮食虽多，却负载有限，不足归途所需，汉朝只好从酒泉发驴、橐驼负食，“出玉门关迎军”，张掖也参与了此事。如此重大的军事行动，张掖、酒泉分别筹措粮秣，西进以迎缺粮的回归将士，地处最西边的敦煌却史无记载，也是敦煌尚未建郡的佐证之一。在此之前，桑弘羊等人所上《屯田奏》，其中也反映了一些令人值得注意的问题。原文亦载《汉书·西域传》，曰：“故轮台东捷枝、渠犁皆故国，地广，饶水草，有溉田五千顷以上，处温和，田美，可益通沟渠，种五谷，与中国同时熟……臣愚以为可遣屯田卒诣故轮台以东，置校尉三人分护，各举图地形，通利沟渠，务使以时益种五谷。张掖、酒泉遣骑假马为斥候，属校尉，事有便宜，因骑置以闻”。桑弘羊等人的计划是派戍卒屯田轮台，由酒泉、张掖派骑兵为斥候，担任警戒和保卫任务。同理，敦煌地近西域，派斥候之事舍敦煌而远及酒泉、张掖，岂不舍近求远。合理的解释只能是敦煌仍未置郡，其地当属酒泉郡领辖。

由上述材料可证，敦煌地区迟至征和年间尚属酒泉郡领属，因而它的建郡时间只能在后元元年。

此外《史记·大宛列传》还有一条记载：“汉已伐宛……而汉发使十余辈至宛西诸外国，求奇物，因风览以伐宛之威德。而敦煌置酒泉都尉”。汉伐大宛后，时当天汉年间。此时敦煌置酒泉都尉，论者亦常引此作为天汉年间敦煌尚未置郡的根据。因对这条记载的解释各家多有分歧。其中夏鼐先生说：“徐广云：‘敦煌有渊泉县，或者酒字当为渊字也’。盖由于原文语意之不可通，故臆测其如此。梁玉绳《史记志疑》云：‘徐广引别本，置字在都尉上是也。至于酒字为渊则非。汉志敦煌渊泉无都尉’。今按梁说是也。‘敦煌酒泉置都尉者，言敦煌酒泉两郡置都尉'。"如此，则又成了敦煌已经设郡的证据。因言人人殊，这里暂置之不论，仅以上列数条证其敦煌置郡于后元元年的结论。

敦煌建郡的时间除上述后元元年说外，其它的几种说法也都可谓"各有所据"。下面逐条作一些辨析。

《汉书·刘屈氂传》载征和二年（前91）巫蛊事起，"诸太子宾客，尝出入宫门，皆坐诛。其随太子发兵，以反法族。吏士劫略者，皆徙敦煌郡"。这是征和二年前敦煌置郡的主要根据。此事刘光华先生以为巫蛊事件后，"上连年治太子狱"，所谓"皆徙敦煌郡"，可能是一个较长的过程，后来史家追述此事把它排在征和二年秋。王宗维先生则认为史家在记述此事时在"敦煌"之后信手增一"郡"字，以至致误，因而不能以此作为敦煌建郡于后元元年的事实。此外，笔者以为还有一种可能更接近史实。即戾太子事件发生后，确于征和二年将本案牵连者徙之敦煌，但史家记述此事却是若干年以后的事，其时，敦煌早已建郡，记述中将敦煌直书为敦煌郡也未必为错，指的同是一个地方。向敦煌流徙犯人由来已久，远在建郡之前。人们最熟知的事例就是渥洼水中得神马，《史记》集解引李斐注曰："南阳新野有暴利长，当武帝时遭刑，屯田敦煌界。人数于此水旁见群野马中有奇异者，与凡马异，来饮此水旁。利长先为土人持勒靽于水旁，后马玩习久之，代土人持勒靽，收得其马，献之。欲神异此马，云从水中出"[①]。此事《汉书·礼乐志》记于元狩三年（前120），《汉书·武帝纪》则记之于元鼎四年（前113），说明元狩、元鼎间已有流罪人于敦煌的记载。此外，敦煌遗书伯2625号《敦煌名族志残卷》记载索氏源流："汉武帝时，太中大夫索抚、丞相赵周直谏忤旨徙边，以元鼎六年从钜鹿南和迁于燉煌"[②]。这也是元鼎间罪人流徙敦煌的例子。

上引2438号敦煌汉简"酒泉玉门都尉护众候畸兼行丞事"，论者

① （汉）司马迁：《史记》卷42《乐书》，中华书局1959年版，第1178页；班固：《汉书》卷6《武帝纪》，中华书局1962年版，第184页。

② 唐耕耦、陆宏基编：《敦煌社会经济文献真迹释录（第1辑）》，全国图书馆文献缩微复制中心，1990年，第102页。

一致认为这是敦煌尚未建郡的遗留。另外敦煌还有一简云："太始三年闰月辛酉朔已卯玉门都尉护众谓千人尚尉丞某某署就"。[①] 此简时间相近，所载均为"玉门都尉护众"，颇多相关性。有人以为简文在"玉门都尉"之前未冠"酒泉"，正说明此时敦煌已经建郡，玉门都尉已直属敦煌郡，故而直称"玉门都尉"。因此将太始三年简作为太始以前敦煌已经置郡的依据。其实，敝意认为如照上述说法，玉门都尉隶属于酒泉郡时前面要冠以"酒泉"二字，那么隶属于敦煌郡后为何不冠以"敦煌"二字。反过来说，如果隶属敦煌郡后可以不冠"敦煌"二字而直称"玉门都尉"，那么隶属酒泉时又何以不可不冠"酒泉"二字直称"玉门都尉"呢！因而对太始三年简的解释是不能令人信服的。

《史记·匈奴列传》有载："乌维单于立十岁而死，子乌师庐立为单于。年少，号为儿单于。是岁元封六年也。自此之后，单于益西北，左方兵直云中，右方直酒泉、敦煌郡"。这是持元封六年（前105）以前敦煌已经置郡的主要依据。其实细究这一记载，有两点需要注意。一是《汉书·匈奴传》中所录上述文字，在"敦煌"后面无"郡"字，直言"右方直酒泉、敦煌"。说明班固修《汉书》时看到的《史记》原文"敦煌"之后无"郡"字，而目前看到的《史记》中的"郡"字则可能是后人传抄误增。二是《史》《汉》两书所言"元封六年"，只是匈奴儿单于乌师庐继位的准确时间，至于"单于益西北"，"右方直酒泉敦煌"的时间，《史记》中"自此之后"，《汉书》中"自是后"点得很清楚。是自此以后的事，"后"到何时，这个过程延续到何时却未交待清楚，因而，以此作为敦煌建郡于元封六年以前的根据，是不充分的。

持太初以前敦煌就已置郡的根据主要是《史记·大宛列传》中所载太初年间李广利伐大宛时"往来二岁，至敦煌""贰师恐，因留屯敦煌""发恶少年及边骑，岁余而出敦煌""转车人徒相连属至敦煌""初，贰师起敦煌"以及《汉书·武帝纪》和《汉书·五行志》中所记太初元年

① 王国维：《流沙坠简》，中华书局1993年版，第108页。

“蝗飞至敦煌”的材料，认为这都是与酒泉、张掖二郡并提，乃指郡言。另外，居延汉简有“□延寿乃太初三年中父以负马田敦煌延寿与□俱来田事已”①。这也是太初以前置郡说的根据之一。《史记·大宛列传》多次提到敦煌，自然可说明此时的敦煌已为汉军西进的屯兵之所和后方基地，有论者即据此认为，“敦煌建郡即是为李广利伐大宛所作的军事准备”②。笔者却认为，即使此时敦煌不建郡，其地亦属酒泉郡领辖，丝毫不影响它作为进军西域屯兵之所和后方基地的重要地位。因而这里所说“敦煌”，与是否建郡只有一种或然性，从本身看不出两者之间的必然性。“敦煌”一名，早在建郡之前就已存在，属于当地流传的土名。如同张骞于元朔三年（前126年）所述西域情况说：乌孙“本与大月氏俱在祁连敦煌间”③ 一样，在没有其它直接证据的情况下，我们只能认为这里所指只是敦煌这一地区。至于太初三年“负马田敦煌”的简文，陈直先生早已指出，“此简为追述太初三年中事，绝对年代，可能晚于太初三年”④。即使简文所记为太初三年事，也不能说明此时敦煌已经建郡。上已论及，敦煌屯田之事早于建郡多年，“田敦煌”与建郡时间没有必然联系。

## 武威设郡之年代

武威建郡的确切年代，相对于《汉书·武帝纪》和《汉书·地理志》的记载距离最大，但研究者的意见却最趋一致。大家就象撒网一样，最先由张维华先生论定一个较大的范围，然后其他研究者总能把问题推进一步，把年代范围一步步拉紧，到目前为止，武威置郡的上限和下限已被缩小到最小范围，甚至可以确指其具体年代。

---

① 谢桂华、李均明、朱国炤：《居延汉释文简合校》，文物出版社1987年版，第623页，513.23+303.39号简。

② 吴礽骧：《汉代的敦煌郡》，《西北师院学报》1982年第2期。

③ （汉）班固：《汉书》卷61《张骞传》，中华书局1962年版，第2692页

④ 陈直：《居延汉简研究》，天津古籍出版社1986年版，第751页。

《汉书·武帝纪》把武威置郡的年代放在元狩二年（前121）与酒泉同时。而《地理志》却又将其系之于太初四年（前101）。考历史事实，两说均不可据。

最典型的事例就是昭帝时设置金城郡的记载。始元六年（前81）秋七月，“以边塞阔远，取天水、陇西、张掖郡各二县置金城郡”①。按后来的情况，张掖郡远在武威之西，金城设郡时断不可越过邻近的武威而在张掖搞一块飞地，合理的解释只能是当时武威尚未设郡，其地属张掖郡管辖。金城设郡取其邻近二县，故史书如此记载。从金城郡所属各县看，《汉书·地理志》所载十三个属县，已是元始二年（2）的情况，八十多年中当有分析增置之变化，但十三县故地无一处在今所指张掖郡境内。金城郡西北有属县三，曰令居，曰枝阳，曰允街。而允街为神爵二年（前60）平羌后新置，因而始元六年（前81）由张掖分属金城的二县只能是令居和枝阳，二县的故地均在今永登县境。可见，后来的武威郡地以至东到黄河沿岸当时都属张掖郡的辖境。始元六年，即上述金城分张掖等地设郡的同一年，在汉朝廷召集御史大夫和贤良文学的盐铁会议上，大夫曰:”先帝推让（当为“推攘”），斥夺广饶之地，建张掖以西，隔绝羌、胡，瓜分其援。是以西域之国皆内拒匈奴，断其右臂，曳剑而走”②。这里不言武威，而言“建张掖以西”，也是武威尚未建郡的明证。

后人在颂扬武帝的雄才大略及文治武功时总把开河西四郡放在重要地位。班固的《汉书·西域传》有“孝武之世，图制匈奴，患其兼从西国，结党南羌，乃表河西，列四郡，开玉门，通西域”云云。范晔的《后汉书·西羌传》也称颂道“及武帝征伐四夷，开地广境，北却匈奴，西逐诸羌，乃渡河、湟，筑令居塞；初开河西，列置四郡，通道玉门，隔绝羌、胡，使南北不得交关”。仔细推究史实，“初开河西”，言之不妄，但“列置四郡”则未必尽然。武帝时武威尚未建郡，上引昭帝时金

① （汉）班固:《汉书》卷8《宣帝纪》，中华书局1962年版，第224页。

② （汉）桓宽:《盐铁论·西域第四十六》。此引马非百《盐铁论简注》本，中华书局1984年版，第332页。

城置郡的记载和《盐铁论》的材料已经论及，下面再列出武帝时期的诸多证据详加论述之。

证据之一：司马迁与汉武帝刘彻为同时代人，约生于景帝中元五年（前145）。他的《史记》所载“自黄帝以来至太初而讫”。全书无一字言及武威。相反提及张掖者四处，敦煌者六处，酒泉者则多达十五处。司马迁父卒三岁迁为太史令始论著列代之史，时在元封二年（前109）。后于天汉二年（前99）遭李陵之祸，到此编修史书已达十年。遭刑后“隐忍苟活”，继续发愤著书。到征和二年（前91）任安以诬蛊事牵连狱，曾有《报任安书》。因而司马迁的卒年当在任安死后。可见《史记》的编修经历了将近二十年之久。《史记》绝笔于太初，但司马迁却在此后又生活了十多年时间，其间删订考削，终其一生。因而绝不会将武威设郡疏漏致误。

证据之二：《汉书·李陵传》载：李广利于太初元年伐大宛前数年，李陵将勇敢五千人，教射酒泉、张掖以备胡。天汉二年，李广利将三万骑出酒泉与右贤王战于天山，李陵请步兵五千涉单于庭，武帝诏强弩都尉路博德将兵半道迎陵军，因博德羞为陵后，乃上书曰：“方秋匈奴马肥，未可与战，臣愿留陵至春，俱将酒泉、张掖骑各五千人并击东西浚稽，可必禽也”。这里两处均未提及武威，说明元封、太初、天汉时，武威郡尚未分设。

证据之三：太初三年，匈奴入张掖、酒泉杀都尉①。同年，朝廷“益发戍甲卒十八万人酒泉、张掖北，置居延、休屠以卫酒泉”。居延沿额济纳河一线为大漠通向河西的南北通道，匈奴南侵可通过此路到酒泉、张掖。同样，休屠谷水一线（即今石羊河）亦为南北通道，匈奴沿此线可直达武威。但这一材料只提张掖、酒泉，未曾言及武威，也是武威尚未置郡之明证。

证据之四：《汉书·韦贤传》记载汉末哀帝时太仆王舜和中垒校尉刘歆上奏议论武帝庙曰：“孝武皇帝愍中国罢劳无安宁之时，乃遣大将

① （汉）班固：《汉书》卷6《武帝纪》，中华书局1962年版，第201页。

军、骠骑、伏波、楼船之属，南灭百粤，起七郡；北攘匈奴，降昆邪十万之众，置五属国，起朔方，以夺其肥饶之地；东伐朝鲜，起玄菟、乐浪，以断匈奴之左臂；西伐大宛，并三十六国，结乌孙，起敦煌、酒泉、张掖，以鬲婼羌，裂匈奴之右臂”①。这是后人对武帝一个总括性的回顾，东南西北都讲到了，其中“起敦煌、酒泉、张掖”只言三郡，而唯独不及武威，亦可说明武帝时河西只上述三郡而独无武威。

证据之五：《汉书·赵充国传》载赵充国在宣帝元康之世上奏西羌事宜时回顾了以往三十多年的情形。曰：“……至征和五年，先零豪封煎等通使匈奴，匈奴使人至小月氏，传告诸羌曰：‘汉贰师将众十余万人降匈奴。羌人为汉事苦。张掖、酒泉本我地，地肥美，可共击居之’。以此观匈奴欲与羌合，非一世也”②。王先谦《汉书补注》曰：“五当为三。贰师降匈奴岁余，卫律害其宠，收贰师屠以祠。玩匈奴告诸羌语当在初降时，不得在贰师死后。且征和无五年，五为三讹尤其明证”③。征和三年当前90年。按《汉书·地理志》，武威郡当匈奴休屠王地，张掖郡故匈奴昆邪王地。上引匈奴传告诸羌只言“张掖、酒泉本我地”而不及武威，亦说明武威确未建郡。

不仅武帝时期武威尚未建郡，即使至昭帝之时武威也未分立。除前引始元六年金城置郡事及《盐铁论》材料外，还有一些其他材料把武威设郡的时间推到了宣帝时期。居延汉简有载：“元凤三年十月戊子朔戊子酒泉库令安国以近次兼行大守事丞步迁谓过所县河津请遣□官持□□□钱去□□取丞从事金城张掖酒泉敦煌郡乘家所占畜马二匹当传舍从者如律令/掾胜胡卒史广”（303.12A）。文中从东到西列出河西各郡，“金城”到“张掖”之间无“武威”，说明元凤三年（前78）前还无武威。还有一条可以往下推的材料，就是本始二年五将军出击匈奴，“御史大夫田广明为祁连将军四万余骑出西河；度辽将军范明友三万余骑出张掖；前将军韩增三万余骑出云中；后将军赵充国为蒲类将军三万余骑出酒泉；云

① （汉）班固：《汉书》卷73《韦贤传》，中华书局1962年版，第3126页。

② （汉）班固：《汉书》卷69《赵充国传》中华书局1962年版，第2973页。

③ （清）王先谦：《汉书补注》，中华书局1993年影印本，第1314页。

中太守田顺为虎牙将军三万余骑出五原。凡五将军，兵十余万骑，出塞各二千余里”①。此年，五将军在北线全面出击，其中范明友和赵充国当年在河西的广大区域内向匈奴进军，而文中只提到张掖、酒泉，未及武威，说明武威建郡只能在此后而不在此前。换言之，武威建郡的上限只能在本始二年之后。

武威建郡的下限有两条材料，其一《汉书·赵充国传》所载神爵元年（前61）发兵击西羌的材料："时上已发三辅、太常徒弛刑，三河、颍川、沛郡、淮阳、汝南材官，金城、陇西、天水、安定、北地、上郡骑士、羌骑，与武威、张掖、酒泉太守各屯其郡者，合六万人矣。酒泉太守辛武贤奏言……‘屯兵在武威、张掖、酒泉万骑以上，皆各羸瘦……’”②。这是武威作为河西一郡最早与张掖、酒泉并提的材料。可见，神爵以前武威已经分地置郡，殆无疑义。其二《汉书·霍光传》载霍光死后，宣帝“乃徙光女婿度辽将军未央卫尉平陵侯范明友为光禄勋，……数月，后出光姊婿给事中光禄大夫张朔为蜀郡太守，群孙婿中郎将王汉为武威太守”③。《汉书·百官公卿表》载，度辽将军范明友为光禄勋事在地节三年，此时武威已有太守，说明地节三年（前67）为目前发现的武威置郡的最早的下限时间。

综上所论，武威置郡于宣帝本始二年至地节三年之间，即前71年至前67年这五年之间。

最后，有一条汉简前人曾分别引用作为武威置郡与否的关键材料，笔者拟略作辨正。简文云：

> 地节二年六月辛卯朔丁巳，肩水候房谓长光，官以姑臧所移卒被兵本籍，为行边兵丞相史王卿治卒被兵以校阅，亭隧卒被兵皆多冒乱不相应，或易处不如本籍。今写所治亭别被兵籍并编移书到，光以籍阅具卒兵，兵即不应籍，更实定此籍，随即下所在亭，各实

① （汉）班固：《汉书》卷94上《匈奴传上》，中华书局1962年版，第3785页。
② （汉）班固：《汉书》卷69《赵充国传》，中华书局1962年版，第2911页。
③ （汉）班固：《汉书》卷68《霍光传》，中华书局1962年版，第2952页。

弩力石射步数。令可知，赍事诣官，会月廿八日夕须以集，为丞相史王卿治事课，后不如会日者，必报，毋忽如律令。 7.7A[①]

同一条汉简，有人认为该简“记张掖肩水候官告候长核对姑臧戍卒名籍以待行边丞相史的校阅，则后来作为武威郡治的姑臧，当时尚属张掖管辖。若此时武威已置郡，则姑臧戍卒当戍于休屠而不在居延。此说如可成立，则武威置郡于地节二年以后，置郡前的姑臧原是属于张掖的一个县”[②]。而有人则认为“这条简文反映了武威设郡初张掖郡肩水候向武威郡行边丞相史交还戍卒的情形……武威分郡前居延汉简中有姑臧、鸾鸟等县在居延服役的名籍。武威郡分置，按例武威郡辖县在居延服役的兵卒应回本籍服役，肩水候官就要向行边兵丞相史办理移交手续……如果这样分析不错，就证明武威郡设于地节二年，这年六月正在办理分郡手续”[③]。两种解释得出两种结论，大相径庭。不过两者都有前提：前者有“若此说如可成立”，后者有“如果这样分析不错”，说明关键还是对简文的理解吃不准。

上引简文出自《居延汉简合校》，与早期释文有出入。所谓“被兵本籍”的“兵”指“兵器”；“被”，当动词讲可理解为“被坚执锐”之“被”，当名词讲可理解为铠甲之类。《左传·襄公三年》有“使邓廖帅组甲三百，被练三千”。贾逵云：“组甲，以组缀甲，车士服之；被练，帛也，以帛缀甲，步卒服之”[④]，因而“被兵本籍”，乃士卒配发兵器和衣甲的名籍。“治”有“整理”“整顿”“检查校阅”的意思。《周礼·司约》：“治神之约为上，治民之约次之”。注云：“治者，理其相抵冒上下之差也”[⑤]。简文原意是，肩水候官房将姑臧所移士卒兵器簿（被兵本籍）交给候长光，命其检查核实士卒武器是否与兵器簿记载相吻合，作

① 谢桂华、李均明、朱国炤：《居延汉简释文合校》，文物出版社 1987 年版，第 16 页，与前此各本有异。

② 陈梦家：《汉简缀述》，中华书局 1980 年版，第 187 页。

③ 王宗维：《汉代河西四郡始设年代问题》，《西北史地》1986 年第 3 期。

④ 《十三经注疏》，中华书局阮刻影印本，1980 年，第 1930 页。

⑤ 《十三经注疏》，中华书局阮刻影印本，1980 年，第 881 页。

好准备以待行边兵丞相史的校阅。那么上述肩水士卒的“被兵本籍”何以由姑臧所移，便成了问题的关键。敦煌汉简和居延汉简均有姑臧兵器进入河西各地的记载，说明当时河西各边戍卒配发的武器有一部分是由姑臧制造和供应的。也就是说，姑臧有一个类似于后人眼中的“兵工厂”和“军械库”，专门负责对河西各地的兵器供应。如敦煌汉简记载，“戍卒河东郡汾阳南池里耿禹，假赤循，鸠尾折”，“戍卒河东郡汾阳宜都里杜充，所假姑臧赤盾一，桂，两端小伤各一所”①。居延旧简有“矢铜□五十完□兰兰冠各一完毋勒本受姑臧完□”（38·39）。居延新简中有“武威郡姑臧别库假戍田卒兵□”（T58.55）“元康二年五月已巳朔辛卯武威库令安世别缮治卒兵姑臧敢言之酒泉太守府移丞相府书曰太守□迫卒受兵谨掖檠持与将卒长吏相助至署所毋令卒得擅道用弩射禽兽斗已前□书□三居延不遣长吏逢迎卒今东郡遣利昌侯国相力白马司空佐梁将戍卒□”（T53.63）上述简文中的兵器都与姑臧有关，尤其是后两条，都是武威置郡之后的材料，这都说明前引地节二年简与姑臧戍卒当戍本郡还是当戍居延以及武威是否置郡毫无关系。

（本文承甘肃省文物考古研究所张德芳同志提供若干汉简资料。）

**附记：**

郝树声（1953— ），女，辽宁省沈阳市人，祖籍山东牟平，无党派人士，甘肃省社会科学院历史研究所所长、二级研究员，国务院特殊津贴专家，全国政协委员，甘肃省人民政府文史研究馆馆员，甘肃省人民政府决策咨询委员会委员。曾任甘肃省历史学会副会长。西北师范大学兼职教授，中国古代史专业（先秦秦汉史）方向硕士研究生指导教师。

主要研究方向为秦汉史、甘肃地方历史文化。多次主持完成国家社科基金项目、甘肃省社科基金重点和一般项目以及厅局委托项目，在国

① 罗振玉、王国维：《流沙坠简》，中华书局1993年版，第179、180页。

家级刊物和省级刊物发表论文 80 多篇，出版专著、编著近 20 部，其中论文《汉河西四郡设置年代考辨》、专著《悬泉汉简研究》等多次获得甘肃社会科学优秀成果奖。

本文原为《汉河西四郡设置年代考辨（上)》和《汉河西四郡
设置年代考辨（下)》两文，刊于《开发研究》
1996 年第 6 期、1997 年第 3 期。今将两文合为一文

# 汉张掖属国考

李并成

张掖属国，为汉代河西走廊地区安置游牧民族的重要的地方行政建置，东汉时属凉州刺史部所领12郡、国之一。对于其始置年代、民族构成、统辖区域等问题，曾有学者做过若干研究，但仍有一些问题尚未解决。笔者在前人工作的基础上，并通过几次实地踏察，拟对张掖属国做一较全面的系统研究。特别是对于属国地望、属国都尉治所、所辖诸城位址等问题进行新的探讨，以就教于学界。

《后汉书·郡国志》："张掖属国，武帝置属国都尉，以主蛮夷降者。安帝时，别领五城。"五城为：候官、左骑、千人、司马官、千人官。

属国之设始于汉武帝，通常置于边郡地区以安置归降的少数民族部落。一般认为，属国由中央政府任命属国都尉管辖，降附部族可以保留原有官号和部落组织，在指定地区继续从事游牧生产，其生活方式和风俗习惯都受到尊重。《汉书·霍去病传》师古注："不改其本国之俗而属于汉，号属国。"如元狩二年（前121）浑邪王降汉后，武帝乃"分徙降者边五郡故塞外，而皆在河南，因其故俗，为属国"。[①] 五郡即陇西、北地、上郡、朔方、云中，在其塞外设置属国。通过设置属国，把新开辟的边疆民族地区统一起来，加强行政管理，在统一的中央政权下，有利于各族之间经济文化交流，有利于落后民族经济文化的发展。这种统一形式也容易被归附部族所接受，从而使少数民族地区的生产水平不断提高，中原地区先进的社会经济制度逐渐向边疆深入，为设立郡县创造

① （汉）司马迁：《史记》卷111《卫将军骠骑列传》，中华书局1959年版，第2934页。

条件。

延及东汉，属国制度进一步发展，统县治民，已与郡太守等同。《后汉书·百官志》：武帝“又置属国都尉，主蛮夷降者。中兴建武六年（30），省诸郡都尉，并职太守，无都试之役。省关都尉。唯边郡往往置都尉及属国都尉，稍有分县，治民比郡”。

张掖属国之名，于居延汉简，特别是新出东汉时期简册中多见。《居延汉简释文合校》53·8简：“张掖属国司马赵口……。”148·1、148·42简：“征和三年（前90）八月戊戌朔己未，第二亭长舒付属国百长千长口。”此属国当即张掖属国。可见早在武帝征和三年已有该属国之置。又知该属国有千长、百长之官，查史、汉二书《匈奴传》知，此类官职原为匈奴的中层带兵官员，张掖属国亦设此官职，当仍沿用匈奴旧制。由此证明张掖属国民族构成肯定有匈奴部族，或以匈奴部族为主。《居延新简》EPF22：825A：“同甲午朔己未行河西大将军事凉州牧张掖属国都尉融，使告部从事……。”EPT16：3：“口河西五郡大将军张掖属口……。”简中“融”即窦融；“甲午朔己未”薛英群等考为东汉光武帝建武七年甲午朔，即公元31年3月2日。[①]《后汉书·窦融传》：“融以军降更始大司马赵萌……萌为言更始。乃得为张掖属国都尉。”又云：建武五年（29）夏，“赐融玺书曰：‘制诏行河西五郡大将军事、属国都尉……’因授融为凉州牧。”史书与汉简记载恰可印证。又EPF22：696：“甲渠言部吏毋作使属国秦胡、卢水士民者”；EPF22：42+322：“建武六年（30年）七月戊戌朔乙卯，甲渠鄣守候敢言之，府移大将军莫府书曰：属国秦胡、卢水士民从兵起以来□困愁若多流亡在郡县吏……”；EPF22：43：“……谨案部吏毋作使属国秦胡、卢水士民者敢言之。”上述三简与前述EPF22：825简均出于居延破城子同一探方，所云“属国”当亦指张掖属国。《后汉书·窦融传》又云，窦融谓兄弟曰：“河西殷富，带河为固，张掖属国精兵万骑。”精兵拥有万骑，《后汉书·郡国志》载其户4656、人口16952，虽为属国但户口数却并不少，若与张掖

① 薛英群等：《居延汉简释粹》，兰州大学出版社1988年版，第60页。

郡（含献帝分置的西郡，共有户 6552，口 26040）相比，户数占其 71%，口数占其 65%，这已很为可观了。可见该属国是一处人烟较密、兵源充足、生产发展、自然条件较好的地方。

张掖属国的设置年代，肖化认为置于汉武帝时；[①] 王宗维更具体地认为是在太初二、三年（前 103—前 102）李广利伐大宛后不久；[②] 吴礽骧、余尧推断至迟在西汉昭帝元凤以前已置。[③] 笔者则认为，由前引《后汉书·郡国志》知，武帝时该属国已置，安帝时别领五城。其设置的具体时间由上引 148·1、148·42 简知应在征和三年（前 90）以前。也许有人要问，既然如此，何以班固《汉书·地理志》（资料“讫于孝平”）未有此属国的记载？其实《汉书·地理志》中未录入的属国并不在少数，如元狩二年安置浑邪王等匈奴部族的五郡故塞外的属国，在《汉书·地理志》中就找不到片言只语，宣帝神爵二年（前 60）置的金城属国亦未有任何记载。笔者以为这主要在于，尽管西汉时已有属国之置，但该制度的完善，“稍有分县，治民比郡”则是光武中兴以后的事（见前引《百官志》），故而《汉书·地理志》缺载。并不能以《汉书·地理志》中无张掖属国之载而否认其在西汉时期的存在。

张掖属国既以张掖命名，则必居于张掖郡近侧。《中国历史地图集》将其标在张掖以北、黑河中游东岸，今高台县北境以至金塔县鼎新地区一带，未晓根据何在。肖化则认为张掖属国应位于张掖郡南部的黑河上游地区。[④] 吴礽骧、余尧亦赞同此说。[⑤] 笔者亦以为此说可取。《汉书·赵充国传》：宣帝元康三年（前 63），“疑匈奴更遣使至羌中，道从沙阴地，出盐泽，过长阬，入穷水塞，南抵属国，与先零相直”。[⑥] 盐泽即今罗布泊；穷水，肖化认为即《括地志》所记甘州删丹西南的穷石山发源的水。即弱水，今黑河上游。穷水塞为穷水附近之塞，南抵的属国当指

---

① 肖化：《略谈卢水胡的族源》，《西北师院学报》1983 年第 2 期。

② 王宗维：《汉代的属国制度与民族关系》，《西北历史资料》1983 年第 2 期。

③ 吴礽骧、余尧：《居延新获建武秦胡册再析》，《西北师院学报》1984 年第 4 期。

④ 见前揭肖化文。

⑤ 见前揭吴礽骧、余尧文。

⑥ （汉）班固：《汉书》卷 69《赵充国传》，中华书局 1962 年版，第 2973 页。

张掖属国，因此附近一带再无别的属国。金城属国是直到宣帝神爵二年（前60）才设置的。①

黑河上游的祁连山北麓地带，水草丰盛，冬暖夏凉，正是原匈奴祁连山、焉支（胭脂）山主要牧场的所在。《太平寰宇记》卷一五二引《西河旧事》："焉支山东西百余里，南北二十里，亦有松柏五木，其水草茂美，宜畜牧，与祁连山同。匈奴失祁连、焉支二山，歌曰：'亡我祁连山，使我六畜不蕃息；失我焉支山，使我妇女无颜色。'"可见祁连、焉支（今山丹县大黄山）二山在匈奴游牧经济生活中占有何等重要的地位。这一带正是今山丹军马场及其周围地区，自古以来就为河西走廊最好的牧场。这一山麓地带又多有面积不等的山间盆地，如红湾寺（今肃南裕固族自治县县城）盆地、马蹄寺盆地、红石窝、松木滩等，适于居住，宜于放牧。并且由这里向南翻越著名的扁都口（大斗拔谷）、八宝河（黑河上游支流）分水岭垭口等隘口，又可和祁连山南的羌中、湟水谷地连通，这一带遂又在交通与军事上居有重要地位。正是这片优良的天然大牧场才可能滋育出张掖属国的雄兵万骑。窦融得以保据河西，雄长一隅，在很大程度上即是凭藉了这支精锐的骑兵部队。至于《中国历史地图集》所标高台北境至金塔东部黑河东岸一带，地跨合黎山（剥蚀残山）南北麓洪积戈壁地带，又位处巴丹吉林沙漠西缘，气候干燥，水草缺乏，发展畜牧业的条件较差，尤其不适宜喜水草好温凉的马匹繁育。西北地区历来就有"旱羊水马"之说，大规模的马匹繁育只能选择山麓水草地带。并且金塔东部黑河东岸一带又是汉代军事防线的重地，大湾城（A35，肩水都尉府）、地湾城（A33，肩水候官）、金关（A32）、双城子（A38）等均位于这一线，不可能将安置游牧民族的属国放在这里。这里的方位又与有关张掖属国的文献记载不合，故该属国不会位于这一带。

张掖属国的地望已明，那么属国都尉府城又在何处？笔者注意到，今张掖市东南80千米祁连山北麓的民乐县永固乡八卦营村西残存一座古

① 见《汉书·宣帝纪》。

城址，名八卦营古城。该城西临童子坝河，位于河东岸二级阶地上。城垣全坍，呈颓基状，方形，每边长约400米，颇有规模，当系较高等级的行政或军事驻所。城基宽约14米，顶宽5米许，残高2—4米。夯筑，夯层厚10—14厘米，断面见桩木坑。北垣由东向西287米处又于城内向南起一墙，筑有内城。内城平面亦方形，287米×283米。内城南垣中部向外突出，类似于瓮城形制。内城中央存夯土台基一座，40米×40米，残高5米，俗称紫英台。近年新修的童子坝河支渠——东风渠从外城西部穿过。内外城周皆有护城壕，城壕底宽6米，口宽15米，残深1.2—2.5米，部分壕沟底部今被辟为油菜地。城址东北100米处另有夯土台基一座，40米×50米，残高4.5米，俗称点将台。城内遗存丰富，遍布灰陶片（粗绳纹、垂帐纹、素面）、残瓦片（内表菱格纹，外表粗绳纹）、大板瓦、陶罐口沿、陶耳、石磨残片等，皆为汉代遗物，尤以紫英台上及其周围散布最多，似台上原有宫殿建筑。因其地较为潮湿，城垣上长满各种小草、苔藓，与周围草地浑成一色。城西1.5千米许的童子坝河西岸三级阶地，高出河床约百米，被流水切成丘陵状，其间的背背山、直岭岭、簸箕洼、麓沟山、乱疙瘩等五个山头的山上山下，布满古墓，十分密集，总数达上千座，今称八卦营墓群。以土穴墓居多，少数为子母砖室墓和瓮棺墓，出土彩绘车、马、塔、案等木器，罐、壶、鼎、耳杯、灶等陶器以及弩机、矛、箭头、镜等铜器和大量的五铢钱，全系汉代文物，未有后代遗存。

八卦营古城南距祁连山主脉仅20余千米，其正东30千米即为匈奴难以忘情的焉支山（大黄山），城东面、南面即为辽阔宽广、水草甚丰历来就为国家级军马牧场的今山丹军马场大马营草滩。其位置恰处在前考张掖属国的腹地。该城南面正对扁都口，控扼穿越祁连山的南北通道，具有重要的军事、交通等方面的意义。站在紫英台上远眺，焉支山、大草滩、扁都口尽收眼底。该城东、西两侧均有沿祁连山北麓一字排列的烽燧，向东有八卦营大烽、羊胸子烽、台子坡烽、前山坡烽、土牛城烽等，向西有永固东山峰、土墩沟烽、营顶山峰等，多为汉代始建，明代重修加固。

八卦营古城是张掖属国域内最大的城址，较汉张掖郡治觻得城（今张掖市黑水国遗址北古城[①]）还略大，与黑水国北古城同样应属于郡、属国一级单位的治所，而不可能是等第较低的政、军机构的城址。且该城墙体厚实，结构复杂，位置显要，城周军防设施严密，出土遗物丰富，又都是汉代物品，城郊古墓群目前所知也全为汉墓。这些古物、遗迹的年代恰与汉张掖属国存在的时间相当。八卦营古城靠近黑河、山丹河上游，位于张掖属国腹地，可以就近统辖管理各游牧部落。综上考可以认为，汉张掖属国城即今八卦营古城。其实，该城早在汉取河西前即已存在，笔者考得其为匈奴的西城，[②] 是匈奴在河西的重要统治中心之一，原本就系匈奴始筑，汉朝用来作为安置归附的少数民族部族张掖属国的统治重镇，十分合乎情理。

《后汉书·郡国志》列张掖属国安帝时别领五城，其首城候官城无疑即是属国所在的今八卦营城。至于其余左骑、千人、司马官、千人官四城址，史籍未详，只能做一些推测。

八卦营古城周围数里、数十里内的祁连山北麓山前牧场一带，今残存多座古代城址：

1. 马营墩城　位于八卦营古城西南 7 千米，南距今军马三场 6 千米。残垣断续可见，平面略呈方形，每边长约 200 米。城中有夯土台基。遗落灰陶片等物。

2. 三角城　位于马营墩城北 3 千米，即八卦营古城西南 4 千米处。墙垣全坍，仅留空名。

3. 铁城子　位于八卦营古城西略偏南 12 千米的南丰乡铁城村，城垣毁坏殆尽。

4. 岔家堡　位于八卦营古城西略偏北 45 千米的南古乡岔家堡村南 50 米处，大都麻河西岸，93 米 ×76 米，基宽 8m，残高 5 米，东垣正中开门。采集到灰陶片、汉“铁砖”、筒瓦残块等，残垣中发现木炭、板

---

① 王北辰：《甘肃黑水国古城考》，《西北史地》1990 年第 2 期。

② 见拙作《匈奴西城考》（待刊）。

瓦片等物。

5. 瓦房城　位于岔家堡西4千米，南古乡南3.5千米处，地属肃南裕固族自治县马蹄区大都麻乡。尚存城垣，东、西二垣因村民围栏草场挖土，破坏较重。规模与岔家堡略当，城内外今全系草场。城址时代不明。

6. 南城子　位于八卦营古城正西15千米的肃南裕固族自治县大泉沟乡南城子村，平面方形，夯筑，门一北开，有瓮城。四角置角墩。城东北隅建23米见方的夯土台一座，台高15米，台西南部筑马道与角墩相连。城周环护城壕。北垣之外70米、南垣外15米处又发现外围墙。时代不明。

7. 旧城子　位于南城子之西，平面方形，夯筑，城垣多坍。门一东开。周环宽7米、深1.5米的护城壕。时代待考。

8. 黑城（霍城）　位于八卦营古城东北10千米的山丹县霍城乡，今遗残垣为明正德十三年（1518）建，明、清两代设游击、守备。平面正方形，每边长353米。现存东南角墩和部分墙体，东西各开一门，四周护城壕显见。原名黑城，建国后易名霍城，以纪念汉骠骑将军霍去病西征战绩。据说霍去病曾在城中屯兵，但笔者在这里未发现任何汉代遗物，未知汉代是否确有此城。

上述城址有的已无遗物可寻，有的恐非汉代城址，有的破坏太残，详况未明。究竟哪些为汉张掖属国所领城池？尚难遽断，但肯定有几座是，只好留待以后的考察和发掘来证实。

陈梦家据《汉官仪》《汉旧仪》《百官志》等考得，西汉边郡部都尉、属国都尉置有都尉、候、千人等官，东汉制则更有左骑千人官，所谓“官”是官署，治于城。[①] 王宗维认为：东汉张掖属国虽为比郡属国，但都尉不领县，而是通过候官、司马官、千人官等不同官职分治各县附近归附部落，所以下面缺县、乡等系统的编制。[②] 所论当之。虽不领县，

① 陈梦家：《汉简缀述》，中华书局1980年版，第42页。

② 见前揭王宗维文。

但这些官职皆有官署城垣，所领五城记得言之凿凿，毋庸置疑。这些候官、司马官、千人官等各有其固定治所。

张掖属国的民族构成，肖化认为主要为安置归降的匈奴人而设。[①]吴礽骧、余尧先生也认为元狩二年汉取河西后，留居河西之匈奴别部汉置张掖属国以辖之。[②] 张掖属国辖有匈奴部落，或者说辖有较多的匈奴部落是没有什么问题的。元狩二年河西归降的匈奴虽已于河南五郡故塞外置属国以处之，但不可能悉数移徙，河西地域广阔，其部族分散，羸弱不能去者，因故不愿去者必有一部分部众。由前引汉简知张掖属国的官职大抵仍沿用匈奴旧制，也说明其民族构成必有匈奴部落，或以匈奴部落为多。然而由前引一些汉简知，张掖属国所统还有秦胡、卢水胡等的民众，并非全为匈奴部众。《后汉书·窦融传附弟子固传》：明帝永平十六年（73），“固与（耿）忠率酒泉、敦煌、张掖甲卒及卢水羌胡万二千骑出酒泉塞”，征讨匈奴。军中卢水羌胡即应属张掖属国所辖。《后汉书·西羌传》：章帝建初二年（77）夏，“迷吾遂与诸众聚兵，欲叛出塞……于是诸众及属国卢水胡悉与相应”。又云：章和元年（87），迷吾子迷唐“将五千人寇陇西塞，太守寇盱与战于白石，迷唐不利，引还大小榆谷，北招属国诸胡，会集附落，种众炽盛。”大小榆谷在今青海省贵德县附近，其北面的属国当指张掖属国，属国诸胡即指所统的秦胡、卢水胡等。至于秦胡、卢水胡的族源及其经济生活等方面问题，周一良、姚薇元、唐长孺、马长寿、王宗维、赵永复等先生均有专论，笔者不赘。

**附记：**

李并成（1953— ），男，生于山西省太原市，西北师范大学历史文化学院研究员、博士生导师。1972 年参加工作。1982 年 1 月毕业于西北师范大学，获理学学士学位，并留校。1988 年 7 月于北京大学历史地理专业研究生毕业（导师侯仁之院士），获理学硕士学位。享受国务院

① 见前揭肖化文。

② 见前揭吴礽骧、余尧文。

颁发的政府特殊津贴，全国先进工作者，国家百千万人才工程一、二层次人选，甘肃省教学名师，甘肃省领军人才第一层次人选，甘肃省宣传文化系统拔尖创新人才。曾任中国长城学会常务理事、中华伏羲文化研究会常务理事、中国敦煌吐鲁番学会理事、中国地理学会历史地理专业委员会委员、甘肃省敦煌学学会副会长、甘肃省历史学会副会长等。

主要从事敦煌学、历史地理学以及西北历史文化的研究和教学。承担、完成国家自然科学基金项目、国家社科基金项目、国家教委“九五”规划重点项目、教育部人文社科项目多项。著有《河西走廊历史地理》、《河西走廊历史时期沙漠化研究》、《瓜沙史地研究》等专著。在《中国史研究》、《地理学报》、《考古》、《求是》、日本《オアシス地域研究会报》等刊物上发表学术论文300余篇。

本文原刊《西北民族研究》1995年第2期

# 新莽时期居延的更名及隶属关系考辨

## ——以居延都尉为中心

魏振龙

新莽时期居延更名一事，史籍有载，《汉书·地理志》“张掖郡”条下记：“居延，居延泽在东北，古文以为流沙。都尉治。莽曰居成。”① 据此可知，居延在新莽时期更名作居成。又据《地理志》所载，居延还设置了都尉治所，居延名称在新莽时期的更改势必会引起都尉名的变动，② 这一点在居延汉简、肩水金关汉简中有较为详细的记载。据相关简文，居延都尉在新莽始建国元年（9）至地皇初年曾经历过数次改名，并最终改定为居成太尉。不仅如此，居延都尉在这一时期的更名过程中还出现了隶属关系的变动。以下即以居延都尉为中心，对新莽时期居延的更名及隶属关系的变更作出探讨，谬误之处，祈请方家正之。

## 一　居延都尉的更名

据居延、金关简文的记载，新莽时期居延都尉的更名大致经历了三个阶段：

第一阶段，始建国元年二月至始建国四年（12 年）八月间，由居延都尉更名为延城太尉，隶属张掖郡未变，其间还经历了更名居延太尉、后太尉的两个短暂时期。

① （汉）班固：《汉书》卷 28 下《地理志下》，中华书局 1962 年版，第 1613 页。

② 居延都尉为张掖郡辖下的部都尉之一，治所在居延，所谓居延都尉在新莽时期的更名，则正是依托于居延的名称变化及其隶属关系的变更。此条意见蒙匿名审稿专家提醒，谨此致谢。

第二阶段，始建国五年（13 年）至天凤五年（18 年）间，由延城太尉复更名为居延太尉、后太尉，其隶属由张掖郡改为延亭郡。

第三阶段，天凤五年八月至地皇二年（21 年）五月期间，最终更名为居成太尉，其隶属则随延亭罢郡而并入辅平郡。

我们先来讨论第一阶段。涉及居延都尉更名第一阶段的简文，主要是以下几例：

（1）始建国元年二月癸卯朔丁巳，张掖居延都尉□、丞□将过，遣居延尉史卫望延（73EJT23915）①

（2）☐未朔乙亥，张掖居延大尉昌、丞音谓过所，遣城仓守丞孙尚行水酒泉界中，当舍……（73EJT24149）

（3）始建国三年桼月己丑朔乙未，将屯裨将军张掖后大尉元、丞音遣延水守丞（73EJT2436）

（4）☐□□队长上造李钦，始建国三年十月旦乘塞外，尽三年九月晦，积三百☐张掖延城大尉元、丞音以诏书增钦劳二☐（《集释》EPT59339）②

（5）始建国三年八月癸丑朔辛未，将屯裨将军张掖延城大尉元、丞音遣守史赵彭市……（73EJF3115）

（6）牒书与能不宜其官，换徙十三人，始建国五年二月庚戌朔乙亥，张掖延城试守骑司马伪以近秩次行大尉文书事，丞谓三十井听书从事，如律令。（72EBS7C2A）

（7）延城甲沟候官第三十隧长上造范尊，中劳十月十桼日，能书、会计、治官民、颇知律令，文。年三十二岁，长桼尺五寸，应令。居延阳里，家去官八十里，属延城部。（《集释》EPT59104）

---

① 甘肃简牍博物馆等：《肩水金关汉简（壹—伍）》，中西书局 2011、2012、2013、2015、2016 年版。本文所引肩水金关汉简释文、图版均引自该书，不另注。

② 张德芳主编：《居延新简集释》，甘肃文化出版社 2016 年版。本文所引居延新简释文均引自该书，不另注。

简（1）有明确纪年，即始建国元年二月，此时张掖居延都尉尚未更名。简（2）纪年有残缺，仅有“未朔乙亥”的残文，居延都尉在简文中已改称为“居延大尉”。《汉书・王莽传》载始建国元年：“改郡太守曰大尹，都尉曰太尉。”① 也就是说，始建国元年，居延都尉更名为居延太尉，仍隶属张掖。据此，简（2）纪年当不会早于始建国元年二月。而简（3）表明，始建国三年（11 年）七月，张掖居延太尉已经更名为“后大尉”。简（5）表明，至晚在始建国四年八月时，张掖“后大尉”又更名为“延城大尉”，仍隶属张掖。因此，“居延大尉”的更名不会晚于始建国三年七月，由此也可推知，简（2）“未朔乙亥”的残文纪年当在始建国元年二月与始建国三年七月之间。查《西周（共和）至西汉历谱》，始建国元年至三年期间满足“未朔乙亥”的纪年及月份的有始建国元年五月和始建国三年六月，② 即简（2）纪年可能是始建国元年五月辛未朔乙亥，或始建国三年六月己未朔乙亥。

我们注意到，简（2）所记居延太尉为“昌”，李均明、刘军先生《居延汉简居延都尉与甲渠候人物志》一文指出了在汉哀帝元寿二年（前1）至新莽始建国地皇三年（22 年）期间，居延都尉有“丰”和“元”两任，未提及“昌”。③ 简（2）表明，“昌”也曾任居延都尉（太尉）。

居延都尉“丰”的记载见于下列简文：

（8）・一张掖居延都尉丰言：愿入一月奉泉万二千（《集释》EPT59539）

李均明、刘军先生指出：“此例未见年号。‘钱’写作‘泉’与王莽

---

① （汉）班固：《汉书》卷 99 中《王莽传中》，中华书局 1962 年版，第 4103 页。

② 徐锡祺：《西周（共和）至西汉历谱》，北京科学技术出版社 1997 年版，第 1699—1703 页。

③ 李均明、刘军：《居延汉简居延都尉与甲渠候人物志》，《文史》第 36 辑，中华书局 1992 年，第 128—129 页。

改制有关”，“‘泉’的写法一直沿袭整个新莽时期。但此例仍见‘张掖居延’称谓，地名未更易，知此时王莽未代汉，故其时当在西汉末居摄年间”。[①] 具体来看，王莽第一次货币改革在居摄二年（7 年），《汉书·食货志》载：

> 王莽居摄，变汉制，以周钱有子母相权，于是更造大钱，径寸二分，重十二铢，文曰“大钱五十”。又造契刀、错刀。契刀，其环如大钱，身形如刀，长二寸，文曰“契刀五百”。错刀，以黄金错其文，曰“一刀直五千”。与五铢钱凡四品，并行。[②]

因此，简（8）纪年当在居摄二年及二年以后，说明居摄二年居延都尉“丰”在任。而据肩水金关汉简 73EJF3482 + 193 + 508 号简所载，接替“丰”任居延都尉者正是“昌”，简文如下：

> （9）居聑三年三月戊申朔戊申，张掖居延都尉昌、丞音谓过所，遣书佐曹相行驿马肩水……掾宣、卒史谭、书佐丹。[③]

简（9）所记居摄三年（8 年）居延都尉和丞的任职者与简（2）相同，均为“昌”和“音”。结合简（8）所记居延都尉“丰”和简（3）所记张掖后太尉“元”的任职时间，不难看出，居延都尉（太尉）“昌”的任期应该在“丰”“元”之间。由此我们进一步推测，简（1）阙释的居延都尉名及丞名或即“昌”和“音”。分别用作人名的这两个字，简文写得十分潦草，字迹不甚清晰，但从残留笔画及轮廓来看，二字与金关简中“昌”和“音”的写法较为相近。字形比对参见下图：

---

① 李均明、刘军：《居延汉简居延都尉与甲渠候人物志》，《文史》第 36 辑，中华书局 1992 年，第 128 页。

② （汉）班固：《汉书》卷 24 下《食货志下》，中华书局 1962 年版，第 1177 页。

③ 该简由姚磊先生缀合，参见氏著《〈肩水金关汉简（伍）〉缀合（二）》，简帛网，2016 年 8 月 29 日，http：//www. bsm. org. cn/show_ article. php? id = 2622。

表 1　　字形对比

| | 昌 | | 音 |
|---|---|---|---|
| 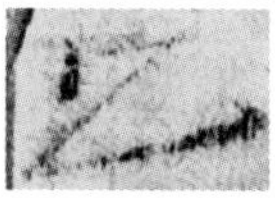 |  | 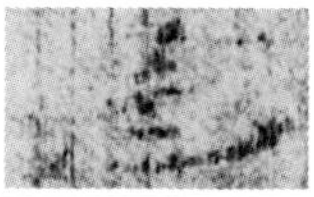 |  |
| 73EJT23915 | 73EJF350 + 533 | 73EJT23915 | 73EJF361 |

如释读不误，据之可补出简（1）的居延都尉“昌”及丞“音”。进而知居延都尉更名为居延太尉是在“昌”之任上。从时间上看，“丰”“昌”“元”也可能是前后接替任职居延都尉。

简（3）纪年为始建国三年七月，此时居延太尉已改称后太尉，且太尉亦由“昌”换作“元”。由此可知，居延太尉改称张掖后太尉当在始建国元年五月或始建国三年七月时。如此，居延都尉在始建国元年至三年期间的更名有两种可能的情形。其一，在始建国元年二月至五月间，居延都尉更名“居延大尉”，是年五月再度更名为“后大尉”；其二，仍是始建国元年二月至五月间居延都尉更名“居延大尉”，在始建国三年七月由“居延大尉”更名为“后大尉”。

由简（4）及简（5）可知，张掖后太尉又很快改称延城太尉，更名时间在始建国三年七月至始建国四年八月间，至简（6）始建国五年二月时仍沿用其名，这是比较清楚的，此不敷述。

此外，肩水金关汉简中还见有“右大尉”，如下诸简：

（10）建国元年九月癸巳□☒ A

右右右右右张掖右大尉☒ B　　（73EJT23172）

（11）☒今为右大尉肩水候官☒　　（73EJT24586）

（12）北书一封，张掖右大尉诣后大尉府，三月甲辰起，三月辛亥日蚤食时莫当卒受驿北卒，三月壬子日西中时高显隧卒同付守林隧卒同。界中百三十里，书行十三时，中程。

（73EJF3143 + 211 + 425）[①]

① 此条简文蒙匿名审稿专家提醒。

（13）始建国三年八月癸丑朔丙子，将屯裨将军张掖右大尉咸康里附　（73EJF3154）

简（11）在“肩水候官”前冠以“右大尉”，可知此处“右大尉”相当于汉肩水都尉，是其在新莽时期的改称。鹰取佑司先生据简（10）（11）肩水都尉被称作“右大尉”的史实，进而推断居延都尉也可能被称作“左大尉”，并认为居延都尉和肩水都尉在始建国元年九月分别被称作“左大尉”“右大尉”，但在始建国三年时名称变为“后大尉”“前大尉”。[①] 鹰取先生此说似有可商榷之处。首先，此说与上揭简（12）的记载存在矛盾。该简“右大尉”与“后大尉”并见，若依其推论，则此处应当写作“张掖右大尉诣左大尉府”或“张掖前大尉诣后大尉府”。再者，居延、金关等简文中并未发现“前大尉”“左大尉”的只字记载，虽然不排除简文失载的可能性，但至少据简（12）可知，新莽时期肩水都尉、居延都尉的更名并非是按照前、后、左、右相对应的方式进行。

以上是我们所说的新莽时期居延都尉更名的第一阶段，即始建国元年二月至始建国四年八月间。

再来看第二阶段。这一阶段居延都尉的更名情况较为复杂，即在第一阶段更名为延城太尉后，又复更名为居延太尉、后太尉。简文如下：

（14）延亭居延甲沟守候萧迁　（73EJF3400）

（15）十一月十三日，九九日遣书到驰，十一月辛未日下餔时骍北卒陈威受稽落卒儿康，即日。南书一封，延亭连率后大尉印，诣酒泉大尹府，十月甲寅□□日入时付沙头卒□□，邮书　（73EJF3345A）

简（14）记述有省略，完整的表述是说“延亭郡居延大尉甲沟候官

① （日）鹰取佑司著，张西艳译：《地名变更——以居延都尉府为中心》，收入［日］冨谷至编《汉简语汇考证》，中西书局2018年版，第81页。

守候萧迁”，表明此时太尉之名又改回了“居延”。简（15）记“延亭连率后大尉”，知此时太尉之名复改为后太尉。但上揭二简无明确纪年信息，无法确知其更名的具体时间及先后顺序。然而，这一阶段反复更用旧名的现象，似在《汉书》中有迹可循。天凤元年（14 年），王莽据《周官》《王制》更易官名及地名，并对全国郡县行政区划作出调整，“其后，岁复变更，一郡至五易名，而还复其故。吏民不能纪，每下诏书，辄系其故名”。① 居延都尉在天凤年间频繁更用旧名的现象，或许正是王莽这一举措实施的集中体现。

此外，简（14）“居延”前冠以“延亭”、简（15）“后大尉”前冠以“延亭连率”，可知这一阶段更名后的居延都尉隶属关系发生了变化，由此前隶属于张掖郡而改隶延亭郡。这种情况的出现，则与王莽在天凤年间分张掖居延之地增置延亭郡的举措存在密切联系。

最后看第三阶段。涉及居延都尉更名第三阶段的简文，主要是以下几例：

（16）居成甲沟候官尉史冯强……□ （《集释》EPT620）

（17）大凡劳□□

□为辅平居成甲沟候官□ （《集释》EPT2625）

（18）南一封，居成尉，诣使者掾高晏治所。

（《集释》EPT40177）

（19）居成部甲沟候官新始建国地皇上戊二年柰月尽九月吏名籍及端□ （《集释》EPW91）

（20）新始建国地皇上戊三年五月丙辰朔乙巳，裨将军辅平居成尉伋丞，谓城仓、閒田、延水、甲沟、三十井、殄北，卒未得……付受，相与校计，同月出入，毋令缪，如律令。

（《集释》EPT6523A）

① （汉）班固：《汉书》卷 99 中《王莽传中》，中华书局 1962 年版，第 4137 页。

简（16）—（20）记有“居成”或“居成尉”，可知居延都尉在这一时期已更名为“居成尉”。尉，即是太尉之简称。[①] 而且，简（17）和简（20）的“居成”前皆冠以“辅平”，即第三阶段更名后的居延都尉所属之郡由简（14）（15）所称“延亭”改为了“辅平”，辖郡再次发生变化，居成太尉隶属辅平郡。目前所见最早的关于居成太尉的纪年简是简（19），为地皇二年，所见最晚的纪年简是简（20），为地皇三年。也就是说，新莽时期居延都尉至晚于地皇二年七月时最终更名为居成太尉。

以上是我们所说的新莽时期居延都尉更名的第三阶段。对于第三阶段居延都尉的更名，我们认为，其与天凤三年（16 年）以后西域局势恶化及王莽征伐西域叛乱诸国战争的失败存在密切关联。

## 二 居延都尉隶属关系的变更

上文我们对新莽时期居延都尉的更名情况进行了一定梳理，可以看到居延都尉在第二、第三阶段名称更改的过程中明显地伴随着隶属关系的变动。深究其中之缘由，这种隶属关系的变动往往与彼时统治者政策措施的调整及周边局势的变化存在一定联系。

首先，居延都尉更名的第二阶段，其辖郡由张掖郡变更为延亭郡。延亭是否为王莽新置之郡，此前学界多有争议。饶宗颐、李均明二位先生据居延新简 EPT52490“行延亭连率事偏将军”、EPT59655A“延亭连率府”，认为延亭是新莽在原居延县的基础上新设之郡，与原张掖郡（后称设屏）分离。[②] 此后，黄东洋、邬文玲二位先生进一步指出：“新莽时期很可能在居延一带先后增设过‘居成郡’和‘延亭郡’……延亭郡很可能只是在新莽末期短时存续。”[③] 对此，后晓荣先

① 饶宗颐、李均明：《新莽简辑证》，台北新文丰出版公司 1995 年版，第 138 页。

② 饶宗颐、李均明：《新莽简辑证》，台北新文丰出版公司 1995 年版，第 171 页。

③ 黄东洋、邬文玲：《新莽职方补考》，《简帛研究二〇一二》，广西师范大学出版社 2013 年版，第 134 页。

生提出不同意见，认为“延亭连率”应与千乘郡湿沃县有关，延亭郡应是从西汉千乘郡分出而新设之郡。[①] 李迎春先生则认为：“王莽在居延新设延亭郡，不能说无根据，但置郡重事，而不见于两《汉书》，也难以完全令人信服。只能说，从目前史料来看，饶、李之说较为可取。”[②] 实际上，王莽代汉之后所进行大规模调整行政区划的措施之一便是析大郡增置若干小郡。《王莽传》“天凤元年”之下记：“大郡至分为五。郡县以亭为名者三百六十，以应符命也。”[③] 《王莽传》所言“大郡至分为五”虽略显夸大，但也在一定程度上反映了彼时裂大郡增置新郡的一般情况。然而，《地理志》往往失载或不载王莽所析之郡。钱大昕即曾指出：“莽所改郡县名，《地理志》具书之，而郡之分析，则不备书。”[④] 因此，延亭郡为王莽析张掖郡增置而不为《地理志》所载，是完全有可能的。随着肩水金关汉简的刊布，延亭为郡的史实得到了进一步确证，如下简：

> (21) 始建国天凤五年八月戊寅朔戊寅，都乡庶士恽敢言之：客田宣成善居里男子程湛，自言为家私使之延亭郡中。谨案：湛毋官狱征事，当得以令取传，谒移过所津、关，毋苛，如律令，敢言之。 (73EJF3328A)

该简为出入关私传类文书简，其明言“延亭郡”，可知延亭确为新莽在居延一带所增置之郡。

对于延亭置郡的时间，由简（21）可知，至晚在天凤五年八月时延亭郡业已存在。孙博先生则进一步指出，延亭当在天凤元年设郡，到了

---

① 后晓荣：《新莽置郡考》，《中国史研究》2013 年第 2 期。

② 张德芳主编，李迎春著：《居延新简集释（三）》，甘肃文化出版社 2016 年版，第 727 页。

③ （汉）班固：《汉书》卷 99 中《王莽传中》，中华书局 1962 年版，第 4136 页。

④ （清）钱大昕著，方诗铭、周殿杰校点：《廿二史考异》（附三史拾遗、诸史拾遗），上海古籍出版社 2014 年版，第 1441 页。

地皇初年，此郡废，其地并入辅平郡。[①] 但下列简文表明延亭设郡的时间可能晚至天凤二年（15 年），如下：

（22） 张掖后大尉 车一乘
延亭掾周能 八月乙亥南啬夫宪入
马一匹（73EJF3524 +209 +200）[②]

该简为出入名籍简，[③] 记录了延亭郡掾周能进入肩水金关的信息。然此简“延亭”与“张掖后大尉”印文并见，这似乎与我们主张延亭是王莽割裂张掖居延之地增置之郡的观点相抵牾。实际上，这一现象的出现或是延亭刚置郡不久，任职太尉者未来得及刻制新的印章而不得不使用旧印所致。这种情况在下列简文中亦可得到印证：

（23）☒月乙丑朔壬申，延亭行连率事将屯偏将军车骑都尉元，以故张掖后大尉印

---

① 孙博：《新莽政区地理研究》，复旦大学硕士学位论文，2017 年，第 104 页。按，孙博先生在指出延亭郡设置于天凤元年的同时，认为延亭郡是由张掖属国更置而来。此说恐有不妥。对于张掖属国的地望，《中国历史地图集》将之标记在张掖郡以北、黑河中游东岸，即今甘肃高台县北境以至金塔县鼎新以南的区域，参见谭其骧主编：《中国历史地图集》（秦·西汉·东汉时期），中国地图出版社 1982 年版，第 57—58 页。肖化先生则认为张掖属国应位于张掖郡以南的黑水河上游地区，参见氏著《略谈卢水胡的族源》，《西北师院学报》1983 年第 2 期。吴礽骧、余尧二位先生亦赞同肖说，参见氏著《居延新获建武秦胡册再析》，《西北师院学报》1984 年第 4 期。此后，李并成先生根据黑水河上游地理、气候等适宜放牧的特征，确认此地当是张掖属国之地望，参见氏著《河西走廊历史地理》，甘肃人民出版社 1995 年版，第 139—140 页。纪安诺先生经过详细考证后指出，张掖属国位在穷水塞和先零羌居处之间，即位于张掖郡以南，武威、金城两郡以西，参见氏著《汉代张掖都尉考》，《简牍学研究》第 3 辑，甘肃人民出版社 2002 年版，第 176—177 页。由此可见，张掖属国的地望与地处张掖郡北边（今内蒙古额济纳河流域下游）的居延相隔甚远，实无理由将二者联系在一起，并得出新莽时期的延亭郡是由张掖属国更置的观点。

② 该简由尉侯凯先生缀合，参见氏著《〈肩水金关汉简（伍）〉缀合二则》，简帛网，2016 年 8 月 23 日，http：//www. bsm. org. cn/show_ article. php？ id =2612。

③ 郭伟涛先生指出，类似于 73EJF3524 +209 +200 的这类出入名籍简可能录自“致”，参见氏著《汉代的传与肩水金关》，《简帛研究二〇一八》（春夏卷），广西师范大学出版社 2018 年版，第 257 页。

……大在所，酒泉右平郡……

……/掾宏、史严、书吏☐　　　　(73EJF3300 + 548)[①]

该简记行延亭连率事的将屯偏将军车骑都尉“元”在执行或下达某一命令时，即以“故张掖后大尉印”封印。简（23）所见之“元”与上揭简（3）（4）（5）中的“元”当是同一人，而其恰在始建国三年时担任过张掖后太尉。此处，将屯偏将军车骑都尉“元”用他此前担任张掖后太尉时的印章封印文书，表明简（23）的时间亦当在延亭刚置郡后不久。

简（22）未载纪年，仅有“八月乙亥”月日信息，简（23）的纪年部分则仅余“月乙丑朔壬申”残文。始建国五年之后，八月有乙亥日的年份有天凤元年、二年及地皇三年，朔日为乙丑的年月有天凤二年八月、地皇元年十一月。[②] 而据简（20）及我们在下文中的分析可知，延亭郡至晚在地皇三年五月时已被罢废并入辅平郡，故简（22）的年代可排除地皇三年的可能性。许名玱先生指出简（23）见有“偏将军”之名，并结合王莽在地皇元年“赐诸州牧号为大将军，郡卒正、连帅、大尹为偏将军”一事，认为简（23）的年属以始建国地皇元年为是。[③] 实际上，汉简所见“偏将军”称号不晚于天凤三年时便已经出现，如下简：

（24）厶移偏将军文德尹，乃戊部☐（《马圈湾》131）[④]

该简为天凤四年（17 年）册书中的一简，所述为天凤三年之事。饶

① 该简由姚磊先生缀合，参见氏著《〈肩水金关汉简（伍）〉缀合（三）》，简帛网，2016 年 9 月 5 日，http：//www. bsm. org. cn/show_ article. php？ id = 2626。

② 徐锡祺：《西周（共和）至西汉历谱》，北京科学技术出版社 1997 年版，第 1709—1726 页。

③ 许名玱：《〈肩水金关汉简（伍）〉月朔简考年》，复旦大学出土文献与古文字研究中心网站，2016 年 9 月 20 日，http：//www. gwz. fudan. edu. cn/SrcShow. asp？ Src_ ID = 2900。

④ 张德芳：《敦煌马圈湾汉简集释》，甘肃文化出版社 2013 年版。本文所引马圈湾汉简释文均引自该书，不另注。

宗颐、李均明二位先生即据此指出，新莽设偏将军当早于天凤四年。[①]因此，简（23）的纪年不排除有天凤二年的可能性。

前文已述，简（22）（23）所处的时间为延亭刚置郡后不久，从理论上来讲，二简的时间当十分接近。综合以上分析，唯有天凤二年八月与（22）（23）二简的时间相吻合。因此，我们认为延亭置郡的时间当在天凤二年八月稍早之前，但不会早至天凤元年。谭其骧先生曾指出，王莽增置郡县，讫于天凤元年。[②] 也即，王莽增置郡县是一个渐进的过程，并非是在天凤元年一次性完成。随着延亭分离于张掖郡而独立为郡，治所在此的居延都尉亦随之变更隶属关系，为延亭郡所辖。

其次，居延都尉更名的第三阶段，其名称由第二阶段之“居延大尉”“后大尉”改称“居成尉”的过程中，隶属关系再次发生了变化，即由隶属于延亭郡改隶为辅平郡。辅平，即汉酒泉郡，为王莽时所改称。[③] 检诸简文，居成太尉改隶辅平，确有其事，简（17）（20）记“辅平居成”是明证。此外，有关居成改隶辅平的证据，还见于以下居延简中：

> （25）辅平居成甲沟候官塞庶士候☐
> 为辅平属居成三十井候官塞庶士□☐
> □□□成□□候官塞庶士候☐156.4[④]

前文我们提出，新莽时期居延都尉更名的第三阶段与天凤三年以后西域局势恶化及王莽征伐西域叛乱诸国的战争失败存在密切联系。居延都尉作为两汉及新莽时期居延地区军事系统的最高管理部门，其主要任务在于维护边塞稳定以及出现战争时及时调兵遣将应对战事。王莽罢延亭郡并将居成太尉并入辅平郡，如此规划，与当时的军事形势不无关联。

---

① 饶宗颐、李均明：《新莽简辑证》，台北新文丰出版公司1995年版，第136页。

② 谭其骧：《新莽职方考》，《燕京学报》1934年第15期，后收入氏著《长水集》（上），人民出版社1987年版，第49页。

③ （汉）班固：《汉书》卷28下《地理志下》，中华书局1962年版，第1614页。

④ 简牍整理小组：《居延汉简（贰）》，台北“中央研究院”历史语言研究所2015年版，第133页。

新莽天凤三年，王莽派遣大使五威将王俊、西域都护李崇率领戊己校尉出兵征讨此前反叛的西域诸国。《王莽传》载：

> 是岁，遣大使五威将王骏、西域都护李崇将戊己校尉出西域，诸国皆郊迎贡献焉。诸国前杀都护但钦，骏欲袭之，命佐帅何封、戊己校尉郭钦别将。焉耆诈降，伏兵击骏等，皆死。钦、封后到，袭击老弱，从车师还入塞。莽拜钦为填外将军，封剿胡子，何封为集胡男。西域自此绝。①

天凤三年王莽出兵西域作战的史实，在敦煌马圈湾汉简中亦有反映：

（26）始建国天凤三年正月戊辰，使西域大使、五威左率、都尉（《马圈湾》142）

（27）始建国天凤三年正月丁巳朔庚辰，使西域大使、五威左率（《马圈湾》70）

（28）使西域大使、五威左率、都尉□□□（《马圈湾》76）

（29）使西域大使、五威左率、都尉粪土臣厶稽首再拜上书（《马圈湾》146）

（30）臣厶罪在西域，期于殄逆虏，平定诸国，然后归（《马圈湾》147）

此次战争交战双方分别是王莽军队与焉耆、匈奴联军，始于天凤三年，天凤五年初战争失败，戊己校尉郭钦、何封等由车师撤入塞内，从此中原与西域的关系几近断绝。虽然此战发生在西域之地，但在马圈湾汉简中记有关于王莽征调河西四郡精兵前往参与此战的情况，如下：

（31）赍五十日粮还诣部，尽力岠虏，不敢遗死力。臣厶前比

① （汉）班固：《汉书》卷99中《王莽传中》，中华书局1962年版，第4146页。

比上书，请河西精兵（《马圈湾》139）

（32）二十六日，上急责发河西三郡精兵，□度以十一月（《马圈湾》51）

（33）檄书检下，责记不审，輙御见不，三辈兵皆起居未?（《马圈湾》77）

（34）丞□前三辈，第一辈并出千八十人，第二（《马圈湾》155）

（35）之张掖宁，发庐水五百人，功卿与同心士六十人，俱未有发日。此近谓第一部千八十人者也。议遣君威来出（《马圈湾》58）

秦及汉初，匈奴逐渐成为中原王朝最为严重的边患之一。特别是汉初以来，匈奴屡屡进犯汉朝边郡，杀略边郡吏民。及至汉武帝，经过一系列对匈作战，汉朝军队将匈奴势力逐出河西，并在此列四郡、据两关，筑令居以西长城，以隔绝羌胡，北抗匈奴。居延都尉即是在这样的背景下设置的。《汉书·匈奴传》载武帝太初四年（前101）："使强弩都尉路博德筑居延泽上。"[①] 此后，居延都尉作为汉帝国在河西地区防御匈奴南侵的重要战略力量之一，在西汉中后期对巩固和保卫河西边塞起到了十分重要的作用。居延都尉隶属张掖郡，是主管军事的部都尉之一，其管辖范围位于今内蒙古自治区额济纳河流域下游，主要职责在于防御匈奴南下袭扰。随着汉帝国对匈作战取得连续胜利，匈奴益弱，张掖郡所承担之防御匈奴的军事压力逐渐减小。昭帝元凤三年（前78）匈奴右贤王、犁汙王将四千骑分三队入侵张掖郡日勒、屋兰、番和三地，但为张掖太守、属国都尉所败，其犁汙王亦被杀，"自是后，匈奴不敢入张掖"。[②] 此战之后，匈奴军事势力彻底退出河西走廊，并将目标转向西域，汉帝国的军事行动亦随之转移。

① 班固：《汉书》卷94上《匈奴传上》，中华书局1962年版，第3776页。
② 班固：《汉书》卷94上《匈奴传上》，中华书局1962年版，第3783页。

在这种情况下，河西地区的军事力量则主要用于支持汉朝在西域的军事行动，如宣帝本始二年（前72）及地节三年（前67）两次兵出河西支援西域即是明证。《汉书·匈奴传》载宣帝本始二年：

> 汉大发关东轻锐士，选郡国吏二百石伉健习骑射者，皆从军。遣御史大夫田广明为祁连将军，四万余骑，出西河；度辽将军范明友三万余骑，出张掖；前将军韩增三万余骑，出云中；后将军赵充国为蒲类将军，三万余骑，出酒泉；云中太守田顺为虎牙将军，三万余骑，出五原：凡五将军，兵十余万骑，出塞各二千余里。及校尉常惠使护发兵乌孙西域，昆弥自将翕侯以下五万余骑从西方入，与五将军兵凡二十余万众。①

地节三年，匈奴骑兵进攻汉廷派往车师屯田的吏卒，“诏遣长罗侯将张掖、酒泉骑出车师北千余里，扬威武车师旁”。②

王莽代汉，采取了一系列民族歧视政策，激起西域各国的不满，并最终导致天凤三年西域战争的爆发。如前所述，此战失败之后，王莽军队撤入塞内，“不久，玉门关及其以西的亭燧全部放弃，马圈湾遗址亦废毁”。③ 玉门关以西防线的失守，势必会增加关内各地的防御压力。为了有效抵御来自西域的军事威胁，当时的新莽政权不得不重新整合防御力加以应对。因此，罢延亭郡并将居成太尉并入辅平，或许就是王莽出于此种目的的考量，藉此来加强向西的防御力量。④

---

① （汉）班固：《汉书》卷94上《匈奴传上》，中华书局1962年版，第3785页。

② （汉）班固：《汉书》卷96下《西域传下》，中华书局1962年版，第3923页。

③ 甘肃省博物馆等：《敦煌马圈湾汉代烽燧遗址发掘报告》，收入甘肃省文物考古研究所编：《敦煌汉简》，中华书局1991年版，第90页。

④ 陈文豪先生曾指出，新莽时改文德（即敦煌郡）为敦德即是受周边民族矛盾及天凤三年对西域战争失败的影响，参见氏著《“文德”地名考释》，《简牍学研究》第2辑，甘肃人民出版社1998年版，第95页。其后，肖从礼先生在此基础上认为新莽时改右平（即酒泉郡）为辅平的原因亦与此相类，参见氏著《肩水金关汉简所见新莽改酒泉郡为右平郡考》，《简牍学研究》第7辑，甘肃人民出版社2018年版，第141—145页。可见，天凤三年以后西域局势的恶化与王莽征伐叛乱诸国战争的失败对河西诸郡产生的影响较为强烈。这一情况的出现，迫使王莽改变策略，进而对包括延亭郡在内的河西边郡的行政区划作出相应调整。

对于王莽罢延亭郡并将居成太尉并入辅平的时间，我们亦作简要探讨。前文所举简（21）明确记有延亭郡，此简纪年为天凤五年八月。由此可知，至晚在天凤五年八月时，王莽还未罢废延亭郡，居成太尉亦未改隶辅平。进一步联系到新莽西域战争结束的时间，即天凤五年初，我们认为王莽罢延亭并居成太尉入辅平的时间当在此之后。目前，我们能见到辅平与居成同时出现的最早纪年是地皇三年，即简（20）。因此，我们认为王莽罢延亭郡、并居成太尉入辅平的时间当在天凤五年八月至地皇三年五月期间。

## 三　小结

综上，居延都尉在新莽时期的更名大致经历了三个阶段。其中，第一阶段居延都尉在改称延城太尉之前还经历了居延太尉、张掖后太尉两个较为短暂的时期；其后，居延都尉在天凤年间复改名为居延太尉、后太尉并由张掖郡改隶延亭郡；最后，由于天凤三年以来西域战争的失败，出于对战略形势的考量，王莽于天凤五年八月至地皇三年五月期间罢废延亭郡，并将居成太尉并入辅平郡。值得我们进一步考虑的是，王莽对于地名等相关名称的变更以及行政区划的调整并不仅仅以“托古改制”改革思想为准则，对时势的判断和考虑也是其改制的重要因素之一，居延都尉在新莽时期的更名及隶属关系变更的经过或能佐证。

**附记：**

魏振龙（1990—　），男，汉族，甘肃武威人，历史学博士。西北师范大学历史文化学院、简牍研究院讲师，主要从事秦汉简牍与秦汉史研究。2014—2017年就读于西北师范大学历史文化学院，获历史学（简牍学方向）硕士学位；2017—2021年就读于武汉大学简帛研究中心，获历史学博士学位。

本文原刊李学勤主编《出土文献》第15辑，中西书局2019年版

# 楚汉简牍所见“中舍”考

肖从礼

“中舍”一词，宋人洪迈《容斋随笔》记曰：“中舍：官制未改之前，初升朝官，有出身人为太子中允，无出身人为太子中舍，皆今通直郎也。近时士大夫或不能晓，乃称中书舍人曰中舍，殊可笑云。苏子美在进奏院，会馆职，有中舍者，欲预席。子美曰：‘乐中既无筝、琶、筚、笛，坐上安有国、舍、虞、比。’国谓国子博士，舍谓中舍，虞谓虞部，比谓比部员外、郎中，皆任子官也。”[①]《宋史·志·选举四》载：“大理寺丞转中舍，优者为左右赞善，资浅者为洗马。”[②]上引《容斋》和《宋史》二条中的“中舍”皆“太子中舍人”之省称。其实，秦汉时已有官名“太子舍人”，如《史记》载晁错因从伏生处受《尚书》之功而迁任“太子舍人”，得幸于太子。[③]至晋时乃有“中舍人”之官。《晋书·志·职官》：“中舍人四人，咸宁四年置，以舍人才学美者为之，与中庶子共掌文翰，职如黄门侍郎，在中庶子下，洗马上。”[④]《全梁文·萧子范·直坊赋》卷二三：“余（笔者按，指萧子范）以天监六年为洗马，十七年复直中舍之坊，感因怀旧，凄然而作。”[⑤]萧子范曾任太子中

① （宋）洪迈：《容斋随笔》，上海古籍出版社 1978 年版，第 601 页。

② （元）脱脱等：《宋史》卷 158《志·选举四》，中华书局 1977 年版，第 3700 页。

③ 《史记》卷 101《晁错列传》，中华书局 1963 年版，第 2745—2746 页。按，本文凡引《史记》皆出是书，不俱出注。

④ （唐）房玄龄等：《晋书》卷 24《志·职官》，中华书局点校本，1974 年，第 743 页。

⑤ （清）严可均辑：《全上古三代秦汉三国六朝文·全梁文》卷 23《萧子范》，中华书局 1958 年版，第 3084 页。

舍人，此“中舍”即“太子中舍人”之简称。[①]

以上数条所记为六朝以降文献所载“中舍”的情况，其实“中舍”一词已见先秦两汉典籍记载，近年陆续出土的楚简、汉简中亦见其记载。本文拟就先秦两汉时期传世典籍和出土文献中所见的“中舍”一词试作分析。不妥之处，还祈方家指正。

## 一　中舍为侍御之官

上博楚简《柬大王泊旱》[②] 简 9、10、15 三见“中余”一词。其辞例如下：

（1）将鼓而涉之，王梦。三闺未启，以告相徙与中余：“今夕不谷【9】梦若此，何?”相徙、中余答：“君王当以问太宰晋侯，彼圣人之子孙。”【10】上博四《柬大王泊旱》简 9 + 10（注：本文所引楚简皆采宽式释文）

（2）太宰对：“诺。君王脩郢郊方若干里。君王毋敢戴掩【13】盖，相徙、中余与五连小子及宠臣皆属，毋敢执箑。”王许诺。修四郊。【15】三日，王有野色，属者有暍人。三日，大雨，邦赖之。发馹跖四疆，四疆皆熟。【16】

上博四《柬大王泊旱》简 13 + 15 + 16[③]

综合近年学者的研究，上引简文中的“中余”，在文献中又作“中

---

① 此外，宋朝时还出现“中舍”一词。如《陔余丛考·监生》卷 28：“宋制：太学有积分之法，分上舍、中舍、下舍，以递为升黜，亦多至数千人。”（（清）赵翼：《陔余丛考》，商务印书馆 1957 年版，第 581 页）此“舍”指太学舍，“中”为中等义，与上记官职“中舍”之“中”为内外义不同。

② 马承源主编：《上海博物馆藏战国楚竹书（四）》，上海古籍出版社 2004 年版。

③ 此简编联顺序采陈斯鹏先生说。陈斯鹏：《〈柬大王泊旱〉编联补议》，简帛研究网，（http：//www. jianbo. org/），2005 年 3 月 10 日。

谢”“中射”等，皆可读作“中舍”，为楚官名，其职守为楚王侍御之官[①]。简15中的“相徙”亦为楚王近侍之官[②]。简9：“将鼓而涉之，王梦。三闺未启，以告相徙与中余”，此谓楚王夜中做梦，闺门未开之时就告诉相徙与中余，知“相徙”与“中余”皆居住宫中以随侍楚王，明二者皆为楚王侍御之官。

简9中的“闺”义与“舍”近，皆为供人止息之屋。闺，本指小门，[③] 引申作“房舍”义。《文选·江淹〈别赋〉》：“闺中风暖。”张铣注：“闺，房。”又《说文》：“舍，市居曰舍。”《周礼·地官·序官》“舍人”条，孙诒让《正义》：“凡人所居之宫通谓之舍。”可见“闺”、“舍”义近，乃供人止息之屋。简9中的“三闺”当指楚王侍御之官止息之屋。“中余”之“中”则指王宫内。包山楚简简150、163、167、174载有“牢中兽”、“中厩”、“中厩驭”，[④] 曾侯乙墓竹简简18、126、152有“中兽令”、“中兽尹”，[⑤]《左传》载有“中厩尹”，[⑥] 凡此楚官名之“中”皆指王宫内。侍御之官需随时供王差遣，故得居王宫内。从字面上看，“中舍”当指王宫内供侍御之官止息之房舍，故又以“中舍”代称侍御之官。

至少到东汉时，皇帝侍御之官亦可称“中舍”。如《全后汉文》[⑦] 载《班固与窦宪书》：

---

① 参周凤五《〈柬大王泊旱〉重探》，《简帛》第1辑，上海古籍出版社2006年版；刘信芳《竹书〈柬大王泊旱〉试解五则》，简帛研究网，（http://www.jianbo.org/），2005年3月14日；陈伟《〈柬大王泊旱〉新研》，简帛网，（http://www.bsm.org.cn/），2006年11月20日。

② 周凤五：《〈柬大王泊旱〉重探》，《简帛》第1辑，上海古籍出版社2006年版。

③《说文》：“闺，特立之户。”《楚辞·离骚》：“闺中既以邃远兮。”蒋骥注：“闺，宫中小门。”

④ 湖北省荆沙铁路考古队：《包山楚简》，文物出版社1991年版，第28、29、30页，图版六八、七五、七六、七九。

⑤ 张光裕等主编：《曾侯乙墓竹简文字编》，台北：艺文印书馆，1997年，第259、318、333页。

⑥ 杨伯峻编著：《春秋左传注》，中华书局1981年版，第1488页。

⑦（清）严可均辑：《全上古三代秦汉三国六朝文·全后汉文》卷25《班固·与窦宪笺》，中华书局1958年版，第608页。

昨上以宝刀赐臣曰：“此大将军少小时所服，今以赐御。”固伏念大恩，且喜且渐。 《书钞》一百二十三

今月，中舍以令赐固刀。把曰：“此将军少时所服，今赐。”固伏念大恩，且喜且渐。 《太平御览》三百四十六①

上引二条为一事异记。《全后汉文》所钞录《书钞》中的“上”即汉章帝。章帝时，班固先任郎官，建初三年（公元78年）升为玄武司马。由于章帝喜好儒术文学，赏识班固的才能，因此多次召他入宫廷侍读。章帝出巡，常随侍左右。班固与大将军窦宪本有世交之谊，关系密切，故章帝将大将军窦宪少时所服之刀赐给班固。《御览》则记为章帝令“中舍”赐刀给班固，此“中舍”应即章帝侍御之官。

## 二 “中舍”为掌财物出入之官

《包山楚简》第18、145、145（反）简文中有“中舒”一词。其辞例如下：

（1）蔡遗受铸剑之官宋强，宋强法其官事，命受正以出之，中舒𧦝逭内之。赢逄公识之，义得。 《包山楚简》简18

（2）东周之客缰朝、燕客登余善、秦客陈新、陧客陧神、陧客公孙哀、陇客肯穖、陇客左尹鞋、陧客韡枲、陠客𡧊困业之宫犬叙𩞃月（肉）豪（禄）。旦法之，无以歸之。|中舒识，歸之客，成易迅尹成以告子司马。 《包山楚简》简145

（3）八月戊寅，子司马諿（读）之。九月甲申之日，司马丰之

① “今月，中舍以令赐固刀。把曰”部份，商务印书馆影宋本《太平御览》三百四十六作“今月以令赐固刀曰”（（宋）李昉等撰：《太平御览》，中华书局1960年版，第1594页）笔者按，严可均辑本与商务印宋本相较，商务印宋本中“月”“以”间无刻字，此或为二者所据版本不同之故。《初学记》卷二十二作“今月，中舍以令赐固把刀，曰”其辞句与严可均辑本相近。本文暂从严可均辑本。

客须□箸言胃（谓）：小人以八月甲戌之日，舍月（肉）豪（禄）之舒人□□歸客之□金十两又一两。义亚为李。

《包山楚简》简 145 反

已有学者论证，此“中舒”“舒人”当读作“中舍”“舍人”，皆为职官名。[①] 刘信芳先生认为，由包山简 145、145 反记“中舒”“舒人”负责分发各国来客之肉禄，知其职守与周官“舍人”相类。[②] 按，其说可从。《周礼·地官·舍人》：“舍人，掌平宫中之政，分其财守，以灋掌其出入。凡祭祀，共簠簋，实之，陈之。宾客亦如之，共其礼，车米筥米刍禾。丧纪，共饭米、熬谷。以岁时县穜稑之种，以共王后之春献种。掌米粟之出入，辨其物。岁终，则会计其政。”《周礼》“舍人”的职掌为“掌平宫中之政，分其财守，以灋掌其出入”，其具体管理的财物很多，可见，其“舍”的性质与“库”相类。事实上，“舍人”之“舍”本有“库”义。如《初学记》卷二四引《春秋文曜钩》：“五帝车舍也”，宋均注曰：“舍，库也，五帝车之库也。”《释名释宫室》“故齐鲁谓库曰舍也。”由此可知，楚简中的“中舒”“舒人”当为掌王宫财物出入之官。须指出的是，包山简中的“中舒”“舒人”的职守与上博四《柬大王泊旱》的“中余”是不一样的，不能将二者混在一起讨论。

## 三 “中舍”为制造工官

“中舍”一词还见于洛阳金村的战国秦国银器铭：

卅七年工右舍□重八两十一朱□□·十一·右

① 周凤五：《包山楚简〈集箸〉〈集箸言〉析论》，《中国文字》新 21 期，1996 年 12 月；刘信芳：《竹书〈柬大王泊旱〉试解五则》，简帛研究网，（http：//www. jianbo. org/），2005 年 3 月 14 日。

② 刘信芳：《竹书〈柬大王泊旱〉试解五则》，简帛研究网，（http：//www. jianbo. org/），2005 年 3 月 14 日。

卌年中舍四枚重□中□□□[①]

铭文“卌七年”“卌年”为秦昭王三十七年（前270）和四十年（前267）。[②] 笔者陋见，此秦国银器铭上的“工右舍”“中舍”[③] 制造官府不见于史载，而且与同出于金村八墓的属东周银器铭文“中府”“右曹”[④] 制造官府的名称也全不一样。我们以为，此“工右舍”“中舍”或为秦国制造官府，其职守与《汉书·百官公卿表》载“少府”之属官“考工室”和“东园匠”相类，皆为工官。按《汉书·百官公卿表》载：“少府，秦官，掌山海池泽之税，以给共养，有六丞。”少府属官之中有“考工室”、“东园”。臣瓒曰：“冬官为考工，主作器械也。”师古曰：“东园匠，主作陵内器物者也。”[⑤] 此“考工室”“东园匠”皆为工官。如《汉书·贡禹传》载贡禹上书汉元帝曰：“蜀广汉主金银器，岁各用五百万。三工官官费五千万，东西织室亦然。”师古注：“三工官，谓少府之属官，考工室也，右工室也，东园匠也。上已言蜀汉主金银器，是不入三工之数也。”[⑥] 按，制造金银器亦当是工官之职。师古谓“三工官”之“右工室”或与秦国银器铭上的“工右舍”有关系。此“工右舍”之“右舍”为官府机构，其职事为制造器物。

“舍”指官府机构的用法在典籍中是可以见到的。如《周礼·天

---

① 黄盛璋：《新出战国金银器铭文研究（三题）》，《古文字研究》（第12辑），中华书局1985年版，第344页。

② 黄盛璋：《新出战国金银器铭文研究（三题）》，《古文字研究》（第12辑），中华书局1985年版，第344页。

③ 何琳仪先生在《战国古文字典》中举《宋史·志·选举》：“大理寺丞转中舍”为证，认为金村的战国秦国银器铭“中舍”为太子属官。（何琳仪：《战国古文字典》，中华书局1998年版，第273页）笔者按，此说恐误。《宋史》之“中舍”为太子属官“太子中舍人”之称，而据《晋书·志·职官》卷二十四载，“太子中舍人”一职初设于咸宁四年，是战国秦国时不得有此官职。

④ 黄盛璋：《新出战国金银器铭文研究（三题）》，《古文字研究》（第12辑），中华书局1985年版，第344页。

⑤ （汉）班固：《汉书》卷19上《百官公卿表上》，中华书局1962年版，第731页—732页。按，本文凡引《汉书》皆出是书，不俱出注。

⑥ （汉）班固：《汉书》卷72《贡禹传》，中华书局1962年版，第3070页—3071页。

官·宫正》：“以时比宫中之官府次舍之众寡。”关于“次舍”，郑玄注：“次，诸吏直宿，若今时部署诸庐者。舍，其所居寺。”孙诒让《正义》：“凡官府本在外而入内治事，或无专职而入共守卫，使令暂居更直者为次。”“凡官吏治事，士民听事所居住，通谓次。”“凡吏士有职事常居宫内者爲官府，官府之小者爲舍。”按，二说皆不确。如《周礼·地官·司市》：“以次叙分地而经市。”郑玄注：“凡官吏治事处，通谓之次。”可见，“次”和“舍”皆指官吏治事之处。和“官府”之构词形式相同，“次舍”亦为同义复指词，指宫中官吏治事处，与“官府”属同一性质的机构。

据上所述，秦国银器铭上的“中舍”或为“工中舍”之省称，与“右舍”一样同为“工官”的次级部门。

## 四 中舍为从者或从者居所

至迟到东汉桓帝时，作为皇宫侍御之官的“中舍”又可指官府之中的属吏。如《三国志·魏书·阎温传》卷一八注引《魏略·勇侠传》：

> 孙宾硕者，北海人也，家素贫。当汉桓帝时，常侍左悺、唐衡等权侔人主。延熹中，衡弟为京兆虎牙都尉，秩比二千石，而统属郡。衡弟初之官，不脩敬于京兆尹，入门不持版，郡功曹赵息呵廊下曰：“虎牙仪如属城，何得放臂入府门?”促收其主簿。衡弟顾促取版，既入见尹，尹欲脩主人，敕外为市买。息又启云：“（左）[衡] 悺子弟，来为虎牙，非德选，不足为特酤买，宜随中舍菜食而已。”①

“菜食”，即蔬食。《三国志·魏书·后妃传》卷五注引《魏书》：

① （晋）陈寿：《三国志·魏书》卷18《阎温传》，中华书局1959年版，第551页。按，本文凡引《三国志》皆出是书，不俱出注。

“帝为太后弟秉起第，第成，太后幸第请诸家外亲，设下厨，无异膳。太后左右，菜食粟饭，无鱼肉。其俭如此。”[①] 此“太后左右”即太后从者，其所食为菜食粟饭，并无鱼肉。上引文中功曹赵息劝京兆尹不必为京兆虎牙都尉衡弟“特酤买”，而是“随中舍菜食而已”，则“中舍”的地位自不会太高。此“中舍”何指，亦可推知。虎牙都尉权秩虽高但统属京兆，是京兆尹的下属。故当京兆尹准备以主人之礼盛待都尉时，功曹赵息说“来为虎牙，非德选，不足为特酤买，宜随中舍菜食而已”，意思是说，都尉来您这里报到，又不是经过德选的名士，不值得另外买酒买菜特殊招待，应该像府里的其他官属一样菜食即可。如果这样的解读不误，那么，这里的“中舍”之人，不是都尉的从者，而是京兆尹的属吏即赵息辈。据此，“中舍”亦可指官府中的属吏。

此外，两汉时期，“中舍”亦可指各级官吏的从者。在敦煌、居延汉简中有“中舍”一词，指从者居住之所，在具体的简文中，也含有代指“从者”之义。如下简文：

(1) 中舍舍从者吉即莘　正月食　穬麦二斛九斗二年九月丁丑乙巳原党付莘○麦一石已出李平党付二石　为穬麦一石三斗○・凡三石三斗九升毕　《敦煌汉简》548[②]

(2) 私属大男吉　元年　八月食粟二斛少七斗　十二月己亥自取—　《敦煌汉简》349

(3) 大奴莘—　元年　七月食麦二石七斗　《敦煌汉简》393

例简（1）为名“吉”和“莘”二人正月的廪食记录。二人皆为“从者”。据例简（2）（3）中吉的政治身份为“私属”（新莽时改奴婢之称），“莘”为“大奴”。“中舍舍从者”中的第二个“舍”指居舍，《说文》：“舍，市居曰舍。”汉简中所见“舍”多作“屋舍”义。“从者

① （晋）陈寿：《三国志・魏书》卷5《后妃传》，中华书局1959年版，第157页。

② 甘肃省文物考古研究所编：《敦煌汉简》，中华书局1991年版。

莘”与例简（2）中的“中舍莘”亦当为同一人。按汉简廪食簿文书通例，领取人名前一般要书其官职、身份、单位等信息。由例简（1）言“中舍舍从者”可知，“中舍”为廪食者（即“从者”）的单位，即居住之所。“中舍”为居住之所的观点亦可从其他简文推知，如下简：

（4）卒宗取韭十六束其三束为中舍二束掾舍十一束卒史车父复来二石唯掾分别知有余不足者园不得水出□多恐乏今有］［即复取来辄计为度遣使记□今园及期其二束其一束中舍一束掾舍·陈阳里王少少毋已

《居延新简》EPT51325A、B①

（5）始建国二年桼月尽三年二月候舍私从者私属　致

《敦煌汉简》385

（6）正月十六日廪塞王获中舍固二人□五日食《敦煌汉简》366

上例简（4）中的“掾”为属吏，“掾舍”当指掾所居之所；同样，例简（5）中“候舍”指候所居之所，“私从者”或即玉门候官之候的私人随从者；例简（6）中“廪”指“廪食”，王获、固为人名，“塞”指障塞。例简（4）（6）中“中舍”分别与“掾舍”、“塞”并记，根据例简（1）“中舍舍从者”之语，综合推测，则“中舍”当指“从者”所居之所。

“中舍”为“从者”所居之所，则“中舍”亦可以用来指称“从者”。如简文：

（7）中舍莘〇　十二月食粟三石〼今……取五斗一升九月□□□

《敦煌汉简》550

（8）中舍经—　十月食粟三石　十一月乙亥造伋付经□

《敦煌汉简》328

① 甘肃省文物考古研究所等编：《居延新简——甲渠候官》，中华书局 1994 年版。

此二简为廪食簿。领取人分别叫莘和经。此处的“中舍”既可理解为指莘和吉的单位，即居住之所，又可认为是表示某人身份，即指“从者”。“中舍莘”应即例简（1）（3）中的“从者莘”和“大奴莘”。而“中舍经”在其他简文中亦称作“从者经”。如下简文：

（9）从者大男经— 元年 五月食麦二石七斗 故有余麦一石三斗六升 今复内一石三斗四升 五月戊寅士吏党白内付经—

《敦煌汉简》324

（10）从者大男经·元年 七月食麦二石七斗《敦煌汉简》326

（11）从者大男经—元年 八月食麦三斛多三斗 十二月已亥自取 十一月乙丑食□谷五斗 已酉除— 《敦煌汉简》323

（12）从者经—元年 十一月食麦二斛六斗一升 写籍者—

《敦煌汉简》325

上列诸简为名“经”者五月、七月、八月、十一月的廪食领取记录。“经”的身份为“从者”。此名“经”者之简皆出自于马圈湾烽燧遗址；从领取廪食月份上来看，例简（8）为十月份廪食，此亦和其他名“经”者的廪食月份不相冲突。据此推测，此“从者经”与例简（8）中的“中舍经”很可能就是同一人。若推测不误，此可明汉简中的“中舍”确指官吏从者或从者居住之所。

“中舍”和“从者”的内在联系也可以从侍从者的其他称谓中得到旁证。

“从者”亦称“从官”。《汉书·元帝纪》载元帝初元五年：“令从官、给事、宫司马中者，得为大父母父母兄弟通籍。”师古曰：“从官，亲近天子常侍从者皆是也。”颜注是把“从官”理解为“从者”。此文大意是说元帝下令把“从官”“给事”和“宫司马中”诸人的“大父母、父母、兄弟”的年纪姓名形貌等信息记载在二尺竹牒之上，并将其悬挂在宫门口，“大父母”等出入宫门时门卫按竹牍所记核准后方才放行。再如《史记·赵世家》卷四三载：“简子既葬，未除服，北登夏屋，请

代王。使厨人操铜料以食代王及从者，行斟，阴令宰人各以料击杀代王及从官，遂兴兵平代地。”此前言“从者”，后言“从官”，知“从者”或即“从官”。此亦可证颜注对“从官”的解释是可以信从的。从官为主人亲近左右者，故有条件知晓主人的一些日常信息。如《史记·秦始皇本纪》卷六载秦始皇暴毙沙丘之后，赵高秘不发丧，“会暑，上辒车臭，乃诏从官令车载一石鲍鱼，以乱其臭。”赵高乃矫诏令“从官”办事，“从官”当为始皇生前侍御之官，此“从官”即始皇生前亲近左右的“从者”，故他们知道始皇之死的秘密。

秦汉时期，皇宫王室侍御之官亦称“舍人”。如《汉书·东方朔传》卷六五载：“时有幸倡郭舍人，滑稽不穷，常侍左右，……（郭）舍人恚曰：‘朔擅诋欺天子从官，当弃市。’”此“舍人”为官职名。郭舍人自称为“天子从官”，可知“从官”为亲近天子左右侍从者之通称。

以上所言及的“从者”“从官”“舍人”和“中舍”等，尽管其称谓和内涵有所不同，但侍从主人左右的基本职能是相一致的。故“中舍”一词可从专指皇帝侍御之官演变为官府属吏①或官吏从者的泛称。

综上所述，在先秦两汉时期，“中舍”在不同时期，不但其写法不同，更重要的是其具体所指皆有所不同。在先秦时期的楚国，“中舍”写作“中余”“中谢”或“中射”，为楚王侍御之官；“中舍”在楚简中又作“中舒”，掌官府财物之出入，其职类似周官“舍人”；金村的战国秦国银器铭“中舍”为秦国制造工官，主作器械，类于考工室，属少府；两汉时期，“中舍”又为“从者”（即“从官”）之称，且上至皇室下至各级官吏之侍从者皆可以“中舍”代称。在汉简中“中舍”既可指“从者”，又为边塞官吏“从者”所居之所。

---

① 秦汉时期，郡守作为一郡之长，自养有供其驱使的“舍人”“门下”诸客，一些门客亦被郡守提擢为郡府属吏，这些属吏由于与郡守的特殊关系，他们遵从“受长吏之禄，以道报长吏”（《论衡·量知篇》）的原则，实际亦是供郡守驱使之人。从这个角度来看，功曹之类的郡府属吏自称为“中舍”亦是情理使然。

**附记：**

肖从礼（1974— ），男，汉族，四川金堂人。甘肃简牍博物馆研究部主任，研究馆员，主要从事甘肃简牍的整理与研究。2005至2008年就读于西北师范大学，攻读历史文献学专业（简牍学方向）硕士学位，师从张德芳先生。

本文原刊《简帛研究 二〇〇九》，广西师范大学出版社2011年版

# 汉代民族归义与西北边疆开拓

马智全

秦汉时期是中国历史上首次多民族大一统时期，在中原王朝开拓边疆的过程中，民族归义政策的实施对于边疆民族融入中原政权的管辖发挥了重要作用。归义在秦汉时期特指边疆少数民族归顺于中原王朝的管辖。近世以来，西北地区简牍文书与封泥印章中出现了丰富的有关汉代民族归义的材料，反映出汉朝对归义问题的高度重视与有效管理，具有重要研究价值。肖之兴《试释“汉归义羌长”印》、李放《“汉归义羌长”印考释》对相关归义印章作了考释，秦铁柱《西汉时期匈奴归义列侯论析》对匈奴归义列侯分封标准、侯国地理分布及列侯的结局作了细致考证，都有助于归义问题的认知。① 汉代归义政策内涵丰富，影响深远，对西北边疆开拓具有重要意义，值得进一步讨论。

## 一 汉代民族归义的管理

汉代对民族归义设有专职职官管理，对归义的边疆少数民族名王贵人进行分封赏赐，对归义大众设属国予以安置，给予政策关怀，体现出对归义问题管理的全面有效。

首先，汉承秦制，设有“典客”“典属国”掌管民族归义事务。

① 肖之兴：《试释“汉归义羌长”印》，《文物》1976 年第 7 期；李放：《“汉归义羌长”印考释》，《潍坊学院学报》2013 年第 1 期；秦铁柱：《西汉时期匈奴归义列侯论析》，《商丘师范学院学报》2013 年第 10 期。

《汉书·百官公卿表》：典客，秦官，掌诸归义蛮夷，有丞。景帝中六年更名大行令，武帝太初元年更名大鸿胪。属官有行人、译官、别火三令丞及郡邸长丞。武帝太初元年更名行人为大行令，初置别火。王莽改大鸿胪曰典乐。①

典客为秦官，可见秦代以来已经有专门管理归义的职官。归义者的对象，是“蛮夷”，蛮、夷本特指南方及东方的少数民族，《大戴礼记·千乘》：“东辟之民曰夷……南辟之民曰蛮。”② 秦并六国之后，开拓东南边地，所谓“典客，秦官，掌归义蛮夷”当与此相关。后来蛮夷也泛指边疆民族，《尚书·舜典》：“惟时柔远能迩，惇得允元，而难任人，蛮夷率服。”③ 汉承秦制，初设典客，掌管归义蛮夷，汉武帝时改为大鸿胪，属官有“行人”，职在出使朝觐聘问；“译官”，职在民族语言翻译，都是与少数民族管理相关的事务。由于汉代在秦有疆域基础上大力开拓西北边疆，“归义蛮夷”更多是指归降的西北胡羌人众。

《汉书·百官公卿表》：典属国，秦官，掌蛮夷降者。武帝元狩三年昆邪王降，复增属国，置都尉、丞、候、千人。属官，九译令。成帝河平元年省并大鸿胪。④

典属国“掌蛮夷降者”，也与民族归义相关。不过从名称来看典属国主要是对“属国”的管理，特别是汉武帝时因安置匈奴降者而设立五属国，典属国就更为重要。典属国的属官有九译令，专司民族语言翻译事务。属国都尉等机构的设置则是管理归义民众基本的行政支撑。随着时代的发展，武、宣以来所设属国已逐步融入中原王朝郡县正常管辖，典属国也就没有存在的必要，到成帝河平元年（前28）便省并到大鸿

① （汉）班固：《汉书》卷19上《百官公卿表上》，中华书局1962年版，第730页。
② （清）王聘珍：《大戴礼记解诂》，中华书局1983年版，第162页。
③ 《十三经注疏》，阮刻影印本，中华书局1980年版，第130页。
④ （汉）班固：《汉书》卷19上《百官公卿表上》，中华书局1962年版，第735页。

胪了。

除了中央职官外，汉代边塞机构也设有负责民族归义事务的职官。

> ☐□印　同　一诣酒泉大守博
> 一诣主归义左候官　☐
> 一诣表是　　　　ⅡT0113③94[①]

这枚汉简出自敦煌悬泉置，简文性质是邮书传递记录，简文“主归义候官”的记载，可见边塞有专门管理归义事务的机构，体现出汉朝对归义事务的重视。

其次，汉朝对归义名王实行封侯优待，是民族归义政策的重要内容。汉朝对归降人员封侯，景帝、武帝时还曾有大臣提出异议。汉景帝中元三年（前147），匈奴王徐卢等五人降汉，景帝准备封侯以吸引更多降者，丞相周亚夫提出不同看法：“彼背其主降陛下，陛下侯之，即何以责人臣不守节者乎?”[②] 周亚夫认为这些匈奴王归降不义，与朝廷要求臣下守节的观念相违背。景帝不从周亚夫意见，最终将徐卢等人封侯。面对守节与现实的矛盾，景帝还是以现实利益为重。汉武帝对匈奴实施全面反击策略，匈奴归义者更为多见。其中影响最著者是元狩二年（前121）霍去病出征河西之后匈奴浑邪王率数万众归降，武帝兴发车马接待，大加赏赐，直臣汲黯对此提出异议：“夫匈奴攻当路塞，绝和亲，中国举兵诛之，死伤不可胜计，而费以巨万百数。臣愚以为陛下得胡人，皆以为奴婢，赐从军死者家；卤获，因与之，以谢天下，塞百姓之心。”[③] 汲黯认为汉得匈奴降者，应该将他们作为奴婢赏赐给从军死者家属，而不应耗费封赏。汲黯的观点当然不为武帝所取，为了显示大汉功业，武帝对这批归义者封侯赏赐，设五属国予以安置。在节义与现实的天平上，武帝依然以现实利益为重，守节的要求并不适用于归义的民众。

---

① 见张俊民《敦煌悬泉置出土文书研究》，甘肃教育出版社2015年版，第386页。

② （汉）班固：《汉书》卷40《周亚夫传》，中华书局1962年版，第2061页。

③ （汉）班固：《汉书》卷50《汲黯传》，中华书局1962年版，第2320—2321页。

除了封侯之外，汉朝对归义者还有“归义长”“归义君”的分封方式，这在出土的封泥中体现更为明显。从《秦汉南北朝官印征存》记载的汉印来看，颁给归义匈奴的印有“汉匈奴归义亲汉君”“汉匈奴归义亲汉长”“汉归义胡长”“汉归义胡佰长”，颁给归义羌人的印有“汉归义羌长”“汉归义羌佰长”，此外还有“汉归义夷仟长”“汉归义氐佰长”“汉归义蛮邑长”“归义长印”“归义邑长”等印文。① 可见汉代归义安置方式多样。《后汉书·百官志》说：“四夷国王，率众王，归义侯、邑君，邑长，皆有丞，比郡县。”② 这其实是将归义民族纳入中央王朝管辖的有效方式。

再次，汉朝对普通归义者进行优待安置。为了保证归义民众归顺于汉朝的统治，汉给予归义民众不供租赋的待遇。

> 夫妻俱毋子男，为独寡，田毋租，市毋赋，与归义同。沽酒醪列肆，尚书令。③

这是武威出土汉简《王杖诏书令》中优待年老者的规定。说老年夫妻俱无子男，身份为独寡，可以享受“田毋租，市毋赋”的待遇，要与“归义”者相同。此简正说明了汉代归义者享有“田毋租，市毋赋”的特权，“田毋租”是种地不用交租税，“市毋租”是购买物品不用上赋税，这是明显优于普通市籍民的待遇。而且《王杖诏书令》将年老毋子男的情况与归义者相比，也说明优待归义者的政策为众所知。

汉代对归义民族的优待，与秦的归义政策相比较自然更为可取。云梦睡虎地秦简《秦律杂抄》说：“寇降，以为隶臣。”④ 可见秦代是把归降人员作为奴婢使用。又岳麓秦简《同、显盗杀人案》：“同曰：‘归义。

① 罗福颐：《秦汉南北朝官印征存》，文物出版社 1987 年版，第 212—222 页。

② （晋）司马彪：《续汉书·百官志》，见（南朝宋）范晔《后汉书》，中华书局 1965 年版，第 3632 页。

③ 李均明、何双全：《散见简牍合集》，文物出版社 1990 年版，第 16 页。

④ 睡虎地秦墓竹简整理小组编：《睡虎地秦墓竹简》，文物出版社 1990 年版，第 89 页。

儋日未尽，为人佣，除窆。’●潜讯同归义状及邑里居处状，改曰：‘隶臣，非归义。’”① 简文内容是法律诉讼，潜审问嫌犯同的居处情况，同先说自己是归义人员，从事儋的事务，日期还未圆满，被人所佣挖墓穴。潜进一步讯问同详情，同又改口说自己是隶臣，不是归义人员。从简文来看，秦时归义者身份低下，要从事儋的劳动。整理者注：“儋，承雇服役。《汉书·酷吏传》‘大司农取民牛车三万两为儋’，颜师古注：‘儋谓赁之与雇直也。’儋日，服役期限，似归义者承担某种服役义务。”② 可见秦代归义者要承担义务性的劳作。秦代简牍“寇降以为隶臣”以及“归义儋日未尽”的记载，都说明秦时归义者的奴仆性质，也就是汲黯所言“臣愚以为陛下得胡人，皆以为奴婢，赐从军死者家”的政策。汉代对归义民众优待安置，更有利于边疆的稳定。

因此从管理方式来看，汉代对归义者设置职官管理，对归义名王贵人分封赏赐，对归义民众实施优待政策，从而保障了汉代对归义民众的有效管理。

## 二 匈奴归义与北边安定

匈奴是汉代北方劲敌，汉高祖自平城之役后，对匈奴采取和亲政策，岁赠匈奴财物，孝惠、吕后、文、景历代遵行，但并不能阻挡匈奴铁骑的入侵。到武帝时，开始对匈奴采取全面进攻策略，在汉对匈奴的征战中，每当战争取得重大胜利，归降人数众多的时候，如何安置这些归降大众，是事关边疆安定和对敌斗争的重要事务。汉朝为此大肆封赏，设立属国，对归降人员进行有效安置。

第一，对归义匈奴王封侯封赏。汉朝为了抵御匈奴入侵，对匈奴采取分化策略，积极吸纳匈奴名王归义，景帝时匈奴王徐卢等五人降汉，“上欲侯之以劝后”，正说明了汉对匈奴封侯的意义。《汉书·景武昭宣

① 朱汉民、陈松长：《岳麓书院藏秦简（叁）》，上海辞书出版社2013年版，第179页。

② 朱汉民、陈松长：《岳麓书院藏秦简（叁）》，上海辞书出版社2013年版，第182页。

元成功臣表》记载了不少因归义而被封为列侯的匈奴贵族，如景帝时有安陵侯于军、桓侯赐、遒侯隆强、容成擕侯徐卢、易侯仆黚、范阳靖侯范代、翕侯邯郸、亚谷简侯卢它之等 8 人，武帝时有翕侯赵信、特辕侯乐、亲阳侯月氏、若阳侯猛、涉安侯于单、昌武侯赵安稽、襄城侯桀龙、潦悼侯王援訾、下摩侯謼毒尼、湿阴定侯昆邪、煇渠慎侯应疕、河綦康侯乌黎、常乐侯稠雕、杜侯复陆支、众利侯伊即轩、湘成侯敞屠洛、散侯董舍吾、臧马康侯雕延年、膫侯次公等 19 人，宣帝时有归德敬靖侯先贤掸、信成侯王定、义阳侯厉温敦等 3 人。可见归义匈奴王分封主要集中在西汉前中期。汉代匈奴归义分侯制度的实施，是汉抵御匈奴入侵政策的重要组成部分。

第二，关于归义匈奴侯国的地域问题，马孟龙先生在其专著《西汉侯国地理》曾作过考证，认为汉景帝时将匈奴归义侯国置于涿郡，武帝元朔年间将匈奴归义侯国置于南阳郡、颍川郡，元狩二年以后封置的匈奴归义侯国散布于河东、平原、颍川、济南、勃海、琅玡、南阳、汝南八郡[①]。可见早期对归义者的封侯集中于缘边地区，而后期则为内郡地区。将归义者置于内郡，更有利于汉朝管理。

汉代还对边地归义匈奴王实施质子制度，以确保归义者的归顺。

> 出粟五斗二升　以食安远侯副卫司马遣假千人尊所将送匈奴归义拂类王使十一人质子三人凡十三人人一食四升东　ⅡT0115④39[②]

这枚汉简记载的是匈奴东蒲类王归义的接待情况。《汉书·西域传》记载："匈奴东蒲类王兹力支将人众千七百余人降都护，都护分车师后王之西为乌贪訾离地以处之。"[③] 这是元帝初元元年（前48）时事，简文记载"匈奴归义拂类王使十一人质子三人"，就与东蒲类王归顺有关。其中"使十一人"指使者，"质子三人"为东蒲类王派出的侍子。简文人

① 马孟龙：《西汉侯国地理》，上海古籍出版社 2013 年版，第 282—300 页。
② 张俊民：《简牍学论稿——聚沙篇》，甘肃教育出版社 2014 年版，第 360 页。
③ （汉）班固：《汉书》卷 96 上《西域传上》，中华书局 1962 年版，第 3874 页。

数统计有误，质子三人可能是质子二人。质子为归义匈奴王抵押在汉朝的人质，可以保证汉朝对归义匈奴王的管理。当然，由于东蒲类王归义后被安置在车师地域，这与归顺后被安置在内地的封侯者还是有所不同。

第三，以属国安置归义匈奴大众。设属国掌管匈奴地域，汉初已有此设想。《汉书·贾谊传》："臣窃料匈奴之众不过汉一大县，以天下之大困于一县之众，甚为执事者羞之。陛下何不试以臣为属国之官以主匈奴?"① 可见以属国形式管理匈奴大众，在汉文帝时贾谊就提出过这种构想，但是没有实力得以实施。

汉武帝元狩二年（前121），霍去病出征河西，浑邪王率大众归降，汉设五属国以安置归降人员，是汉匈斗争中的重要事件。《史记·卫将军骠骑列传》："乃分徙降者边五郡故塞外，而皆在河南，因其故俗，为属国。"② 所谓"五郡故塞外"，张守节正义："五郡谓陇西、北地、上郡、朔方、云中，并是故塞外，又在北海西南。""以降来之民徙置五郡，各依本国之俗而属于汉，故言'属国'也。"③ 属国的设置地点为"五郡故塞外"。这些归义人士安置的地点特殊，所谓"五郡故塞外"，也就是缘边五郡原属塞外之地，是匈奴旧有的游牧地区，但现已属汉置郡，而且皆在黄河之南，便于朝廷管理。属国的地理选择既考虑了匈奴的生活习惯，又便于汉朝管理，可以保障汉边塞的安定。

汉宣帝时也有设置属国安置归义者的记载。《汉书·宣帝纪》五凤三年："置西河、北地属国以处匈奴降者。"④ 这是宣帝五凤年间匈奴五单于乖乱时匈奴归降的事件，匈奴虚闾权渠单于死后，"右贤王屠耆堂代立。骨肉大臣立虚闾权渠单于子为呼韩邪单于，击杀屠耆堂。诸王并自立，分为五单于，更相攻击，死者以万数，畜产大耗什八九，人民饥饿，相燔烧以求食，因大乖乱。单于阏氏子孙、昆弟及呼遬累单于、名王、

① （汉）班固：《汉书》卷96上《西域传上》，中华书局1962年版，第2241—2242页。

② （汉）司马迁：《史记》卷111《卫将军骠骑列传》，中华书局1959年版，第2933—2934页。

③ （汉）司马迁：《史记》卷111《卫将军骠骑列传》，中华书局1959年版，第2934页。

④ （汉）班固：《汉书》卷8《宣帝纪》，中华书局1962年版，第267页。

右伊秩訾、且渠、当户以下将众五万余人来降归义。”① 西河、北地属国设置保证了归义匈奴纳入汉王朝的管辖。

第四，关怀归义匈奴大众。汉朝将归义民众安置于属国，如何保证归义者服从汉王朝的统治，而不要叛逆逃亡，需要边地管理者相应的关怀措施。

> 建武六年七月戊戌朔乙卯▨
> 府书曰属国秦胡卢水士民从兵起以来□▨　　EPF2242
> 匿之，明告吏民，诸作使秦胡卢水士民畜牧田作不遣有无
> 四时言●谨案部吏毋作使
> 属国秦胡卢水士民者，敢言之　　EPF2243②

这两枚汉简出自居延甲渠候官（A8），两简属同一册书，简文纪时为建武六年（30），是东汉初年窦融统治河西时期。都尉府下文，要求审查部吏有没有作使属国秦胡及卢水士民的现象。所谓属国，指张掖属国，秦胡与卢水士民，为属国管辖的秦人遗民及边地少数民族。③ 依据都尉府文书，下属机构要对有无役使所辖民族成员的情况作出季度汇报。甲渠候官就依据府书作出上报，说部吏没有役使属国秦胡卢水士民的情况。该简从一个侧面反映出汉代对待归义民族的关怀政策。

## 三　小月氏、羌人归义与西北民族管理

汉代西北是多民族交融地区，汉初匈奴攻伐月氏，大月氏西迁，残留的部分月氏人退保南山，号小月氏。羌人则世居河湟流域，汉开河西四郡，隔绝羌胡，羌汉关系对于汉代西北边疆安定具有重要意义。汉对

---

① （汉）班固：《汉书》卷8《宣帝纪》，中华书局1962年版，第266页。

② 甘肃省文物考古研究所等：《居延新简：甲渠候官与第四隧》，中华书局1994年版，第211页。

③ 李烨：《“秦胡”别释》，《内江师范学院学报》2012年第5期。

小月氏、羌人也实施归义政策，体现在王侯分封、属国设置与民众管理三个方面。

第一，关于王侯分封。小月氏人数不多，依南山为阻。《后汉书·西羌传》："及骠骑将军霍去病破匈奴，取西河地，开湟中，于是月氏来降，与汉人错居。虽依附县官，而首施两端。"[①] 汉武帝时有小月氏王归降的情况。《汉书·景武昭宣元成功臣表》记载有"騠兹侯稽谷姑，以小月氏右苴王将众降，侯，千九百户，（元封）四年十一月丁未封。"[②]"瓡讘侯杆者，以小月氏王将军众千骑降，侯，七百六十户。（元封四年）正月乙酉封。"[③] 对小月氏王率领部众归降封侯，有利于汉朝对西北边疆地区的管控。

关于羌人归义，主要体现为汉平羌乱时羌人归降汉地的情况。如赵充国征西羌时，有归义羌侯杨玉。[④] 东汉建武十三年，"广汉塞外白马羌豪楼登等率种人五千余户内属，光武封楼登为归义君长。"[⑤] 永平元年，烧何羌滇岸归顺，"承制封为归义侯，加号汉大都尉。"[⑥] 这是史籍明确记载以"归义"分封的例子。其实，汉代羌人归顺的情况颇为多见，所谓"王政修则宾服，德教失则寇乱"，[⑦] 无论是西汉赵充国、冯奉世平定羌乱，还是东汉羌人三叛，朝廷出兵征伐，羌人势穷则降的情况颇为多见，是汉代管理羌人的常态。

| | | |
|---|---|---|
| ☐归义聊羌王使者男子 | 初元五年七月☐ | |
| ☐余输皆奉献诣 | 仁行长史事☐ | |
| ☐乘传 | 当舍传舍☐ | ⅤT1210④3[⑧] |

① （南朝宋）范晔：《后汉书》卷87《西羌传》，中华书局1965年版，第2899页。
② （汉）班固：《汉书》卷17《景武昭宣元成功臣表》，中华书局1962年版，第660页。
③ （汉）班固：《汉书》卷17《景武昭宣元成功臣表》，中华书局1962年版，第660页。
④ （汉）班固：《汉书》卷69《赵充国传》，中华书局1962年版，第2973页。
⑤ （南朝宋）范晔：《后汉书》卷87《西羌传》，中华书局1965年版，第2898页。
⑥ （南朝宋）范晔：《后汉书》卷87《西羌传》，中华书局1965年版，第2880页。
⑦ （南朝宋）范晔：《后汉书》卷87《西羌传》，中华书局1965年版，第2870页。
⑧ 张俊民：《简牍学论稿——聚沙篇》，甘肃教育出版社2014年版，第345页。

这枚汉简出自敦煌悬泉置，简文记载“归义聊羌王”派出使者向汉朝“奉献”的情况，简文性质为传书，当是敦煌发出，说明该“使者”可以乘传及舍传舍。“归义聊羌王”也是分封归义羌王的体现。

第二，关于属国设置。汉代对于归义羌人也曾设属国予以管理，如汉宣帝时就曾设置“金城属国”以管理降羌。《汉书·宣帝纪》神爵二年：“夏五月，羌虏降服，斩其首恶大豪杨玉、酋非首。置金城属国以处降羌。”① 金城地近羌地，设置属国以安置降羌，是西汉管理羌人的方式。东汉羌人叛乱时，也曾屡迁羌人于内地，但由于朝政日非，吏不体恤，致使叛乱不断，成为大患。

此外，汉在河西地区设置过张掖属国，《后汉书·郡国志》：“张掖属国，武帝置属国都尉，以主蛮夷降者。”② 高荣先生考证张掖属国“实为安置归降的小月氏部众而设，其所辖‘蛮夷降者’也以小月氏为主”，③ 小月氏人众不多，汉武帝元封年间小月氏王稽谷姑、杆者将众来降，设置属国管辖是有道理的。

第三，关于民众管理。汉代对归义羌人民众的管理，在敦煌悬泉置出土简牍中有很好的反映，最有代表性的就是有名的《归义羌人名籍》：

| | |
|---|---|
| 归义垒渠归种羌男子奴葛 | II0114②180 |
| 归义聊槛良种羌男子芒东 | II0114②181 |
| 归义垒甬种羌男子潘朐 | II0114③423 |
| 归义垒卜茈种羌男子狼颠 | II0114③459 |
| 归义聊藏耶茈种羌男子东怜 | II90DXT0214①1 |
| 归义聊卑为茈种羌男子唐尧 | II90DXT0214①2 |
| 归义聊卑为茈种羌男子踬当 | II90DXT0214①3 |
| 归义垒卜茈种羌男子封芒 | II90DXT0214①4 |

① （汉）班固：《汉书》卷8《宣帝纪》，中华书局1962年版，第262页。

② （晋）司马彪：《续汉书·郡国志》，见（南朝宋）范晔《后汉书》，中华书局1965年版，第3521页。

③ 高荣：《汉代张掖属国新考》，《敦煌研究》2014年第4期。

归义槛良种羌男子落虒　　　　Ⅱ90DXT0214①5

☐右槛良种五人　　　　Ⅱ90DXT0214①6[①]

这一册书的重要价值，就在于对归义羌人身份及部族姓名作了详细登记。第一，每一位归义者姓名之前要冠以“归义”二字，可见身份特征。第二，归义羌人的部族有清晰登记，既有聊羌、垒羌这样的部类名，又有渠归种、甬种、藏耶茈种、卑为茈种、卜茈种、槛良种这样的种类名。第三，记载归义羌人身份“男子”。第四，记载归义羌人的姓名“奴葛”“芒东”等。从最后一简来看，归义羌人的登记是以部族来统一登记，可见当时对归义羌人的管理也是依部族管理。是汉代管理归义者的具体方式。

酒泉归义垒羌龙耶种男子韩芒自言今年九月中□☐

Ⅱ T0214②195

·归义敦隗种留良等辞曰以诏书冬十月入徼就草常居广至

Ⅱ T0114②194[②]

这两枚汉简也出自悬泉置，前简是归义羌人垒羌龙耶种的男子韩芒的自言书，应是向边塞政府的申诉书。次简是归义羌人敦隗种留良的讼辞，说明羌人依据诏书可以入塞就草放牧。这两简都说明归义羌人要服从汉朝管理，归义羌人已纳入汉朝管理之下。

汉代对小月氏、羌人的管理对于西北边疆稳定具有重要意义，西汉时期对小月氏、羌人设归义管理，分置属国，保证了边疆安定。东汉时期由于政治腐败，特别是安帝以后，羌人屡叛，边塞不宁，加速了东汉的灭亡。归义政策能否很好的实施是边疆管理和朝廷兴亡的重要大事。

---

① 胡平生、张德芳：《敦煌悬泉汉简释粹》，上海古籍出版社 2001 年版，第 166 页。

② 张俊民：《简牍学论稿——聚沙篇》，甘肃教育出版社 2014 年版，第 345 页。

## 四　西域归义与西北边疆开拓

关于西域民众归义的情况，笔者《论汉简所见汉代西域归义现象》曾就西域归义体现出的汉与西域的交流作过讨论。[①] 从边疆开拓角度看西域归义现象，也有重要认识价值。

西汉为了抵御匈奴入侵，实施联合西域的战略，武帝时张骞通西域后，汉与西域的交流日渐频繁。天汉二年李广利征伐大宛之后，西域诸国与汉朝的关系更为密切。宣帝本始二年，汉与乌孙联合抗击匈奴取得重大胜利，神爵二年，匈奴日逐王归汉，汉在西域设立西域都护，开始了对西域事务的全面管辖。在汉朝开拓西域的过程中，归义政策的实施发挥了重要作用。汉朝关于西域的归义安置可分为两种情况，一是中原王朝对西域王侯贵族的分封，表明他们归顺于汉朝。二是西域人员归顺到汉地，接受汉王朝的管辖，形成了归义民众。

第一，关于汉朝对西域王侯贵族的分封，主要体现为对忠于汉朝的西域国王贵人加封“归义”名号，表明他们对汉朝的顺从，最有代表性的就是汉封乌孙卑爰疐为“归义侯”的事件。《汉书・西域传》：“哀帝元寿二年，大昆弥伊秩靡与单于并入朝，汉以为荣。至元始中，卑爰疐杀乌日领以自效，汉封为归义侯。两昆弥皆弱，卑爰疐侵陵，都护孙建袭杀之。”汉封卑爰疐为归义侯，是对他“杀乌日领以自效”行为的肯定，褒扬他忠于汉朝的意愿。在敦煌出土汉简中，就有归义侯卑爰疐的记载。

车师侯伯与妻子人民桼十桼人愿降归德，钦将伯等及乌孙归义　敦88

尉与车师前侯诩、车师伯、卑爰疐侍子俱来度，以已已到，如律令

① 马智全：《论汉简所见汉代西域归义现象》，《中国边疆史地研究》2012 年第 4 期。

正月丙辰移书敦德　　草　　敦89

己校吏士妻子羸弱乌孙归义侯疐侍子始到大煎都候鄣　　敦90①

元始二年二月己亥，少傅左将军臣丰、右将军臣建，承制诏御史曰，候旦受送乌孙归义侯侍子，为驾一乘轺传，得别驾载从者二人，御七十六。大……如……　　I90DXT0116S. 14②

以上简文是卑爰疐侍子经过敦煌的记载，简文称为“乌孙归义侯侍子”，可见卑爰疐也派侍子到中原，是汉朝对西域管控的有效方式。

除了乌孙归义的记载外，史书还有车师归义的记载。《汉书·西域传》：“焉耆国，王治员渠城，去长安七千三百里。户四千，口三万二千一百，胜兵六千人。击胡侯、却胡侯、辅国侯、左右将、左右都尉、击胡左右君、击车师君、归义车师君各一人，击胡都尉、击胡君各二人，译长三人。”③ 焉耆职官中有“归义车师君”的记载，称谓独特。武、昭时期，汉与匈奴五争车师，汉军退守时往往将车师人员迁往他地，形成了特殊的归义现象。徐松说：“此称归义车师君，盖车师人之降汉者，封为归义君，而处于焉耆。”④ 可见汉对西域归义人员的安置方式是多样的。

汉简中还有大月氏归义的记载。

归义大月氏贵人一人，贵人□一人，男一人。自来龟兹王使者二人，□□三人，凡八人。　　I91DXT0309③98⑤

该简记载的“归义大月氏贵人”，可能也是汉朝对大月氏贵人的分封。汉朝对忠于汉的贵人加封“归义”的名号，也是管控西域的有效

① 张德芳：《敦煌马圈湾汉简集释》，甘肃教育出版社2013年版，第397页。

② 胡平生、张德芳：《敦煌悬泉汉简释粹》，上海古籍出版社2001年版，第146页。

③ （汉）班固：《汉书》卷96下《西域传下》，中华书局1962年版，第3917—3918页。

④ 转引自（清）王先谦《汉书补注》，上海古籍出版社2012年版，第5882页。

⑤ 郝树声、张德芳：《悬泉汉简研究》，甘肃文化出版社2009年版，第204页。

方式。

第二，关于西域归顺到内地的人员，史书记载并不多见，而简牍文书有一些反映。

> 降归义乌孙女子
> 
> 回复帬献驴一匹骍牡
> 
> 两抾齿二岁封颈以
> 
> 敦煌王都尉章　　敦 1906①
> 
> 府移玉门书曰：降归义大月氏闻湏勒等☐　　I91DXT0405④A22②

前简记载乌孙女子复帬向敦煌献驴一批，有敦煌的都尉进行献物的验收登记。乌孙女子的身份是“降归义”，应该是归义到敦煌的乌孙民众。次简记载的大月氏闻湏勒身份也是“降归义”，而且简文是太守府移送到玉门的文书，那么简文记载也应是归义到敦煌的大月氏人。这种民众的归降也是汉朝管控西域的重要措施。

因此，汉对西域归顺国王贵族加封归义名号，归义者有派遣侍子的义务。西域民众归顺到敦煌等汉地郡县，以归义名义登记。汉对西域实施的归义政策加强了汉对西域的管控，是汉朝西北边疆开拓的重要内容。

## 五　民族归义与西北边疆开拓

汉代西北地区民族归义政策的实施，能够吸纳归义人员，增强军事实力，扩大汉朝影响，对西北地区疆域开拓和社会稳定具有重要意义。

首先，对归义王侯实行分封，可以削弱敌方实力，扩大汉朝影响，是一项重要的政治策略。景帝时匈奴徐卢等人归降，“上欲侯之以劝后”，这正是归义政策施行的政治目的所在。相对于军事斗争的严酷，运

---

① 甘肃省文物考古研究编：《敦煌汉简》，中华书局 1991 年版，第 293 页。

② 郝树声、张德芳：《悬泉汉简研究》，甘肃文化出版社 2009 年版，第 207 页。

用归义方式吸纳归降大众，扩大自身实力，削弱敌方实力，自然是可取的策略。武帝时也高度重视归义政策，一方面通过大规模的战争征服匈奴，另一方面优待归义人员，扩大汉朝影响，所以尽管有汲黯直谏，而武帝依然实行封赏策略。从汉匈斗争的进程来看，武帝时匈奴昆邪王以四万多众降汉，宣帝时匈奴日逐王率众降汉，都对汉匈关系产生了重大影响。归义政策的实施对扩大汉朝统治起了重要作用。

其次，在军事斗争中，归义王侯、属国骑兵往往参与汉朝开拓疆域的战事，是重要的军事力量。由于归义匈奴王侯知晓匈奴作战情况，且长于骑兵作战，在汉对匈奴的战斗中屡建功劳。武帝时归义匈奴王翕侯赵信、昌武侯赵安稽、襄城侯桀龙、杜侯复陆支、众利侯伊即轩都曾参加汉对匈奴的征战并立有战功。汉代设属国安置匈奴降者，属国骑多次参与对西域及匈奴的战事。元鼎五年（前112），“骐侯驹幾，以属国骑击匈奴捕单于兄，侯，五百二十户。”① 元封三年（前108），“武帝遣从票侯赵破奴将属国骑及郡兵数万击姑师。”② 太初元年（前104），“发属国六千骑及郡国恶少年数万人以往，期至贰师城取善马。”③ 昭帝元凤三年（前78），“右贤王、犁汙王四千骑分三队，入日勒、屋兰、番和。张掖太守、属国都尉发兵击，大破之，得脱者数百人。”④ 属国骑在汉开疆征战和抵御外族入侵的战争中也发挥了重要作用。

再次，归义政策的实施可以得到边疆政权和少数民族对汉王朝的明确支持，在外交上具有重要作用。汉对西域的开拓，是汉与匈奴争夺领属权的过程。汉朝对归顺的西域国家加封归义的名号，可以明确宣示这些国家对汉朝的支持，从而削弱匈奴的控制力，扩大汉朝的影响。汉对西域国家所封的“归义车师君”“乌孙归义侯”都具有这样的作用。所封归义王侯往往要对汉朝派出侍子侍奉，自然也是汉朝加强对西域管控的措施。

---

① （汉）班固：《汉书》卷17《景武昭宣元成功臣表》，中华书局1962年版，第654页。
② （汉）班固：《汉书》卷96上《西域传上》，中华书局1962年版，第3876页。
③ （汉）班固：《汉书》卷61《张骞传》，中华书局1962年版，第2699页。
④ （汉）班固：《汉书》卷94《匈奴传上》，中华书局1962年版，第3783页。

总之，从史籍记载和出土文献可以看出，汉代归义政策的实施是汉王朝强盛的重要原因。汉承秦制，有典客和典属国掌管边疆民族归义。面对民族名王贵人归义，尽管朝廷大臣提出分侯赏赐有违臣子节义，但执政者从现实利益出发，还是对归义者大加封赏，以劝诱更多降者。对于归义的民众，汉在边郡，设置属国予以安置，促进了边疆稳定。归义者享有不供租赋的优待，汉边塞要对归义民众接持登记，妥善安置，并设了专门的职官管理。汉代归义政策的实施，对于有效抵御外族入侵、促进边境安宁和西北地区边疆开拓发挥了重要作用。

**附记：**

马智全（1974—　），男，汉族，甘肃武威人。兰州城市学院简牍研究所教授。1993 年参加工作，2004—2007 年西北师范大学古典文献学硕士研究生，文学硕士。2007—2014 年甘肃简牍保护研究中心文博馆员。2010—2014 年西北师范大学历史文献学博士研究生，历史学博士。2014 年甘肃简牍博物馆副研究员，2018 年调入兰州城市学院。主要从事秦汉简牍研究工作，参与了《肩水金关汉简》《居延新简集释》《地湾汉简》《玉门关汉简》《悬泉汉简》的整理出版工作，发表学术论文 40 余篇，出版专著 2 部，主持国家社科项目 2 项。

本文原刊《西北民族大学学报（哲学社会科学版）》2017 年第 5 期

# 汉简所见河西边郡“盗贼”考论

侯宗辉

《晋书·刑法志》载李悝著《法经》，“以为王者之政，莫急于盗贼，故其律始于《盗》、《贼》”。“王者之政，莫急于盗贼”的理论被后世统治者奉为圭臬，防治盗贼成为维护统治秩序的首要任务。汉代，从京畿到地方的最高行政长官大都兼有逐捕盗贼的职责，并且在郡县地方行政系统中还设有门下督盗贼、门下贼曹、贼捕掾、游徼、亭长、求盗、备盗贼尉[①]等等的专职吏员循禁盗贼，纠案奸宄，维持地方稳定。而与此同时，在出土的河西汉简中，本以抵御匈奴为职事的边塞军事系统的士吏、候长、候史、令史等候官属吏也都具有“备盗贼”的职责，这为传世文献所不载。这里的“盗贼”何所指？笔者结合汉简记载和相关史籍，就河西边郡的“盗贼”构成及其治理举措略陈管见。

## 一 戍吏“备盗贼”寻义

汉代边塞防线主要是抵御匈奴等外族侵扰，维护边境安全的一道屏障。在出土的河西汉简中常见军事系统的低级官吏以“备盗贼”为职，这与传世文献所载治理盗贼的地方官吏截然不同。汉代戍边吏卒本以抵御匈奴寇略为第一要务，为何被赋予“备盗贼”的社会治安职责？在此，略举几例简文，以便分析：

① 罗福颐：《汉印文字征补遗》，文物出版社1982年版。

(1)状辞：居延肩水里上造，年卌六岁，姓匽氏，除为卅井士吏，主亭燧候望、通烽火、备盗贼为职　　《合校》456·4[①]

(2)守候史以迹候、盗贱(贼)为署，昂迹见隆出所部大薪举满刻时毋长吏□　　《敦》190[②]

(3)赵氏为甲渠候长，署第十部，以主领吏迹候、备寇虏、盗贼为职，乃十二月▨　　《居新》EPT68165[③]

(4)上造，居延累山里，年卌八岁，姓周氏，建武五年八月中除为甲渠斗食令史，备寇虏、盗贼为职，至今月八日客民不审

《居新》EPT6816～17

(5)●状辞曰：公乘年五十二岁，姓陈氏，建武三年九月中除为甲渠士吏，以迹候、通$_{353}$烽火、备盗贼为职，至今年六月中▨

《居新》EPF22353、598

(6)●状辞：公乘居延广地里，年卅二岁，姓孙氏，建武六年正月中除为甲渠城北候长，以通烽火、迹$_{355}$候、备盗贼为职，至今六月▨$_{361}$　　《居新》EPF22355、361

例(1)(5)(6)均是状辞内容[④]。从其完整的记载可以发现，“迹候、通烽火、备盗贼”是低级戍吏的职责所在。例(2)，根据其它相类简文记载，“贱”当为“贼”之误。例(3)(4)所记官职不同，但其职责相同。综合上引六例及其它同类简文的记载，表明“备盗贼”是候官下属的士吏、候史、候长、令史等低级官吏的基本职责。迹候，又称

① 谢桂华、李均明、朱国炤：《居延汉简释文合校》，文物出版社1987年版。本文简称“《合校》”。因文中所引简文众多，故不一一注明页码，只详注转引释文号，以下类同。

② 甘肃省文物考古研究所编：《敦煌汉简》，中华书局1991年版。本文简称“《敦》”。

③ 甘肃省文物考古研究所、甘肃省博物馆、中国文物研究所、中国社会科学院历史研究所：《居延新简——甲渠候官》，中华书局1994年版。本文简称“《居新》”。

④ 例(5)(6)是缀合而成的简文，依据大庭修先生提出的汉简册书复原的“出土地同一”、“笔迹同一”、“材料同一”、“内容关联”等四原则。同时，参考其他同类完整的简文表述，联系在一起文从字顺，意义明确。处于文字右下角的数字是整理者对出土原简的序列编号，以下相同。参见［日］大庭修著，徐世虹译《汉简研究》，广西师范大学出版社2001年版，第10—11页。

迹候望，是指边塞吏卒通过每天的日迹活动，伺候敌情。通烽火，是候望吏卒根据敌情执行烽火品约规定。从简文的表述来看，“迹候望、通烽火”是手段、是方式，“备盗贼”是终极目的。汉代边塞上最大的威胁是匈奴人，因此，简文里的“盗贼”似乎是特指匈奴。果真如此吗？这与传世史籍和汉简中以“胡”、“虏”、“胡虏”、“寇虏”对匈奴的称呼不相一致。汉代边塞地区建鄣列燧、屯田戍守本为防御匈奴寇抄而置设。但《汉书·匈奴传》记载，谙熟边事的郎中侯应对元帝陈述匈奴事状中，其第四条：“设塞徼，置屯戍，非独为匈奴而已”。预示着边塞上的迹候望、通烽火并非只是针对匈奴人。紧接着第八条：“盗贼桀黠，群辈犯法，如其窘急，亡走北出，则不可制”。[①] “亡走北出”意指逃往匈奴统治区域。此处所言“盗贼”显然不等同于匈奴。又，上引例（3）、（4）中，“寇虏”与“盗贼”并列出现，也印证二者应当有别。可见，就汉简文字记述而言，“盗贼”并非特指匈奴。

那么，河西汉简中的戍吏所防备的盗贼究竟是哪些群体呢？首先就“盗贼”词义做简要梳理，这对厘清汉代“盗贼”含义有重要意义。“盗贼”一词在我国出现较早，广泛的见于历史文献中。随着时代的变化发展如今的“盗贼”含义已经和古代有很大的差别。但在秦汉时期，“盗贼”更多的是以“盗”和“贼”两个单义词而出现。“盗与贼作窃盗者与强盗的称谓使用，在我国出现较早，并被历代沿用，因此他们被广泛地使用于历史文献之中。”[②] 何谓“盗”？何谓“贼”呢？

东汉许慎《说文解字》曰：“盗，私利物也。从次、次欲皿者。”《玉篇·次部》：“次，亦作涎。”“皿，饭食之用器也。”王筠《说文解字句读》释为：“私有所利于他人之物也。”[③] 《左传·文公十八年》：“窃贿为盗。”孔颖达疏曰：“窃人财贿谓之为盗。”《正字通·皿部》：“盗，凡阴私自利者皆谓之盗。”引申为将对别人有价值的东西据为己有，主要侧重于财产方面。《晋书·刑法志》注引晋代著名律学家张斐

① （汉）班固：《汉书》卷94《匈奴传》，中华书局1962年版，第3804页。

② 甄岳刚：《中国古代盗贼称谓考》，《北京师范学院学报》1992年第6期。

③ （清）王筠：《说文解字句读》，中华书局1988年版，第1183页。

《律表》："取非其物谓之盗。""非其物"表明盗的外延有所扩展，不只是局限在财产上。秦汉时期"盗"的方式比较广泛，"盗则盗窃劫略之类"。[①]汉代《盗律》有"劫略、恐猲、和卖买人"、"受所监受财枉法"、"勃辱强贼"、"还赃畀主"等等。[②]但就盗字基本意义而言主要是盗窃之意，泛称盗窃之人或盗窃的行为。"贼"字的蕴意同样丰富，《说文解字·戈部》："贼，败也。从戈则声。"段注云："毁则为贼。"毁，毁坏、毁弃之意。从戈，意为贼是在毁坏的过程中，常使用戈、矛等武器，伴随暴力行为，引申为杀人者或杀害人的行为。如《玉篇·戈部》云："贼，伤害人也。"《国语·晋语五》："使鉏麑贼之。"韦昭注曰："贼，杀也。"《书·舜典》："皋陶，蛮夷猾夏，寇贼奸宄。"孔传曰："杀人曰贼。"是为名词，代指杀人的人。《晋书·刑法志》引张斐《律表》曰："无变斩击谓之贼。"汉代《贼律》有"欺谩、诈伪、逾封、矫制""贼伐树木、杀伤人畜产及诸亡印""储峙不辨"[③]等。

显而易见，在秦汉时期，"盗"与"贼"是各有所指的。然而在史籍记载中，常常把反抗封建统治或破坏社会秩序的人和行为合称为"盗贼"。这主要是因为盗或者贼二者的违法行径有转化和相类同的情节，在司法审理时，依据具体事实经过，判决有时可以互通。如《玉篇·戈部》又云："贼，盗也。"张家山汉简《贼律》有"诸食脯肉，脯肉毒杀、伤、病人者，亟尽孰（熟）燔其余。其县官脯肉也，亦燔之。当燔弗燔，及吏主者，皆坐脯肉臧（赃），与盗同法""贼杀伤人畜产，与盗同法"。[④]这说明，某些情况下"贼"与"盗"在行为或者结果上是可以互相转换的。同时，"盗贼"合称或分为"盗""贼"，有时并不影响文句含义。《汉书·地理志》："自武威以西……其俗风雨时节，谷籴常贱，少盗贼，有和气之应，贤于内郡。"汉代有的官吏常因督察、治理盗贼有

① 程树德：《九朝律考》，中华书局2003年版，第16页。

② （唐）房玄龄等：《晋书·刑法志》，中华书局1974年版，第924—925页。

③ （唐）房玄龄等：《晋书·刑法志》，中华书局1974年版，第925页。

④ 张家山二四七号汉墓竹简整理小组：《张家山汉墓竹简（二四七号墓）》，文物出版社2006年版，第15页。

功而升迁，如《汉书·王尊传》记载，王尊在代理京兆尹事时，“旬月间盗贼清。迁光禄大夫，守京兆尹。”同例甚多，不赘。时人知晓盗贼所指，无需分别指明。在《尹湾汉墓简牍》中所载的《东海郡下辖长吏名籍》中，有十人因“捕群盗尤异、捕斩群盗”而升迁为令、相、丞、尉。[①] 这说明若需要明确指明时，则会有对应的专用语词。正如《荀子·君道》云：“禁盗贼，除奸邪。”杨倞注曰：“盗贼通名，分而言之，则私窃谓之盗，劫杀谓之贼。”“盗贼”为“通名”，也就是说，“盗贼”是兼具“盗”与“贼”意义的复合词。那么，汉简所言盗贼的构成除了匈奴之外，必定另有所指。

## 二　河西边郡“盗贼”构成

鉴于上述对“盗贼”含义的分析，结合张家山汉简《贼律》《盗律》有关内容，我们认为河西边郡中的“盗贼”主要由以下构成。

其一，匈奴及其叛逆反攻汉朝者。“王者之政，莫急于盗贼”，[②] 维护统治秩序是历代统治阶层的第一要务。汉初的《二年律令》[③] 以《贼律》置于篇首，《盗律》次之，就是最好的诠释。汉朝，盘踞于北方的匈奴时常侵扰边境，寇抄不断。类如“匈奴数千人盗边”[④]、匈奴数寇盗边，“杀略吏民其众”[⑤] 的记述在前三史中屡见。西北汉简中对汉、匈短兵相接的史实有许多具体的记载，比如：

(7) ●匈奴人即持兵刃功（攻）亭，吏拔剑助卒，闭户重关下，戊　《额简》2000ES9SF3·3[⑥]

① 卜宪群：《西汉东海郡长吏升迁考述》，《商丘师专学报》1999年第1期，第59页。

② （唐）房玄龄等：《晋书·刑法志》，中华书局1974年版，第922页。

③ 张家山二四七号汉墓竹简整理小组：《张家山汉墓竹简（二四七号墓）》，文物出版社2006年版，第7页。

④ （汉）班固：《汉书》卷94《匈奴传》，中华书局1962年版，第3766页。

⑤ （汉）班固：《汉书》卷94《匈奴传》，中华书局1962年版，第3767页。

⑥ 魏坚：《额济纳汉简》，广西师范大学出版社2005年版。本文简称“《额简》”。

（8）建武四年九月戊子，从史闳敢言之，行道以月十日到橐他候官。遇橐他守尉冯承，言今月二日胡虏入酒泉□□

入肩水塞，略得焦凰牛十余头，羌女子一人，将西渡河虏四骑止都仓西放马六十余骑止金关西，月九日　蚤食时……

《额简》2000ES9SF3·4A、4B

类似匈奴人犯塞，兵刃相见，“略得吏士”“燔烧亭燧”“毁坏鄣坞”等，不胜枚举。《汉书·匈奴传》言：“乌桓与匈奴无状黠民共为寇入塞，譬如中国有盗贼耳！”匈奴寇边不绝，劫杀掠夺，亦实如内地郡县的盗贼。匈奴对边疆地区的入侵掠夺，严重威胁到了汉王朝的统治，故匈奴当是戍边吏士所备“盗贼”的主要对象。

与此同时，本臣属于汉室的一些王侯、功臣由于各种原因，或勾结或投奔匈奴，谋反叛逆，反攻汉朝。汉初韩王信、燕王卢绾等人皆属于此。又如两汉之际的卢芳，被匈奴拥立为汉帝后，在北方“掠有五原、朔方、云中、定襄、雁门五郡，并置守令，与胡通兵，侵苦北边。”① 这种叛逆的行径，清人沈家本称之为“大逆不道”，在其《历代刑法考》中列于《贼律》之首：“谋反为贼事之最重大者，《唐律》谋反大逆居《盗贼律》之首，《汉律》亦当不殊，兹故首列也。”② 此乃卓识，张家山汉简《贼律》首条云：“以城邑亭障反，降诸侯，及守乘城亭障，诸侯人来攻盗，不坚守而弃去之若降之，及谋反者，皆要（腰）斩。”律令规定“以城邑亭障反，降诸侯”及“谋反者”都要处以“腰斩”的刑罚。《贼律》中的“诸侯”是否有匈奴的含义呢？从法学的视角考察，作为法律用语的“盗贼”其适用范围不仅仅是指汉代分封的诸侯王，而且也适用于匈奴。③ 曹旅宁先生亦认为这里的诸侯是指“匈奴、南越”。④ 因此，匈奴与叛逆汉室者混合构成了边塞上“盗贼”的主体。

---

① （南朝宋）范晔：《后汉书》卷12《卢芳列传》，中华书局1965年版，第506页。

② （清）沈家本：《历代刑法考·汉律摭遗》，中华书局1985年版，第1414页。

③ 支振锋：《张家山汉简二年律令中的“诸侯”》，《华东政法大学学报》2010年第4期。

④ 曹旅宁：《张家山汉简研究》，中华书局2005年版，第14页。

其二，兰越汉塞，亡出北走入匈奴者。边郡之地，常有兰越塞防，逃亡北走入匈奴者。① 居延新简“EPT68”中，有一例发生在建武六年兰越塞逃亡的典型案例，此处节选“状辞”部分，移录于此：

(9) 建武六年三月庚子朔甲辰，不侵守候长业敢$_{54}$言之，谨移劾状一编敢言之。$_{55}$●状辞曰：公乘居延中宿里，年五十一岁，姓陈氏$_{68}$。今年正月中，府调业守候长，署不侵部。主领吏$_{69}$迹候、借寇虏、盗贼为职，迺今月三日壬寅，居延长安亭长$_{70}$王闳、闳子男同攻虏亭长赵常及客民赵闳、范翕等$_{71}$五人俱亡，皆共盗官兵臧千钱以上，带大刀、剑及铍各一$_{72}$，又各持锥、小尺、白刀、箴各一，兰越甲渠当曲塞，从河$_{73}$水中天田出。案：常等持禁物兰越塞$_{74}$于边关儌，逐捕未得。

例 (9)，兰，《汉书·汲黯传》注引臣瓒曰：“无符传出入为兰。”从状辞可知，在建武六年正月，居延长安亭长王闳及其儿子、攻虏亭长赵常以及客民赵闳、范翕五人盗窃官府钱财、携带刀、剑等兵器，兰越甲渠当曲塞逃亡。

张家山汉简《盗律》有“盗出财物于边关徼，及吏部主智（知）而出者，皆与盗同法；弗智（知），罚金四两。使者所以出，必有符致，毋符致，吏智（知）而出之，亦与盗同法”的记载。例（9）“逐捕未得”表明此次逃亡成功，并且携有禁物，其行为完全违反《盗律》规定，被举劾的官吏将受到“罚金四两”或“与盗法同罪”的惩治。五人“俱亡”、“共盗”，正是《盗律》中的“群盗”：“盗五人以上相与功（攻）盗。”汉代，盗窃武库兵器者，弃市。本案例中，逃亡者盗得“大刀”、“剑”等兵器，“边鄙兵所居比司马门，则亦与禁中等，故盗者亦

① 《汉书·匈奴传》记载，汉元帝时郎中侯应指出：“诸属国降民，本故匈奴之人，恐其思旧逃亡”；“往者从军多没不还者，子孙贫困，一旦亡出，从其亲戚”；“又边人奴婢愁苦，欲亡者多，曰‘闻匈奴中乐，无奈候望急何！’然时有亡出塞者”。

当以盗武库兵论也”。[1] 同时，案例中盗钱、越塞的主角既有亭长，也有客民，是官民联合盗窃官府财物的行为。亭长，其本身就具有防备盗贼、掌管治安的职责。执法犯法，属于“主守盗”，《汉书·陈咸传》注引如淳曰：“律，主守而盗，直（值）十金弃市。”张家山汉简《奏谳书》之十五：“令：吏盗，当刑者刑，毋得以爵减免赎。”

兰越塞、逃亡至匈奴者的身份复杂，诸如庶民、奴婢、戍卒、官吏、亡人、归附者、军吏后代等，甚至有如《居新》EPF22233“从儌外来为间候动静中国兵，欲寇盗杀略人民”的间谍夹杂其中。逃亡时常有盗窃、劫掠、滥杀无辜或携带禁物之罪行，因而，该群体也是边塞“盗贼”的重要组成之一。

其三，盗窃财物与“贼燔”“延燔”者。河西汉简所见盗窃案件颇多，盗窃行为频繁发生。如《合校》265·24 云：“盗常有”。金钱、粮食是盗窃的主要目标。

（10）□☑直卅并直三百，案忠盗臧（赃）二百

《居新》EPT5058

（11）赵临开傰臧内户，盗取卒阁钱二千四百。谨已劾傰职事无状　　《居新》EPT50154

（12）□所盗取粟小石三百六十六石六斗六升《居新》EPT59662

张家山汉简《盗律》：“盗臧（赃）直（值）过六百六十钱，黥为城旦舂。六百六十到二百廿钱，完为城旦舂。不盈二百廿到百一十钱，耐为隶臣妾。”依此比对，例（10）“臧（赃）二百”，则要“完为城旦舂”。例（11）盗钱“二千四百”，将被“黥为城旦舂”。例（12）被盗窃的粟多达“三百六十六石六斗六升”，施盗者必为匈奴或群盗之类。汉代粮食小、大石之比为 5∶3，折合约为 220 大石。“西汉中晚期，河

① （清）沈家本：《历代刑法考·汉律摭遗》，中华书局 1985 年版，第 1397 页。

西一带粟价，每石皆在百钱上下”，[①] 则价值远远超过六百六十钱。

与盗窃财物现象并存的是，“贼燔”“延燔”也时有发生。如：

(13) ☐朔乙酉，万岁候长宗敢言之，官下名捕诏书曰：清河不知何七男子共贼燔男子李。

☐强盗兵马及不知何男子，凡六十九人黠谋更□□□怨攻盗，贼燔人舍攻亭。 《居新》EPT516

(14) 告，乃问尊，对曰：迺四月庚子夜失火，延燔尊钱财衣物各如牒证。 《居新》EPT52207

“贼燔”，张家山汉墓竹简整理小组在《贼律》中注释作“故意燔烧”。例（13）是一份上行文书，第一行，是万岁候长转达发生在清河“贼燔”案件的诏书内容。“名捕”，《汉书·游侠传》注引师古：“举姓名而捕之也”。第二行，是发生在居延边塞的案件，“不知何男子”共有六十九人，“强盗兵马”“攻盗”“贼燔人舍攻亭”等无恶不作。候长宗将诏书名捕的案情和本地发生的案件结合起来，汇报给上级。“强盗”、“攻盗”的记载也见于《后汉书·陈忠列传》：“臣窃见元年以来，盗贼连发，攻亭劫掠，多所伤杀。夫穿窬不禁，则致强盗；强盗不断，则为攻盗；攻盗成群，必生大奸。”由此，“贼燔”或是常与“强盗”“攻盗”等行为联系在一起的，已远非盗窃所能涵盖的范围。社会危害性更大。例（14）中“延燔”，《睡虎地秦墓竹简·法律答问》：“𡘋（音 sui）火延燔里门，当赀一盾；其邑邦门，赀一甲。”𡘋火，即失火。[②] “延燔”，连带、延及燔烧之意。张家山汉简《贼律》：“其失火延燔之，罚金四两，责（债）所燔。乡部、官啬夫、吏主者弗得，罚金各二两。”由于失火延燔，要罚金四两，并要按照价值赔偿其所燔烧的物品。

① 陈直：《居延汉简研究》，天津古籍出版社 1986 年版，第 149 页。

② 睡虎地秦墓竹简整理小组：《睡虎地秦墓竹简》，文物出版社 1978 年版，第 219 页。

其四，边塞地区斗伤、贼杀人者。张家山汉简《贼律》曰：“贼杀人、斗而杀人，弃市。其过失及戏而杀人，赎死。伤人，除。”沈家本《汉律摭遗》卷二言：“律目‘贼伤’，则指有心伤人者言。”则贼杀，是指故意杀人。斗，《晋书·刑法志》引张斐《律表》：“两讼相趣谓之斗。”戏，《晋书·刑法志》引张斐《律表》：“两和相害谓之戏。”汉简中常见此类记述：

（15）☑□斗以剑刃刺伤乙□☑ 《敦》2462

（16）□□□阴里，史定七月乙巳斗，为人所杀《合校》39·21

（17）戍卒东郡□里函何阳，坐斗以剑击伤戍卒同郡县戍里靳龟右脾一所，地节三年八月辛卯械 《合校》118·18

（18）居延骑士，广都里李宗坐杀客子杨充。元凤四年正月丁酉亡☑ 《合校》88·5

（19）效谷髡钳城旦大男宰土，坐共斗伤人，不立见止治……
《悬泉》Ⅱ0214S50[①]

例（15）（17）在打斗过程中，以剑刃刺伤对方。张家山汉简《贼律》载：“斗而以釰（刃）及金铁锐、锤、椎伤人，皆完为城旦舂。”例（16）（18）或以斗杀、或贼杀，按律将要处以弃市。例（19）因斗伤人被判处以“髡钳城旦”的五年罪刑。

其五是，隐匿在边塞的亡人。河西汉简中常见因盗窃、贼杀、斗殴致人死亡等缘由而逃亡、隐匿于边塞地区的罪犯。史籍中对此类人常称为“亡命”，《史记·张耳陈余列传》注引晋灼曰：“命者，名也，谓脱名籍而逃”；崔浩曰：“亡，无也。命，名也。逃匿则削除名籍，故以逃为亡命。”[②] 亡人记载略如下简：

① 胡平生、张德芳编撰：《敦煌悬泉汉简释粹》，上海古籍出版社2001年版。本文简称“《悬泉》”。

② （汉）司马迁：《史记》卷89《张耳陈余列传》，中华书局1959年版，第2571页。

（20）都拔刀剑斗，都以所持剑格伤不知何一男子□

《合校》148・45

（21）名捕：平陵德明里李蓬，字游君，年卅二三。坐贼杀平陵游徼周敕，攻□□市，贼杀游徼业谭等亡为人奴☐

《合校》114・21

（22）匿界中，书到遣都吏与县令以下逐捕搜索部界中，听亡人所隐匿处，以必得为故，诏所名捕，重事，事当奏闻，毋留，如诏书律令。

《合校》179・9

例（20）“不知何一男子”，联系例（13），其或亦是有刑事案件在身的潜逃者。例（21）是名叫“李蓬”的人贼杀当地的游徼被捕，后伺机逃亡，再次杀害一名游徼后潜逃为他人奴，隐姓埋名逃避法律制裁。“诏所名捕”到居延地区，说明罪犯极可能隐藏在河西边塞地区。例（22）是按照诏书列举的罪犯名姓，要求都吏与县令以下官吏逐捕搜索辖区内的亡人。由于隐匿于边塞地区的亡人大都犯有刑事案件，并且在逃避官吏追捕、谋求生存、北亡匈奴的过程中，很容易引发再次杀斗之事，成为一股潜在的危害因素，对当地社会治安带来极大的隐患。

## 三　防治“盗贼”之法

内地郡县的盗贼多是贫苦农民不堪暴敛重赋，或是遇有疾疫灾荒之年，生活窘迫，被逼干起了盗贼的行当以维持生计。如史籍所载，“穷则起为盗贼”；[①] 元元大困，流散道路，盗贼并兴”；[②] “天下饥荒，竞为盗贼”。[③] 纯粹的、专门以劫掠盗杀为事的仅仅是非主流。在治理举措上，政府采取轻徭薄赋，拊循贫弱，及时安置流民等，使其重返农业生产。同时，结合户籍登记之法，郡县官吏知悉盗贼名姓、籍贯等详细情况，

① （汉）班固：《汉书》卷72《贡禹传》，中华书局1962年版，第3075页。

② （汉）班固：《汉书》卷9《元帝纪》，中华书局1962年版，第288页。

③ （南朝宋）范晔：《后汉书》卷76《循吏列传》，中华书局1965年版，第2470页。

进而严厉打压、威逼利诱、感化销解相结合的制御之法，确保百姓安土乐业。

河西边郡盗贼来源构成相比于内地郡县，显然复杂得多。并且，西北边塞防线漫长，“及武帝征伐四夷，开地广境，北却匈奴，西逐诸羌，乃度河、湟，筑令居塞、初开河西……障塞亭燧出长城外数千里”，[1]致使盗贼防治难度陡增。复杂性、不间断性和偶发性是河西边郡盗贼的突出特征。边塞军事戍守系统如何有针对性的灵活处置盗贼问题，事涉边境安全与维护缘边郡县持续稳定开发的大局。纵观史籍与汉简记载，可以看出军事守御系统主要采取以下举措防治盗贼。

### （一）协助郡县，逐捕盗贼

巡行境内，捕斩盗贼是郡县主官及其属吏的一个重要职责，如张家山汉简《捕律》云：“群盗杀伤人、贼杀伤人、强盗，即发县道，县道亟为发吏徒足以追捕之，尉分将，令兼将，亟诣盗贼发及之所，以穷追捕之，毋敢□(一四〇)界而环（还）。吏将徒，追求盗贼，必伍之，盗贼以短兵杀伤其将及伍人，而弗能捕得，皆戍边三岁。三十日中能得其半以上，尽除其罪；(一四一)得不能半，得者独除；死事者，置后如律。”汉代河西边郡之地，绿洲、戈壁、沙漠、高山、盆地、湖泊、河流点缀其间，地形十分复杂。即使本地官吏追捕盗贼的风险和难度都是十分巨大，遑论内地郡县吏员长途跋涉远至边塞逐捕逃亡隐匿的亡命盗贼，其艰险历程可想而知。故而，在边塞地区逐捕盗贼的时候，戍边的军事系统进行协助，为成功捕斩盗贼提供了有力支持。如汉简所记：

（23）元康元年十二月辛丑朔壬寅，东部候长长生敢言之，候官官移大守府所移河南都尉书曰：诏所名捕及铸伪钱盗贼亡未得者牛延寿、高建等廿四牒，书到度　　《合校》20·12A

（24）□□□□之男子□□令捕盗牛者王成□□□　　《居新》EPS4T219

---

[1] （南朝宋）范晔：《后汉书》卷87《西羌传》，中华书局1965年版，第2876页。

例（23）是东部候长转述由太守府移交来的河南郡都尉捕抓盗贼的诏书，告知了所捕盗贼名姓等基本情况。“书到廋”，“廋”与“搜”字通，即要求边塞戍吏根据诏书的描述，协助搜找可能逃亡到这里的盗贼。例（24）简虽残断不全，然文意大致清晰，命令捕捉盗牛者王成。不难看出，汉塞遗址存在的这些追捕盗贼的简文，说明戍边官吏是具有协助郡县治安官吏逐捕盗贼的职责的。实际上，汉塞既是汉朝政府防御蛮夷入侵的最外围防线，同时也是辖境内维持治安的最后一道屏障。如此，戍守塞防的军吏充当着军事防御者和境内治安管理者的双重角色。只有境内安宁，国防才能无患，这种身兼二职的属性也决定了戍吏们必须履行协助郡县捕斩盗贼的义务。

### （二）盗贼酷刑，“购赏”重贼

严惩盗贼是中国古代立法的一贯传统。秦律有“五人盗，臧（赃）一钱以上，斩左止，有（又）黥以为城旦”，“或盗采人桑叶，臧（赃）不盈一钱，可（何）论？赀谣（徭）三旬”。[①] 汉承秦制，对盗贼常处以重法酷刑。程树德在《九朝律考》论述到，汉代死刑有三，即枭首、要斩、弃市，并且指出“汉以死刑为重罪”。[②] 这三种死刑在《贼律》、《盗律》中皆有出现，如《贼律》：“以城邑亭障反，降诸侯，及守乘城亭障，诸侯人来攻盗，不坚守而弃去之若降之，及谋反者，皆要（腰）斩。”“子贼杀伤父母，奴婢贼杀伤主、主父母妻子，皆枭其首市”；《盗律》亦有：“徼外人来人为盗者，要（腰）斩。”“劫人、谋劫人求钱财，虽未得若未劫，皆磔之”。磔，《汉书・景帝纪》中元二年春“改磔曰弃市”。酷刑重法多用于盗贼，也从侧面反映出治理盗贼当为汉代统治者的首要事务。边塞地区，愈发重视对危害性更甚的“贼”的治理。如在颁布的诏书、律令中，对贼的购赏力度极大：

---

① 睡虎地秦墓竹简整理小组：《睡虎地秦墓竹简》，文物出版社 1978 年版，第 150、154 页。

② 程树德：《九朝律考》，中华书局 2003 年版，第 38 页。

（25）群辈贼杀吏卒毋大爽，宜以时伏诛。愿设购赏，有能捕斩严歆、君兰等渠帅一人，购钱十万，党与五万，吏捕斩强力者比三辅

☑司劾臣谨□如□言可許臣請□☑严歆等渠率一人☑党与五万

《合校》503・17，503・8

（26）●有能生捕得反羌从徼外来为间候动静中国兵，欲寇盗杀掠人民，吏增秩二等，民与购钱五万，从奴它与购如比

《居新》EPF22233

（27）■右能捕兴党与粟次伯等一人，购钱十万，知区处语吏，以其言捕得之，购钱人五万起，从人三万　　《敦》792

以上三例，都是针对捕斩盗贼首领和党羽的悬赏令文。例（25）是盗贼"贼杀"了军吏，政府特设悬赏，若能捕斩盗贼首领一人奖赏十万钱，党羽随从一人五万；例（26）"反羌"，是指"曾降附汉朝，迁徙塞内，而又反叛的羌人"。[①] 是叛逆汉朝之贼，从塞外进入汉朝边塞探寻军情，或者寇盗杀掠边民。吏卒若能活捉则增秩二等，百姓则予以购钱五万，私从、奴婢等也会按照一定比例给予金钱奖励。例（27）不仅给捕获者奖赏十万钱，而且对知情协助官吏抓捕者，也设定了奖赏的钱数。"购赏"重贼说明贼对边境安全的潜在危害更巨，边塞戍吏所备盗贼的重心在于贼。

**（三）防治严密，军事镇压**

在河西汉塞的内外均有盗贼存在，活动空间广阔，分布地域广泛。这无疑增大了戍边吏卒防治盗贼的难度，鉴于此，戍守官吏充分利用整个汉塞防御体系，将人力和自然工事巧妙结合，构成了严密的备御盗贼体系。如边塞吏卒日常的"直符""日迹"等制度：

① 高恒：《汉简牍中所见令文辑考》，《简帛研究（第三辑）》，广西教育出版社1998年版，第421页。

(28) 建平三年七月己酉朔甲戌，尉史宗敢言之。乃癸酉直符一日一夜，谨行视钱财物臧内户封皆完，毋盗贼发者。即日平旦付令史宗，敢言之 《居新》EPT65398

(29) 日迹行廿三里，久视天田中目玄，有亡人越塞出入☑，它部界中候长、候史直日迹，卒坐匿不言迹☑。 《居新》EPT51411

例（28）“直符”，值班之意。《汉书·王尊传》引师古注云：“直符史，若当今值佐史也。”该简文是一份直符书，含义是“尉史宗”在癸酉日直符一天一夜后，次日（甲戌）清晨移交给“令史宗”。直符吏员主要巡视官府收藏的钱财、物品免受水、火之灾和盗贼的侵夺，此处直符所防备的当以汉塞内部“盗贼”为主。例（29）反映的是边塞日迹循徼制度。巡视天田，依据印痕发现有“亡人越塞”。必要时，常会出兵镇压，严厉打击盗贼。

(30) ☑卒去署亡，常夜举苣火四，殄北燧谨察火，辄以檄言候官。候逐□ 《额简》2000ES7SF1·12

(31) 本始元年九月庚子，虏可九十骑入甲渠止北燧，略得卒一人，盗取官三石弩一，稾矢十二，牛一，衣物去，城司马宜昌将骑百八十二人从都尉追 《合校》57·29

例（30）是有吏卒擅离岗位，逃入匈奴辖境。被候望吏卒发现后传递烽火信号，候亲自带兵追捕亡卒。再联系例（29），可以看出，汉代边塞上的天田设施、烽火约定等，不单单只是伺候匈奴之用，这与前述《汉书·匈奴传》所载郎中侯应所言“设塞徼，置屯戍，非独为匈奴”相吻合。例（31）则是匈奴侵入止北燧，掳掠戍卒、盗取兵器、耕牛和衣物，都尉带领百八十二人追击匈奴，在人数上恰好是入侵匈奴的二倍余。如此充分的筹备，毋庸置疑是得益于汉塞烽火品约的细致规定。由此而言，边塞军事系统谨备盗贼时，无论是缜密的防备措施还是严厉的军事打击，都是基于汉塞这个整体军事防御体系之上的。

# 小　结

制御盗贼是古代统治阶层行政事务的重心之一，销解盗贼之患是维持统治权利的重要保障。汉朝政府从中央至地方都设置专门的机构和吏员防治盗贼，即使肩负守御汉塞维护国防安全的戍边低级官吏，本以防御匈奴等外族入侵为首要事务，但却均以“备盗贼”为职。之所以边塞军事系统的戍吏有着和内地郡县治安官员同样的职责，这与“盗贼”一词的含义有直接联系。秦汉时期的“盗贼”一词是兼具“盗”与“贼”意义的复合词，“盗”“贼”各有所指。结合出土简牍资料可知，河西边塞地区的盗贼来源与构成远比中原内地复杂得多，既有塞外的匈奴，也有境内的叛逆者、盗窃者、贼燔者、边塞当地斗伤或贼杀人者，还有中原内地因犯罪而隐匿于此的亡命者，更有戍守边塞的吏卒兰越汉塞逃入匈奴者，等等。他们的身份、来源、目的迥异，各种关系相互交织，构成了边塞“盗贼”的主要力量。同时，河西边郡盗贼的活动空间广阔，分布地域广泛，复杂性、偶发性、不间断性和危害性极大是其突出特征。这不仅仅使河西郡县行政治安管理面临严峻挑战，而且给汉代边塞的军事防御和国防安全带来了极大的隐患。鉴于此，汉政府灵活地调整策略，赋予戍边军吏“备盗贼”之职，积极协助内地郡县捕斩盗贼、“购赏”重贼、防治严密和军事镇压相结合等一系列举措。凭依着汉塞整体性的军事防御构建，充分发挥汉塞既是抵御外族侵扰的最外围防线，又是汉朝境内维持社会治安的最后一道屏障的二重功用，使戍吏充当着军事防御者和境内治安管理者的双重角色，有效地化解了边塞盗贼带来的国防隐患。边塞戍吏“谨候望、通烽火”的目的不单单只是针对匈奴，当与成分复杂的“盗贼”有莫大关系。这或许正是前述《汉书·匈奴传》所载郎中侯应所言“设塞徼，置屯戍，非独为匈奴”的意旨。

**附记：**

侯宗辉（1980—　），男，汉族，甘肃省合水县人。甘肃省社会科

学院丝绸之路研究所所长、研究员。主要从事秦汉简帛文献和甘肃地方历史文化研究。2000 至 2007、2008 至 2011 年就读于西北师范大学。2004 年获历史学学士学位。2007 获历史学（中国古代史专业秦汉史方向）硕士学位。2011 年获历史学（历史文献学专业简牍学方向）博士学位。2007 年进入甘肃省社科院工作至今。

本文原刊《敦煌研究》2010 年第 4 期

# 汉代河西屯戍研究

# 西汉河西地区防御工程体系及相关问题

黄兆宏

汉武帝元狩二年（前121）春夏，霍去病先后两次西征匈奴，使河西地区纳入了西汉版图。为了巩固这一成果，汉武帝先后在河西地区设置了郡县，并修筑了若干军事防御设施。继武帝之后，西汉王朝在西北部地区陆续修筑了各类军事防御设施，以与原秦长城共同构成汉帝国北部的防御系统。西汉河西地区的防御工程是北部边防系统的重要组成部分，对河西地区乃至整个汉王朝产生了重要影响。

## 一 河西地区防御工程的种类

自河西地区纳入汉王朝的版图后，西汉政府便在此修筑了塞、障、坞、虎落、关、水门、天田、烽燧、柃柱、悬索等军事防御设施，形成了独具特色的西汉河西地区防御体系。这些防御设施的具体功能有别，按功能可分为防御性、侦查性、报警兼防御性、警示性等。

### （一）防御性建筑

1. 塞。《说文解字》解释："塞，隔也。"[①] 可见，塞本义为阻隔，后引申为边界或险要处，如《史记·苏秦列传》记载："秦四塞之国，

① （汉）许慎撰、（宋）徐铉校订：《说文解字》，中华书局1963年版，第288页。

被山带渭”。[①] 塞为边防设施的专有名词始于汉代。《史记·匈奴列传》中记匈奴“与中国界于故塞”,[②] 又有“先帝制：长城以北，引弓之国，受命于单于；长城以内，冠带之室，朕亦制之”,[③] 可见汉人将秦长城称为故塞。而汉代所筑长城皆称为塞，“汉文献上某某塞皆指一段长城”。[④] 传世文献中和汉简中皆有出塞、塞外、北塞、关塞、居延塞等词出现，这些“塞”，有些专指长城，如居延塞；有些泛指包括汉长城在内的沿线所有的防御工程，如北塞、塞外。本文就其狭义上的“塞”，展开论述。

西汉王朝建立后，就着手修缮长城。汉高祖到汉武帝初年主要修建了秦昭王时的长城，并“缮治河上塞”，其主要目的是抵御匈奴的南侵，巩固边防。从汉武帝派霍去病击败河西匈奴到武帝末年，为“断匈奴右臂”和开拓西域，在河西地区北部和西部修建了令居塞及其以西至盐泽的塞、居延塞等。汉宣帝时又修建了媪围至揟次段的长城。

西汉河西地区北部和西部长城修筑概况，根据学者们的研究成果,[⑤] 列表如下：

表一　　**西汉河西地区北部和西部长城修筑概况表**

| 主要汉塞段 | 修筑时间 | 大致走向 |
| --- | --- | --- |
| 令居至酒泉段（令居塞） | 元鼎二年到六年（前115—前111） | 令居（今永登县）—张掖—休屠泽（今民勤县东北）—武威—山丹—酒泉北（今张掖市甘州区） |
| 酒泉至玉门关段 | 元鼎六年—元封四年[⑥]（前111—前107） | 毛目[⑦]—北大河—三墩西北—临河—盘堡北—沿疏勒河向西—今玉门市—安西—敦煌西北—玉门关 |

---

① （汉）司马迁：《史记》卷69《苏秦列传》，中华书局1959年版，第2242页。

② （汉）司马迁：《史记》卷110《匈奴列传》，中华书局1959年版，第2888页。

③ （汉）司马迁：《史记》卷110《匈奴列传》，中华书局1959年版，第2902页。

④ 陈梦家：《汉简缀述·汉武边塞考略》，中华书局1980年版，第208页。

⑤ 陈梦家：《汉简缀述·汉武边塞考略》，中华书局1980年版；刘光华：《西汉西北边塞》，《简牍学研究》第4辑，甘肃人民出版社2004年版；吴礽骧：《河西汉塞》，《文物》1990年第12期；李并成：《河西走廊历史地理》，甘肃人民出版社1995年版。

⑥ 陈梦家、李并成等认为元封四年汉塞筑至玉门关段，而刘光华则持元封三年说。

⑦ 今金塔县鼎新镇东北友好村，为黑河与北大河交汇处。

续表

| 主要汉塞段 | 修筑时间 | 大致走向 |
|---|---|---|
| 额济纳河段（居延塞①） | 太初三年（前102） | 毛目之南—沿额济纳河（弱水）—居延泽（今额济纳旗境内） |
| 玉门西至盐泽段 | 天汉初年（前100—前97） | 玉门关（今敦煌市西北）—盐泽（今罗布泊） |
| 媪围至揟次段 | 地节三年（前67） | 景泰县—媪围县故城北—古浪县土门附近 |

注：居延塞主要包括由居延都尉管辖的殄北候官塞、遮虏障、居延候官塞、甲渠候官塞、卅井候官塞以及肩水都尉管辖的广地候官塞、橐他候官塞、肩水候官塞、仓石候官塞、庾候官塞等十段塞。

由表一我们可以看出，河西汉塞的修筑时间主要在汉匈对峙激烈的汉武帝时期，其基本上是沿河西走廊北山（马鬃山、合黎山、龙首山）分布。从东起令居（今永登县）西到酒泉的令居塞呈现“几”字形走向；居延塞则由居延泽西沿弱水南到酒泉北部，呈现东北—西南走向；酒泉到玉门则大致呈现东西走向；令居塞和酒泉至玉门关段的塞与居延塞基本相连，呈现出“人”字形的分布特点。

河西“长城建筑在合黎山南”，“由敦煌筑来的长城，顺弱水西侧而下，直抵居延泽畔，再溯弱水东侧南行，至于合黎山下；过焉支山后，再顺谷水西侧而下，直抵休屠泽畔，又溯谷水东侧南行，到达武威郡治所姑臧县的东北”。② 当然，除了河西走廊北部汉塞外，“同时在走廊南部祁连山区主要隘口亦有城垣防护。由此构成颇为完备的防御体系”。③

总之，河西走廊北部汉塞，由东到西，呈现出“几”“人”“一”字形相连接的汉塞布局特点；而南部则充分利用祁连山山脉屏障，仅在沟谷险要处修筑城垣。

---

① 景爱认为居延塞是由一系列的城障、烽燧组成的低矮的塞墙，也非夯筑，不具有长城的特征，因此，尚不能将其视为长城。见景爱著《中国长城史》，上海人民出版社2006年版，第193—195页。笔者则将笼统意义上汉朝边境上凡是由连续的城障、烽燧等组成的防御设施皆视为汉长城。

② 史念海：《论西北地区诸长城的分布》，中国长城学会：《长城国际学术研讨会论文集》，吉林人民出版社1995年版，第175页。

③ 李并成：《河西走廊历史地理》，甘肃人民出版社1995年版，第160页。

据陈梦家考证和计算，从令居到玉门关的北边塞长为950千米，约合2375汉里；居延塞（不包括居延候官塞）总长360千米，约合900汉里，河西走廊北部汉塞总计长约为3275汉里。

2. 障。《说文解字》云：“障，隔也”，① 可见，障的本意是阻隔。《史记·蒙恬列传》载，“太史公曰：吾适北边，自直道归，行观蒙恬所为秦筑长城亭障。”②《汉书·武帝纪》颜师古注：“汉制，每塞要处别筑为城，置人镇守，谓之候城，此即障也”。③ 可见，障为先秦、秦汉时期在边塞地势险要之处修筑的军事防御城堡。

陈梦家认为塞与障有区别又有联系，“每一段百里左右的塞墙，设一候，其治所为候官，其辅佐为塞尉。候或称塞候，或称障候；然则塞与障又可通用，因此障塞也即是塞”，④ 他通过考订认为，“（居延边塞）候官所在称障，都尉所在应称城”。⑤ 然而吴礽骧根据新出土的简牍资料考证，候官治所亦可称为障。笔者认为障本为边境上规模较小军事防御城堡，亦被称为小城，所以边境的城与障无实质区别。

据《汉书·西域传》记载，“汉列亭障至玉门矣”，⑥ 由此可知，西汉王朝沿汉塞险要处筑有大大小小的障，传世文献和简牍资料常见到的障如下：

表二　**西汉河西地区所见部分障概况表**

| 郡名 | 障名或治所 | 所属 | 类型 |
|---|---|---|---|
| 武威郡 | 熊水障（休屠县） | 休屠都尉 | 郡都尉障 |
| 酒泉郡 | 偃泉障（会水县） | 北部都尉 | 部都尉障 |
| | 东部障（会水县） | 东部都尉 | 部都尉障 |
| | 西部障（乾齐县） | 北部都尉 | 部都尉障 |

① （汉）许慎撰、（宋）徐铉校订：《说文解字》，中华书局1963年版，第305页。
② （汉）司马迁：《史记》卷88《蒙恬列传》，中华书局1959年版，第2570页。
③ （汉）班固：《汉书》卷6《武帝本纪》，中华书局1962年版，第202页。
④ 陈梦家：《汉简缀述·汉武边塞考略》，中华书局1980年版，第210页。
⑤ 陈梦家：《汉简缀述·汉简所见居延边塞与防御组织》，中华书局1980年版，第45页。
⑥ （汉）班固：《汉书》卷96上《西域传上》，中华书局1962年版，第3876页。

续表

| 郡名 | 障名或治所 | 所属 | 类型 |
|---|---|---|---|
| 敦煌郡 | 昆仑障（广至县） | 宜禾都尉 | 郡都尉障 |
| | 步广候官 | 中部都尉 | 部都尉障 |
| | 小方盘城 T14 处；后坑一带；马圈湾 | 玉门都尉 | 关都尉障 |
| | 大煎都候官障（T6b；汉平帝时迁马圈湾） | 大煎都候官 | 候官障 |
| | 玉门候官障（马圈湾；汉平帝时东迁他地） | 玉门候官 | 候官障 |
| 张掖郡 | 遮虏障 | 居延都尉 | 部都尉障 |
| | 甲渠候官障（破城子 A8 遗址） | 甲渠候官 | 候官障 |
| | 肩水都尉障（大湾城 A35 遗址） | 肩水都尉 | 部都尉 |
| | 肩水候官障（地湾城 A33 遗址） | 肩水候官障 | 候官障 |

注：1. 依据《汉书·地理志》、陈梦家《汉简缀述》、《文物》1990 年第 12 期吴礽骧的“河西汉塞”、《简牍学研究》第 3 辑中何双全的“论西汉敦煌玉门关的三次变迁”以及相关简牍资料等所作。

2. 表中所列的障除传世文献明确记为障的外，还将候官治所视为障，文中仅列已被考古资料证实的候官障。

由表二可以看出，河西地区主要障归郡都尉、部都尉、候官所辖，这些障往往修筑在汉塞或关口的险要处，可见汉廷对长城防御功能的重视。

3. 坞。坞，“本作‘隖’”。① 隖，《说文解字》解释：“小障也，一曰庳城也”。② 文献中也称坞堡、坞壁、堡壁、垒壁等。实际上坞是一种靠近障或燧的防御建筑。简文中经常见到关于坞的记载：③

① 《辞源》，商务印书馆 1979 年版，第 624 页。

② （汉）许慎撰、（宋）徐铉校订：《说文解字》，中华书局 1963 年版，第 306 页。

③ 本文所用汉简材料有：吴礽骧等《敦煌汉简释文》，甘肃人民出版社 1991 年版；谢桂华等：《居延汉简释文合校》，文物出版社 1987 年版，文中简称“合校”；甘肃省文物考古研究所等：《居延新简》，文物出版社 1990 年版。

（1）到北界举坞上旁蓬一通夜坞上☐　　合校 13.2

（2）出坞上苣火一通　元延二年七月辛未☐　　合校 39.20

（3）兵内户坞户亭　　合校 96.2

可见坞确为一种靠近边塞类似于障，具有防御功能并能为传递军事信息提供便利的建筑。

4. 虎落。虎落又称虎路，《汉书·爰盎晁错传》中颜师古注郑玄说："虎落者，外蕃也，若今时竹虎落也"，苏林曰："作虎落于塞要下，以沙布其表，旦视其迹，以知匈奴来入，一名天田"，颜师古曰："苏说非也。虎落者，以竹篾相连遮落之也"。[①] 劳榦解释，虎落"或用竹，或用木"。[②] 可见虎落为一种在关隘、要塞、长城外修筑的竹或木相连的栅栏。侯丕勋根据汉简和相关文献推断"文献中的'虎落'、'虎路'与简牍中的'彊落'，确系名异实同"，[③] 笔者赞同此说。简文中也有记载，如：

（1）☐来南渡临莫燧彊落天田☐　　合校 239.22

（2）四百廿人代运薪上转薪立彊落上蒙涂辎车衺二百六十一丈率人日涂六尺二寸奇六尺　　居延新简 EPT5915

由简文可知虎落往往靠近天田；由于居延地区没有竹子，因此用大量的薪来筑造虎落。

5. 关。《说文解字》解释："关，以木横持门户也"，[④] 可见关本义为门闩，其重要性就不言自明。秦汉时期，往往在险要、扼喉处设置关

① （汉）班固：《汉书》卷 49《爰盎晁错传》，中华书局 1962 年版，第 2287 页。

② 劳榦：《释汉代之亭障与烽燧》，《历史语言研究所集刊》第 19 册，商务印书馆 1949 年版，第 512 页。

③ 侯丕勋：《塞天田制度考述》，西北师范大学历史系、甘肃省文物考古研究所：《简牍学研究》第 1 辑，甘肃人民出版社 1997 年版，第 128 页。

④ （汉）许慎撰、（宋）徐铉校订：《说文解字》，中华书局 1963 年版，第 249 页。

口，以保障境内安全。西汉王朝在河西地区设有的主要关有阳关、玉门关、金关、悬索关。

阳关和玉门关都在敦煌郡西北，两关分别由阳关都尉和玉门都尉把守。据何双全的论证“西汉时期，先有玉门都尉，而后有玉门关”，“武帝至昭帝时，玉门关和玉门都尉府同驻小方盘城。宣帝至哀帝时，分迁向西，与大煎都候官相依存，同住 T6b 和 T5 一带。平帝至王莽时，又与大煎都候官一起同时东迁马圈湾。”[①] 据此可知玉门关的治所关依次为：小方盘城、后坑一带、马圈湾。阳关“其遗址似在今敦煌县西南南湖乡的墩墩山口”，[②] 两关在维护汉朝西部安全和保障丝绸之路畅通方面有重要的作用。

金关、悬索关。由考古发掘和居延汉简可知，汉王朝还在张掖郡北面的黑河一线上设有金关和悬索关。金关位于肩水侯官治地湾城（今金塔县）北 600 米处，夹黑河东西两岸北延的两道塞垣交汇处。名为“金关”，意为固若金汤的关口。悬索关，在居延都尉辖区内，关址至今未找到。吴礽骧认为“（悬索关）遗址似在今内蒙古额济纳旗以南、额济纳河东岸布肯托尼（A22）附近的卅井塞上”。[③] 悬索关与其南部的金关隔黑河向望，形成险要的地形。河西地区有了此两关的双重防御，必然增强了北部防务。

6. 水门。汉长城跨越河道有一段特殊设施——水门。汉塞有的地段因河道阻碍，给北面的匈奴人可趁之机，于是汉廷在这些河道处用木料修建成栅栏长城，栅栏中间留有水门，水从中流下去。这样使得河道栅栏、水门与汉塞连成一片，更好地起到了汉塞的防御的作用。汉简记：

（1）水门隧

长屋兰富贵里尹野　本始二年七月癸酉除　见☐合校 14. 25

---

① 何双全：《论西汉敦煌玉门关的三次变迁》，西北师范大学文学院历史系、甘肃省文物考古研究所：《简牍学研究》第 3 辑，甘肃人民出版社 2002 年版，第 202 页。

② 吴礽骧：《河西汉塞》，《文物》1990 年第 12 期。

③ 吴礽骧：《河西汉塞》，《文物》1990 年第 12 期。

（2）▨所持木杖画灭迹复越水门　　合校 336. 32

由此可以看出水门能便利侦查任务以更好发挥防御功能。

**（二）侦查敌情的工程**

为了更好掌握敌人的多寡、兵种、武器装备、后勤供应等敌情，汉朝统治者在汉塞沿边设置若干块天田。

天田，“有两种截然不同情况：一是指古代星官，二是指古代边境地区的军事防御工程”，[①] 我们这里只探讨作为军事防御设施的天田。《汉书·爰盎晁错传》颜师古注苏林曰：“作虎落于塞要下，以沙布其表，旦视其迹，以知匈奴来入，一名天田。”[②] 从资料本身看，虎落等同天田，但侯丕勋根据汉简和文献印证苏林之说有误，此处是天田的防御功能。由此可知天田是将沙或土铺于空地的表面，根据沙上或土上有无踪迹判断敌情的设施。根据天田修缮的地方，可分为建在长城外的“塞天田”，建在部和隧的“部天田”“隧天田”，建在沙漠戈壁的“沙中天田”，建于河道边的“河水中天田”。天田一般呈长方形，塞天田因沿长城修缮，因此上很长。

天田是在空地上铺上细沙或土判断敌情的设施，要它不断发挥作用，就要进行必要的工作——“鉏治”和“耕画”。鉏治是始造天田，即平整一块土地，铺上细沙或土，修缮成一块天田。耕画是对已有天田的疏松和平整。简文常见吏卒治画天田：

（1）候长等各循行部严告吏卒明画天田谨迹候常▨

居延新简 EPT559

（2）□檄辶日亭卒□一人候望缴迹画治天田人力不足□

敦煌汉简释文 2017

---

① 侯丕勋：《塞天田制度考述》，西北师范大学历史系、甘肃省文物考古研究所：《简牍学研究》第 1 辑，甘肃人民出版社 1997 年版，第 123 页。

② （汉）班固：《汉书》卷 49《爰盎晁错传》，中华书局 1962 年版，第 2287 页。

当然要使天田要发挥它的作用，吏卒必须每天要查看天田上是否有人马的足迹，从而判断敌情，汉简称“迹”“日迹”。吏卒按规定要将“迹”记录在册，形成“日迹簿”。汉简记：

（1）候长充候　史谊三月戊申积丁丑积卅日日迹从第四隧南界北尽第九隧北界毋兰越塞出入天田迹　　　居延新简 EPT56：25

（2）☑甲渠候长遂昌候史道得日迹薄　　　居延新简 EPT58：76

由此可见天田及其相关制度对于边防的侦查任务至关重要。

### （三）报警兼防御双重性建筑——烽燧

《说文解字》解释：烽，“燧候表也，边有警则举火”，燧，“塞上亭守烽火者”。烽燧连用则有两层含义，一指烽火，一指亭隧。[①] 薛英群认为，烽指信号，为燧之表，而燧则是施放信号和观察、瞭望的建筑，即烽台。[②]

从以上观点，我们可识到：烽燧是我国古代边塞上一种以传递军事信息为主，兼有防御功能的军事建筑。每当遇到外族侵扰或有紧急战事时，兵卒就点燃烽火台上的燃料产生火或烟从而以报警，它的报警功能更突出，其直接关乎边防的效率和成果。

烽燧的防御功能是显而易见的，笔者仅论及它的报警功能。在西周末期“幽王为烽隧大鼓，有寇至则举烽火”，[③] 后来为博褒姒一笑，上演了一场“烽火戏诸侯”的闹剧，最后导致身死国灭，为天下人笑。战国到秦汉时仍然沿用此制。汉简中经常会见到汉人利用烽燧放出的报警信号：

---

① 陈梦家：《汉简缀述·汉代烽燧制度》，中华书局 1980 年版，第 170 页。

② 薛英群：《居延汉简通论》，甘肃教育出版社 1991 年版，第 464 页。

③（汉）司马迁：《史记》卷 4《周本纪》，中华书局 1959 年版，第 148 页。

（1）望见虏一人以上入塞烦一责新举二蓬夜二苣火见十人以上在塞外燔举如一人□□望见虏五百人以上若攻亭障烦一责新举三蓬夜三苣火不满二千人以上烦举如五百人同品虏守亭障烦举昼举亭上蓬夜举离合火次亭遂和烦举如品　　敦煌汉简释文 2257

（2）●匈奴人昼入甲渠河南道上塞举二蕖　坞上大表一燔一积薪夜入燔一积薪举堠上二苣火毋绝至明殄北三十井塞上和如品

居延新简 EPF163

由以上两则汉简材料，可以看出汉塞戍卒经常使用烽燧发出信号，并且有一定的规定。王国维认为，汉代烽燧制中，烽用火燧用烟；夜宜火昼宜烟；有不燃之烽称为表，夜则举烽，昼则举表。[①] 陈梦家通过文献和汉简对比，则认为“夜以火乃指燔积薪与举苣火，即是燧——燧之初义为火。白日所举的烽、表、烟可以总称为烽，夜间所燔的积薪与苣火，可以总称为火或燧，所以烽火、烽燧乃兼日夜而言。”[②] 综合各家说法，烽燧的报警信号包括以下几种情况。

1. 烽，是一种具有杠杆原理的“桔槔”及一端“兜零”所发出的信号。白天有紧急情况，点燃兜零里的狼粪等使产生烟，再用桔槔将兜零吊在烽火台上报警。夜晚则点薪草产生火光来报警。

2. 表，是一种用布帛制成的旗帜，再用桔槔举起发的信号。由于是旗帜显示的信号，所以只能白天用。

3. 烟，是一种白天点燃烽火台、堠、亭上的薪、草、狼烟等产生烟柱发出来的信号。由于要产生烟柱，就必须有烟囱，其与烽最大区别是：烽的烟是散乱向四周冒的，而它的烟往往是直的。

4. 苣火，是一种燃苣所产生的火光以报警的信号。西北所用的苣，一般用苇草制成，当夜晚有敌情时，就点燃烽火台、堠、亭上的苣以报警。

① 罗振玉、王国维：《流沙坠简》，中华书局 1993 年版，第 139 页。

② 陈梦家：《汉简缀述·汉代烽燧制度》，中华书局 1980 年版，第 172 页。

5. 燔薪，是一种点燃平时积攒的薪草所报的信号。积薪一般放在距烽堠 10 米或更远的地方。白天点燃薪草以烟柱为信号，夜晚则点燃薪草以火光为信号。

### （四）警示系统设施

柃柱、悬索。柃柱和悬索是警示敌人的建筑标示，简文所见关于柃柱、悬索记载如：

（1）天田索北行去隧一里所入塞折□☑　　居延新简 EPT5966
卒一人见　天田皆画县索完柃柱完

（2）第三燧长见　☑
候史见　　居延新简 EPT5923

（3）●匈奴人渡三十井县索关门外道上隧天田失亡举一蓬　坞上大表一燔二积薪不失亡毋燔薪它如约　　居延新简 EPF166

由以上三则简牍材料可以看出柃柱和悬索两种建筑建在临近烽燧和天田的地方，起警示敌人的作用。

## 二　西汉河西地区防御工程的特点

第一，因地制宜。西汉防御工程尽可能利用当地的地形、地势修筑。蒙恬修筑秦长城时，“因边山险堑溪谷可缮者治之，起临洮至辽东万余里”,[①]“累石为城，树榆为塞”。[②] 这些记载是秦时蒙恬在北部修筑长城时利用山险、石或榆树而筑成长城，充分体现了筑长城中因地制宜的原则。

汉承秦制，在修筑长城上也继承这一原则。其往往依据地形、地势

① （汉）司马迁：《史记》卷 110《匈奴列传》，中华书局 1959 年版，第 2886 页。
② （汉）班固：《汉书》卷 52《窦田灌韩传》，中华书局 1962 年版，第 2401 页。

来修筑长城，“所修筑的长城并非都由地面垒高，有的则是掘成长堑，今永登县境的长城遗迹就是如此。令居以西的长城，由永登县北至今金塔县和酒泉市，也都是就地掘成堑壕。酒泉以西，才在地面筑城。”① 就汉长城主体而言，一般由城垣、烽燧、障组成，但也会依地形、地势有所变化。居延塞的北段因有居延泽里的大量沼泽，无法修筑连续的城垣，因此它仅有烽燧和障，但它因利用了居延泽的天然沼泽，其防御功能并没有因无高大连续的城垣而减弱；在河西走廊南部则有崎岖的祁连山为险，因此只在重要隘口修建城垣；在汉塞的一些水道中修建栅栏和水门，在平地上建筑障、坞、虎落，在地势险处分别设玉门关、阳关、金关、悬索关，这些都体现了汉朝统治者依据因地制宜的原则修建防御工程。

第二，工程北多于南，形成了独具特色的西汉西北防御体系。汉武帝在取得河西之地后，在秦长城的基础上修筑了汉长城即汉塞。河西地区的汉塞包括令居塞、媪围到揟次、酒泉到玉门关段、居延塞。从东起令居西到酒泉的令居塞，沿河西走廊北山南麓分布，大致呈现“几”字形走向；居延塞则由居延地区沿弱水到酒泉，其呈现东北—西南走向；酒泉到玉门关段则基本上呈现东西方向的“一”字形走向；三塞绵延一千三百多千米，基本上呈现出“几”“人”“一”字形依次排列的河西汉塞防御布局。此外，汉塞上还有障、坞、虎落、关、水门、天田、烽燧、柃柱、悬索等配套工程。河西走廊南部则是依祁连山之险，仅有个别关隘城垣来防御羌等少数民族。

因地形差异，造就了河西防御工程北多于南的格局。除此之外，这也是汉统治者在边防上的远见卓识。对于汉帝国来说，强大的匈奴才是自己真正的敌人，因此在夺得河西地区后，在河西北山修筑以长城为主体的相当完备的防御工程，而南部则是实力相对较弱的西羌，仅用祁连山之险和重要的关隘、城垣就能抵御西羌南犯。

第三，所筑防御工程一应俱全，形成相当完备的防御体系。河西走

① 史念海：《论西北地区诸长城的分布》，中国长城学会编：《长城国际学术研讨会论文集》，吉林人民出版社 1995 年版，第 175 页。

廊北部汉塞城垣绵延两千六百多里，形成一道宏伟的防御工程。汉塞的配套设施有障、坞、虎落、关、水门等防御性设施，又有天田这种侦查性设施，又有报警兼防御双重性建筑烽燧，还有警示性设施柃柱、悬索。可以说，河西地区防御设施应有尽有。这些设施相互配合能最大限度得抵御边境上少数民族的侵扰，这样一种相当完备的防御工程在维护汉王朝边疆的安定，保障丝绸之路的畅通上发挥着重要作用。

第四，层层设防，布局配套。居延地区西接马鬃山，南接河西走廊，地理位置显赫，是匈奴侵扰汉边的便利通道，是匈奴与汉廷直接对峙的前沿阵地。因此，汉王朝尤其重视这一地的防御。这一地区的防御设施，由北而南大致为居延泽、殄北候官塞、遮虏障、居延县城、居延候官塞、甲渠候官塞、卅井候官塞、悬索关、广地候官塞、橐他候官塞、金关、肩水都尉障、肩水候官塞、仓石候官塞、庾候官塞、酒泉北部都尉偃泉障等。这些防御既有天然的居延泽及弱水等河湖，又有由北而南的一段段塞及其配套设施，又有悬索关、金关两关，也有各城障府、壕堑、水门等。可以说，居延地区层层设防，从而最大程度地抵御匈奴侵扰。

## 三　河西地区防御工程的功能

第一，西汉河西地区防御工程的修筑是西汉王朝开疆拓土的结果，巩固了汉帝国的统治。这些防御工程是河西四郡的郡都尉、部都尉、关都尉、属国都尉及其田卒、戍卒守边的重要依赖，是边防系统的重要组成部分。这一系统工程修筑后，匈奴和西羌等其他少数民族再也无力回天重夺河西之地，汉帝国在河西的统治得到了巩固。

同时，霍去病击败河西匈奴后，解除了汉初以来匈奴对关中地区的直接威胁，河西防御工程是关中西部的一道大屏障，汉王朝只要加强河西防卫，就可御匈奴于国门之外，确保长安的安全。总之，河西防御工程是汉帝国在西北大门口的一个盾牌，它对维护河西乃至整个帝国的安全至关重要。

第二，保障了丝绸之路及其贸易的畅通，保证了河西屯田和移民实边的顺利进行，从而促进了河西地区的开发。河西汉塞从北部抵御了匈奴侵扰，南部的祁连山及其重要关隘、城垣又抵挡来自西南少数民族的侵扰。南山北塞的双重安全保障使得河西走廊相对安定，丝绸之路上来来往往的商人络绎不绝，货物也源源不断地运出运来。这些防御工程更为河西屯田开垦和移民实边创造了相对安定的条件，便利了中原的耕作技术如牛耕、灌溉、代田法等在河西地区的推广。这些耕作技术与河西自然环境结合，形成了独具特色的绿洲农业。这里此前是天然的畜牧之地，汉廷也没有完全放弃畜牧业的经营。而是协调畜牧与农耕的发展，于是河西走廊逐步形成了以农耕为主、农牧结合的经济模式。

第三，是汉王朝军事战略的一个部署。纵观汉匈关系，是在和亲和战争中徘徊。汉武帝时，国力强盛，汉军展开了对匈奴的出击，逐渐改变了汉匈战争中汉王朝被动挨打的地位。河西归汉后，汉廷在此地修筑了由东到西的以长城为主体的军事防御工程，使匈奴难以从西北地区侵扰汉边。正如白音查干所说“汉武帝认识到河西地区的战略地位，用兵西北，力夺河西，并建造了令居至盐泽和居延至酒泉的两道长城进行保卫。河西走廊内的长城像一把利剑，斩断匈奴右臂，隔绝了与羌人的联系。匈奴失去河西地区之后，军事上处于孤立无援的境地。”①

笔者认为，西汉修筑的防御工程从战略上为对匈战争做了布局。即西汉王朝在河西走廊北部以相当完备的防御工程抵御匈奴从西北方向侵袭，南部则以祁连山之险隔绝羌胡联系，以此孤立了匈奴。从元狩二年（前121）河西归入汉王朝版图起，直到西汉末年，河西一直就是汉匈战争的前沿阵地。匈奴从西北侵扰时，汉军主力以河西防御工程为后方，屯兵坚守不出，以逸待劳，伺机而动；汉军主动出击时，又以河西为基地，寻找匈奴主力与之决战；汉王朝也以此为基地，与其他少数民族部队联合夹击匈奴。总之，在对匈战争上西汉政府始终以河西走廊为基地，从而把握战争的主动权，以保持西汉王朝在汉匈对峙中的优势地位。同时，汉廷也以此为军事大本营，向西用兵，开拓西域。而河西地区以汉

① 白音查干：《汉长城考察与研究》，《内蒙古师大学报》1987年第1期。

塞为主的防御工程是发挥好军事基地作用的重要组成部分。从这个意义上来说，河西防御工程的修筑是汉王朝军事战略的一个部署。

第四，为中原和西域及中西之间经济、文化的顺利交流提供了条件。河西归汉后大批的汉军驻扎在居延、休屠、酒泉、敦煌等据点。汉军依赖相当完备的河西防御工程，河西之地无后顾之忧，于是汉军以此为基地向西域进军。太初元年（前104）至天汉元年（前100），汉武帝以取汗血马为由，对大宛发动了两次苦战，后击破大宛。其后，“西域震惧，多遣使来贡献，汉使西域者益得职。于是自敦煌西至盐泽，往往起亭，而轮台，渠犁皆有田卒数百人，置使者校尉领护，以给使外国者”。[①] 随后，汉廷以河西为基地，断断续续发动对西域的攻势。直至神爵二年（前60），主管西域事务的匈奴日逐王先贤掸率众降汉，西域遂为汉王朝所有，随后汉王朝设置了西域都护以经略西域。同时，河西是重要的经济文化通道。河西防御工程保障了这条通道的畅通，从而为中原和西域、中西之间的经济、文化正常交流提供了保障。

西汉所建河西军事防御工程，是汉王朝在强盛时对匈奴作战优势的体现，其防御功能并非固定不变的，也会随着汉匈关系变化有所调整。河西防御工程修筑后，“为边寇者少利，希复犯塞”，[②] 汉宣帝地节二年（前68），“是时，匈奴不能为边寇，于是汉罢外城，以休百姓”。[③] 匈奴单于认为这是西汉王朝友好的象征，于是“召贵人谋，欲与汉和亲”。[④] 这次和亲政策虽未付诸实施，但已经预示了汉匈友好的开始。五凤四年（前54），汉又“以边塞亡（无）寇，减戍卒什二”，[⑤] 到甘露二年（前52）汉匈关系迎来了新的发展，形成了北方边疆“数世不见烟火之警，人民炽盛，牛马布野”的和平局面。[⑥] 由此可以看出这些防御工程的防御功能也会随着汉匈关系的变化有所调整。

---

① （汉）班固：《汉书》卷98上《西域传上》，中华书局1962年版，第3873页。
② （汉）班固：《汉书》卷98上《西域传上》，中华书局1962年版，第3884页。
③ （汉）班固：《汉书》卷94上《匈奴传上》，中华书局1962年版，第3787页。
④ （汉）班固：《汉书》卷94上《匈奴传上》，中华书局1962年版，第3787页。
⑤ （汉）班固：《汉书》卷8《宣帝纪》，中华书局1962年版，第267页。
⑥ （汉）班固：《汉书》卷94下《匈奴传下》，中华书局1962年版，第3826页。

**附记：**

黄兆宏（1965— ），男，汉族，甘肃平川人。1987 年西北师范学院历史系本科毕业，获历史学学士学位。1992 考入西北师范大学历史系，师从侯丕勋先生，攻读专门史方向研究生，1995 年获历史学硕士学位。2001 年考入厦门大学历史系，师从杨际平先生，学习隋唐史与西北文明史，2004 年获历史学博士学位。现为西北师范大学历史文化学院副教授，硕士生导师。主要从事汉唐史与西北史研究。在《兰州大学学报(社科版)》《敦煌研究》《西北师大学报》《西藏研究》《甘肃社会科学》《青海民族研究》《石河子大学学报(社科版)》等刊物发表学术论文 40 余篇。

本文原刊《西北师大学报(社会科学版)》2013 年第 1 期

# 居延汉简反映的汉代河西地区戍卒、田卒问题探析

黄兆宏　秦　菲

目前，有关河西人口问题的研究主要有何双全的《〈汉简·乡里志〉及其研究》,[①] 文章对简牍中发现的乡里名称进行疏理，并按照《汉书·地理志》《后汉书·郡国志》的顺序补入诸郡、诸县，其所补乡里范围十分广泛。文章中对河西地区的戍卒的来源也做了一定梳理。齐陈骏的《河西史研究》[②] 是一部研究河西古代史的论文集。其以历史文献及作者亲身考察为依据，论述了河西古代自然条件及民族、人口、经济、政治、交通、文化等各方面的问题。高荣的《汉代河西人口蠡测》[③] 仅就汉代河西的人口进行了初步分析和蠡测。葛剑雄的《西汉人口地理》[④] 对西汉的各阶段的人口数量和人口增长率、人口的地理分布及其形成原因以及人口迁移方面作了整体的论述。但这些著作由于研究角度比较宽泛，对汉代河西地区戍卒、田卒的关注有限。而从出土的居延[⑤]汉简看，戍卒和田卒对汉代河西地区的军事防卫和经济开发起着至关重要的作用，因此，从居延汉简角度出发研究汉代河西地区戍卒和田卒的输入情况，对了解汉代河西地区的军事政策、经济生活、历史文化、社会风俗等都具有重要意义。

---

① 何双全：《〈汉简·乡里志〉及其研究》，甘肃文物考古研究所编《秦汉简牍论文集》，甘肃人民出版社 1989 年版。

② 齐陈骏：《河西史研究》，甘肃教育出版社 1989 年版。

③ 高荣：《汉代河西人口蠡测》，《甘肃高师学报》2000 年第 1 期。

④ 葛剑雄：《西汉人口地理》，人民出版社 1986 年版。

⑤ 居延即今额济纳地区，属内蒙古自治区，汉代则属于河西四郡张掖郡。

## 一　居延汉简戍卒、田卒来源

秦汉之际，河西地区本为众多少数民族的游牧区。北方的匈奴族逐渐强大起来，并向周边扩展。冒顿单于时，“大破灭东胡王，而虏其民人及畜产。既归，西击走月氏，南并楼烦、白羊河南王。”[①] 匈奴夺取河西之地后，在这里设官经营，经常侵扰汉边。羌族最初居于河湟地区，“河关之西南，羌地是也”，[②] “‘河关之西南’则相当于今青海省的东南部”，[③] 匈奴击败河西月氏后，“其羸弱者（即小月氏）南入山阻，依诸羌居止，遂与共婚姻”，[④] 于是，匈奴勾结羌人侵扰汉边，汉初，河西地区常常受到侵扰。

早在汉文帝时，针对边防空虚，晁错就提出了“陛下幸忧边境，遣将吏发卒以治塞，甚大惠也。然令远方之卒守塞，……乃募罪人及免徒复作令居之；不足，募以丁奴婢赎罪及输奴婢欲以拜爵者；不足，乃募民之欲往者。皆赐高爵，复其家。予冬夏衣，廪食，能自给而止。……其亡夫若妻者，县官买与之。……塞下之民，禄利不厚，不可使久居危难之地。胡人入驱而能止其所驱者，以其半予之，县官为赎其民。”[⑤] 晁错提出的“募民徙塞下”的建议被汉文帝采纳并予以实施，但由于当时西汉的政局不稳、经济基础薄弱，以及汉匈实力对比悬殊，实际效果不大。

元狩二年（前121），霍去病西征匈奴，夺取河西地区，占据了重要的战略要地。然而为了彻底“隔绝羌胡”，阻扼羌人与匈奴相互联系，消除二族对河西走廊地区的威胁，汉王朝先后在河西设置了敦煌、酒泉、张掖、武威四郡，为达到“以通西域，鬲绝南羌、匈奴”的目的，修筑

① （汉）司马迁：《史记》，中华书局1959年版，第2889—2890页。
② （南朝宋）范晔：《后汉书》，中华书局1965年版，第2869页。
③ 杨建新：《中国西北少数民族史》，银川：宁夏人民出版社1988年版，第189页。
④ （南朝宋）范晔：《后汉书》，中华书局1965年版，第2899页。
⑤ （汉）班固：《汉书》，中华书局1962年版，第2286—2288页。

了贯通河西的长城烽燧，并派遣军队戍守，这些分布于烽燧亭鄣的士兵，就是早期的戍卒。

戍卒数量的庞大，对粮食的需要量也会增加。因此，解决河西地区戍卒的粮食供应问题，是一项首要任务。如果河西地区所需粮食当地生产供应不足，就必须从内地运转。这需要国家付出很高的代价。西汉政府为解决河西地区的粮食供应，一方面利用徙民垦种，另一方面则利用戍卒进行屯田。在《汉书·昭帝纪》中记载："秋八月，诏曰：'往年灾害多，今年蚕、麦伤，所振贷种、食勿收责，毋令民出令年田租。'冬，发习战射士诣朔方，调故吏将屯田张掖郡。"[①] 由此可见，田卒为当时屯田的直接生产者。田卒就是戍卒，不过这一部分戍卒，主要任务是屯田生产，所以称为"田卒"。田卒不仅专事务农，还备有武器，农时耕种，战时打仗。田卒的衣物由国家统一发给，并且为集体劳动和生活。《汉书·西域传》："于是自敦煌以西至盐泽，往往起亭，而轮台、渠犁皆有田卒数百人，置使者校尉领护以给外国使者。"[②]《汉书·食货志》中载到："初置张掖、酒泉郡、而上郡朔方、西河、河西开田官，斥塞卒六十万人戍田之。"[③] 由此可以看出，汉武帝之前汉朝与匈奴的对抗多处于劣势，对河西地区没有强大的掌控能力，戍卒、田卒大体上出现在汉朝控制河西地区且设立河西四郡之后。而有关汉武帝之后戍卒、田卒的来源地，在《汉书·地理志》中有相关记载，"其民或以关东下贫，或以报怨过当，或以悖逆亡道，家属徙焉"。[④] 从中不难看出河西四郡人口的来源，一类是关东贫民，另一类是被强制迁移的罪犯以及家属，其中还包括了有罪的官吏及其家属。从居延汉简来看，除了关东贫民之外，人口来源的分布地更为广阔。

---

① （汉）班固：《汉书》，中华书局 1962 年版，第 220—221 页。

② （汉）班固：《汉书》，中华书局 1962 年版，第 3873 页。

③ （汉）班固：《汉书》，中华书局 1962 年版，第 1173 页。

④ （汉）班固：《汉书》，中华书局 1962 年版，第 1645 页。

笔者从《居延汉简释文合校》① 和《居延新简》② 中整理得出河西地区戍卒、田卒的来源，具体如表1所示。

表1 **居延汉简所见河西地区戍卒、田卒来源统计表**

| 郡国名称 | 居延旧简 | | 居延新简 | | 合计 |
|---|---|---|---|---|---|
| | 戍卒 | 田卒 | 戍卒 | 田卒 | |
| 魏郡 | 17 | 18 | 43 | 10 | 88 |
| 东郡 | 6 | 10 | 17 | 11 | 44 |
| 淮阳郡 | 9 | 24 | 2 | | 35 |
| 昌邑国 | 4 | 20 | | | 24 |
| 南阳郡 | 6 | 3 | 7 | 7 | 23 |
| 河东郡 | 5 | 5 | 4 | 6 | 20 |
| 济阴郡 | 5 | 8 | | 2 | 15 |
| 河南郡 | 1 | 9 | | 1 | 11 |
| 汝南郡 | 3 | 7 | | | 10 |
| 大河郡（东平国） | | 9 | | | 9 |
| 陈留郡 | 2 | 1 | 3 | 1 | 7 |
| 汉中郡 | | 6 | | | 6 |
| 梁国 | 6 | | | | 6 |
| 颍川郡 | 2 | 2 | 1 | | 5 |
| 赵国 | 3 | 1 | | | 4 |
| 河内郡 | | | 1 | 2 | 3 |
| 西河郡 | | 1 | | 1 | 2 |
| 弘农郡 | 1 | 1 | | | 2 |
| 南郡 | 1 | 1 | | | 2 |
| 上党郡 | | | | 2 | 2 |
| 北海郡 | | 2 | | | 2 |
| 巨鹿郡 | 1 | | | | 1 |

① 谢桂华、李均明、朱国炤：《居延汉简释文合校》，文物出版社1987年版。

② 甘肃省文物考古研究所、甘肃省博物馆、文化部古文献研究室、中国社会科学院历史研究所：《居延新简》，文物出版社1990年版。

续表

| 郡国名称 | 居延旧简 | | 居延新简 | | 合计 |
|---|---|---|---|---|---|
| | 戍卒 | 田卒 | 戍卒 | 田卒 | |
| 丹阳郡 | | 1 | | | 1 |
| 京兆尹 | | 1 | | | 1 |
| 沛郡 | | | | 1 | 1 |
| 北地郡 | | | | 1 | 1 |
| 渔阳郡 | | 1 | | | 1 |

注：1. 简文中明确出现“戍卒”的为戍卒，其它都定位为田卒。

2. 汉武帝元鼎元年置大河郡，汉宣帝甘露二年改其为东平国。

3. 表中的数据代表出现的次数。

由表 1 可知，汉代河西地区的戍卒、田卒来源于以下 27 个郡国，有河东郡、上党郡、河内郡、河南郡、东郡、陈留郡、颍川郡、汝南郡、南阳郡、济阴郡、魏郡、巨鹿郡、赵国、淮阳郡、梁国、昌邑国、大河郡、南郡、东平国、渔阳郡、北地郡、北海郡、沛郡、京兆尹、西河郡、弘农郡、丹阳郡、汉中郡。从表 1 中也可以看出，汉代河西地区的戍卒、田卒主要来自于魏郡、东郡、淮阳郡、昌邑国、济阴郡、南阳郡、河东郡、河南郡，其多为内地郡。除了这些内地郡之外，还有如北地郡等靠近边疆的郡县。

汉代的兵制依秦制，“凡民二十三为正”“又自十五以至五十六出赋”，根据劳榦《汉代兵制与汉简中的兵制》① 中的考证，汉代兵制规定凡天下男子自 23 岁起至 56 岁都要服兵役，一般成丁一生服役两年，一年在本郡当正卒（步兵、骑兵、水兵、车兵）；另一年或到边郡作戍卒，或到京师作卫士。边郡士卒则表现为正卒、戍卒合一，戍边两年。烽燧戍卒的主要任务是伺望敌情，防守边塞。他们必须事先在烽燧准备好“积薪”，一旦敌人入侵，即将其点燃，发出警报，远处军队根据烽烟或火光前来增援。平时，烽燧戍卒必须巡查边塞，察看是否有人“越塞阑

① 劳榦：《汉代兵制与汉简中的兵制》，《历史语言研究所集刊》第 10 本，1948 年。

出入天田迹”。天田即边塞外沿线铲除杂草、铺以沙砾的地带，戍卒据以查看是否有匈奴入侵留下的痕迹，并防备有人偷越边关。据汉简分析，戍卒的编制应是这样：郡太守—都尉—候—部（候长）—隧长—戍卒。这是边塞地区的地方行政管理系统，因为对于汉塞，中央政府未设置统一的管理机制。

最先的戍卒应是当地人，边郡人本身就在边郡，他们是匈奴、胡羌等异族侵扰的直接受害者，为保护自己的生命财产和生活，而组织起来抵御侵略，他们除任骑士（正卒）外，还与内郡人一样充当戍卒以保护本郡安全与自身利益，他们熟悉地形，长期与匈奴、胡羌接触，了解敌情，一旦与胡羌冲突，防御的任务首先就落到他们身上。但由于汉代边疆人口有限，同时，淮阳郡、魏郡等内地郡在地理上靠近西北和北方，自战国以来经常处于战乱之中，或群雄并立互相交戈，或抵御外族保卫家园，居民富有军事素养。因此，汉代河西地区戍卒的主要来源是西北边郡和内地靠近边疆的诸郡。

而田卒的来源多是从来自于内地郡的戍卒中挑选而出或者直接来自内地郡。河西地区因祁连山的冰山融水形成了大片的绿洲，土地肥沃，牧草繁茂，是理想的游牧地区。月氏、羌族、氐族等民族依赖这种得天独厚的自然条件，在这里从事游牧业。所以河西地区的经济方式是游牧业，而河西地区本地人的耕种水平是有限的，但肥沃的土壤同样也适用于粮食生产，因此，在内地郡，许多无土地赖以生存的贫民开始迁徙，为河西带来了先进的农业种植技术，使得河西地区的农业得到快速的发展。因此，汉代河西地区的田卒的主要来源是农业发达的中原地区。

汉代河西地区开始了大规模的屯垦，从而使河西地区的农业获得突飞猛进的进展。河西屯田的范围，主要在走廊东部的绿洲区。到元封（前110—前105）后，又扩展到西部和北部的绿洲区。昭宣时期，河西屯田发展到湟中，西域屯田也在这一时期发展起来。所以从垦屯的发展不难看出由于对人数和农业分工要求的不同，田卒不再是唯一的劳动者。汉代河西地区屯田的劳动者成份主要有六类，在李古寅《汉代河西军屯

劳动者成份和生活状况》[①] 中有详细的介绍。戍卒，则主管烽燧守望；田卒，则主管治田；河渠卒，主管屯田水利；鄣卒，主管鄣塞；除道卒，主管清扫道路；望城卒，主管守望城垣；省卒，主管检察工作；养卒，负责给养后勤，他们总的都可称为戍卒。由此可以看出，戍卒是一个总称，不单指主管烽燧守望的人。

## 二　输入原因

汉代，戍卒和田卒在河西地区的大量输入，和当时的军事防卫、经济开发有着密切的关系，总结起来可分为以下四类：自然灾害、政治原因、军事目的以及人地矛盾的结果。

### （一）西汉最严重的自然灾害为水灾

在《史记·平准书》中记载："山东被水灾，民多饥乏，……尚不能相救，乃徙贫民于关以西，及充朔方以南新秦中，七十余万口，衣食皆仰给县官。"而《汉书·武帝纪》也有对此次事件的记载："四年冬，有司言关东贫民徙陇西、北地、西河、上郡、会稽凡七十二万五千口，县官衣食振业，用度不足，请收银、锡造白金及皮币以足用。"一次水灾，就造成了七十二万五千口的移民。此次的人口输入，葛剑雄认为：内部原因固然是自然灾害，但其外部原因是在此二年之前，"匈奴浑邪王杀休屠王，并将其众合四万余人来降。"[②] 河西一度出现了"地空"局面，因此，向河西输入人口便是当务之急。《汉书·食货志》记载："山东被水灾，民多饥乏，于是天子遣使虚郡国仓廪以振贫。犹不足，又募豪富人相假贷。尚不能相救，乃徙贫民于关以西，及充朔方以南新秦中，七十余万口，衣食皆仰给于县官。""徙民于关以西"，这确实是当权者的明智之举，当国库和富豪都没有办法救济这些饥民时，就让他们移民，

① 李古寅：《汉代河西军屯劳动者成份和生活状况》，《社会科学》1983 年第 4 期。

② 葛剑雄：《西汉人口地理》，人民出版社 1986 年版。

既开发了边疆，又减轻了国家的压力。《汉书·成帝纪》中，对东郡人口的输出有以下记载："河平元年春三月，诏曰：'河决东郡，流漂二州，校尉王延世堤塞辄平，其改元为河平。赐天下吏民爵，各有差。'"《汉书·沟洫志》中也有记载："汉兴三十有九年，孝文时河决酸枣，东溃金堤，于是东郡大兴卒塞之。""后三岁，河果决于馆陶及东郡金堤，泛滥兖、豫，入平原、千乘、济南，凡灌四郡三十二县。"因此，东郡人口的输出，其原因主要为水灾。《汉书·成帝纪》："秋，关东大水，流民欲入函谷、天井、壶口、五阮关者，勿苛留。"而在汉代，人口最稠密的地区是关东。在关东，人口又集中在河南郡、颍川郡、陈留郡、东郡、济阴郡、东平国、鲁国、高密国、菑川国、北海郡、齐郡、千乘郡、巨鹿郡、清河郡、以及河内郡、魏郡、中山国、赵国的大部分、常山郡的一部分。① 关东的人口密集区与在居延汉简中所出现的戍卒、田卒的来源地大多相似。在汉武帝时期，关东地区土地开发殆尽，人口压力非常大，一有灾害便会出现大批流民，因此，自然灾害是关东人口输出的主要原因。

### （二）政治原因

政治原因又可分为两类，一类是政治流放，另一类是都尉设置。《汉书·公孙刘田王杨蔡陈郑传》记载："廷尉当恽大逆无道，要斩。妻子徙酒泉郡。""其随太子发兵，以反法族。吏士劫略者，皆徙敦煌郡。"可见，汉代河西地区的戍卒、田卒中的一部分是由罪犯及其家属而组成。在《后汉书·明帝纪》记载中，明确指出了罪犯与其家属发配河西的一些规定，"九月丁卯，诏令郡国中都官死罪系囚减死罪一等，勿笞，诣军营，屯朔方、敦煌；妻子自随，父母同产欲求从者，恣听之；女子嫁为人妻，勿与俱。谋反大逆无道不用此书"。这些被徙的罪犯及其家属多是不被允许迁回内地的，需要终生留在边疆。因此，政治流放就是原因之一。

---

① 葛剑雄：《西汉人口地理》，人民出版社 1986 年版。

为了将河西地区创建为开拓西域的重要基地，汉王朝在设置河西四郡的同时，又设置了众多的“都尉”之官。西汉河西地区设置都尉有五种类型，郡都尉、属国都尉、部都尉、关都尉和农都尉。虽然他们职责有所侧重而不尽相同，但相同的一点是他们都担任不同程度的军事职责，需要长期驻扎在外。都尉的设置，使得一批政府官员及其家属都迁往河西地区，这也是河西地区戍卒、田卒的输入原因之一。

**（三）战争原因**

由于战争的缘故，士兵征战，有些因受伤等原因，留在了战争发生地。《汉书·武帝纪》记载：“六年冬十月，发陇西、天水、安定骑士及中尉、河南、河内卒十万人，遣将军李息、郎中令徐自为征西羌，平之。”资料显示出河南郡、河内郡等地出现了人口的输出。《汉书·西域传》中记载：“汉兴至于孝武，……其后骠骑将军击破匈奴右地，降浑邪、休屠王，遂空其地，始筑令居以西，初置酒泉郡，后稍发徙民充实之，分置武威、张掖、敦煌，列四郡，据两关焉。”战争开拓了新的疆域，便需要大量的人口对新的疆域进行开发建设。不仅有为建设新疆域而输入的人口，还有因为躲避战祸而至的人口。《后汉书·孔奋传》载到：“遭王莽乱，奋与老母幼弟避兵河西。……时天下扰乱，唯河西独安。”《后汉书·窦融列传》中也记载到：“河西民俗质朴，……安定、北地、上郡流人避凶饥者，归之不绝。”

除上述三原因外，人地矛盾也是诱发河西戍卒和田卒来自内郡的一个原因。如表 2、表 3 对比所示，魏郡、东郡、淮阳郡、南阳郡、河南郡、河东郡、济阴郡，这些郡土地面积较之河西四郡小得多，然而人口密度却很大，是典型的狭乡，而河西地区人口密度每平方千米还不到一个人，是典型的宽乡。前已论及表 2 中的七郡皆为居延汉简中所记录的汉代河西戍卒和田卒主要来源。这主要是因为这些郡人多地少，为了生计，当地人积极响应汉廷的号召，主动要求作为戍卒到边疆戍守，或作为田卒到西北的广袤土地上开垦荒地，以此即缓解了人多地少的矛盾，同时也开发了河西地区。

表2　　元始二年部分郡人口密度

| 郡国别 | 面积（平方千米） | 每平方千米人口数 | 郡国别 | 面积（平方千米） | 每平方千米人口数 |
|---|---|---|---|---|---|
| 魏郡 | 10800 | 84. 2 | 河南郡 | 11250 | 154. 7 |
| 东郡 | 13500 | 122. 9 | 河东郡 | 36090 | 26. 7 |
| 淮阳国（郡） | 11000 | 89. 2 | 济阴郡 | 6210 | 223. 2 |
| 南阳郡 | 46170 | 42. 1 | | | |

注：汉高祖时，置淮阳国，汉惠帝、吕后时改国为郡。

表3　　元始二年河西四郡人口密度表

| 郡国别 | 面积（平方千米） | 每平方千米人口数 | 郡国别 | 面积（平方千米） | 每平方千米人口数 |
|---|---|---|---|---|---|
| 武威郡 | 33，250 | 0. 9 | 酒泉郡 | 58，250 | 1. 3 |
| 张掖郡 | 135，500 | 0. 7 | 敦煌郡 | 149，750 | 0. 3 |

注：表中的数据来源于梁方仲所编，上海人民出版社 1980 年出版的《中国历代户口、田地、田赋统计》第 18 至 19 页。

但从大体上看，汉朝统治河西后的最初几年，面临的第一要务就是如何巩固在河西的统治。随着汉廷对河西地区统治的渐渐稳固，西汉统治者也逐步加强对河西地区资源的开发，以使河西地区逐渐富庶起来。因此，各种原因在汉朝对河西统治的不同时期所体现出的重要性也就存在很大的差异，军事目的和政治考虑在统治之初最为明显，而经济开发主要是在河西逐渐稳定之后，出于对边疆开发的考虑。

## 三　影响

汉代河西地区戍卒、田卒的输入对河西地区的影响是多方面的。

（一）在政治上，汉朝政府通过输入戍卒、田卒起到了巩固统治的作用，戍卒和田卒向河西地区的输入实际上也是一项有效移民政策，汉王朝把中原人地矛盾尖锐地区的人和遭受自然灾害而无力生存的人通过政策导向迁移到河西地区，既减缓了内地的人地矛盾，给灾民一片生存

之地，在一定程度上减少了流民的数量，化解了潜在的社会危机，维护了王朝的内部统治。而从抵御入侵的角度看，通过输入戍卒、田卒到河西地区，增加了这一地区的人口数量，等同于提供了充足的当地兵源。而戍卒、田卒的输入以及屯田的大规模开展使河西地区作为新农业区和内地老农业区连成一片，加强了边疆和内地经济基础的同一性，为抵御外侵奠定了基础。

（二）军事上，保证了边防的安全并提高了军队的战斗力

西汉政府实现了“通西域”“隔绝羌胡、匈奴”的战略目标，并将河西地区发展为西北边防重地，也为西汉王朝进一步进军西域的目标打下了基础。都尉的设置，也体现出来河西地区的军事战略地位十分重要。戍卒和田卒的输入，保障了河西地区的边防安全，也巩固了国防。屯田的实施，使边陲要塞形成了一个个具有独立从事战争能力的军事经济基地，西汉军队以这些基地为依托，改变了过去那种轻兵深入且粮草不能有所保障的被动局面，使匈奴军队快速突击、速战而去、频繁骚扰的战术特长受到极大限制，缩小了他们的活动区域，减弱了他们给边疆人民造成的侵袭、掠夺之害。军队的后勤保障得到加强，也增强了军队的战斗力，特别是持续作战的能力。另外，河西地区天然良好的自然条件，使其地区的畜牧业得到很好的发展，（例如马匹，在冷兵器时代，骑兵的战斗力是非常强大的），矫健的马匹使得西汉王朝的战斗力也进一步提升。

（三）经济上，改变了河西地区的经济结构

在汉代河西地区进行戍边、屯田前，河西地区长期处于无人居住或未开发状态，仅作为游牧之地。进行戍边屯田后，使得河西地区其中一些自然条件比较适宜的地区得到初步开发，来自关东农业发达地区的戍卒、田卒带来了先进的农业技术，在土地充足的情况下建成了一些小规模的农业区。河西地区形成了农业和畜牧业混合的一种经济方式，不仅使戍卒的经济有了保障，而且减轻了内地人民的压力，兵农结合，持久地开发了河西地区。达到“通西域”的目标后，河西地区成为通往中原地区与西域的咽喉要道，边防的安全，也保障了来往商旅的人生财产安

全。来往的商旅带动了河西地区的商业发展，繁荣的商业大大增加了西汉政府的经济实力。

（四）文化上，促进了中原与边疆、中西文化的传播

张骞前后共代表汉王朝出使西域两次，早在汉武帝设置河西四郡之前，张骞就有过以军事联合为目的的“凿空”之行，虽然没有达到目的，却起到了文化传播的作用。在元狩四年（前 119 年），张骞第二次奉派出使西域，到了大宛、康居、月氏、大夏等国，取得了良好的效果，其中一个重要原因就在于中央王朝统治河西之后，通过向河西输入戍卒、田卒，保证了河西地区的统治，为中原文化和边疆文化的传播提供了保障。而从戍卒和田卒本身来看，他们在河西地区从事共同的活动，但来源比较广泛，戍卒、田卒之间的交流是一种边疆与中原文化传播的有效途径。从戍卒、田卒的身份上看，其中一部分是谪居到此的官吏，深受传统儒道文化的熏陶，给边疆带去了中原的管理制度和礼仪文化，这些都对边疆与中原文化及其中西文化的传播起到了积极作用。戍卒、田卒的输入，以及与西域的商业往来，使得各民族长期杂居相处，互相往来，促进了民族融合，对中华民族的形成和发展，做出了贡献。

本文原刊《石河子大学学报（哲学社会科学版）》2012 年第 4 期

# 汉简所见河西边塞军屯人口来源考

杨　芳

西汉取得河西以后，为巩固在河西的统治，实行了一系列的政治、经济、军事措施，使河西发展成为其西北边防重地和经营西域的基地。在河西这一西汉新开拓的区域，军屯人口在河西防卫和开发中起了重要作用。进行河西边塞军屯人口的研究，对了解汉对河西边郡的政策、河西边塞的社会生活，以及汉代的兵制等都具有重要的意义。现有的河西屯戍简牍资料，从时代上看，多集中于昭、宣及王莽、建武时期，因此，本文主要反映的是西汉中期至东汉初年军屯人口来源状况。此外，本文尤其对军屯人口中的应募士、谪卒、良家子、私从者、葆子等的性质进行了考证，这在以前的论述中很少涉及，敬请各位专家指教。

## 一　戍卒

西汉王朝取得河西以后，为实现“隔绝羌胡”“通西域”的战略目标，修筑了贯通河西的长城烽燧，并派军队戍守。这些分布于烽燧亭鄣的士兵，一般被称为戍卒，其主要职责是“谨候望”“画天田”“举烽火”，对入寇来犯作好防御和应付，如汉简所记：

(1) 卒候望为职□　　　　《居延汉简释文合校》224.6[①]

---

① 谢桂华、李均明、朱国炤：《居延汉简释文合校》，文物出版社1987年版。本文凡依此简号形式出现者均见此书，简称《合校》。

(2) 写移，疑虏有大众不去，欲并入为寇。檄到，循行部界中，严教吏卒惊烽火、明天田，谨迹候候望，禁止往来行者，定蓬火，辈送便兵战斗，毋为虏所萃，檠已先闻知失亡重事，毋忽如律令。十二月壬申殄北　　《合校》278.7A

戍卒还要修缮鄣塞设施、传送邮书，耕田种菜、输粮运水等。关于戍卒的活动，学者多有论述，在此不再赘言。

汉代兵制规定凡天下男子自二十三岁起至五十六都要服兵役，一般成丁一生服役两年，一年在本郡当正卒（步兵、骑士、水兵、车兵）；另一年或到边郡作戍卒，或到京师作卫士。边郡士卒则表现为正卒、戍卒合一，戍边两年。[①] 从汉简来看，河西边塞的戍卒来源于全国各地，如：

(3) 戍卒，张掖郡居延昌里，簪裊，司马骏，年廿二
《合校》286.14

(4) 戍卒，敦煌兴盛里，公乘，闵赦之，年卅八
《疏勒河流域出土汉简》552[②]

(5) 戍卒，魏郡阴安高里，大夫，田莫如，年廿四
《居延新简》EPT53：187[③]

(6) 戍卒，东郡清城里，公乘，孟辛，年廿四
《居新》EPT55：106

(7) 戍卒，淮阳郡扶沟完里，公士，张安，年廿二
《合校》540.6

(8) 戍卒，赵国邯郸邑中阳陵里，士伍，赵安世，年三十五
《合校》50.15

---

① 劳榦：《汉代兵制与汉简中的兵制》，载《历史语言研究所集刊》第10本，1948年。

② 林梅村、李均明：《疏勒河流域出土汉简》，文物出版社1984年版，简称《疏》。

③ 甘肃省文物考古研究所，甘肃省博物馆，文化部古文献研究室，中国社会科学历史研究所编：《居延新简》，文物出版社1990年版。本文凡依此简号形式出现者均见此书，简称《居新》。

（9）戍卒，梁国己氏显阳里，公乘，卫路人，年卅

《合校》50.16

（10）戍卒，颍川郡阳翟邑步利里，公乘，成贵，年卅六

《疏》520

（11）戍卒，济阴定陶故里，贾广，年廿五　　《合校》511.33

可见，戍卒既有来自敦煌、张掖等本郡的，也有魏郡、东郡、淮阳郡、济阴郡、南阳郡、梁国、赵国等内地郡国的。据何双全先生考证，戍守河西全线的边防士兵，来自全国25个郡、140余县、350个乡村。[①]戍边士卒绝大部分来有身份爵位，即公士、上造、簪袅、不更、大夫、公乘等，而士伍为无爵者。戍卒的年龄，一般在23—30多岁之间，与史书记载的服役期限基本符合。戍卒一般都定期轮换，如简：

（12）神爵四年十一月癸未，丞相史李尊，送护神爵六年戍卒河东、南阳、颍川、上党、东郡、济阴、魏郡、淮阳国诣敦煌郡、酒泉郡。因迎罢卒送致河东、南阳、颍川、东郡、魏郡、淮阳国，并督死卒传槥（椟），为驾一封轺传。御史大夫望之谓高陵，以次为驾，当舍传舍，如律令。

《敦煌悬泉汉简释粹》 I T0309③237[②]

（13）河平四年二月甲……，为郡徙卒敦煌　　《悬》87—89C25

简（12）神爵为汉宣帝年号，宣帝神爵年号只有四年，继之为五凤元年（前57年），此处所谓“神爵六年”，乃预设之辞。此文书于神爵四年岁末下发，记丞相史李尊要到河东、南阳、颍川、上党、东郡、济阴、魏郡、淮阳国等郡国接收戍卒，并护送这些地方的“罢卒”回去。

① 何双全：《〈汉简·乡里志〉及其研究》，《秦汉简牍论文集》，甘肃人民出版社1989年版。

② 胡平生、张德芳：《敦煌悬泉汉简释粹》，上海古籍出版社2001年版。本文凡依此简号形式出现者均见此书，简称《悬》。

简（13），“河平”为汉成帝年号，“河平元年”，即前13年。当然，河西边郡远离内地，且是抗击羌胡的前沿阵地，戍卒被延期的情况也是存在的。从居延、敦煌汉简纪年多集中在西汉中后期至东汉建武年间可知，大规模的屯戍活动从西汉武帝时期一直延续到了东汉初年。

## 二　田卒

汉在河西设郡置县后，为解决日益增多的移民、军队的粮食供应，便在河西实行了大规模的屯田。元鼎六年（前111），汉王朝将边塞修筑至酒泉，“初置张掖、酒泉郡，而上郡、朔方、西河、河西开田官，斥塞卒六十万人戍田之”,① 开始了对河西大规模的屯垦经营。

田卒，是河西边塞屯田系统中主要劳动者。汉简中有见田卒名籍，如：

（14）田卒，淮阳新平常昌里，上造，柳道，年廿三

《合校》11.2

（15）田卒，淮阳新平常昌里，上造，柳道，年廿三

《合校》11.2

（16）田卒，济阴郡定陶故里，贾广，年廿五　《合校》511.33

（17）田卒，济阴郡定陶西阳里，胡定，年廿五　《合校》520.3

（18）田卒，大河郡瑕丘襄成里，王胜，年卅八《合校》498.11

（19）田卒，昌邑国湖陵始昌里，士五，李□，年廿四

《合校》501.1

简（14）—（19）均出土于居延大湾，说明大湾是重要的屯田区。田卒大多来自淮阳郡、大河郡、济阴郡、昌邑国等农业经济发达的关东各郡国。与戍卒一样，田卒也是服役之民。居延汉简中的屯田资料多属

① （汉）司马迁：《史记》卷30《平准书》，中华书局1959年版，第1438—1439页。

西汉昭、宣时代的,[①] 说明河西的屯戍活动在昭、宣时代达到了高潮。

田卒在边塞主要从事垦田、修渠、建筑农舍等工作，但在敌情紧急时也参加防御工作。如简：

(20) 葆、部界中民、田官畜牧者，见赤幡各便走近所亭障坞壁，□□马驰以急疾为故　　EJF380[②]

(21) 烽火品，田官、民，坞壁烽和，毋燔薪，□攻坞壁，田官举烽、燔三积薪各如其部烽火品　　EJF381[③]

简（20）所记”田官畜牧者”，即“牧卒”，见到了示警信号就近进入“亭障坞壁”中参加防御。简（21）所记是田官系统如何配合边塞的示警规定。说明屯田卒在敌人入侵时要担任防御任务。

田卒也是定期轮换的，如简：

(22) 制曰：下丞相、御史。臣谨案：令曰，发卒戍田，县、侯国财令史、将二千石官令长吏并将至戍田所。罢卒还，诸将罢卒不与起居，免削爵☑　　《居新》E·P·T5115

(23) □□史冯贵之，始元二年正月假一传信封迎罢戍田卒，溺死，亡传信，外，第十五　　《悬》ⅡT0113⑥4

根据文献、汉简及考古调查，西汉时期河西地区的屯田主要集中在番和、居延、武威、敦煌、酒泉等地，是当时全国最大的屯田区。河西地区的屯田规模很大，常年保持的田卒数量必定相当可观。

① 陈公柔、徐苹芳：《大湾出土的西汉田卒簿籍》，《考古》1963 年第 3 期。

② 甘肃省文物考古研究所编，薛英群、何双全、李永良注：《居延新简释粹》，兰州大学出版社 1988 年版，第 89 页。

③ 甘肃省文物考古研究所编，薛英群、何双全、李永良注：《居延新简释粹》，兰州大学出版社，第 89 页。

## 三　骑士

骑士是河西边塞的作战部队，驻扎于烽燧或其他要害之处，主要任务是征战。《汉旧仪》记："边郡太守各将万骑，行障塞烽火追虏。"[①] 又如简：

(24) 本始三年九月庚子，虏可九十骑入甲渠止北隧，略得卒一人，盗取三石具弩一，高矢十二，牛一，衣物去。城司马宜昌将骑百八十二人从都尉追　　《合校》57.29

简 (24) 记本始三年（前71），敌人约九十骑入侵甲渠止北燧，城司马、都尉率骑兵一百八十二人追击之事。可见，骑兵部队通常集结、驻守在都尉府城或候官堡垒，必要时受命出击。

驻守在边塞的骑兵部队，也参加营建、候望等工作。如：

(25) 乙卯廿三日，骑士十人，一人养，九人作墼，人作☐　　《疏》656

(26) 癸酉，骑士十人，九人负墼，其一人养，人致二百卌☐　　《疏》662

(27) 丁未，骑士十人，其一人候，其八人作墼，人作百五十，凡墼千二百　　《疏》664

(28) 己酉，骑士十人，其一人候，人作百五十墼
八人作墼，凡墼千二百　　《疏》666

简 (25)—(28) 集中出土于敦煌郡平望候官某燧，是十名骑士在从事候望、"作墼"等工作的记录。说明他们是驻守在平望候官的骑兵

① （汉）卫宏等撰，（清）孙星衍等辑：《汉官六种》，中华书局1990年版，第81页。

部队，战时出征，平时则从事上述相关工作。

关于骑士的来源地，汉简骑士名籍中有所反映，如：

（29）昭武骑士宜众里孙偃　　《合校》387.14

（30）觻得骑士安定里杨山　　《合校》560.12

（31）觻得骑士敬老里成功彭祖，属左部司马后曲千人尊　　《合校》564.6

（32）氐池骑士安定里彭张成　　《合校》560.15

简（29）—（32）均出土于居延地湾（肩水候官），类似的简还有二十多枚。可见，这些骑士名籍，应是驻守在肩水候官的战斗部队的名册。从籍贯上看，有氐池、昭武、觻得，均属张掖郡，可见戍守居延边塞的骑士，均来自张掖本郡。排比所有河西所出的汉简中的骑士简，发现骑士大多来自河西边郡。[①] 这与前面提到的西汉兵制一致。

## 四　应募士

从编户民中招募而来的士卒，被称为“应募士”或“应募”。西汉初期主要实行的是征兵制，自西汉武帝始，随着政治和社会经济诸因素的变化，在主要实行征兵制的同时，从地方“编户齐民”中的招募兵士的举措日趋频繁。《汉书·淮南厉王传》：“此时有欲从军者辄诣长安”。[②]“此时”指元朔初年。武帝天汉初年，“（苏）武与副中郎将张胜及假吏常惠等募士斥候百余人俱”，师古注曰“募人以充士卒，及在道为斥候者”。[③] 神爵元年（前61），西羌反叛，汉廷“发三辅、中都官徒弛刑，

① 《疏勒河流域出土汉简》618简记：“骑士兆□公，颍川郡鄢陵里邑广□里□□□”。说明河西边塞还有少量的外郡骑士。

② （汉）班固：《汉书》卷44《淮南厉王传》，中华书局1962年版，第2147页。

③ （汉）班固：《汉书》卷54《苏武传》，中华书局1962年版，第2460页。

及应募佽飞射士、羽林孤儿，胡、越骑诣金城”。[①]《汉书·赵充国传》：“愿罢骑兵，留弛刑、应募。”[②] 元帝永光二年（前42），“汉复发募士万人……未进，闻羌破，还”。[③] 可见，战事频繁时，招募士卒也是补充兵源的重要途径。

为加强对边境的防御，西汉王朝在征兵“屯戍”的同时，也募兵守备要害之地。如：

（33）泉，此欲大出兵之意也。中军募择士七百二十人，锡泉人□☑。 《敦》47

（34）应募士长陵仁里大夫孙尚 《疏》30[④]

（35）出茭食马三匹，给尉卿募卒吏，四月十六食 《合校》290.12

在内郡和边塞地区都有负责招募士卒的吏员，这种吏员在边郡隶属部都尉属，简（35）所谓“募卒吏”即是。

（36）建平五年十二月丙寅朔乙亥，诚北候长□充□言之：官下诏诣☑，右□□□□□□□□□募，谨募□戍卒庸魏□等□□□☑ 《合校》137.3

简（36）因笔迹严重漫漶不清，许多字已无法辨认，因而不能准确理解整个简文的确切含义。建平五年，即哀帝元寿元年（前2），该简应是城北候长李充向上级机关甲渠候官呈报的文书，大意是甲渠候官下达皇帝诏书，命令下属机构招募戍卒。可见，应募士也是河西边塞屯戍力量的重要来源。

① （汉）班固：《汉书》卷8《宣帝纪》，中华书局1962年版，第260页。
② （汉）班固：《汉书》卷69《赵充国传》，中华书局1962年版，第2986页。
③ （汉）班固：《汉书》卷79《冯奉世传》，中华书局1962年版，第3299页。
④ 见《疏勒河流域出土汉简》附录《罗布淖尔汉简释文》。

## 五 谪卒

对具有某种特定身份的人谪发从军戍边，在秦时即有。关于“谪戍”，西汉人晁错解释说：“秦民见行，如往弃市，因以谪发之，名曰：‘谪戍’。先发吏有谪及赘婿、贾人，后以尝有市籍者，又后以大父母、父母尝有市籍者，后入闾，取其左。”① 即所谓的“七科谪”。关于“七科谪”，《史记·大宛列传》注引张晏曰：“吏有罪一，亡命二，赘婿三，贾人四，故有市籍者五，父母有市籍者六，大父母有市籍七，凡七科也。”② 两种说法中六科相同，而有一科不同，即闾左与亡命，但可以肯定的是，从谪发的对象来看，主要是指为国家法律所限制的“贱民”，如商人、赘婿、闾左等。西汉时期，特别是汉武帝时大规模用兵，在正卒不足时，便发谪民充军戍边。元封六年（前105）“益州、昆明反，赦京师亡命令充军，遣拔胡将军郭昌将以击之”；③ 太初元年（前104），“遣贰师将军李广利，发天下谪民西征大宛”；④ 天汉元年（前100），“发谪戍屯五原”；⑤ 天汉四年，“发天下七科谪及勇敢士，遣贰师将军李广利将六万骑、步兵七万人出朔方。”⑥ 可以说，武帝时发谪充军无论规模上、次数上都达到了高峰。

汉简中所记“谪卒”便是被谪发至河西边塞的戍边者。如：

(37) 玉门官隧次行，永和二年五月戊申朔廿九日丙子，虎猛候长异，叩头死罪敢言之：官录曰：今朝宜秋胡孙诣官，□□虎猛卒冯国之东部责，边塞戍卒，不得去离亭尺寸，□□□☑代适卒有不然，负罚，当所□☑　　《疏》443

① （汉）班固：《汉书》卷49《晁错传》，中华书局1962年版，第2284页。
② （汉）司马迁：《史记》卷123《大宛列传》，中华书局1959年版，第3176页。
③ （汉）班固：《汉书》卷6《武帝纪》，中华书局1962年版，第198页。
④ （汉）班固：《汉书》卷6《武帝纪》，中华书局1962年版，第200页。
⑤ （汉）班固：《汉书》卷6《武帝纪》，中华书局1962年版，第203页。
⑥ （汉）班固：《汉书》卷6《武帝纪》，中华书局1962年版，第205页。

（38）☐隧缺敬代适卒郭☐，今遣诣署，录☐☐　　　《疏》461

“适卒”，即“谪卒”。简（37），“永和”为东汉顺帝年号，永和二年为公元149年，年代较晚。汉简中对谪卒的记载极少，仅此两例，但考虑到汉武帝开河西后，需大力加强边防，必然有不少谪民被发戍边。

## 六　良家子

良家子，是指有相当门第的官宦子弟。《史记·李将军列传》：“广以良家子从军击胡。”《索隐》案：“如淳云：‘非医、巫、商贾、百工也’。”[①]《汉书·冯奉世传》：“至武帝末，奉世以良家子选为郎。”[②]一般来说，良家子必须是家室清白、门第较高的家庭出身，凡是父兄犯罪或者家世微贱，就不能居于良家子之列。如《后汉书·党锢列传》载，岑晊的父亲“以贪殊死”，宗慈“以晊非良家子，不肯见”。[③]因此，良家子的身份是比较高的。

西汉时特别重视征良家子从军，尤其是六郡良家子。《汉书·地理志》：“汉兴，六郡良家子选给羽林、期门，以材力为官，名将多出焉。”注引师古曰：“六郡谓陇西、天水、安定、北地、上郡、西河。”[④]可见，当时羽林、期门军主要由六郡良家子充任，除家世这一基本条件之外，材力的标准也相当重要，以陇西等六郡为中心是由于这六郡之士善于骑射。当然非六郡出身，合乎条件的也可以被称作良家子。良家子从军也并不仅只限于禁卫军。比如李广“以良家子从军击胡”，班固谓“徙六郡良家材力之士驰射上林，讲习战阵”，也不是羽林期门的系统。河西边塞屯戍部队中也有良家子，如：

---

① （汉）司马迁：《史记》卷109《李将军列传》，中华书局1959年版，第2867页。

② （汉）班固：《汉书》卷79《冯奉世传》，中华书局1962年版，第3293页。

③ （南朝宋）范晔：《后汉书》卷67《党锢列传》，中华书局1965年版，第2212页。

④ （汉）班固：《汉书》卷28下《地理志下》，中华书局1962年版，第1644页。

（39）坐从良家子自给车马，为私事论疑也。□□书到，相二千石以下从吏毋过品，刺史禁督，且察毋状者，如　《合校》40.6

简（39）谓边塞官吏为私事使用良家子及其车马为随从、役作，因而坐罪，故下书禁止，不得超过规定等级数量。

（40）出粟一斗二升，以食莎车续相如，上书，良家子二人，八月癸卯□〼　《疏》391

（41）良家子卅一人出，其四人物故，自出一，贤□□□□□人　《疏》398

简（40）（41）均出土于敦煌小方盘城（T14），属昭帝至哀帝时期的残文，内容均为过食记录。汉简中对良家子的记载也极为少见，但从简（41）记录的一次过往的人数来看，说明良家子也是西汉西北边防的重要力量。

## 七　吏卒家属

两汉政府为充实边塞人口，稳定军心，还鼓励吏卒携带家属在边塞常居，这在汉简中有所反映，如：

（42）〼所移觻得书曰，他县民为部官吏卒，与妻子在官　《合校》188.16，220.5

（43）毋伤隧卒陈谭，妻大女捐，年卅四；子小女婢，年八。七月旦居署尽晦　《居新》EPT4017

简（42）意为边塞服务的吏、卒与其妻子在戍所。简（43）“居署”是在戍所之意，文意为隧卒陈谭的妻子、女儿七月份在隧所。可以看出，在军中准许带家属的人员可以是吏，也可以是一般戍卒。从汉简反映的情况看，戍卒的家属成员有妻子、子女，父母、兄弟姐妹及旁系亲戚等，如：

(44) 止北隧卒王谊，妻大女君宪年廿四，子未使女足年五岁，子小男益年一岁，皆居署廿九日用谷四石少，七月乙卯妻取。

《居新》E·P·T65119

(45) 第六隧卒宁盖邑，父大男偃，年五十二；母大女请卿，年卌九；妻大女女足，年廿一。·见署，用谷七石一斗八升大。

《合校》203.12

简（44）（45）为戍卒家属的廪食簿，记录了家属的姓名、年龄、“用谷”量，是否“在署”或“居署”的时间等情况。汉简中，一般称1—6岁为“未使男”“未使女”，7—14岁为“使男”“使女”。15岁以上称为“大男”“大女”。口粮的发放标准按性别、年龄分作四个等级，一般来说，大男廪食标准是三石，大女、使男是二石一斗六升大；使女未使男是一石六斗六升大；未使女是一石一斗六升大。戍卒家属的食粮均由官府按月统一发放，可见，政府对戍卒家属是比较优待的，要保证其生存与生活。总之，边塞吏卒守边带家属在河西边塞是十分普遍的。

## 八　私从者

私从者为吏士私募的随从。《汉书·李广利传》载：“发恶少年及边骑，岁余而出敦煌六万人，负私从者不与。”师古曰：“负私粮食及私从者，不在六万人数中也。”[①] 又《汉书·赵充国传》：“愿罢骑兵，留弛刑应募，及淮阳、汝南步兵与吏私从者，合凡万二百八十一人。”[②] 可见，吏士出征时可带私从。私从者在河西边塞多见，如：

① （汉）班固：《汉书》卷61《李广利传》，中华书局1962年版，第2700页。
② （汉）班固：《汉书》卷69《赵充国传》，中华书局1962年版，第2986页。

(46) 士，南阳郡涅阳里宋钧亲，私从者同县籍同里交上□□

34①

(47) 书吏胡丰，私从者，零县宜都里，胡骏，年三十，长七尺二寸。

《敦》280②

(48) 戍校右部中曲士后□……(A)

故私从者……(B) 《悬》ⅡT0216②547

(49) 大煎都候长王习从者持牛车一辆 《敦》526

(50) 外塞吏子，私从者，奴，大男，十五人…… 《敦》295

(51) 从者，居延市阳里张俟，年廿一岁。 《合校》62.54

(52) □□从者，居延长乐里吴多，年十三，·九月乙酉出。

《合校》甲附29

(53) 护从者敦煌对宛里干宝，年十八，单襦复各二领，单衣、中衣各二领，裘绔、韦绔、布绔各二两，絮巾、布巾各三，□□☑

《敦》1144

(54) 相私从者敦煌始昌里阴□，年十五，羊皮裘一领，羊皮绔二两，革履二两☑ 《敦》1146

(55) 私从者广陵嘉平里丘块，羊二头，头二百九十，案：害从臧五百以上，真臧已，具主。 《敦》788

从简(46)—(55)来看，带私从者的有士、书吏、骑士、外塞吏、候长等，不仅仅限于征战者；从籍贯来看，私从者既有内郡的，也有边郡的，大多为自由民，反映出河西边塞士吏等雇用私从者的普遍。

边塞的私从者，除了为其主人效力之外，还从事田作和其它杂役，如前引《汉书·赵充国传》中所载留私从屯田之事。居延汉简有“□从

① 《疏勒河流域出土汉简》附《罗布淖尔汉简释文》。

② 甘肃文物考古研究所编：《敦煌汉简》(下)，中华书局1991年版，本文凡依此简号形式出现者均见此书，简称《敦》。

者，居延□作□”的记载，[①] 文意为某私从者在居延进行劳作，说明私从者在边塞也进行耕垦。

## 九　葆子

汉简所见的“葆子”，是汉代在河西边塞地区并受官府保护或质押的一种有特殊身份的人。葆质之法历史久远，《墨子》的《杂守》、《备城门》及《号令》等篇，[②] 都讲到了守城事宜，凡守城将吏及勇士必须以父母妻子作抵押，以防其投降。收养这些人的父母、妻子的地点称葆宫或质宫。对于“葆子”，秦律多有记载，如：

(56) ……葆子以上居赎刑以上到赎死，居于官府，皆勿将司，所弗问而久系之。大啬夫、丞及官啬夫有罪居资赎责，欲代者耆弱相当，许之……[③]

简文中“葆子以上”不知究竟包含哪些人，或许就是收葆的父母妻子等，本身是抵押品没有自由，但葆子以上是守护的对象，国家赖以维系将士人心，所以不仅不督劳动，也不审判处理，而是采取拖延的办法，把问题都挂起来。

汉代的“葆子”在史书中的记载很少，《汉书·百官公卿表》载汉少府属官居令室，武帝太初元年改为保宫，[④] 可见在汉廷中仍然实行保质之法。在汉代边塞的屯戍军队中，“葆子”则比较常见。“葆子”在河西边塞也称“葆”，如：

(57) 出外塞吏子、葆、使女，廿五人。正月己卯尽三月丙子，

① 见《居延汉简释文合校》简 77.9。
② 详见（清）孙诒让《墨子闲诂》（下），中华书局 1986 年版。
③ 睡虎地秦墓竹简整理小组编：《睡虎地秦墓竹简》，文物出版社 1978 年版，第 84 页。
④ （汉）班固：《汉书》卷 19 上《百官公卿表上》，中华书局 1962 年版，第 732 页。

百一十八日，积二千九百五人。　《敦》294

（58）外塞吏子、葆、婢、使女□人，其一人三月戊申尽六月乙巳，百一十八日，积百一十八人。一人四月丁丑尽六月乙巳，八十九日，积八十九人。　《敦》296

“外塞吏”，指被派往塞外去的官吏。显然，这些外出的官吏，或将其子女，或将其奴婢作为人质留在塞内。以上是过往记录，显然是累积的数字，但也反映出人数的众多。在河西边塞，对葆子也进行严格的管理。

（59）竝，葆，敦煌寿王里田仪，年廿八岁，长六尺五寸；寿，白色，颊有黑子。杈各二，珥一。　《疏》681

（60）葆，小张掖有义里▨　《合校》119.67

（61）▨得常利里李钦，葆▨　《合校》62.27

（62）葆，觻得敬老里，王严，年廿五　《合校》62.43

（63）葆，鸾鸟息众里，上造，颜收，年十二，长六尺，黑色——皆六月丁巳出。不　《合校》15.5

（64）葆，鸾鸟大昌里，不更，李恽，年十六　《合校》51.5

（65）▨奉，葆，姑臧西比夜里▨，▨河津金关毋留▨

《合校》97.9

（66）始建国三年五月庚寅朔壬辰，肩水守城尉萌移肩水金关，吏所葆名如牒，书到出入，如律令。　EJF3155①

（67）▨为妻子葆处居，▨□劳四日适奉▨　《合校》243.25

简（59）—（67）为葆名籍，内容涉及葆的年龄、籍贯、身形、肤色等。简（65）为“过所”文书，大意为同意姑臧西比夜里葆子通过金

① 甘肃省文物考古研究所编，薛英群、何双全、李永良注：《居延新简释粹》，兰州大学出版社1988年版，第71页。

关，不要苛留。简（66）是始建国三年（11）五月，肩水候官发给肩水金关的一份列有吏士所质押葆子名籍的牒书，并要求肩水金关严格检查其出入。“葆名”籍的存在，说明在边塞的葆子被置于统一的管理之下。从籍贯上看，“小张掖”“鸾鸟”是武威郡属县，“觻得”“屋兰”属张掖郡，均属河西四郡。简（67）所言“妻子葆处居”应指收留葆子的处所，即葆宫，说明在边塞设有葆宫，便于统一管理。驻守边塞的士卒、官吏很多，且来自各地，因此，“葆子”的数量也不少。

## 十 刑徒

迁徙罪犯及其家属到河西边地，在汉武帝时就开始实行了。《汉书·武帝纪》言，元鼎四年秋，“马生洼水中”。李斐注：“南阳新野有暴利长，当武帝时遭刑，屯田敦煌界。”① 这是迁徙刑徒屯田的情况。征和二年（前91），因“巫蛊之祸”，“其随太子发兵，以反法族。吏士劫略者，皆徙敦煌郡。”② 这次变乱牵涉的人很多，徙敦煌人口也必不少。《汉书·杨恽传》载“廷尉当恽大逆无道，要斩。妻、子徙酒泉郡”。③ 成帝时将作大匠解万年因营造昌陵不当，“徙敦煌”。④ 哀帝时，薛况（薛宣子）、李寻、解光也因罪徙敦煌。⑤ 见于史书记载的基本都是来自长安和三辅的上层人物，但实际来源应该比这些广泛得多，汉简资料详实而生动地记录了普通罪犯在边塞的活动。

汉简中多见弛刑、复作、鬼薪、髡钳、城旦等刑徒名称，如：

(68) 髡钳城旦昭宣，坐元寿二年十二月壬寅取非，元始元年正月系狱□，其兵伤人，不直□。 《悬》Ⅱ0114②56

---

① （汉）班固：《汉书》卷6《武帝纪》，中华书局1962年版，第184页。

② （汉）班固：《汉书》卷66《刘屈氂传》，中华书局1962年版，第2882页。

③ （汉）班固：《汉书》卷66《杨敞传》，中华书局1962年版，第2897页。

④ （汉）班固：《汉书》卷70《陈汤传》，中华书局1962年版，第3026页。

⑤ （汉）班固：《汉书》卷83《薛宣传》，中华书局1962年版，第3396页；（汉）班固：《汉书》卷75《李寻传》，中华书局1962年版，第3193页。

（69）施刑士左冯翊带羽掖落里上□　　《合校》337.8

（70）鬼新（薪）龙通，故济南郡管平里徒子赣石。

《悬》ⅠT0309③192

（71）施刑屯士沛郡山仓县蔡里赵延年　　《居新》EPT583

（72）武威徒，王□　　《敦》1433

（73）复作大男蔡市　　《合校》60.3

“徒”是对各类刑徒的总称。刑徒到达河西后，所在单位往往会对其基本情况进行登记，如籍贯、姓名、因何犯罪等等。从罪犯籍贯来看，有左冯翊、济南郡、沛郡、武威郡等，说明刑徒来自全国各地。

刑徒在边塞一般被被分派到各个部门中进行劳动。有的被编制于屯田系统，进行田作，如：

（74）右五人施刑屯士　　《合校》308.19

（75）令玉门屯田吏高年垦田七顷，□□施刑七十七人

《疏》947

从事屯田的施刑徒被称为“施刑屯士”，或“施刑士”。有的刑徒则被分配到各个烽燧之中，从事守烽燧、传檄送信、修建、维护防御工事、从事杂役等，如简：

（76）入南书五封，十六年六月十七□平旦时，橐他隧长万世受破胡驰刑孙明　　《合校》522.3

（77）燧长当着帻施刑迹，负薪、水辄持服兵，□于亭前树□作□使　　《居新》EPT4913A

（78）其百一十五步沙不可作壍，十三里百七步可作壍，用积徒千□百七十五人；六里百八十九步可作壍，用积徒□百七十五人

《居新》EPT5777

简（78）是对刑徒修建防御工事的记录，虽然没有时间限定，但从累积使用刑徒的数量来看，河西边塞的刑徒人数众多。再者，河西简牍资料中多有刑徒的记载，他们被广泛分配于各单位，是河西边塞一支重要的劳动力量。

## 结　论

综上所述，汉代河西边塞军屯人口来源十分广泛，既有军队成员戍卒、田卒、骑士、良家子、应募士、谪卒等，也有非军事成员吏卒家属、私从者、葆子、刑徒等；军队成员又以戍卒、田卒、骑士等服役者为主，良家子、应募士、谪卒等为补充，从而形成了以军队成员为主体，以其他非军队成员为辅的复杂的军屯人口系统。总之，汉代河西边塞军屯人口来源复杂，人数众多，体现出河西作为军事基地的重要地位，也为河西及中原的军事安全和河西的开发建设提供了有力的保障。

**附记：**

杨芳（1976—　），女，甘肃省民勤人，西北师范大学历史文化学院副教授，中国宋史研究会会员。2007 年毕业于西北师范大学，获历史文献学（简牍学）硕士学位，同年进入首都师范大学，师从李华瑞教授学习中国古代经济史及宋史，2011 年获博士学位。

本文原刊《中国边疆史地研究》2009 年第 1 期

# 简牍所见汉代边塞刑徒的管理

陈　玲

汉代疆域辽阔，边防线漫长。为经略边塞，朝廷经常征发内郡刑徒至边塞，或从军打仗、戍边屯田，或修建边防工程、传檄送信。这既补充了兵源，节省了军费开支，又体现了朝廷对犯罪之人的宽大，从而维护了社会稳定。本文拟以简牍资料为主，结合传世文献，就边塞对服役刑徒的管理试做考察，不妥之处，望方家指正。

## 一　名籍管理

与戍卒一样，当刑徒如期到达屯戍或服役地后，先由主管部门登记造册，内容十分详细，包括姓名、籍贯、原有身份、犯何罪、服何刑、何时判刑、何时因故弛刑戍边等，以便管理。如简文载：

完城旦大男周安坐臧论故平陵竟贤里　　T0215③38

髡钳城旦昭宣坐元寿二年十一月壬寅斗取非其兵伤人不直元年正月系狱□　　T0114②56

故吏坐施髡钳钛左止城旦昌□等刺不□永始三年五月乙酉诣治所　　EPS4T269①

① 凡本文所引简文，注 EPT 和 EPS4T 者均出自甘肃省文物考古研究所等编《居延新简》，文物出版社 1990 年版；《合校》指谢桂华、李均明、朱国炤编《居延汉简释文合校》，文物出版社 1987 年版；注 T 的均出自悬泉置简文，因该简文还未全部出版，所引用的仍是原始编号。

另外，从简文记载看，为了对刑徒在整体上进行控制，及时掌握各部刑徒的变动、增减失亡情况，根据屯戍制度的规定，刑徒服刑的主管者要定期或根据上级需要，编制刑徒名籍，移报上级，如简文载：

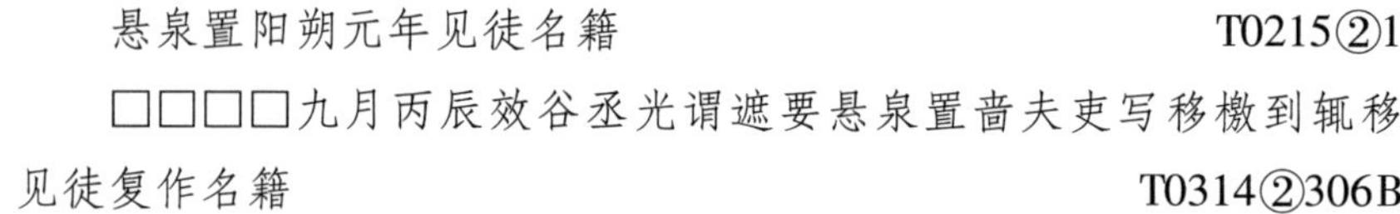

悬泉置阳朔元年见徒名籍　　T0215②1

□□□□九月丙辰效谷丞光谓遮要悬泉置啬夫吏写移檄到辄移见徒复作名籍　　T0314②306B

在这里，要明确的是：由于刑徒在边塞上的数量有限，且受简牍材料所限，因此简文中所见的有关刑徒名籍并不一定是原始的名籍，相当一部分是因各种需要所登记的临时名籍。有的是因领取口粮或衣物，有的是因刑期问题，这种现象在戍卒名籍也广为存在。当然，这一切并不能否定登记注册是边塞对刑徒实现管理的第一步。之后，随着刑徒的进一步分派、调动，其名籍也随之改变，目的是为了对刑徒的劳作及生活进行有效的管理。

当刑徒经过详细登记注册后，证明他们已著籍边塞，服务于边防了。随之就由所在地根据需要将他们分派于各个具体单位，这不仅针对外地来的刑徒，对本地刑徒也是如此。如简文载：

□山乐得二人送囚昭武□□四月旦见徒复作三百七十九人□三十八人署厨传舍狱城郭官府□六十八人付肩水部部遣吏迎受

《合校》34.9，34.8A

右受府施刑十一人　　T0114④16

另外，当某一单位出现人手紧缺时，还可由别县或邻近单位调入刑徒，比如悬泉置，由于地理位置重要，日常工作繁忙，需要大量刑徒补充劳力，所以该置的刑徒常由邻县及置调入，如简文：

建昭五年十二月辛酉悬泉厩啬夫霸敢言之廷遣遮要厩佐张顺送

徒四人助　　T0215③36

□徒十人助置□

□广至以谨厚徒五人付□

冥安以谨厚徒五人付悬泉置　　T0208⑤37

可见，边塞刑徒的分派调动完全根据各单位的实际情况和需要，比较灵活，并不拘泥，这样，有利于充分合理的使用刑徒。

## 二　工作管理

工作管理是刑徒管理中最重要的环节。据陈直先生的考察，[①] 主管徒的官吏，在西汉一为司隶校尉，二为宗正属官的都司空令，三为少府属官的左右司空令，四为水衡都尉属官的水司空令。在东汉除司隶校尉外，则为将作大匠属官的左右校令。郡国亦设徒丞，管理徒隶。另外，提出边郡戍所的徒由将军管理，唯一的证据是简文："元康二年（前64）五月癸未，以使都护檄书，遣尉丞赦将弛刑五千送致将军"的记载。事实上，陈直先生所讲的只是被编制在军队中的一部分施刑徒，文献中也多见类似的情形，如《后汉书·南匈奴传》载建武二十六年，命令"西河长史岁将骑二千，施刑五百人助中郎将卫护单于"，这些服役于军队的施刑徒由其所率领的将军管理，这当是毫无疑问的，问题在于，边塞刑徒的服刑方式和服役地点各有不同，对他们，边塞是如何实行工作管理呢？

通过对有关简文的分析和考察，我们大致可以认为：边塞刑徒由所署单位给予管理。也就是说，刑徒在哪里服刑，则由哪里的主管人员进行管理。比如与戍卒守烽燧的弛刑徒在燧中主要受候史、燧长等的管制；屯田的弛刑徒则受边塞屯田吏的管理。比较特殊的像悬泉置，由于服刑

① 陈直：《关于两汉的徒》，载《两汉经济史料论丛》，陕西人民出版社1980年版，第255—263页。

于此的刑徒数量较多，悬泉简文中有这样的记载，如简文：

李掾治所属悬泉置徒☐ T0314②159

五凤二年八月辛巳朔庚辰敦煌郡守骑千人禹狱守丞有兼行丞事敢言之监领悬泉置都吏李卿治所案置☐置前☐☐臧直百万以上论司寇输府徒属悬泉置 T0114③525A

该简均出自悬泉置。从简文看，不论是“李掾治所”，还是“李卿治所”，其职能可能在于监领悬泉置，负责置中刑徒的管理。所以，边塞地位重要的置，其中的刑徒管理又有所不同。

就工作管理的内容而言，无论是哪一级服刑单位，都不外乎两项内容。其一，监督刑徒的劳作，负责追捕捉拿逃亡的刑徒。前者对于内郡的刑徒管理来讲是一项重要内容，但在边塞，则无关大局，这主要是因边塞地处偏僻的荒漠地带，许多单位都是前不着村，后不着店，把刑徒安置在这样的环境，生活尚且艰难，更不要说逃跑了，即使是逃跑成功，也很难存活。因此，边塞刑徒的逃亡现象并不常见，如果一旦发生，则由所署单位主管人员进行追捕，重新捉拿归案。如简文载：

☐又☐庭候长辅逐亡施刑还☐ EPT51479

初元五年☐ 中部都尉弘谓过所县邑侯国河津江遣仓佐☐☐国逐捕贼杀人亡施刑士赵广亡☐☐当舍传舍从者如律令 十一月辛丑过东 T1311③15

对刑徒实行工作管理的第二项内容是：由主管人员将刑徒每日的出工、工作量及平时表现记录在案，并定期制作日作薄，移报上级，如简文载：

十二月余徒大男四人 正月乙酉尽甲寅四十即百☐ T1311③105

三月余复作五人 四月庚辰尽戌申廿九日积百四十五人 T0209③3

八月余施刑六人　九月丁酉尽乙丑廿九日积百七十四人 T1311③114

凡出徒大男三人　减积三百廿五人　其二人迁入三月廿九日 T1510②15

从简文看，边塞刑徒所在的单位对其工作日数皆有记载，以备查考，且对每日刑徒的总工作日进行统计，以便安排下个月的工作和掌握刑徒的总工作量。如简文载：

□二月丙辰朔甲申悬泉置啬夫光敢言之谨移徒复作茭日作薄一编敢言之 T0113②84A

朔辛亥悬泉厩啬夫□□长惠移徒薄一编 T0114②117

以上是悬泉置移报上级的关于刑徒日作薄的记载。边塞各种日作薄的制作及保存，主要是以此对刑徒的总工作量进行统计，以便对刑徒进行减刑或免刑，也就是说，对刑徒的刑期实行有效的管理。

## 三　刑期管理

秦汉时期刑徒的刑期，学界一直有争议，争论的焦点即刑徒是否有刑期？1976 年《睡虎地秦墓竹简》问世后，经研究才逐渐解决了这一问题。根据简文记载，刑徒在服刑期间是不自由的，不能擅自离开政府规定的场所，并在严苛法规的束缚下，由官吏监督劳动。但是，只要徒刑期满，就可获得释放，正如《汉书·刑法志》所说："及令罪人各以轻重不亡逃，有年而免。"当然，在君主专制的封建社会里，在法制不完备，人治高于法治的时代，皇帝及执行官吏无视法律，草菅人命的事，时有发生，甚至皇帝可根据自己的意愿赦免已判刑定罪的官僚贵族，不过这一切都不能否定秦汉时期刑徒有服刑期的法律规定。

当时刑徒要获得人身自由，大致有两种途径。一是逢朝廷特别赦令，免除其罪，这虽是一种特殊情况，但在秦汉时期确有其事，如秦律中规定："欲归爵二级以免亲父母为隶臣妾者一人，及隶臣斩首为公七，谒归公士而免故妻隶妾一人者，许之，免以为庶人。"① 《后汉书·陈庞传》载："会坐诏狱吏与囚产交通抵罪，诏特免刑，拜为尚书，"《后汉书·李章传》载："后坐度人田不实征，以章有功，但司寇论，月余免刑归。"《后汉书·杜笃传》："笃于狱中为诔，辞最高，帝美之，赐帛免刑"。可见，刑徒服刑未满而获释并免除刑罚的事例秦汉时始终存在。对于边塞刑徒来说，身处寒苦地带，生活劳作环境恶劣，朝廷为安抚众心也常施以赦免，如简文载：

□以赦令免为庶人名籍　　EPT5106

神爵四年五月甲子朔壬申悬泉置啬夫弘敢言之廷司寇大男冯奉世故魏郡内黄共里会二月丙辰赦令免为庶人当　　T0309③149

不过，因赦令而免除刑期的毕竟有限，大多数刑徒都得服满刑期，并经过一定的法定手续才可获释，新出土的悬泉简文为我们提供了最有力的证据，如：

神爵四年十一月辛酉朔甲戌悬泉置啬夫弘将徒缮置敢言之廷髡钳钛左止徒大男郭展奴自言作满二岁□□七日谨移爰书以令狱案展奴初论年月日当减罪为唯廷报如律令敢言之　　T0309③9

曰论某悬署作某官尽神爵二年某月某日积满若干岁论以来未尝有它告劾若系当以律减罪为某罪它如爰书敢言之　　T0209③56、57

神爵四年十一月辛酉朔甲戌悬泉置啬夫弘将徒缮置敢言之廷髡钳钛□山徒大男□□□□广川□……坐以县官事系□北阑亭长段间神爵二年九月丙午诣广川郡广川县徙敦煌郡效谷县冥安□□……四

① 睡虎地秦墓竹简整理小组：《睡虎地秦墓竹简》，文物出版社 1990 年版，第 55 页。

年十一月甲戌积劳二岁六十七日论以来未尝有它告劾若□□□减罪□□二岁完城旦如爰书敢言之　T0309③276

从以上简文看，刑徒在服刑期间，有无再犯罪或逃亡行为，是决定是否可减免刑期的两个基本条件。一般由主管人员将刑徒的口供连同刑徒在署的工作量及平时表现的记录一并上报县狱，由县令根据刑徒的原有记载进行核对，如果证明上报情况属实，则以律减罪。不过，“减罪”是指减少刑期后降为另一种刑名，逐渐减轻直至释放废为庶人。如《汉书·刑法志》载：“罪人狱已决，完成城旦舂，满三岁为鬼薪白粲，鬼薪白粲一岁，为司寇，司寇一岁，及作如司寇二岁，皆为庶人”。

## 四　生活管理

所谓生活管理，指刑徒的口粮及衣物的发放。秦汉时期，不论是戍卒，还是刑徒，他们的口粮及衣物均由政府提供，如《仓律》云：“妾未使而衣食公，百姓有欲假者，假之，令就衣食焉。”未到役使年龄的妾，《仓律》称其为“小妾”，秦律规定：“隶妾、舂，高不盈六尺二寸，皆为小”，“小、舂……未能作者，月禾一石。婴儿之毋母者各半石；虽有母而与其母冗居公者，亦禀之，禾月半石”。[①] 可见，秦代刑徒的口粮不仅本人可以由官府供给，就连其未成年婴儿，“未使”之孩子儿童官府也同样“公食之”。又，《属邦律》云：“道官相输隶臣妾，收人，必署其已禀年月日，受衣未受，其妻毋有。受者以律续食衣之”。[②] 道是指少数民族聚居的县，收人是指被收捕的人，即刑徒。意思是说，各道官府输送隶臣妾或被收捕的人，必须写明已领口粮的具体日期及是否领过衣服等信息。如已领受，应依法继续供给。这条律文反映了秦时各道、县输送刑徒的历史事实和相互交接的法律程序。秦刑徒既有稽押在县，

① 睡虎地秦墓竹简整理小组：《睡虎地秦墓竹简》，文物出版社1990年版，第32页。
② 睡虎地秦墓竹简整理小组：《睡虎地秦墓竹简》，文物出版社1990年版，第65页。

也有征调到别县从事各项工程建设的。稽押在各县、道的囚徒，口粮自然由各县、道粮食部门供应。至于那些被输送、或征调至京师或边远地区从事修墓、筑城劳役的囚犯，根据法律，沿途县、道官府必须写明这些奴隶和刑徒的已领口粮的年月日，由所在地或“从事之县”依律继续供给口粮。这也充分体现了秦统治阶级对刑徒口粮控制的严格。汉因秦制，汉代刑徒在由原服刑地往边塞输送的路途中，食宿均由沿路各县置提供，这与秦代是一致的。汉简中对此有明确反映，如简文：

城旦五百人□施刑诣延□□□……□□谒移过所县邑侯国津关续食给法所当得毋留如律令敢言之□□　　73EJT3016

根据法律规定：当刑徒到达具体服刑单位后，其口粮衣物供应就随同名籍一起被带到屯戍地，并由该地继续提供。如简文：

入正月四日使徒复作御初靡名籍

三百九十八石四升 T0114④284A

日徒署第七节属宜禾尉丞主养出入谷口□□　　T0115④90

元延二年六月尽三年六月徒官奴婢驿骑马廪致藉　　T0111①85A

刑徒口粮的多少，在边塞地区也有规定。秦代对刑徒口粮是按性别、年龄、有无劳作及劳作轻重等不同情况配给的，其中既规定了刑徒每月口粮的总额，又规定了每日每餐的膳食标准。汉代也基本如此，如简文载：

食　麦法大男以二百六十四　使男大女以百六十九　使女以百二十六　小男女以百　婴儿以下六十五皆令延得一升

T0114④95A、B

简文中“二百六十四”“百六十九”等都是以升作单位。可见汉律对不同年龄，不同性别的人的口粮分别作出了规定。那么对不同身份的服役者又怎样呢？据陈直先生对徒每日食粮的考察，认为弛刑士的口粮比一般戍卒要少。① 对此，简文中也有记载：

三石二斗二升自取ワ（第一栏）
宗粟三石二斗二升忠取ワ
施刑士薛齐七月　　二石九斗　ワ（第二栏）
施刑士薛齐八月　　三石　　ワ　　EPT50135
卒王乙　　三石斗二升自取ワ
卒□□　　三石斗二升卒乙取　　EPT52601

从以上简文看，戍卒每月口粮一般保持在三石二斗二升左右，而弛刑徒的口粮只有三石或二石九斗，标准比一般戍卒要少。所以，不论秦汉，对刑徒口粮衣物的供应也只是满足其最低的需要罢了。尤其是汉代，一切物资供应首先考虑的对象是戍卒而不是刑徒。

综上所述，汉代边塞对刑徒实施着一套行之有效的管理制度。初到，需进行详细登记形成名籍；然后根据需要分派，灵活调动；工作成绩及平日表现由所署单位给予记载，并以此作为减刑、免刑的依据。至于刑徒的口粮、衣物甚至劳动工具，均由边塞政府提供，秦汉皆如此。不过提供的数量不仅由法律作出规定，而且仅仅能满足基本需要。

**附记：**

陈玲（1974—　），女，甘肃山丹人。兰州城市学院文史学院历史系副教授。1997 年 7 月毕业于西北师范大学历史教学专业，获历史学学士学位；2000 年 6 月毕业于西北师范大学历史文献学专业（简牍学方向），获历史学硕士学位。同年 7 月到兰州师专（2006 年更名为兰州城

① 陈直：《关于两汉的徒》，载《两汉经济史料论丛》，陕西人民出版社 1980 年版，第 255—263 页。

市学院）工作至今。主要从事西北简牍、秦汉史方面的研究。在《中国史研究动态》《青海社会科学》等刊物发表论文十余篇。主持国家社科基金项目一项。

本文原刊《南都学坛》2010年第4期

# 后　　记

简牍是纸张普及之前中国古人使用的竹、木材质书写载体，是魏晋之前最普通的书写载体，既是史料价值极高的历史文献，更是珍贵的文物和文化遗产，是中国优秀传统文化和历史记忆的载体。

甘肃是全国汉简第一大省。甘肃简牍作为汉晋时期丝绸之路沿线国家、民族交往交流的见证，文明交流互鉴的体现，在展现华夏文明独特魅力、构建人类命运共同体方面具有特殊价值和意义。

西北师范大学是国内简牍学研究最持久的力量之一。自 1940 年代起，黄文弼、阎文儒、金少英等著名学者相继在此任教。西北师范大学在国内较早开展简牍学研究生教育，培养简牍学方向硕士、博士研究生。1995 年开始培养简牍学方向硕士研究生，2003 年开始培养简牍学方向博士研究生。西北师范大学重视简牍学基础教学，1994 年开始在历史学专业设置“简牍学概论”课程，2011 年编辑出版了国内首部面向本科生的《简牍学教程》，2009 年开始创办读简班，至今已持续 12 年。西北师范大学也是国内较早创办简牍学专业学术刊物的高校，1997 年《简牍学研究》创刊，至今已连续出版 12 辑，发表简牍学论文 260 篇左右。

2021 年西北师范大学将简牍学科列为“十四五”期间重点支持和发展学科。同年 5 月 16 日，西北师范大学简牍研究院挂牌成立，聘请张德芳担任简牍研究院学术委员会主任，聘请王子今、卜宪群、孙家洲、杨振红、刘钊、侯旭东、刘国忠、于振波、邬文玲、代国玺、陈新长、朱建军、高荣、孙占宇等学者担任学术委员会委员。2021 年 12 月，甘肃省启动省属高校国家一流学科突破工程，西北师范大学简牍学成为全省重点支持的五个学科之一，迎来了最好的发展时机。

至2021年，西北师范大学在兰州办学已八十周年。2022年是学校百廿载校庆。从2020年底开始，学校即着手筹办百廿校庆系列活动。总结西北师范大学简牍学发展史和纪念前辈学者，编纂能够反映八十年来学校简牍学学科建设水平、体现前辈学者筚路蓝缕之功的简牍学论文集，是百廿载校庆的重要内容。在此背景下，我们受学校委托，承担了西北师范大学简牍学科建设史研究工作，并决定编撰本书，以为校庆献礼。

有着八十年积淀的西北师范大学，产生了数百篇高水平简牍学研究论文。学者们虽在各领域都有建树，但最集中的主题还是西北汉简研究。西北汉简以简牍文书为主体，文书和行政制度、边政运作是西北师范大学师生最为关注的问题。因此，我们拟以西北汉简文书和汉代边政作为选择论文的主要标准。

本书收录了1949年以来西北师范大学师生（含兼职教师）与“文书”“边政”主题有关的简牍学论文27篇，由文书研究、简册研究、汉代边疆社会研究、汉代河西屯戍研究四个有密切联系的部分组成。这些文章体现了西北师范大学历代学者对相关主题的持续关注和思考，如本书选取了伍德煦、初师宾、张小锋、杨媚、李迎春五人在四十年中对肩水金关汉简《甘露二年丞相御史书》研究的六篇论文，在一定程度上反映了西北师范大学简牍学者在学术上的承袭关系。

27篇论文，不仅不能完全体现西北师范大学简牍学的全面成就，就是关于“简牍文书与汉代西北边政”主题的论文也并非完全收录，只是选取了部分代表性论文。这部论文集的编撰，无疑是有遗珠之憾的，但好在我们后续还会陆续推出与“简牍学”有关的其它论文集和成果，可以弥补本次的遗憾。

需要说明的是，由于本论文集收录论文中有相当一部分是20世纪的旧作，当时的学术规范、文献格式与今天有一定差别，故很多论文的版式、注释格式、标点和文字文献使用都与今天的学术规范不同。为便利读者，本书在具体编辑过程中，根据当前通行学术规范对这部分论文的版式进行了一定调整，对一些影响阅读的标点和错讹进行了更正，在核对史籍原文基础上对一些引文错误进行了修订，并用全称对一些史籍简称进行了更换。当然，文中大部分修订都是建立在原作已影响到读者阅读的前提下，对于基本不影响今天阅读的一些格式问题，还是尽量保持了文章原貌。同时，编者为每个作者增加了作者简介，其中指出了该作者与西北师范大学简牍学科的关系。当然，由于我们能力所限，所做的修订一定仍有很多疏漏，甚至可能有错改原稿者。这种错误都由我们承担，与原作者无涉。

在书稿的编辑出版过程中，西北师范大学简牍研究院和历史文化学院的领导给以热忱关怀，广大师生给以大力支持。部分文章的作者亲自审阅了稿件，纠正了原稿中一些明显的失误。西北大学程帆娟博士和西北师范大学李晖、危义浩、惠丹阳、梁文罗、李梦珂等硕士同学在文稿整理、编排过程中做了大量工作。他们付出的辛勤劳动使书稿得以顺利出版，在此谨致谢忱！

李迎春

于 2022 年 4 月